D0209586

HOJA DE RUTA

Cultura y civilización de Latinoamérica

TERCERA EDICIÓN

DRA. PRISCILLA GAC-ARTIGAS

AcademicPress – ENE

CAPÍTULO II

PARTE I

NUESTRO PASADO HISTÓRICO

CAPÍTULO I
Las primeras civilizaciones en la América precolombina

¿Cuánto sabemos?

I. Conteste las siguientes preguntas y luego compare sus respuestas con un compañero/a de clase. Cuando termine de estudiar el capítulo, después de completar la sección **¿Cuánto sabemos ahora?** vea cuáles de sus respuestas iniciales estaban correctas.

1) Los primeros habitantes de las Américas fundaron ciudades permanentes en el primer lugar al que llegaron y de ahí nunca se movieron:

Cierto o Falso

2) El nombre "Mesoamérica" se refiere en términos generales a lo que hoy conocemos como:
- a) Centro América
- b) Sudamérica
- c) Norte América

3) De los siguientes productos, uno no es originario de las Américas. ¿Cuál?:
tabaco, maíz, papas, frijoles, naranjas

4) Todas las culturas prehispánicas hablaban el mismo idioma:

Cierto o Falso

5) Los mayas tuvieron su imperio en Machu Picchu, Perú:

Cierto o Falso

6) Un juego que la mayoría de las civilizaciones prehispánicas practicó en diferentes variantes fue el juego de:
- a) las canoas
- b) el arco y la flecha
- c) la pelota

7) Las civilizaciones prehispánicas siempre fueron muy pacíficas. Sólo hicieron la guerra contra los españoles:

Cierto o Falso

8) Todas las culturas prehispánicas eran caníbales:

Cierto o Falso

9) Hoy en día ya no existen descendientes de ninguna de las civilizaciones prehispánicas:

Cierto o Falso

10) Todas las civilizaciones prehispánicas eran politeístas. Eso quiere decir que: a) los hombres tenían muchas esposas
- b) creían en diversos dioses
- c) hablaban diversas lenguas

Mapa de las civilizaciones prehispánicas

CAPÍTULO I

I.1. Las primeras civilizaciones en la América precolombina

Los orígenes

Existen diversas teorías que tratan de explicar el origen de las primeras civilizaciones en habitar el continente americano siendo la más aceptada el que son de origen asiático y que llegaron al norte de Canadá cruzando por el estrecho de Behring. El proceso migratorio no se detuvo con la llegada a tierras americanas sino que, fieles a su carácter nómada, se fueron expandiendo hacia el oeste y comenzaron a bajar hacia el sur, estableciendo a su paso poblaciones a lo largo del continente desde Canadá hasta La Patagonia.

Las teorías para explicar este desplazamiento son diversas. Se cree que el continuo viajar obedecía a la búsqueda de alimentos: plantas y frutos, animales y peces. Lo que sí es una certeza es que para el año 6000 a. C. gran parte de América ya estaba poblada.

Con el pasar de los años estos grupos nómadas fueron estableciendo comunidades estables que se distinguieron por el desarrollo del cultivo agrícola. Se sabe que la calabaza, el cacao, diversos tipos de frijoles (habichuelas, porotos), el maíz, la papa, el tabaco y el tomate son productos originarios del Nuevo Mundo.

I.2. Civilizaciones existentes a la llegada de los españoles

Para facilitar el estudio de las más representativas civilizaciones que poblaban la América Hispánica a la llegada de Cristóbal Colón en 1492 las dividiremos en tres grupos: Culturas de Mesoamérica, Culturas Andinas y Culturas del Caribe. Hemos escogido presentar grupos aborígenes con alto grado de civilización como los mayas, los aztecas y los incas como también pueblos considerados de menor desarrollo, como los caribes, los taínos y los araucanos pero cuyo contacto con la civilización española tuvo un impacto significativo en el choque o encuentro que se produce cuando Cristóbal Colón llega a América.

A. Culturas de Mesoamérica

Mesoamérica comprende las regiones central y sur de lo que hoy en día conocemos como México, Guatemala y Belice y la zona norte de El Salvador y Honduras. Esta región es la cuna de dos de las más avanzadas civilizaciones americanas, la cultura maya y la cultura azteca, las que fueron precedidas por otros grupos entre ellos los olmecas, los teotihuacán, los zapotecas, los toltecas y los chichimecas. Estos grupos se fueron sucediendo unos a otros sobre los siglos de desarrollo en que los arqueólogos dividen la historia de las civilizaciones de Mesoamérica: el periodo formativo, el periodo clásico y el periodo post-clásico.

En el periodo formativo (año 1800 a.C. –200 d.C.) las tribus, antes nómadas, comienzan a crear asentamientos, a organizarse y a desarrollar la agricultura. Durante el periodo clásico (año 200–800) los grupos continuaron desarrollándose socialmente y fueron creando las ciudades-Estado. En esta época se construyeron grandes centros ceremoniales. En el periodo post-clásico (año 800 - llegada de los conquistadores) las tribus ya conocen un gran desarrollo social y económico. Es en este periodo cuando entran en contacto América y Europa.

Un dato curioso es que entre los años 500 a.C. hasta la llegada de Cortés en 1521 existían al interior de estas sociedades las tlatlamiani ("las que hacen feliz" en lengua náuhatl), prostitutas que acompañaban a los soldados a la guerra para evitar que éstos violaran o raptaran a las mujeres de los pueblos conquistados. Nunca se casaban y eran muy respetadas por considerarse que cumplían una labor social. Por ello, eran pagadas por el Estado y también por sus clientes.

Figura en greda de una tlatlamiani   Cabeza olmeca

Estas culturas dejaron para la posteridad increíbles muestras de escultura, arquitectura y arte. Vale la pena señalar las gigantescas cabezas humanas dejadas por los olmecas y las pinturas murales dejadas por los teotihuacán además de su majestuoso complejo religioso-administrativo conformado por la Pirámide de la Luna, la Pirámide del Sol y el Palacio de Quetzalpapalot junto a otros edificios de carácter ritual y político situados a lo largo de la Calzada de los Muertos.

A fines de los noventa un grupo de trabajadores camineros descubrió en el Estado de Veracruz, México, una piedra con grabados bautizada como "Bloque de Cascajal" considerada el texto más antiguo del nuevo mundo. La piedra, atribuida a los olmecas, muestra un sistema de escritura viejo de 2000 años. Hasta el momento se sabía que ya en el año 900 a.C. los olmecas habían creado glifos, una figura simbólica o carácter que representaba una letra, un sonido o una palabra, pero los estudiosos no estaban de acuerdo en considerar que se trataba de un sistema de escritura. El texto grabado en el Bloque de Cascajal en cambio, se ajusta a todas las características de la escritura puesto que tiene elementos diferenciados, secuencias, patrones y un orden consistente de lectura. El texto está compuesto por 62 símbolos, algunos de los cuales se repiten hasta cuatro veces.

Pirámide de la luna

1. Los mayas

Los mayas fueron descendientes directos de los olmecas. Ocuparon las regiones de la península de Yucatán, Guatemala y parte de Honduras y El Salvador. No conformaban un grupo uniforme, sino alrededor de 28 grupos que hablaban diversas lenguas, pero que compartían una cultura bastante homogénea. Su civilización está marcada por un gran desarrollo artístico, científico y arquitectónico. Astrónomos expertos y matemáticos disciplinados, 1300 años antes de que el calendario gregoriano utilizado actualmente fuera adoptado en 1582, los mayas ya poseían un calendario de 365 días más exacto que el calendario cristiano que se utilizaba en la época. El año solar o haab en maya, tenía 18 meses de 20 días cada uno, llamados winal y otro más de sólo cinco días llamado wayeb. Los nombres de los meses eran: pop, uo, zip, zotz, tzec, xul, yaxkin, mol, chen, yax, zac, ceh, mac, kankin, moan, pax, kayab, cumbu y uayeb.

Cada día se escribe usando un número del 0 al 19 y un nombre del winal representado por un glifo (signo), con la excepción de los días del wayeb que se acompañan de números del 0 al 4. Los glifos y nombres de los winal o meses mayas son:

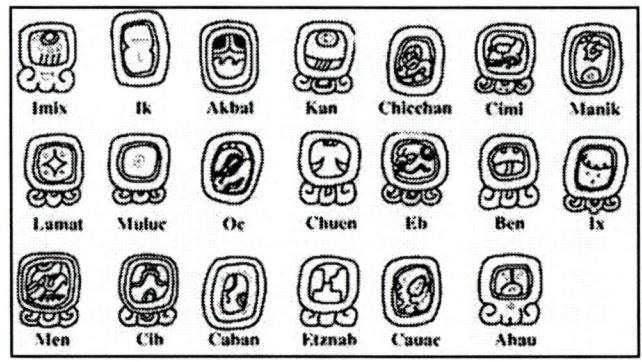

Habían establecido también un sistema numérico basado en veintenas representadas por puntos y rayas (el número uno lo representaba un punto y el cinco una raya), y alrededor de mil años antes que los hindúes habían comenzado a utilizar el cero al hacer sus cálculos matemáticos habiendo incluso inventado un símbolo para representarlo. Estos descubrimientos e invenciones tenían aplicación práctica en la vida diaria pues gracias a ellos podían calcular las buenas y malas épocas para la agricultura.

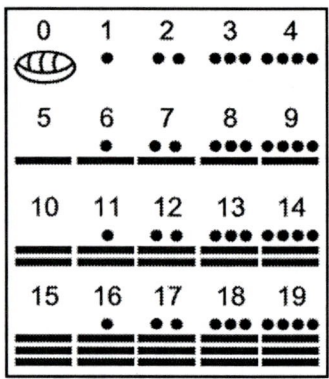

sistema numérico

Organización social y política

Como en muchas civilizaciones indígenas, la organización social de los mayas era hereditaria y muy estratificada. Estaban divididos en cuatro clases: la nobleza, los sacerdotes, el pueblo y los esclavos. Los nobles ejercían poder político siendo gobernadores y jueces de las diversas ciudades y poblaciones. Los sacerdotes provenían de la nobleza y ejercían el poder religioso sobre todos. Su poder, al igual que el de los sacerdotes católicos, residía en su erudición. También eran los encargados de los estudios de astronomía y matemáticas. Como en todo tipo de gobierno organizado de esta manera, el pueblo hacía todo el trabajo de manutención económica del grupo.

Los agricultores cultivaban la tierra. Tomaban lo necesario para su sostenimiento personal y el de sus familias y entregaban a los nobles y sacerdotes el excedente de las cosechas. A cambio, recibían otros productos necesarios a la supervivencia. Los trabajadores construían templos, caminos y edificios.

Todos pagaban impuestos con productos de su trabajo bien fuera tejidos, productos agrícolas, aves, etc.

Los esclavos representaban una clase considerada inferior compuesta por prisioneros de guerra, hijos de esclavos, huérfanos o delincuentes públicos.

La organización política eran las ciudades-Estado, y por sobre todos los sacerdotes y jefes dentro de una ciudad estaba el halach uinic, jefe supremo con carácter de semidiós que tenía poderes políticos y a la vez religiosos.

Economía

Pueblo esencialmente agrícola, los mayas utilizaban los productos que cultivaban: algodón, batata o camote, cacao, caucho, chicle, maíz, papa, tabaco, tomate y yuca para la alimentación y para obtener pinturas para sus murales y tejidos. Poco a poco su actividad agrícola dejó de ser solamente para autoconsumo y se convirtió en una actividad también comercial con otros pueblos. Al hacer comercio, utilizaban como unidad de cambio, semillas de cacao, discos de jade o plumas de aves de bellos colores como el quetzal, los tucanes y las cotorras.

Religión

La vida de los mayas estaba regida por su profundo sentido religioso, una religión arraigada en la naturaleza y en las actividades inherentes a la vida diaria. Sus dioses los encarnaban fenómenos cosmológicos como el sol, la lluvia o la luna o actividades relacionadas con la vida doméstica y el trabajo como el dios del maíz, el dios de la fertilidad o la diosa de la medicina. Uno de sus principales dioses fue Kukulkán, dios del viento, en el que la leyenda fundió deidad y humanidad. Es representado como una serpiente con plumas a semejanza de Quetzalcóatl, dios azteca. Al mismo tiempo, su nombre alude a un caudillo y sacerdote que llegó a la península de Yucatán y fue fundador de una gran civilización.

A diferencia de los cristianos, los mayas creían que los suicidas, los sacerdotes, los guerreros muertos en la lucha, las víctimas de sacrificios ofrecidos a los dioses y las mujeres que morían durante el parto iban al cielo. Ixtab era la diosa del suicidio y se llevaba al cielo a quienes se habían quitado la vida.

Chaac, dios de la lluvia y el trueno

Escritura

Al igual que los egipcios, desarrollaron una escritura jeroglífica que se conserva en códices hechos de diferentes tipos de corteza de árboles. También se encuentran inscripciones grabadas en bloques o pilares de piedra en los centros religiosos y edificios. Este tipo de escritura les permitió conservar su historia, sus creencias y sus mitos, y la tradición oral les ayudó a perpetuar su explicación particular de la creación del mundo, del origen del bien y del mal y los consejos morales que el hombre debía seguir para ser bendecido y protegido por los dioses y para evitar su cólera y sus castigos. En el siglo XVI se recoge en castellano una versión del original en quiché -una de las lenguas mayas- del *Popol Vuh o Libro del consejo*, equivalente a la Biblia cristiana.

escritura: jeroglíficos

Artes y arquitectura

En cuanto a las artes, los mayas se destacaron en la construcción de pirámides como la del centro religioso de Chichén Itzá. Cada centro religioso tenía una especie de cancha donde jugaban con una pelota de caucho que pateaban con los pies basando su movimiento en el movimiento de los astros. Estas canchas de forma rectangular, como un estadio moderno, estaban rodeadas de asientos de piedra para los espectadores.

Juego de pelota: fabricante de pelotas

También se destacaron en la pintura mural con la que decoraban las paredes de edificios importantes; la escultura en que sobresalieron por la utilización de la técnica del bajo relieve; la cerámica y la orfebrería. Utilizaban metales preciosos como el oro, la plata y el cobre, así como el jade, las plumas de aves y las conchas con motivos ornamentales.

Los murales pintados al interior de edificios mayas presentaban tanto escenas mitológicas como de la vida diaria. En la zona arqueológica de San Bartolo, Guatemala en el 2002, un investigador de la Universidad de Nueva Hampshire (William Saturno) descubrió dentro de una tumba real, los murales mayas más antiguos conocidos hasta la fecha. En éstos se ve al dios del maíz representado de cuatro maneras distintas y sacrificando un ciervo (simbolizando el mundo terrestre); ofreciendo un pez (el mundo acuático); un pavo (el mundo aéreo) y flores, todo ello en una representación del paraíso del este, lugar por donde nace el sol cada día.

Aunque, aparentemente, la música no tuvo un gran desarrollo dentro de la cultura maya, la danza y el teatro tuvieron representaciones sobresalientes. Ha llegado a nuestros días el texto de una obra dramática de carácter político titulada *Rabinal Achí* que representa la única obra del teatro indígena precolombino cuyo texto se conserva. Haciendo uso de los elementos del teatro: vestuario, música, danza y expresión corporal *Rabinal Achí* presenta la historia del combate a muerte entre dos guerreros.

Actuales descendientes de los mayas

En la actualidad, alrededor de tres millones de indígenas descendientes de los mayas viven aún en las mismas regiones que sus predecesores de diversos grupos poblaron por años y años. En general son campesinos y sus comunidades, todas muy pobres se establecen alrededor de una plaza donde venden sus productos. Conservan sus ritos, costumbres y su respectiva lengua.

2. Los aztecas

La segunda gran cultura de Mesoamérica fueron los aztecas, sucesores de los toltecas. Se establecieron en la meseta del valle de México donde fundaron en el año 1325 la ciudad de Tenochtitlán en lo que es hoy México DF.

Cuenta la leyenda que fue en este lugar donde vieron el cactus sobre el cual había un águila con una serpiente en el pico, lugar donde, según el dios Huitzilopochtli, debían fundar su ciudad. La ciudad estaba localizada en una especie de islote rodeado de pantanos. Para remediar esta situación, construyeron jardines y huertas flotantes sobre el pantano, un sistema de canales de irrigación para llevar el agua por todo el islote y puentes para unir la ciudad a tierra firme.

Al conquistar al pueblo que dominaba Tlatelolco, otro islote hacia el norte, los aztecas unificaron las dos ciudades convirtiendo a Tenochtitlán en el centro urbano más grande de la época, con alrededor de 100.000 habitantes. A diferencia de los mayas, a los aztecas los caracterizó un espíritu belicoso, el que les llevó a someter otras tribus y a establecer un inmenso imperio que hacia el sur se extendió hasta Guatemala y El Salvador.

Organización social y política

La población azteca estaba dividida en tres clases: nobles, plebeyos y esclavos al interior de las cuales había subgrupos que realizaban tareas específicas. Como veremos en los párrafos siguientes, a pesar de ser ésta una sociedad estratificada, había una pequeña posibilidad de movilidad social, específicamente para los guerreros y para los esclavos.

La nobleza estaba comprendida por los nobles de nacimiento, los sacerdotes y aquellos guerreros que por sus hazañas habían accedido a esa clase social. De entre los nobles se elegían los máximos representantes políticos y religiosos. El jefe político y religioso más importante, el emperador, como lo llamaron los españoles, era el tlacatecutli. El cargo era hereditario y se escogía entre los hermanos o sobrinos del gobernante anterior. Este jefe supremo se hacía asesorar por un grupo de cuatro concejales provenientes a su vez de los jefes de los veinte calpullis o clanes en que se subdividía el pueblo azteca.

Un clan estaba compuesto por varias familias y cada clan se autoadministraba bajo el mando de un jefe civil y uno militar quienes eran elegidos por el consejo del clan. Dentro del clan, los mercaderes estaban a cargo del desarrollo del intercambio comercial, los militares se dedicaban a hacer la guerra, conquistar otras tribus e imponer el poder azteca, y el resto del pueblo común realizaba todo tipo de oficio incluyendo la construcción de templos, edificios y caminos. Los esclavos realizaban los trabajos agrícolas pesados. Éstos podían comprar su libertad, y los que lograban escaparse de sus amos y llegar al palacio real sin ser capturados, obtenían la libertad automáticamente.

Entre los plebeyos había una subdivisión social; estaban los mace-hualtin, a quienes se les otorgaba la propiedad a vida de un terreno en el que podían construir una casa propia, y los tlalmaitl, capa más baja a quienes no se les permitía tener propiedades y vivían como campesinos en tierras arrendadas.

Ancianos aztecas ingiriendo veneno. Códice Mendoza

Economía

Estaba fundada en la agricultura y el comercio. Cosechaban en general los mismos productos que las otras culturas de Mesoamérica: frijoles, maíz, papas, tabaco, tomates. Cada clan o grupo de familias debía cultivar colectivamente el pedazo de tierra que le fuera asignado. De una manera rotativa debían cultivar también las tierras del emperador. Como los mayas, pagaban los impuestos con el producto de su trabajo.

Su gran afición al comercio quedaba destacada en los coloridos mercados que hacían parte esencial de cada ciudad. Se dice que el mercado más grande, el de Tlatelolco atraía más de 60.000 personas diariamente. Allí se intercambiaba de todo: productos alimenticios, utensilios, cerámicas, pieles así como esclavos.

Los aztecas no poseían una moneda de cambio, sus intercambios comerciales estaban basados en el trueque. A veces, como los mayas, utilizaban los granos de cacao como moneda.

Religión

Religión y guerra eran inseparables para el pueblo azteca. Sus deidades representaban fuerzas de la naturaleza o la rutina diaria como Tláloc, dios de la lluvia y de la fertilidad, o Centéotl, dios del maíz. Huitzilopochtli era el dios de la guerra y del sol y en ambas cosas residía su poder. Como el

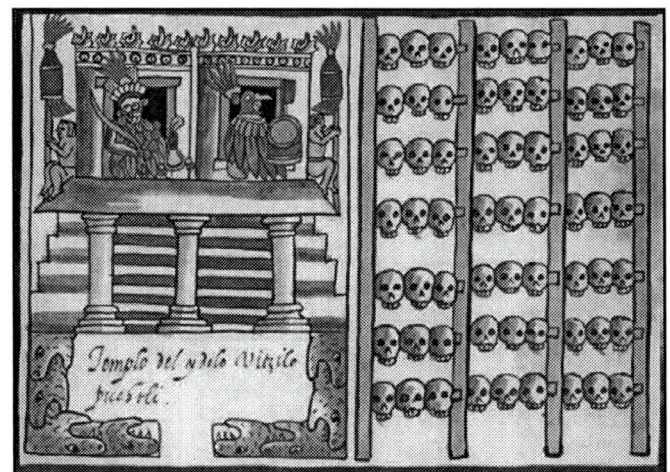

Templo dedicado a Huitzilopochtli, Códice Tóvar

sol renacía cada día y para vivir requería alimentarse de corazones humanos y sangre. La mayoría de las víctimas de los sacrificios humanos que ofrecían a sus dioses en espera de recibir sus favores eran prisioneros de guerra.

Sacrificio humano

También adoraban a Quetzalcóatl a quien representaban como una serpiente emplumada y asociaban con el planeta venus.

Escritura

Los aztecas desarrollaron una escritura pictográfica que relataba narraciones históricas, religiosas o mitológicas. Escribían en un papel de su propia creación parecido al papiro de los egipcios. Se conservan aún varios códices que recogen momentos históricos y elementos de la mitología azteca.

Artes y arquitectura

Los aztecas sobresalieron en la arquitectura y la escultura. Sus pirámides no terminaban en punta sino en un plano, como si se les hubiese cortado el tope. Al igual que los mayas construían en sus ciudades canchas rectangulares donde jugaban una variante del juego de la pelota. Utilizando sólo las piernas, los codos o las caderas los jugadores debían hacer pasar una pelota de caucho por un anillo de piedra o madera colgado de una pared.

En cuanto a la escultura, dejaron piezas en piedra de gran tamaño que representan dioses o jefes políticos y religiosos, sus mitos y sus hazañas, con las que adornaban sus templos y otros edificios. Uno de los temas más representados fue el de la serpiente emplumada símbolo de Quetzaltcoátl. El calendario azteca, tallado en una enorme piedra, que se conserva en el Museo nacional de antropología de la Ciudad de México es una obra maestra de la escultura de todas las épocas.

calendario azteca

Los aztecas dejaron también piezas de escultura más pequeñas en que representaban temas cotidianos, animales u objetos. Se conservan por ejemplo, unas pequeñas figuras de cerámica representando a la mujer como símbolo de la fertilidad. Desarrollaron también el arte textil, la orfebrería, para hacer joyas, y sobre todo, fueron expertos en la utilización de las plumas de pájaros para crear diversos tipos de vestimenta, tocados y joyas.

Actuales descendientes de los aztecas

Hoy en día, viviendo en diversas regiones de México y Centroamérica, podemos encontrar descendientes de los aztecas quienes mantienen vivas las costumbres de sus antepasados así como diversas variantes de su lengua, el náhuatl. Sus condiciones de vida, como la de los diversos grupos indígenas en la actualidad, son muy precarias y en general viven marginados de la sociedad.

B. Culturas andinas

1. Los incas

Lo que representaron los mayas y los aztecas para Mesoamérica, lo representaron los incas para la región andina: la cultura más avanzada. Se establecieron en el área del Cusco alrededor del año 1100 y desde ahí fueron expandiéndose llegando a crear un imperio que abarcó, por la costa occidental, desde lo que hoy se conoce como Colombia hasta el noroeste de Argentina pasando por Ecuador, Perú Bolivia y la mitad norte de Chile.

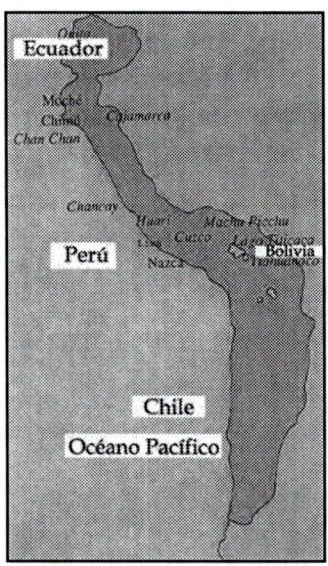

Administrativamente, el imperio o Tawantinsuyo estaba dividido en cuatro grandes regiones o suyos cuyo punto central era la ciudad de Cusco, que significa ombligo o centro del mundo. Cada suyo estaba bajo el mandato de un alto funcionario pariente del Sapa Inca. A partir del ángulo sur oriental de la plaza principal, salían cuatro caminos que conducían a los cuatro suyos.

En un comienzo el nombre inca era un título político que se aplicaba solamente a los jefes máximos del imperio, pero con el correr del tiempo los historiadores utilizaron este nombre para referirse a toda la población. La lengua oficial del imperio era el quechua.

Para facilitar la administración de este vasto imperio los incas construyeron una red de caminos que salían de Cusco, la capital y unían todo el territorio. Había dos caminos principales: el de la costa y el camino real o del inca que pasaba por las montañas, y de éstos salían muchos caminos transversales. A diferencia de los mayas y a semejanza de los aztecas, los incas eran un pueblo guerrero siendo su jefe máximo o emperador el Sapa

Inca, quien ofrecía protección al hombre común.

Existen aspectos poco conocidos, pero muy interesantes sobre las costumbres de los incas descubiertos en documentos inéditos por el reconocido historiador peruano Waldemar Espinoza Soriano. Según este historiador los incas eran un pueblo con un gran sentimiento de hermandad, de reciprocidad y colectivismo demostrado en su saludo. Cuenta Espinoza Soriano que amigos o familiares al encontrarse levantaban la mano derecha con la palma abierta a la altura del hombro y se decían unas palabras que traducidas eran algo como "Hola, hermano".

En cuanto a las relaciones amorosas, dice el investigador que no eran consideradas tan importantes porque los matrimonios eran arreglados por los padres, lo que no significa que no existiera en algunos casos el amor verdadero. Sobre la conducta sexual nos dice que entre los incas hubo homosexuales, lesbianas y travestís. Al homosexual se le llamaba hualmishcu y a la lesbiana, holjoshta. En la sierra sur, la homosexualidad no era aceptada, pero en la costa central y la costa norte era habitual. Incluso existían los prostíbulos de homosexuales (David Hidalgo Vega "El hombre que sabe de incas").

Organización social y política

El imperio incaico era una teocracia hereditaria basada en el sistema de ayllus, especies de clanes o grupos de parentesco sobre los cuales estaba el Sapa Inca quien era adorado como un dios. El Sapa Inca se casaba con una pariente suya, fuera su propia hermana, una prima o una sobrina quien se convertía en su esposa principal o colla, y la sucesión al poder recaía sobre uno de sus hijos varones con la colla, no necesariamente el primogénito, sino el que más capacitado estuviera para tomar el mando. El Sapa Inca poseía igualmente otras esposas, también de sangre real, y concubinas; sólo los miembros de la familia real podían ser polígamos. Los incas no perdonaban a los gobernantes inmorales. Comenta Espinoza Soriano que Inca Urco, quien según el cronista español Pedro Cieza de León gobernó por ocho años, fue descuartizado y sus miembros tirados en un río por ser un "hombre vil, cobarde, indigno, la vergüenza del Tawantinsuyo" (David Hidalgo Vega "El hombre que sabe de incas").

La sociedad estaba organizada en forma piramidal y constaba de tres clases. En el tope de la pirámide se encontraba el Sapa Inca y su familia real, y de entre los miembros de la familia real o la nobleza se escogían los sacerdotes que se encargaban de organizar la vida religiosa del imperio. Debajo de la nobleza u orejones (denominados así por los conquistadores por la deformación de sus orejas debido al uso de pendientes y adornos pesados que distinguía a los de su clase) estaban los servidores que incluían a los amautas u hombres sabios, quienes ejercían la actividad intelectual de educadores, poetas, historiadores, etc.; los yanaconas, en un comienzo esclavos y luego criados o sirvientes que realizaban todo tipo de trabajo manual; y los mitimaes, quienes eran enviados a poblar las regiones recién conquistadas. En la base de la pirámide estaban los runa o pueblo común quienes se ocupaban de la agricultura y la ganadería.

Economía

Una de las áreas de mayor desarrollo del pueblo inca fue la agricultura. Para cada zona desarrollaron una estrategia de cultivo que permitía obtener el máximo provecho del terreno. Construyeron grandes terrazas de cultivo en las laderas de las montañas así como camellones o waru waru en zonas altas inundables. Otro de sus grandes aciertos fue la elaboración de un excelente sistema de irrigación a través de canales gracias al cual abastecían de agua todo el imperio.

Laderas de cultivo en el Valle Sagrado, ruinas de Pisaq.

Para el cultivo de sus productos utilizaban una especie de arado de pie que ellos llamaban chaquitaclla. La actividad agrícola se llevaba a cabo comunitariamente y las cosechas se repartían entre las familias, el Estado y la jerarquía religiosa. El excedente de los productos, una vez estas capas de la población abastecidas, se depositaba en tambos, grandes almacenes a lo largo y a lo ancho del imperio para alimentar a los soldados. Sus productos agrícolas más importantes fueron la papa o patata y el maíz, pero también sembraban ají, chirimoyas o guanábanas, papayas, tomates y frijoles. Para todas las personas entre 25 y 50 años el trabajo era obligatorio.

Tenían un sistema de división de tierras con partes destinadas al Sol, al Inca y al Estado. La mayor parte de las tierras era destinada para el usufructo del pueblo donde cada hombre tenía derecho a un topo de tierra cultivable y cada mujer a medio topo (topo o tupu: medida basada en el paso humano, equivalente a 0.27 hectáreas). A la muerte de una persona su topo volvía a manos del Estado y éste era asignado a otra. El estado garantizaba una ayuda al anciano, al huérfano, a la viuda o al caído en desgracia, lo que corresponde en nuestros días a un sistema de seguridad social.

En cuanto a los animales domesticaron la llama, que utilizaban para el transporte de productos, así como la vicuña y la alpaca, muy apreciadas por su fina lana.

La economía inca no conoció la moneda.

Religión

Al igual que en la religión maya y azteca la vida religiosa del pueblo inca estaba muy ligada a la vida y actividades del pueblo, y los dioses adorados estaban, en su mayoría, relacionados con fenómenos de la naturaleza. Viracocha, creador y señor del cielo y de la tierra y todo lo viviente, era el nombre de su dios supremo, pero se cree que la adoración a este dios era practicada más bien por la minoría educada.

El pueblo común adoraba también otros dioses como Pachacamac, dios de la creación y de la vida, Inti, dios del sol (padre de los incas), y a las diosas de la luna (Mamaquilla), de la tierra (Pachamama), y del rayo y la lluvia (Illapa). Existía también entre los incas un culto importante a los antepasados, y la importancia de una persona dentro del ayllu la establecía su cercanía en descendencia al antepasado común.

Los incas realizaban ceremonias religiosas para pedir buenas cosechas o pedir la cura de ciertas enfermedades durante las cuales se sacrificaban animales.

Templo del Sol

También, como parte de la institución religiosa, existían las vírgenes del sol, o pallas, hermosas jóvenes educadas especialmente para mantener encendido el fuego sagrado al dios Inti. De entre ellas, el Sapa Inca escogía sus otras esposas.

Cóndor tallado en las rocas en las ruinas de Machu Picchu.

Escritura

A pesar de ser una cultura tan avanzada, los incas no tuvieron un sistema de escritura per se, pero desarrollaron, en cambio, un sistema muy efectivo para archivar datos, inventarios de población, de tropas, de cosechas así como fechas importantes que llamaban quipu.

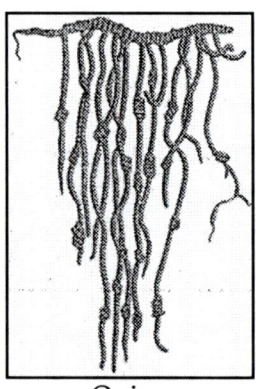

Quipu

El quipu consistía de una serie de cuerdas con nudos de varios colores que eran llevados por los chasquis (mensajeros) para transmitir información a todas partes del imperio. Los chasquis corrían en relevos alrededor de 402 kilómetros al día a lo largo de los caminos, y junto al quipu, transmitían un mensaje verbal. El color de los nudos indicaba a qué se refería la cantidad expresada por los mismos; el negro hacía alusión al tiempo, el azul a la religión, el amarillo al oro, el rojo al ejército el carmesí al jefe inca, el blanco a la paz, el azul a la religión, etc, pero dependiendo del tipo de información que llevara el quipu, los colores podían variar de significado. Aquellos objetos que normalmente no podían asociarse a un color eran clasificados por su importancia. Por ejemplo, en un quipu que hacía un inventario de armas, se colocaban primero las lanzas, puesto que las mismas eran consideradas el arma más honorable. Luego se marcaban las flechas, arcos, hachas, etc. En cuanto a las cantidades, el número más alto que se representaba era el 10.000 que se colocaba en lo más alto de la cuerda. Cada nudo representaba unidades o múltiplos de diez dependiendo de su localización en el quipu. En la parte inferior de la cuerda se colocaban las unidades. Cada cuerda tenía que ser lo suficientemente larga para dar espacio a nueve nudos entre una decena y otra. Un libro a consultar para leer ejemplos de cómo una historia podía ser contada a través del uso del quipu es *A Socialiast Empire: The Incas of Peru* de Louis Baudin.

Artes, arquitectura y ciencias

El pueblo inca sobresalió, sobre todo, en la arquitectura por sus magníficos templos y palacios de los cuales Machu Picchu que quiere decir "montaña vieja" en quechua es un ejemplo sin igual. Machu Picchu está ubicada a 100 kilómetros al noreste de Cusco. Hoy se puede realizar un tour virtual donde se pueden recorrer las calles y plazas de la ciudadela de Machu Picchu o vivir la experiencia de tomar aire desde la parte más alta del Huayna Picchu gracias a un proyecto del Patronato de Perú que utiliza una novedosa tecnología que permite recorrer la ciudadela a través de fotografías panorámicas en 360 grados. Para realizar su tour vaya a:

www.machupicchu360.com o www.mp360.com

Machu Picchu fue declarado patrimonio de la humanidad por la UNESCO en 1983.

Los incas también se destacaron en la ingeniería por la construcción de puentes colgantes hechos de sogas, de canales para regadío y de acueductos. Practicaron la orfebrería para hacer adornos en oro, plata y otros metales así como en combinación con piedras preciosas. El bronce lo utilizaron para hacer herramientas y adornos.

El reloj solar en Machu Picchu

Practicaron igualmente la cerámica y la fabricación de cestas y tejidos. Los tejidos eran variados en lana y algodón, algunos con diseños geométricos policromados, otros con brocados.

En cuanto a la tradición literaria existían entre los incas, como en otras civilizaciones antiguas, los cantores profesionales quienes recitaban sus poemas en ceremonias o festividades públicas. Gracias a ello, a pesar de no tener un sistema de escritura como ya mencionáramos, su literatura oral fue bastante prolífica, a juzgar por los fragmentos recogidos por los cronistas e historiadores españoles. La tradición oral ha permanecido arraigada en este pueblo y algunas de esas manifestaciones literarias han llegado hasta nuestros días en voces de los descendientes directos de este pueblo.

Indígena peruano, Cusco, 2006

Un elemento que diferenció a los incas de las otras civilizaciones prehispánicas fue su gran desarrollo en las ciencias de la medicina. Fueron diestros cirujanos y se distinguieron en la amputación de miembros y en las trepanaciones del cráneo.

Vista parcial de las ruinas de la ciudad perdida de Machu Picchu, ciudad sagrada de los incas, descubierta en 1911 por el norteamericano Hiram Bingham

En septiembre del 2006, en el Parque Nacional del Manu, Perú, el arqueólogo francés Thierry Jamin descubrió un conjunto de geoglifos y petroglifos de origen incaico. Los geoglifos, caminos grabados en la montaña, son similares a los de las Líneas de Nasca y confirman la presencia inca en la selva amazónica. Los petroglifos de unos 500 metros de extensión muestran rostros gigantes. Según su descubridor, el conjunto representaría un mapa de caminos secretos que conducirían a Paitati, la mítica ciudad perdida donde los incas habrían enterrado sus tesoros tras la muerte de Atahualpa.

2. Los araucanos

A la llegada de los españoles, este grupo ocupaba la parte central y sur del actual territorio de Chile, comprendiendo también el este de Argentina. Su nombre en lengua araucana es mapuche que significa gente de la tierra. El primero en referirse a ellos como araucanos, es decir provenientes de la región de la Araucanía, fue Alonso de Ercilla en su poema épico *La araucana* en el que describe la fiera lucha del pueblo mapuche o araucano contra los españoles.

India araucana

Son de gestos robustos, desbarbados,
bien formados los cuerpos y crecidos,
espaldas grandes, pechos levantados,
recios miembros, de nervios bien fornidos;
ágiles, desenvueltos, alentados,
animosos, valientes, atrevidos,
duros en el trabajo y sufridores
de fríos mortales, hambres y calores.
Alonso de Ercilla, La Araucana, 1569

Antes de la llegada de los conquistadores los araucanos vivían bajo un sistema matriarcal según el cual, en el momento del matrimonio, el esposo debía ir a vivir con la familia de la esposa. Sin embargo, cuando los españoles llegaron a tierra araucana, ese sistema había evolucionado hacia uno patriarcal. Eran polígamos y la cantidad de mujeres que un hombre poseía dependía de su posición económica pues para poder casarse, la mujer debía ser comprada a sus padres.

Como este grupo indígena no tuvo una forma de escritura lo que conocemos de su cultura y costumbres proviene mayormente de las crónicas escritas por los españoles. Entre otros detalles particulares se sabe que se preocupaban mucho por la higiene. Aún cuando las aguas de la región que habitaban eran tan frías, acostumbraban a bañarse todos los días. Se abrigaban con ropa hecha de lana y vivían en rukas, viviendas de una sola pieza sin ventanas y con una sola entrada. Al medio de la ruka mantenían una hoguera permanentemente encendida.

Organización social y política

A diferencia de otros grupos indígenas, los araucanos no establecían poblados o aldeas sino que vivían en clanes familiares independientes provenientes de un ancestro común y cada clan tenía su lonko o jefe. Era posible que los clanes guerrearan entre sí, por ello los araucanos se entrenaban desde pequeñitos para la guerra. De ser necesario, se unían bajo el mando de un jefe común llamado toqui. Este espíritu belicoso los caracterizó también frente a la colonización española siendo uno de los grupos aborígenes que con más fiereza luchó (durante más de 300 años) contra la conquista. Empleaban con gran destreza diversos tipos de armas como el arco y las flechas, las hondas y las lanzas. Dos de sus líderes durante esa larga lucha lo fueron Caupolicán y Lautaro.

A este grupo lo caracterizaba un gran sentido lúdico; los juegos de azar o de destreza eran algunas de sus actividades favoritas. Por ejemplo, el primer toqui elegido para dirigir la lucha contra los españoles, Caupolicán fue escogido a través de una prueba con troncos. Los oponentes tenían que cargar un pesado tronco de árbol sobre sus hombros. Cuenta la leyenda que Caupolicán caminó cargando el tronco por un día y una noche y así fue elegido jefe.

Otros juegos que practicaban eran el de la pelota o chueca que consistía en empujar con un palo curvo una pelota de madera y depositarla en un hueco en la tierra. Se jugaba entre dos equipos de 6 a 8 jugadores cada uno. Una de sus pruebas más interesantes era la del silencio, en la que ganaba la persona que pudiera guardar silencio por más tiempo.

El puesto ocupado por la mujer dentro de la sociedad araucana es particular. Por un lado el importante rol de chamán o hechicero y curandero de la tribu recaía casi exclusivamente en las mujeres, llamadas machis. Ser machi implicaba atender la salud física de las personas así como servir de guía espiritual. En el campo de la economía, cuando los araucanos pasaron de una economía exclusivamente basada en la caza y la pesca y comenzaron a dedicarse también a la agricultura las mujeres fueron las encargadas de limpiar, preparar el terreno y sembrar. En época de guerra podían acompañar a los hombres pero no combatir; su rol era el de cargar las armas y cocinar. No obstante, a pesar de tener a su cargo grandes responsabilidades en la vida económica y pública del grupo, en el seno de la familia no disfrutaban de iguales deferencias; era la costumbre que en la casa comieran primero el padre y los hijos varones y luego la mujer y las hijas.

Economía

Contrario a otras civilizaciones, los araucanos fueron un pueblo dedicado básicamente a la pesca, y consumían los alimentos crudos o muy poco cocidos. Cultivaban patatas, frijoles, maíz y calabaza, pero la agricultura no tuvo mayor importancia en su economía hasta que dejaron de ser nómadas y se establecieron de forma permanentemente en una región. La fabricación de textiles y tejidos fue una de las actividades más desarrolladas por los araucanos.

Actuales descendientes de los araucanos

En la actualidad, con una población de alrededor de 900.000 los araucanos constituyen uno de los grupos aborígenes más numerosos que existen. El término original mapuche se ha reivindicado y se prefiere por sobre el término araucano que por haber sido impuesto por los españoles se siente peyorativo. Los mapuches se dedican mayoritariamente a la agricultura y a la ganadería. También la artesanía y los tejidos constituyen actividades típicas del grupo. Fabrican adornos de plata, sillas de montar, artículos de cerámica, mantas o cubrecamas, alfombras, ponchos, abrigos, suéteres y otros artículos de lana. Tienen ciudadanía chilena o argentina y algunos de ellos ejercen actividades en la milicia, la docencia y la política del país. Sin embargo, la discriminación y abandono de este pueblo continúa en nuestros días y ellos siguen dando una enorme pelea para hacer valer sus derechos, lograr el reconocimiento de su cultura y la aplicación de una política económica que ponga fin a su explotación y atraso.

C. Culturas de las Antillas

Los caribes así como los taínos eran grupos aborígenes que ocupaban las Antillas a la llegada de los españoles. Descendientes lejanos de los arawaks, se cree que eran oriundos del Valle del Orinoco en lo que hoy es Venezuela y que fueron emigrando y poblando las Antillas. Los caribes y los taínos eran pueblos de características muy diferentes. Mientras que los primeros eran muy dados a la guerra, como los aztecas y los araucanos, los segundos eran un grupo en general pacífico y hospitalario. Los caribes, sin embargo, no peleaban bajo el mando de un jefe sino más bien de manera individual.

Tanto los caribes como los taínos eran excelentes navegantes y pasaban de una isla a otra en sus canoas. A la llegada de los españoles los caribes y los taínos estaban en guerra.

1. Los caribes

Vivían en pequeños clanes de familias emparentadas por el lado materno. Practicaban la caza, la pesca y también la agricultura. Para cazar usaban o hachas de piedra o arcos y flechas. Solían envenenar las flechas con curare, veneno extraído de una enredadera existente en Sudamérica. Curiosamente, el curare es mortal sólo cuando penetra por la piel, no cuando es ingerido, así que en las guerras la flecha era un arma de gran valor para los caribes. Se dice que eran un pueblo tan feroz que incluso practicaban la antropofagia.

Las mujeres se dedicaban a la agricultura y oficios domésticos. En el siglo XVII vivían en casas separadas. Contrario a lo que parece, los caribes mostraban un gran respeto por ellas y la mujer ejercía parte del poder.

Actuales descendientes de los caribes

En la actualidad, los pocos descendientes de este grupo aborigen (alrededor de 40,000) se encuentran localizados en áreas de Venezuela y las Guayanas.

2. Los taínos

Pueblo indígena que, a la llegada de los conquistadores, habitaba la mayor parte de las Antillas Mayores y Menores desde las Bahamas hasta Puerto Rico pasando por Haití, República Dominicana, Cuba y Jamaica. Fueron el primer pueblo indígena con quien los españoles tuvieron contacto al llegar a América. El consenso general entre los historiadores es que los taínos fueron la población aborigen más desarrollada de las Antillas.

El nombre taíno proviene de la lengua arawak y significa noble, bueno, selecto. Al llegar, los españoles intentaron comunicarse con los indígenas y se percataron de que éstos repetían constantemente la palabra taíno. De ahí les quedó el nombre. Por su carácter pacífico, estos nativos recibieron a los conquistadores sin oponer resistencia. No fue hasta que los españoles comenzaron a esclavizarlos que los mismos empezaron a rebelarse. En su diario, Cristóbal Colón los describió como gente de cuerpos esbeltos, altos y hermosos. De color oscuro o aceitunado y pelo corto. Eran carilampiños y sin vellos en el cuerpo; de lenguaje apacible y siempre con una sonrisa a flor de labios.

Los indígenas tenían la idea de que los españoles eran dioses y como tales, inmortales y por ello no se atrevían a rebelarse contra éstos. Cuenta la leyenda que el cacique Urayoán de Añasco, Puerto Rico, para probar la inmortalidad de los españoles, mandó a que mantuvieran bajo las aguas de un río a un joven de nombre Diego Salcedo. El joven se ahogó, lo que les indicó a los nativos que los españoles no eran inmortales y por lo tanto tampoco eran dioses, y así comenzó la rebelión de los taínos en esa isla.

Organización social y política

Jerárquicamente, la clase de mayor importancia eran los nitaínos que incluía a los caciques o líderes de los yucayeques o aldeas. Los caciques podían ser hombres o mujeres. Luego estaban los behíques o sacerdotes y finalmente los naborias, el indio común o trabajador.

La sociedad taína estaba muy bien organizada. Los taínos respetaban mucho los lazos familiares y muchas familias vivían en el mismo bohío (casa). Al igual que el Sapa Inca, los caciques podían tener más de una esposa y sus varias esposas e hijos compartían la misma vivienda. A diferencia del Sapa Inca, los taínos no contraían matrimonio con sus hermanas u otras parientes, sino con personas fuera del ámbito de la familia directa.

Cada aldea tenía su cacique y los bohíos estaban organizados alrededor de un batey. Al centro se encontraba la casa del cacique rodeada de las viviendas del resto de la tribu. A diferencia de las culturas de Mesoamérica y las andinas, los taínos no construyeron enormes pirámides. El batey era utilizado para las ceremonias religiosas así como para jugar a un juego muy parecido a lo que hoy día conocemos como fútbol.

Batey

Economía

Este era un pueblo que vivía en gran armonía con la naturaleza. Se alimentaban sobre todo de la caza y de la pesca. Diestros agricultores, cultivaban batatas, maíz, frijoles, guayaba, achiote (del que extraían colorante), tabaco y yuca (de la cual hacían harina para fabricar una especie de pan llamado casabe).

Cultivaban también algodón con el cual fabricaban mantas, las hamacas en que dormían y las pocas prendas de vestir que utilizaban. Aunque en general andaban completamente desnudos, en algunas de las islas las mujeres casadas utilizaban unas faldas cortas llamadas naguas y los hombres cubrían sus genitales con taparrabos. Los niños andaban desnudos.

La división del trabajo se hacía por género. Los hombres pescaban, cazaban y preparaban los terrenos para la cosecha. En general el terreno se preparaba quemando árboles y maleza. Las mujeres sembraban y cuidaban de las cosechas, hacían artesanías y textiles y cuidaban de los niños.

Religión

Los taínos eran una sociedad de gran religiosidad. Atribuían lo incomprensible a fuerzas naturales y atmosféricas y las representaban en estatuillas de piedra tallada o de arcilla llamadas cemíes. Dentro de su concepción religiosa de la vida y la muerte creían en la vida después de la muerte donde los buenos serían recompensados.

Tres deidades importantes eran reconocidas: Yuquiyú o Yucahú (existen diversas grafías de su nombre) ser supremo que representaba la bondad, Juracán (de donde surge la palabra española huracán) quien representaba la ira y Atabey, madre de Yuquiyú, diosa del agua fresca y la fertilidad representada siempre con la mitad superior humana y la mitad inferior de rana, símbolo de la fertilidad entre los taínos.

La ceremonia religiosa más solemne era el areyto en la que bailaban, cantaban y al ritmo de tambores recitaban colectivamente las leyendas y hazañas de la tribu. También les cantaban a las fuerzas cósmicas, a las plantas y animales y a sus dioses.

Areyto
Ceremonial Dances or celebrations

Preguntas de comprensión y repaso

Las primeras civilizaciones en la América precolombina

I.1 Los orígenes
1. ¿De dónde se cree llegaron los primeros pobladores de América y cómo llegaron hasta aquí?
2. ¿Qué caracterizaba a estos primeros grupos de habitantes?
3. Mencione algunos productos originarios de las Américas.

I.2. Civilizaciones existentes a la llegada de los españoles
1. Mencione las tres grandes civilizaciones aborígenes encontradas por los españoles a su llegada y los pueblos que las componían.

Los mayas
1. ¿Qué región comprende Mesoamérica?
2. ¿De qué otro grupo aborigen eran descendientes los mayas?
3. ¿Eran los mayas un grupo homogéneo?
4. ¿Qué es lo más significativo del calendario maya?
5. ¿Cómo representaban los mayas los números?
6. Mencione las cuatro clases sociales en que se dividía la sociedad maya.
7. ¿Cuál era su organización política?
8. ¿En qué se basaba su economía?
9. ¿Utilizaron los mayas alguna moneda para comerciar?
10. ¿Cómo era su religión y quién era Kukulkán?
11. ¿Qué son los códices?
12. ¿Qué es el *Popol Vuh*? Es como la Biblia cristiana
13. ¿En qué artes se destacaron los mayas?
14. ¿Qué es *Rabinal Achí*? una obra dramática de carácter político

Los aztecas
1. ¿De qué civilización es descendiente este grupo?
2. Describa la ciudad de Tenochtitlán.
3. Según la leyenda, ¿dónde debían construir los aztecas su ciudad?
4. ¿Qué diferencia existía en el carácter de los mayas y los aztecas?
5. ¿En qué clases sociales se dividía el pueblo azteca?
6. ¿Cómo podían los esclavos obtener su libertad?
7. ¿Cuál fue la importancia del mercado de Tlatelolco?
8. ¿Quién fue Huitzilopochtli?
9. ¿Qué tipo de escritura desarrollaron los aztecas?
10. Describa el juego de pelota que jugaban los aztecas.
11. Los aztecas hablan diversas variantes de ¿qué lengua?

Los incas
1. ¿Qué territorio abarcó el imperio incaico?
2. ¿Cuál era la lengua oficial del imperio?
3. ¿Cómo lograron administrar tan vasto imperio?
4. ¿Qué es la colla?
5. ¿Cómo se transmitía el poder en la sociedad incaica?
6. Describa el sistema de clases sociales en la sociedad incaica.
7. Explique la división política del imperio.
8. ¿Qué adelantos lograron en términos de la agricultura?
9. ¿Quiénes estaban obligados a trabajar?
10. ¿Para qué utilizaban los animales que domesticaron?
11. ¿Quién era Viracocha?
12. Mencione algunos dioses incas.
13. ¿Quiénes eran las vírgenes del sol?
14. Explique qué cosa eran el quipus y los chasquis y cómo estaban relacionados.
15. ¿En qué elementos de ingeniería se destacaron los incas?
16. ¿Qué desarrollo en las ciencias médicas demostraron los incas?

Los araucanos
1. ¿Qué territorio ocupaban los mapuches a la llegada de los conquistadores?
2. ¿Cómo se enfrentaron a los españoles?
3. ¿Qué es un toqui y cómo fue elegido el primero? ¿Quién fue?
4. Explique la contradicción existente entre el puesto que ocupaba la mujer dentro de la sociedad araucana y las labores que debía realizar.
5. ¿En qué se ve el carácter lúdico de los araucanos?
6. ¿De qué manera están integrados los araucanos hoy en día en la vida de Chile?

Los caribes
1. ¿De qué grupo eran descendientes los caribes y los taínos?
2. ¿En qué se diferenciaban los dos pueblos?
3. ¿Qué instrumentos utilizaban los caribes para cazar?
4. ¿Qué es el curare y para qué lo usaban?
5. ¿Cómo se manifestaba la ferocidad de los caribes?

Los taínos
1. ¿Qué región ocupaban los taínos?
2. ¿Qué significa el vocablo "taíno" en lengua arawak?
3. Explique la actitud con que los taínos recibieron a los conquistadores y por qué se produjo el cambio.
4. ¿Cómo comenzó la rebelión de los taínos en Puerto Rico?
5. ¿En qué se diferenciaban los taínos del Sapa Inca?

6. ¿Cree Ud. que la mujer tenía un rol importante en la sociedad taína? ¿Por qué?
7. ¿Dónde realizaban los taínos sus ceremonias religiosas?
8. ¿Con qué fin cultivaban el algodón?
9. ¿Cómo se organizaba el trabajo?
10. ¿Qué eran los cemíes?
11. ¿Cuál era el símbolo de la fertilidad para los taínos?
12. Mencione sus tres deidades más importantes.
13. Explique la ceremonia del areyto.

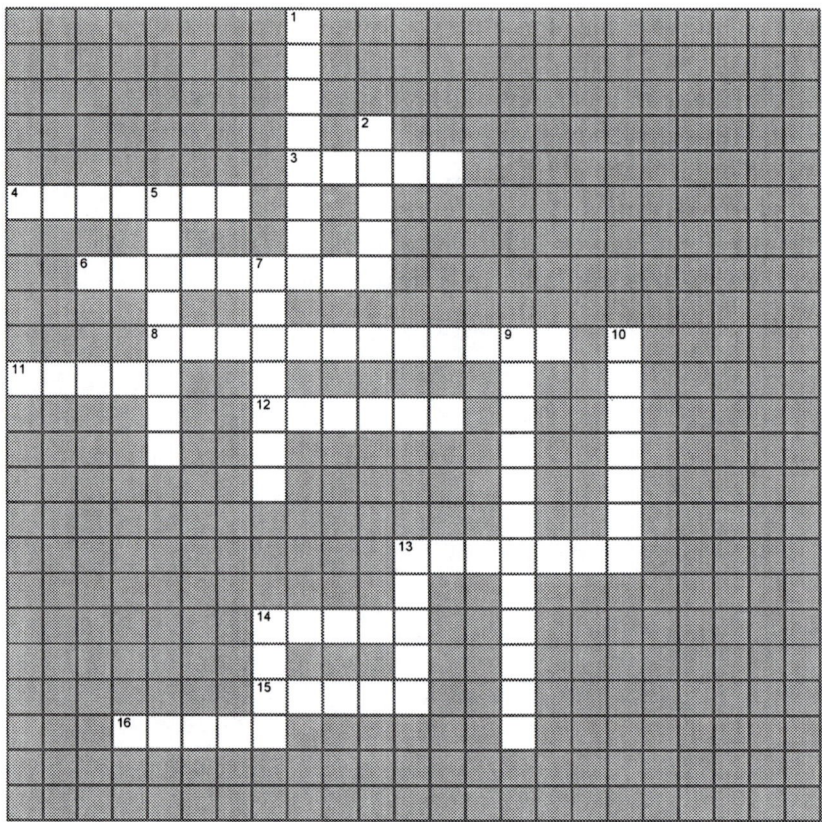

Horizontales

3. Animal que servía a los incas para el transporte
4. Dios taíno de la ira
6. Indígenas que poblaban el sur de Chile y parte de Argentina
8. Dios azteca representado como serpiente emplumada
11. Cuerdas que servían para archivar datos entre los incas
12. Veneno con que los caribes untaban las flechas
13. Libros hechos de corteza de árbol o piel de animal
14. Cultura más avanzada de la región andina
15. Significa noble, bueno, selecto
16. Curandera araucana

Verticales

1. Dios del viento de los mayas
2. Descendientes de los olmecas
5. Mensajeros incas
7. Segunda gran cultura de Mesoamérica
9. Nombre dado por los incas a su imperio
10. Única tribu antropófaga
13. Capital del imperio incaico
14. Dios del sol de los incas

¿Cuánto sabemos ahora?

Utilice el siguiente banco de palabras para contestar las preguntas y luego vuelva a la sección **¿Cuánto sabemos?** al comienzo del capítulo para comparar sus respuestas antes de estudiar el capítulo y después.

lenguas, antropófagos, politeístas, incas, nómadas, la pelota, ciudadanía, Centroamérica, aborígenes, belicoso

1. Los primeros habitantes de las Américas no fueron grupos sedentarios sino _____.

2. Un sinónimo de Mesoamérica es _____.

3. El tabaco, el maíz, las papas y los frijoles son productos _____ de las Américas.

4. El quechua, el aymará, el arawak, el araucano son ejemplos de algunas _____ indígenas.

5. Machu Picchu es también conocida como la ciudad sagrada de los _____.

6. El juego de _____ en diversas variantes fue practicado por la mayoría de las civilizaciones prehispánicas.

7. Los aztecas se distinguieron por su carácter _____ y los sacrificios humanos que hacían a sus dioses.

8. De las culturas prehispánicas, sólo los caribes eran _____.

9. Hoy en día, los descendientes de los araucanos tienen _____ chilena.

10. Las civilizaciones prehispánicas creían en diversos dioses, eran _____.

Más allá de los hechos: temas para pensar, investigar, escribir y conversar

1. Establezca similitudes y diferencias entre las civilizaciones prehispánicas estudiadas en cuanto a organización política y social, religión, economía y desarrollo de las artes.

2. Partiendo del grado de desarrollo que tenían estas civilizaciones a la llegada de los europeos, imagine cómo serían éstas hoy en día si no se hubiera producido el descubrimiento.

3. ¿Qué relación se puede establecer entre estas civilizaciones y nuestras sociedades hoy en día con respecto a la vida social política y religiosa?

4. Compare y contraste la situación de la mujer dentro de las sociedades prehispánicas con la situación de la mujer en nuestras sociedades.

5. ¿Cuál es el peso de la religión en la estructura social de las culturas prehispánicas? ¿Conoce Ud. algún o algunos países hoy en día en que la religión tenga el mismo grado de poder en la sociedad?

6. Compare y contraste el rol de las diversiones y los deportes en las sociedades prehispánicas con el rol de los mismos en nuestras sociedades.

7. Partiendo de *La araucana* y del *Diario de Cristóbal Colón*, compare a los araucanos con los taínos tanto físicamente como en su carácter y personalidad.

CAPÍTULO II
De los imperios indígenas a los virreinatos de la conquista y colonización

¿Cuánto sabemos?

I. Conteste las siguientes preguntas y luego compare sus respuestas con un compañero/a de clase. Cuando termine de estudiar el capítulo, después de completar la sección **¿Cuánto sabemos ahora?** vea cuáles de sus respuestas iniciales estaban correctas.

1) Cristóbal Colón, el descubridor de América, era de origen español:

Cierto o Falso

2) Los reyes españoles al momento del descubrimiento eran:

Fernando de Aragon y Isabel de Castilla

3) El primer territorio al que llegó Colón en su primer viaje fue:
- a) Colombia
- b) México
- c) San Agustín, la Florida
- d) San Salvador, Las Bahamas

4) Cristóbal Colón hizo un total de cuatro viajes al Nuevo Mundo:

Cierto o Falso

5) La única razón por la cual los indígenas desaparecieron fue porque murieron en las guerras de resistencia contra la colonización española:

Cierto o Falso

6) En Brasil se habla:
- a) español
- b) portugués
- c) inglés
- d) brasileño

7) En todos los países de Sudamérica se habla español:

Cierto o Falso

II. Empareje:

_____ 1. Hernán Cortés

_____ 2. Francisco Pizarro

_____ 3. Moctezuma

_____ 4. Fernando de Magallanes

_____ 5. El Dorado

_____ 6. Criollo

_____ 7. Leyenda negra

A. Hijo de español nacido en América

B. Leyenda sobre riquezas en el Nuevo Mundo

C. Visión antiespañola de la conquista

D. Descubrió el estrecho que lleva su nombre

E. Conquistador del Perú

F. Emperador azteca a la llegada de los españoles

G. Conquistador de México

CAPÍTULO II
De los imperios indígenas a los virreinatos de la conquista y colonización

II.1. El descubrimiento

El 12 de octubre de 1492, bajo los auspicios de los reyes de España, Fernando de Aragón e Isabel de Castilla, el navegante genovés Cristóbal Colón tocó tierra americana. Desembarcó en la isla de Guanahaní, habitada por los taínos, en el archipiélago de Las Bahamas y le dio el nombre de San Salvador. Como Colón había salido rumbo a las Indias, al llegar a esta isla creyó haber llegado a su destino y por ello llamó "indios" a sus habitantes.

El descubrimiento

Ante la actitud de estupefacción y la conducta de mansedumbre de los habitantes de la isla, Colón tomó posesión de la misma en nombre de los monarcas españoles. Sobre este momento histórico nos dice Hernando Colón en su libro sobre su padre *Vida del almirante don Cristóbal Colón*: "Concurrieron muchos indios a esta fiesta y alegría, y viendo el Almirante que era gente mansa, tranquila y de gran sencillez, les dio algunos bonetes rojos y cuentas de vidrio, las que se ponían al cuello; y otras cosas de poco valor, que fueron más estimadas por ellos que si hubieran sido piedras preciosas de mucho precio" (Hernando Colón 1947: 91).

Esta actitud de docilidad se repitió en los naturales de todas las islas descubiertas por Colón en su primer viaje. Por su apariencia física tan diferente: tez clara y no cobriza barbudos y no lampiños, completamente cubiertos de ropa y no desnudos, los indígenas pensaron que los españoles eran seres divinos, opinión que reafirmaron cuando éstos les mostraron el poder de sus armas. Las armas de fuego provocaron en los naturales una peculiar mezcla de pavor y asombro puesto que les eran desconocidas.

Cuentan las crónicas que Guacanagarí, cacique de La Española, y el primero en entrar en tratos con los españoles, al escuchar el ruido de un cañonazo que Colón hizo disparar en su honor, exclamó que no le quedaba la menor duda de que los hombres blancos eran en efecto de origen divino pues sus manos estaban armadas de trueno y el trueno les obedecía.

Colón había llegado a la isla de La Española el 6 de diciembre. Acompañado de varios indígenas que le servían de guías, el Almirante había dejado la isla de San Salvador con el fin de encontrar el lugar donde se hallaban las minas de oro, codiciado metal que había visto en adornos utilizados por los indios para quienes el mismo no tenía ningún valor extraordinario. En su búsqueda del brillante metal, Colón había descubierto la isla de Cuba el 28 de octubre y poco más de un mes después había llegado a La Española. En su informe a los reyes, decía el Almirante que los nativos eran el pueblo más afable y bondadoso de la tierra.

Cuando la Santa María, una de las tres naves con que Colón realizó su primer viaje naufragó en las costas de La Española el 24 de diciembre, día de Navidad, el cacique Guacanagarí y sus hombres lo ayudaron a traer a tierra algunas de sus pertenencias y parte de la madera de la nave. Con la madera Colón dio orden de que se construyera un fuerte al que pusieron por nombre fuerte de la Navidad. Ésta fue la primera empresa de colaboración entre conquistadores y nativos que se produjo en el Nuevo Mundo. Al regresar a España para presentar su informe a los reyes, treinta y nueve de los ochenta hombres que habían embarcado con él en el Puerto de Palos quedaron en el fuerte. Con ello Colón pensaba dar comienzo a la colonización de las nuevas tierras a nombre de los monarcas católicos.

Para que Guacanagarí no quedara preocupado por la presencia de extranjeros sobre su tierra, el Almirante se aprovechó de la rivalidad existente entre los pacíficos taínos y los guerreros caribes. Según les habían explicado los taínos por señas y mostrándoles las cicatrices que tenían en el cuerpo, ellos eran atacados a menudo por otros indígenas que venían de otras islas en sus canoas y les robaban sus mujeres para convertirlas en esclavas. Los caribes eran temidos también por practicar la antropofagia. Colón le aseguró entonces a Guacanagarí que los españoles permanecían en la isla para defenderlo a él y a sus hombres de sus enemigos caribes mientras él regresaba a España a buscar más cuentas de colores y otras cosas de su gusto para traerles de regalo.

Los planes del Almirante, sin embargo, no resultaron como éste lo esperaba ya que tan pronto Colón dejó la isla en enero de 1493 sobrevino el caos. A la amabilidad de los indios, los españoles respondieron con abuso y maltrato. La codicia los llevó a pelearse entre sí por el oro y las mujeres. Unos abandonaron el fuerte en busca de las minas y fueron asesinados por Canoabó, cacique de la región donde éstas estaban localizadas. Luego, Canoabó vino hasta el fuerte con sus hombres e incendió las casas mientras los diez españoles que allí quedaban dormían. Estos huyeron hacia el mar pereciendo ahogados.

Mientras tanto, en España, Colón preparaba junto a Isabel y Fernando su segundo viaje al Nuevo Mundo. Para los monarcas, este segundo viaje representaba sentar las bases de un poderoso imperio. Sin embargo, a pesar de que Colón logró fundar este imperio no es a él, sino al navegante italiano Américo Vespucio, a quien se le acredita el haber sido el primero en afirmar que estas tierras no eran parte de Asia sino un mundo nuevo. Es por ello que se le dio a estas tierras el nombre de América.

Colón regresó a América no solamente con el encargo de establecer poblados, colonizar las tierras y extraer riquezas para beneficio de la corona sino también de ejercer su poder sobre los habitantes y convertirlos en buenos cristianos y sumisos súbditos. Cuando el Almirante llegó de regreso a La Española meses más tarde convertido en virrey y gobernador por gracia de los reyes católicos, encontró todo destruido y sus hombres muertos.

Sin perder la calma, Colón decidió buscar un lugar más hospitalario donde fundar un poblado, lo que hizo muy cerca de donde estaban las grandes minas de oro. Llamó a este pueblo Isabela, en honor a la reina Isabel. Más adelante, para protección, hizo construir otro fuerte al que llamaron el fuerte de Santo Tomás. Frente a las ruinas de Isabela, destruida por las luchas entre españoles e indígenas, se fundó en 1496 Santo Domingo, hoy capital de la República Dominicana, la ciudad hispánica más antigua del nuevo continente.

Dos otros viajes hizo Colón al Nuevo Mundo, en 1498 y en 1502. En 1508 fundó el poblado de Villa Caparra en lo que hoy conocemos como Puerto Rico, primer asentamiento español en la isla que había sido descubierta en 1493. El primer gobernador de Puerto Rico lo fue Juan Ponce de León quien luego, en 1513 abandonara la isla en busca de la famosa fuente de la juventud y en su búsqueda descubrió La Florida.

Juan Ponce de León

Los primeros poblados en la isla de Cuba: Baracoa, Santiago de Cuba y La Habana se establecieron entre 1511 y 1514. Con la fundación de estos poblados dio comienzo la colonización española en América.

II.2. Conquista y colonización

Excepto el territorio del Brasil que era colonia portuguesa, durante el siglo XVI las tierras del llamado Nuevo Mundo hicieron del imperio español el más grande de la época. Las leyendas de riquezas y lugares legendarios como la de las siete ciudades de Cíbola con sus calles cubiertas de joyas y piedras preciosas o El Dorado, o la maravillosa fuente de la juventud cuyas aguas rejuvenecían por la eternidad a quien las bebiera dieron una dimensión mítica al proceso de conquista y colonización. Fue un proceso complejo y arduo y en el mismo participó una representación bastante amplia de la sociedad española: soldados u hombres de armas, marineros, comerciantes, religiosos -encargados tanto de la educación del alma como de la formación intelectual- campesinos, agricultores, aventureros e incluso delincuentes. Sin embargo, más que cumplir el encargo de los reyes de colonizar las tierras y ganar almas para la fe católica predominó en los colonizadores un desmesurado espíritu de codicia y un desenfrenado interés de enriquecimiento instantáneo y fácil.

Cuando comenzó a escasear el oro que poseían los indios y que habían entregado voluntariamente a los españoles, o que en algunos casos les había sido quitado por la fuerza, los colonizadores impusieron en los aborígenes el trabajo forzado. Con la explotación de las minas en las Antillas Mayores, los beneficios para la corona se triplicaron, pero la riqueza de las minas fue diezmando. Esta situación provocó cambios en la conformación de la población de las colonias, así como en la actividad económica en las mismas. Dado que los yacimientos de oro estaban casi agotados se comenzó a desarrollar la agricultura, sobre todo la siembra de las grandes plantaciones de caña de azúcar, y también la ganadería. Los indígenas, acostumbrados a una vida de labranza y de caza y pesca de supervivencia, no pudieron soportar las duras jornadas de trabajo a las que fueron sometidos. Tampoco sobrevivieron a las enfermedades traídas por los europeos a América a las que su cuerpo no era inmune. Para reemplazar esta falta de mano de obra, se introdujeron entonces esclavos africanos.

Durante los siglos que duró la conquista y colonización del continente las islas de las Antillas, por su estratégica posición geográfica, servirían de área de abastecimiento para los galeones que partían en expediciones hacia México, sur de Norte América, Centro y Sudamérica, así como punto de escala para aquellos que regresaban a España cargados con las riquezas de América.

Cuatro importantes momentos marcan el periodo de conquista y cuatro el de colonización de la llamada tierra firme, es decir tierra continental:

-la conquista de México por Hernán Cortés (1519, entrada a Tenochtitlán, 1521 conquista definitiva) y el sucesivo establecimiento del Virreinato de Nueva España en 1535;

-la conquista del Perú por Francisco Pizarro (1535) y el establecimiento del Virreinato del Perú en 1542;

-la conquista del norte de Sudamérica, región conformada hoy día por Colombia, Venezuela, Panamá y Ecuador por Gonzalo Jiménez de Quesada (1538) y el establecimiento del Virreinato de Nueva Granada en 1717;

-y la conquista de la parte sur de Sudamérica, región conformada hoy por Chile, Argentina y Paraguay por Pedro de Valdivia (1541), Pedro de Mendoza (1536) y Juan Salazar de Espinosa (1537) respectivamente y el establecimiento del Virreinato del Río de la Plata en 1776.

Hernán Cortés, quien ha pasado a la historia como "el conquistador de México" zarpó de Cuba en 1518 para conquistar el gran imperio indígena del cual había traído noticias Juan de Grijalva quien había explorado la costa de la península de Yucatán un año antes. El gobernador de Cuba, Diego Velázquez, le encargó esta empresa a Cortés, pero al ver el gran interés que éste ponía en la misma comenzó a sospechar que sus intenciones eran más bien de enriquecimiento personal y decidió relevarlo de su puesto. Mas, antes de que pudieran cumplirse las órdenes de Velázquez, Cortés ordenó a su tripulación de partir de Cuba precipitadamente. Llegaron a la isla de Cozumel, donde rescataron a Jerónimo de Aguilar, quien había aprendido la lengua maya durante sus años de cautiverio. Con él llegaron hasta la península de Yucatán donde se enfrentaron por primera vez a los indígenas. Gracias al miedo que causaron en estos últimos las armas de fuego y los caballos, pudieron vencerlos fácilmente.

Como era la costumbre, el pueblo derrotado le hizo entrega a Cortés de veinte jóvenes y hermosas princesas entre ellas Malinali o la Malinche. Doña Marina, nombre cristiano de la Malinche, se convirtió rápidamente en uno de los intérpretes de Cortés gracias a su dominio de la lengua maya así como del náhuatl, conocimiento lingüístico que se enriqueció rápidamente con su aprendizaje del español. Princesa azteca, Malinali había sido vendida por sus padres a un cacique de Tabasco, pueblo del que aprendió el maya. Con el tiempo pasó a ser la amante de Cortés de quien tuvo un hijo ilegítimo. Por su conversión al cristianismo y los servicios prestados a los conquistadores el pueblo mexicano ve en la Malinche el símbolo de la traición.

La Malinche y Cortés

La noticia de la llegada a tierras mexicanas de estos hombres barbudos de tez clara llegó hasta Tenochtitlán, capital del imperio azteca, a oídos del emperador Moctezuma II quien pensó que se trataba de Quetzalcóatl y sus hombres quienes, según la profecía, habían jurado regresar ese año por el este, lado por el que nace el sol, para vengarse por haber sido enviados al exilio varios siglos antes. Desde que supo de su llegada, Moctezuma envió mensajeros donde Cortés para ofrecerle, en señal de paz, que abandonaran sus tierras a cambio de todo el oro y la plata que quisieran. Sin embargo, no se atrevió a luchar contra ellos.

Cortés, quien ya había escuchado de las enormes riquezas que se encontraban al interior del país ordenó a sus hombres marchar hacia Tenochtitlán. Como algunos de éstos, fieles a Diego Velázquez no querían reconocerlo como líder de la expedición y se negaron a avanzar, hizo quemar los barcos para impedirles el regreso a Cuba. En su recorrido hacia Tenochtitlán, Cortés fue estableciendo alianzas con las tribus que encontraba a su paso, algunas vencidas por las armas, otras porque, agobiadas por los tributos que les habían sido impuestos, se unían a los españoles para luchar contra el imperio azteca opresor, renunciando incluso a sus dioses y creencias religiosas por orden de Cortés.

La entrada de Cortés y sus hombres a Tenochtitlán fue una entrada triunfal y Moctezuma los recibió con el más grande respeto, besando su propia mano con la que antes había tocado el suelo como era la costumbre para agasajar a huéspedes de tanto honor. Ante los ojos admirativos del pueblo azteca, Moctezuma, Cortés y sus hombres se dirigieron juntos al interior de la ciudad donde los españoles fueron acomodados en el palacio de Axayacatl, el padre de Moctezuma.

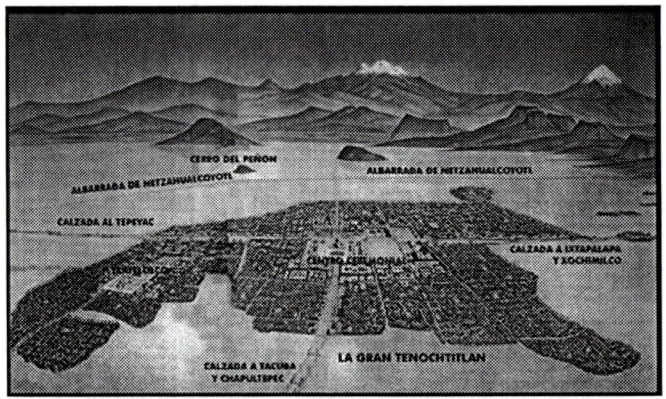

Mapa de Tenochtitlán

Los primeros días Cortés y sus hombres aprovecharon para conocer la ciudad quedando enormemente impresionados por la riqueza y colorido del mercado que cada cinco días florecía con los más variados productos venidos de todas partes del imperio. De pronto, llegaron noticias de problemas en la costa: Cualpopoca, gobernador representante de Moctezuma en la zona había entrado en guerra contra los españoles y varios de ellos habían muerto. La reacción de Cortés frente a esta situación fue ir a exigirle cuentas a Moctezuma, y a pesar de éste negar su relación con el incidente, Cortés decidió tomarlo como rehén para garantizar su propia protección y la de sus hombres. Éste fue el comienzo del fin del poderío de Moctezuma y su pérdida de confianza a los ojos del pueblo azteca pues aunque le permitían moverse con toda libertad en el palacio donde Cortés lo mantenía, al salir por la ciudad iba siempre acompañado de soldados españoles lo que lo hacía aparecer como el prisionero que realmente era. Cuando Cualpopoca y sus hombres fueron traídos a Tenochtitlán por orden de Moctezuma para ser juzgados y fueron condenados a la hoguera, Moctezuma fue encadenado por ser considerado cómplice.

Cortés sabía muy bien que para poder dominar al pueblo azteca y proclamarse gobernador general de México debía lograr dos cosas: que reconocieran al emperador Carlos V como su jefe máximo y que abrazaran la fe cristiana. Moctezuma fue entonces llevado, a pesar suyo, a reconocer a Carlos V como su rey, basado en la profecía sobre Quetzalcóatl, y a convencer a su pueblo de que también lo aceptara y le pagara tributo siguiendo su propio ejemplo. Sus hombres, acostumbrados a obedecerle en todo, se convirtieron de este modo en vasallos del rey español. El paso siguiente fue la cristianización, y a pesar de la oposición de Moctezuma las figuras de los dioses aztecas fueron destruidas y reemplazadas por altares cristianos donde sobresalían las imágenes de la Virgen y de otros santos.

Cortés tuvo noticias de que había llegado a Vera Cruz, ciudad que él había fundado en la costa, una expedición con Pánfilo de Narváez a la cabeza quien venía con órdenes de Diego de Velázquez de tomar preso a Cortés y llevarlo de regreso a Cuba. Cortés se vio entonces en la necesidad de partir hacia la costa para detener el avance de Narváez dejando a Pedro de Alvarado al mando de Tenochtitlán. En la costa, Cortés tuvo mucha suerte logrando vencer a Narváez y reclutando sus hombres para su propia causa. Desgraciadamente para Cortés, Alvarado no poseía su calculadora calma, y temiendo un ataque, atacó primero, dejando la masacre entre los aztecas, dando comienzo así a la guerra tan temida por Cortés como por Moctezuma.

De regreso de la costa, Cortés le pidió a Moctezuma que le hablara a su gente y les ordenara dejar de combatir para que los españoles pudieran abandonar la ciudad. Moctezuma le habló a su pueblo, y mientras lo hacía, llovieron flechas y piedras que aunque destinadas a los españoles que lo acompañaban, le hirieron gravemente provocándole la muerte tres días más tarde. Cuitláhuac, hermano de Moctezuma, quien había sido elegido su sucesor, comenzó su reinado, el cual no duró sino ochenta días. A su muerte le sucedió Cuauhtémoc, sobrino de Moctezuma, quien fue el último emperador azteca y murió a manos de los españoles.

Cortés y sus hombres abandonaron sigilosamente la ciudad la noche del treinta de junio de 1520 llevando consigo los tesoros amasados en esos ocho meses y aunque el mismo Cortés y sus hombres más cercanos lograron salir con vida, las pérdidas humanas, de animales y del tesoro fueron tan cuantiosas que la noche de la retirada de Tenochtitlán pasó a la historia con el nombre de la noche triste. Les tomó alrededor de un año juntar los hombres y las armas y elaborar las estrategias necesarias para conquistar definitivamente la ciudad, lo que lograron el trece de agosto de 1521.

Batalla entre españoles e indios

Cortés fue finalmente nombrado gobernador de México el 15 de octubre de 1522 y le dio el nombre de Nueva España al territorio por el parecido con el paisaje español, pero no sería hasta 1535 que el Virreinato de Nueva España sería establecido. Ya en esta época los territorios centroamericanos que ocupan hoy en día Guatemala, El Salvador, Nicaragua, Honduras y Costa Rica habían sido conquistados e incorporados al virreinato, el que por el norte llegó a incluir gran parte de la zona occidental de los actuales estados de California, Texas, Nuevo México, Arizona, Utah, Nevada y parte de Colorado. Aunque las aguas del Golfo de México y del Mar Caribe o de las Antillas estaban bajo la jurisdicción del Virreinato de Nueva España, el territorio de las Antillas Menores y Mayores no fue parte de este virreinato. Éstas estuvieron bajo la jurisdicción de la Capitanía General de Cuba. El virreinato terminó tres siglos más tarde, en 1821, con el advenimiento de la independencia.

II.4. La conquista del Perú y el establecimiento del Virreinato de Nueva Castilla o del Perú

Luego del establecimiento del Virreinato del Río de La Plata

Tras varias expediciones, en 1532 Francisco Pizarro fundó San Miguel de Piure, primera ciudad española en el Perú, y obtuvo autorización oficial de Carlos V para conquistar y colonizar ese territorio al que se denominó Nueva Castilla.

Por estos años el imperio incaico estaba dividido. A la muerte, en 1525, del emperador Huayna Cápac quien había llevado el imperio a lo más alto de su desarrollo, éste quedó dividido entre sus dos hijos: Huáscar y Atahualpa. En su lucha por el poder total Atahualpa y Huáscar se enfrentaron en fratricida guerra. Huáscar resultó vencido; Atahualpa lo hizo prisionero en 1530. Sin embargo, Atahualpa logró disfrutar de su triunfo por muy poco tiempo pues en 1532 se vio obligado a enfrentarse a Pizarro y sus hombres quienes a su vez lo tomaron preso a él.

Atahualpa

Como los seguidores de Huáscar habían unido fuerzas con los españoles en contra de Atahualpa, éste ordenó matar a su hermano Huáscar, el que murió ahogado. Luego, intentó comprar su libertad ofreciéndole a Pizarro llenar el cuarto donde se encontraba prisionero con oro y dos otros cuartos con plata a cambio de que le dejaran libre, pero fue ejecutado en 1533 por una sospecha infundada de que estaba complotando en contra de Pizarro. Con la muerte de Atahualpa, último emperador inca, dio comienzo la colonización española en esas tierras. Pizarro nombró emperador a Manco Cápac II, pero en realidad eran los españoles quienes mantenían el control del imperio. El mismo año en que se estableció el Virreinato de Nueva España, 1535, se fundó la ciudad de Lima, hoy capital del Perú y con ello se asentaron las bases de la colonización.

Ejecución de Atahualpa

El deseo de poder y la ambición de riquezas que caracterizaba a estos conquistadores no tenían límites. En 1535 Diego de Almagro, compañero de Pizarro en la conquista del Perú, realizó una expedición hacia el sur, hacia Chile. Al no encontrar las minas de oro y plata que esperaba regresó al Perú y a su regreso se enfrascó en una lucha por el poder con Pizarro. Como años antes Huáscar y Atahualpa, Pizarro y Almagro no lograron unir esfuerzos para triunfar y ambos murieron ejecutados a manos del enemigo, Almagro en 1538, en 1541 Pizarro. En 1542 es creado, por orden real, el virreinato del Perú cuyo primer virrey es Blasco Núñez de Vela quien llega a Lima en 1544.

Blasco Núñez de Vela, primer virrey

El virrey, como su nombre lo indica, el representante del rey en estas tierras, trata de imponer el cumplimiento de unas leyes promulgadas en España llamadas las leyes nuevas, destinadas a poner fin al abuso cometido contra los indígenas en territorios de América, pero los conquistadores cegados por la avaricia y el hambre de oro y plata no lo permitieron. En 1545 descubrieron las minas de plata de Potosí cuya explotación se llevó a cabo gracias a la utilización forzosa de mano de obra indígena. Las riquezas del Perú eran tan cuantiosas que en el idioma español ha quedado la frase: "esto vale un Perú" para describir algo que tiene mucho valor. En 1548 el virrey es asesinado y el país comienza a vivir un nuevo periodo de extremada violencia. No es sino hasta 1555, bajo el mandato de Andrés Hurtado de Mendoza, que el panorama comienza a cambiar y una era de prosperidad y paz comienza a vislumbrarse.

El virreinato del Perú llegó a abarcar todo el continente sudamericano, excepto Brasil, las Guayanas y la costa del Caribe en Venezuela. A lo largo del siglo XVIII, se fueron produciendo cambios en las fronteras territoriales y el virreinato del Perú perdió parte de sus territorios con el establecimiento de los virreinatos de Nueva Granada y del Río de la Plata quedando en la práctica con el territorio de lo que hoy es Perú.

El Virreinato de Nueva Granada como tal, que abarcó la región conformada actualmente por Panamá (hoy parte de Centro América), Colombia, Venezuela, y Ecuador se funda en 1717. Sin embargo, esos territorios habían sido explorados y colonizados desde mucho antes con la fundación de importantes ciudades como Santa María la Antigua del Darién, Panamá en 1510; Santa Marta (1525), Cali (1536) y Bogotá (1538) en Colombia; Quito (1534) y Guayaquil (1535) en Ecuador.

El Virreinato fue suprimido en 1723 para ser restablecido definitivamente en 1739. La importancia de este virreinato para la corona española durante el siglo XVIII fue doble. En primer lugar, las minas de oro en la región eran cuantiosas y la situación económica por la que atravesaba la corona española en esa época era precaria. Fue en esta región, en específico en los alrededores de Bogotá, que los conquistadores localizaron la leyenda de El Dorado. Según la mitología de los indígenas que habitaban la zona, había un cacique tan rico que solía cubrir su cuerpo con polvo de oro durante los festivales anuales. Los conquistadores trataron de encontrar el imperio de este cacique sin éxito alguno, pero al igual que la expresión "esto vale un Perú" está enraizada en hechos históricos, la leyenda de El Dorado ha pasado a simbolizar en español cualquier lugar donde se consigan riquezas de una manera fácil. Como hecho anecdótico cabe mencionar que el aeropuerto internacional de Bogotá se llama "El Dorado".

El segundo aspecto de considerable importancia fue la privilegiada situación geográfica de esta región pues permitía el acceso a dos océanos: el Pacífico y el Atlántico. Además servía de conexión entre Centro y Sudamérica. Por representar la puerta de entrada a los territorios más ricos en oro, plata y piedras preciosas esta región costera servía como bastión amurallado para protegerse de ataques de piratas y corsarios ingleses, franceses y holandeses que luchaban por apoderarse de parte de las inmensas riquezas que transportaban los galeones españoles.

II.6. El establecimiento del Virreinato del Río de la Plata

Aunque el establecimiento oficial del Virreinato del Río de la Plata (en la actualidad territorios de Bolivia, Chile, Paraguay, Uruguay y Argentina) no se produjo sino hasta 1776, la exploración y conquista de la parte sur del continente suramericano comenzó un poco antes de la conquista de México, en 1516, año en que Juan Díaz de Solís descubrió el Río de la Plata. Esta expedición fue seguida por la de Fernando de Magallanes quien navegando hacia el sur por toda la costa atlántica del continente llegó hasta el estrecho donde las aguas del océano Atlántico y el Pacífico se confunden. La expedición, compuesta de cinco naves y 250 hombres, partió de España en 1519; el 21 de octubre de 1520 entraron en aguas del estrecho que hoy lleva el nombre de su descubridor y en 1521 Magallanes murió en una isla de Filipinas combatiendo contra los indígenas sin poder completar su hazaña de circunnavegar el globo. Ésta fue completada por su contramaestre Juan Sebastián Elcano quien, con apenas una sola nave y dieciocho hombres, regresó a España en 1522.

Como ya sabemos, en 1535 Diego de Almagro partió desde el Perú hacia el sur en busca de más riquezas, pero no logró establecer ningún asentamiento debido a la valentía con que los araucanos defendían sus tierras y también al hecho de que los hombres que le acompañaban quedaron muy decepcionados al no encontrar la cantidad de metales preciosos que esperaban. Un año después, en febrero de 1536 Pedro de Mendoza estableció un fuerte en lo que hoy conocemos como Buenos Aires y en 1537, uno de sus hombres, Juan Salazar de Espinosa fundó la ciudad de Asunción, hoy en día capital de Paraguay.

No fue sino hasta 1539 que una nueva expedición, comandada por

Pedro de Valdivia, se organizó para salir a conquistar territorio chileno. En febrero de 1541 llegaron al valle de un río, el Mapocho, y considerando Valdivia que el río podría servir de barrera natural para protegerse de los ataques indígenas fundó allí la ciudad de Santiago de la Nueva Extremadura, hoy Santiago de Chile, capital del país. En 1550 y 1552 fueron fundadas otras ciudades en territorio chileno: Concepción y Valdivia respectivamente. La previsión de Valdivia al fundar Santiago fue, en efecto, lo que salvó la ciudad de ser destruida cuando, durante el levantamiento araucano de 1553, Valdivia fuera asesinado y la mayoría de las ciudades fueran arrasadas en lo que representó el comienzo de una guerra entre españoles e indígenas que se prolongó hasta 1881 cuando se firmó un tratado que selló la pacificación de la Araucanía.

La primera etapa de esta lucha fue recogida por el militar y escritor español Alonso de Ercilla en su poema épico *La araucana* en el que describe la valentía del pueblo araucano al resistir la conquista a través de las hazañas de los líderes Caupolicán y Lautaro. Lautaro, jefe mapuche, de joven trabajó como caballerizo de Valdivia, pero regresó con los suyos y organizó la insurrección usando como estrategia el ataque escalonado de grupos diferentes en oposición al ataque frontal de un solo cuerpo militar en lo que corresponde a la primera guerra de guerrillas en el continente.

Lautaro

El movimiento hacia el sur se fue consolidando. Es evidente que con la exploración y colonización de todo el cono sur la corona española quería resistir la avanzada de los portugueses, quienes tenían bajo su dominio la gran región del Brasil, así como contrarrestar las incursiones de flotas inglesas, francesas y holandesas que pretendían romper el monopolio comercial que los españoles tenían con sus colonias gracias al contrabando. Sólo así podrían afirmar su hegemonía sobre el continente suramericano.

Más adelante fueron fundadas otras ciudades en lo que es hoy Argentina. Córdoba y Santa Fe se fundaron en 1573, y en 1580, Juan de Garay dirigió el establecimiento definitivo de la ciudad de Buenos Aires, la que había sido fundada como un fuerte en 1537 y abandonada cinco años después debido, principalmente, a la hostilidad de los indígenas y a la imposibilidad de los españoles de conseguir víveres (alimentos).

Para el año 1620 toda la región del Río de la Plata hacía oficialmente parte del Virreinato del Perú. Sin embargo, para poder realizar sus objetivos de control sobre tan vastos y variados territorios y defenderlos del avance portugués, no bastaba simplemente con seguir avanzado, y el monarca español Carlos III se vio en la necesidad de hacer una redistribución territorial, como lo hiciera Felipe V en 1717 cuando estableció el Virreinato de Nueva Granada. Así, en 1776 quedó establecido el Virreinato del Río de la Plata, el que comprendió el territorio ocupado actualmente por Argentina, Bolivia, Paraguay, Uruguay, el sur de Brasil y la zona norte de Chile y cuyo primer virrey fue Pedro Antonio de Cevallos. El hacer de Buenos Aires, ciudad puerto, la capital del virreinato favoreció el desarrollo de ese territorio.

A. Vida durante la época colonial

Desde su posición etnocentrista europea, al confirmar que no habían llegado a las Indias, sino a nuevas tierras desconocidas para los europeos, los españoles se vieron a sí mismos como los "descubridores" de un nuevo mundo, y se adjudicaron el rol de introducir este mundo y sus habitantes a la historia de la humanidad tal como ellos la concebían. El espíritu de conquista que los había guiado en Europa en los siglos precedentes lo trajeron consigo a Hispanoamérica; se conquistó con las armas y se colonizó reproduciendo aquellas estructuras políticas, sociales y económicas de España que les permitían mantener absoluto control: gobierno absolutista, estratificación social, monopolio económico. En este afán nunca se les ocurrió pensar, como no se le ocurre pensar a ningún gobierno absolutista, que su inflexibilidad los llevaría siglos más tarde a perder el control sobre tan vasto imperio.

Es evidente que dentro de esta visión del mundo, los peninsulares "descubridores" estaban en la cúspide de la pirámide, ocupando los más importantes cargos de mando, mientras que los indígenas "descubiertos" ocupaban el escalón más bajo. En la medida que la vida en las colonias se desarrollaba, la situación se complicaba pues la sociedad dejó de ser bipolar y fue adquiriendo matices con el surgimiento de otras capas poblacionales. Primero surgieron los criollos (descendientes de españoles nacidos en el Nuevo Mundo) quienes gozaban de los mismos privilegios que los peninsulares. Sin embargo, el haber nacido en tierra americana los hacía sentir más cercanos a este continente y su futuro que a la Península.

Luego surgieron otros grupos producto del entrecruzamiento de razas: los mestizos, legítimos o ilegítimos (hijos de peninsulares con indígenas), y con la introducción de los esclavos africanos quienes al mezclarse dieron a su vez origen a los mulatos (hijos de blanco con negro) y a los zambos (descendientes de negro con indio). A más oscura la piel, más baja la posición ocupada en la escala social y peor la situación económica.

Muchos historiadores coinciden, sin embargo, en que la situación de los indígenas en la América Hispana era aún peor que la de los africanos puesto que estos últimos en algún punto de la historia tenían la opción de comprar su libertad. Como dato curioso podemos comparar el sentido de identidad de los mestizos con el de la segunda o tercera generación de latinos o hispanos en los Estados Unidos. En la época colonial los mestizos no eran aceptados de lleno ni por los peninsulares ni por los indígenas, lo que les hacía, hasta cierto punto, renegar de su herencia indígena pues la veían como el obstáculo al disfrute de ciertos privilegios y se vieron en la obligación de buscar una identidad desde la cual luchar por sus derechos, lo que explica su participación en las luchas por la independencia. En el caso de los latinos o hispanos en los Estados Unidos éstos no se sienten completamente aceptados por el país donde nacen o donde viven, pero tampoco se sienten completamente parte del país o la cultura de sus ancestros. Si regresan a su país de origen les llaman "gringos", y en Estados Unidos no son vistos como norteamericanos.

B. Organización política y judicial

Como mencionáramos, la organización político-judicial de las colonias se realizó a imagen y semejanza de España. Para facilitar la administración de los territorios conquistados se establecieron los virreinatos. El representante máximo en las colonias era entonces el virrey cuyo periodo en el poder, en los comienzos, dependió exclusivamente de que su trabajo fuera de la satisfacción de la corona. Más adelante esto se cambió por un periodo definido de tres años, renovable, dependiendo siempre de la decisión de la corona, hasta que finalmente se fijó en cinco el máximo número de años que un virrey podía permanecer en el poder.

El más alto organismo legislador, el Consejo de Indias, estaba localizado en la península, y sus miembros eran elegidos por los monarcas. Junto al virrey existía un cuerpo jurídico denominado Audiencia, el que tenía un carácter consultivo con respecto al rey y al virrey similar al Consejo del Reino en Castilla. Sin embargo, el rol principal de las audiencias americanas, un total de catorce (la primera establecida en Santo Domingo en 1524) fue uno de orden judicial para juzgar de igual modo casos civiles como criminales.

Tanto el virrey como los miembros de las audiencias eran nombrados en España; el virrey, a su vez, podía nombrar gobernadores que le ayudaran en su tarea. Los gobernadores estaban a la cabeza de las Capitanías Generales o Gobernaciones. Éstas eran establecidas en regiones aisladas o en territorios de importancia estratégica, fuera para la defensa contra corsarios y piratas extranjeros, como lo fue el caso de la Capitanía General de Cuba, fuera para someter poblaciones indígenas irreductibles, como la Capitanía General de Chile.

Las Capitanías Generales ejercían autoridad sobre asuntos de orden político, económico y militar y aunque dependían administrativa y políticamente de un virreinato mantenían cierta independencia en la administración de la justicia. El equivalente al gobierno municipal actual era el cabildo.

C. Economía

Para asegurarse de recibir el mayor beneficio posible de la explotación de las riquezas en el Nuevo Mundo y de que los colonizadores no utilizaran su poder para enriquecimiento propio en detrimento de la corona, se estableció en 1503 la Casa de Contratación que controlaba el traslado de toda carga humana, animal, vegetal y material hacia y desde las Indias. El monopolio comercial que se estableció entre la península y las colonias fue una de las razones que siglos más tarde contribuyó a que los criollos tomaran las armas contra los peninsulares durante las guerras de independencia del siglo XIX.

Como con la colonización también se trataba de propagar la fe cristiana, se establecieron las encomiendas. Un español, llamado el encomendero, recibía un cierto número de indígenas quienes trabajaban para él a cambio de que les proveyera alimentación, albergue, cuidado médico y educación religiosa. Este sistema parecía ser más justo que el sistema de mitas, nombre dado en las regiones andinas al trabajo forzoso de indígenas en las minas, pero en el fondo la explotación era la misma ya que los encomenderos, en general, estaban más preocupados por su beneficio personal que de la protección de los indígenas a su cargo.

La actividad económica más importante de la colonia durante los primeros años estuvo relacionada con los metales preciosos; en un comienzo éstos fueron entregados voluntariamente por los nativos, luego a mediados del siglo XVI comenzó el desarrollo de la minería. La agricultura y la ganadería se desarrollaron de manera paralela, más como medio de supervivencia que por interés comercial. Ello no quiere decir que productos cultivados en el Nuevo Mundo no fueran exportados hacia la península. Dos barcos reales visitaban los puertos de Porto Bello, Panamá; Veracruz, México; y Cartagena, Colombia dos veces al año trayendo cargamentos de productos manufacturados en la Península y llevando oro y plata así como productos cultivados en América tales como caña de azúcar, algodón, café, cacao y tabaco.

D. La religión, la educación y el desarrollo cultural

La iglesia católica y su máximo representante, el Papa, tuvieron un rol preponderante tanto durante la época de exploración y descubrimiento como en la de colonización del Nuevo Mundo. En 1494, dos años después del primer viaje de Colón, el Papa Alejandro VI intervino para mediar entre España y Portugal quienes se disputaban el derecho jurídico a explorar y descubrir nuevas tierras a este lado del océano y expandir así la fe cristiana. Gracias al Tratado de Tordesillas firmado en 1494 se estableció una línea de demarcación que establecía que los territorios descubiertos y por descubrir distantes de 370 leguas al este de las islas de Cabo Verde pertenecían al Rey de Portugal y al oeste a los Reyes de España. Seis años más tarde, en 1550, los portugueses descubrieron Brasil, el que caía dentro de sus límites territoriales lo que marcó la división luso-hispánica de Sudamérica (luso: de lusitano: portugués; Lusitania: provincia romana fundada en el año 27 a. C. por el emperador Augusto y que comprendía en parte lo que es hoy Portugal).

En las colonias, los sacerdotes se encargaron de la educación y de la propagación de la fe cristiana. Entre las órdenes religiosas que vinieron a América se encuentran los dominicos, los franciscanos y los jesuitas quienes estuvieron muy envueltos en el establecimiento de misiones como las de Nuevo México y California o reducciones como las de Paraguay y Uruguay logrando así convertir a muchos indios al catolicismo. En estas misiones o reducciones se les enseñaba a los indígenas algunos oficios artesanales, latín, elementos de aritmética, arte y música al tiempo que se les adoctrinaba en la nueva religión.

Más tarde, cuando se introdujeron esclavos africanos para reemplazar la mano de obra indígena que había ido diezmando a causa de los trabajos forzosos y las enfermedades, también se dedicaron a cristianizarlos a ellos.

El desarrollo cultural en las colonias estuvo igualmente vinculado a las iglesias. Durante los siglos XVII y XVIII los monasterios y conventos de las grandes ciudades como lo eran la Ciudad de México, capital del Virreinato de Nueva España y Lima, capital del Virreinato del Perú fueron también centros de diseminación cultural donde se llevaban a cabo tertulias, recitales de poesía, conciertos y representaciones teatrales.

Las primeras universidades fundadas en las colonias españolas fueron las de Santo Domingo (1538) y las de Lima y México (1551); la primera imprenta se introdujo en México en 1535.

E. La "leyenda negra" y el "encuentro de dos mundos"

Entre los sacerdotes que vinieron al Nuevo Mundo, el nombre de Fray Bartolomé de Las Casas quedó para la posteridad sobre todo por atreverse a denunciar frente a las cortes españolas los abusos cometidos por los encomenderos, en particular, y por los conquistadores, en general, contra los indígenas. Decía en su libro *Brevísima relación de la destrucción de las Indias* (1552): "La causa por que han muerto y destruido tantas y tales e tan infinito número de ánimas los cristianos ha sido solamente por tener por su fin último el oro y henchirse de riquezas en muy breves días e subir a estados muy altos e sin proporción de sus personas...".

Bartolomé de las Casas

La denuncia por parte de Las Casas de esta situación de abuso es considerada por muchos historiadores modernos como exagerada en sus estadísticas y descripción. También se le critica que en su defensa de la raza indígena favoreció la esclavitud al no oponerse abiertamente al trato que se le daba a los esclavos africanos. La denuncia de Las Casas fue retomada por los otros países europeos enemigos de España dando origen a lo que se ha llamado la "leyenda negra" que representa una interpretación antiespañola de la conquista que enfatiza la destrucción que se produjo con la llegada de los europeos.

La celebración en 1992 del quinto centenario de la presencia española en América abrió un debate sobre esta visión negativa del descubrimiento y colonización oponiéndole a ésta la visión positivista y universalista de "encuentro" de dos mundos, el hemisferio occidental (América) y el hemisferio oriental (Europa, Africa, Asia y Oceanía). La propuesta, presentada por México frente a la UNESCO en 1988 y aprobada unánimemente por los otros miembros, sostenía que al mirar la influencia española en América no se podían tener en cuenta solamente los aspectos negativos de la conquista, sino que era preciso también valorar el impacto positivo de la misma, los resultados del intercambio cultural que se había producido y que le habían dado a este continente las características particulares que hoy lo definen.

Si por un lado en este "encuentro" la cultura española con su lengua, religión e ideologías se impuso por la fuerza a las culturas prehispánicas, por otro lado la resistencia indígena logró que una nueva cultura surgiera de la fusión, la cultura hispanoamericana con sus variantes lingüísticas, su sincretismo religioso y sus particulares culturas regionales.

Los frailes no solamente se dedicaron a enseñarles latín y español a los nativos, sino que aprendieron de ellos las lenguas indígenas y los alfabetizaron también en su propia lengua gracias a las gramáticas y diccionarios que desarrollaron. El intercambio cultural que se estableció permitió que llegaran hasta nosotros elementos de la riqueza cultural indígena que de otro modo, quizás, habrían desaparecido. Con la adición del elemento africano al indígena y español se desarrolló el mestizaje, característica intrínseca de la sociedad hispanoamericana contemporánea.

Nadie como el gran poeta chileno, premio Nobel de literatura, Pablo Neruda para plasmar la dualidad de sentimiento y las contradicciones representadas por la leyenda negra y el encuentro de dos mundos:

"Qué buen idioma el mío, qué buena lengua heredamos de los conquistadores torvos. . . Todo se lo tragaban. . . Por donde pasaban quedaba arrasada la tierra. Pero a los bárbaros se les caían de las botas, de las barbas, de los yelmos, de las herraduras, como piedrecitas, las palabras luminosas que se quedaron aquí resplandecientes. . . el idioma. Salimos perdiendo. . . Salimos ganando. Se llevaron el oro y nos dejaron el oro. Se lo llevaron todo y nos dejaron todo. . . Nos dejaron las palabras". (Pablo Neruda, *Confieso que he vivido*, 74).

Preguntas de comprensión y repaso

De los imperios indígenas a los virreinatos de la conquista y colonización

II.1. El descubrimiento
1. ¿Cuándo llegó Colón a tierras del Nuevo Mundo y por qué llamó indios a los habitantes de Guanahaní?
2. ¿Cómo fueron recibidos Colón y sus hombres por los habitantes de las diferentes islas y por qué?
3. ¿Por qué creían los indios que los españoles eran seres divinos?
4. Explique la diferencia entre los indios taínos y los caribes.
5. ¿Qué relación trata de establecer Colón con Guacanagarí antes de regresar a España?
6. ¿Cuál es la ciudad hispánica más antigua del continente?
7. Mencione las tres islas donde los españoles fundaron los primeros poblados.

II.2. Conquista y colonización
1. ¿Por qué fue necesario introducir esclavos africanos?
2. ¿Cuáles fueron los cuatro virreinatos en que se dividió el imperio español?

II.3. La conquista de México y el establecimiento del Virreinato de Nueva España
1. ¿Quién fue Hernán Cortés y quién Doña Marina?
2. ¿Qué representa la Malinche para los mexicanos y por qué?
3. ¿Por qué no se atreve Moctezuma a luchar contra Cortés?
4. ¿Qué posibles razones pueden explicar el que los españoles hayan logrado conquistar un imperio tan grande, poderoso y organizado como el de los aztecas?
5. ¿Qué es la noche triste?
6 ¿Cuánto tiempo después de la entrada de Cortés a Tenochtitlán se logra definitivamente la conquista del pueblo azteca? ¿Fue fácil o difícil?
7. ¿Qué nombre le da Cortés al territorio una vez nombrado gobernador por Carlos V?
8. ¿Cuánto tiempo duró el virreinato y qué territorios incluyó?

II.4. La conquista del Perú y el establecimiento del Virreinato del Perú
1. ¿Cuál era la situación del imperio inca a la llegada de Pizarro?
2. ¿Cómo logró Pizarro la conquista definitiva del Perú?
3. ¿Qué comparación se puede hacer entre la relación de Huáscar y Atahualpa y la de Pizarro y Almagro?
4. ¿Cuándo se fundó el Virreinato del Perú? ¿Qué territorios comprendió?
5. ¿Qué significa en español la expresión "esto vale un Perú"?

II.5. El establecimiento del Virreinato de Nueva Granada

1. ¿Qué territorios abarcó el Virreinato de Nueva Granada y qué importancia tuvo para la corona española?

2. ¿Dónde tiene origen la leyenda de El Dorado?

II.6. El establecimiento del Virreinato del Río de la Plata

1. ¿Cuándo comenzó la exploración del sur del continente sudamericano?

2. ¿Quiénes fueron Magallanes y Elcano y qué hazaña realizaron?

3. ¿Por qué se hizo difícil el establecimiento de poblados y ciudades en el sur del continente?

4. ¿Dónde se funda la ciudad de Santiago, hoy capital de Chile y por qué se escoge ese lugar?

5. ¿Quién fue Alonso de Ercilla y cuál fue su importancia?

6. ¿Quiénes fueron Caupolicán y Lautaro?

7. ¿Qué interés tenía la corona española en continuar la exploración y colonización del sur del continente?

8. ¿Cuándo se estableció oficialmente el Virreinato del Río de la Plata y por qué?

A. Vida durante la época colonial

1. ¿Qué plan de conquista establecieron los españoles para garantizarse el éxito?

2. ¿Qué correlación había entre la capa social a la que se pertenecía y la situación económica en que se vivía durante la época colonial?

B. Organización política y judicial

1. ¿Cuál fue la organización política y judicial en las colonias?

C. Economía

1. ¿Cómo se manifestó el monopolio económico español en las colonias?

2. ¿Había alguna diferencia entre las encomiendas y las mitas?

3. ¿Qué actividades comerciales se desarrollaron durante la colonia?

D. La religión, la educación y el desarrollo cultural

1. ¿Cuál fue el papel de la Iglesia Católica durante el proceso de colonización?

E. La "leyenda negra" y el "encuentro de dos mundos"

1. ¿Quién fue Fray Bartolomé de las Casas y por qué es recordado?

2. Explique los términos "leyenda negra" y "encuentro de dos mundos".

Horizontales

2. Princesa india, amante de Cortés, símbolo de la traición para los mexicanos

4. Mítica ciudad construida en oro

6. Hijo de españoles nacido en el Nuevo Mundo

7. Interpretación fuertemente antiespañola de la conquista

10. Virreinato conformado por Colombia, Venezuela, Ecuador y parte de Panamá

11. Emperador azteca

13. Sacerdote español defensor de los indígenas

14. Hijo de blanco con negro

Verticales

1. Capital del imperio azteca

2. Hijo de peninsular con indígena

3. Descubridor de América

5. Conquistador de Perú

8. Cacique de La Española

9. Ofreció un cuarto lleno de oro a cambio de su libertad

12. Conquistador de México

¿Cuánto sabemos ahora?

Utilice el siguiente banco de palabras para contestar las preguntas y luego vuelva a la sección **¿Cuánto sabemos?** al comienzo del capítulo para comparar sus respuestas antes de estudiar el capítulo y después.

Hernán Cortés, leyenda negra, mestizos, portugués, Cíbola, epidemias, cuarto, francés, Moctezuma, Fernando de Castilla e Isabel la Católica, Fernando de Magallanes, Francisco Pizarro, trabajos forzosos, holandés, genovés, criollos, San Salvador, El Dorado

1. Los viajes de Colón fueron auspiciados por la corona española, pero Cristóbal Colón era de origen _____.

2. En 1492 España estaba gobernada por _____.

3. El primer territorio encontrado por Colón en su primer viaje fue la isla de Guanahaní en las Bahamas, la que bautizó con el nombre de _____.

4. El primer viaje de Colón fue en 1492 y el _____ y último, en 1502.

5. Entre las razones por las que en muchos lugares los indios fueron exterminados se encuentran las guerras, pero sobre todo los _____ y las _____.

6. Brasil fue colonia portuguesa, no española, por lo tanto en Brasil se habla _____.

7. En la Guyana francesa se habla _____ y en Surinam, antigua colonia holandesa se habla_____.

8. Cuando los españoles entraron a Tenochtitlán, hoy Ciudad de México, el emperador de los aztecas era _____ y el líder de los españoles era _____.

9. Huáscar y Atahualpa, líderes del imperio incaico, tuvieron que enfrentarse al conquistador _____.

10. Entre las leyendas sobre riquezas en el Nuevo Mundo podemos mencionar las de _____ hacia el norte del territorio ocupado por la Nueva España y de _____ en el territorio ocupado por la Nueva Granada.

11. Entre las nuevas capas poblacionales surgidas durante la conquista podemos mencionar a los _____, hijos de españoles peninsulares e indígenas y a los _____, hijos de españoles nacidos en América.

12. Entre las primeras exploraciones hacia el sur del continente sudamericano se encuentra la de _____ quien descubrió el estrecho que une las aguas del Océano Pacífico y el Atlántico.

13. En oposición a la _____ se habla del "encuentro de dos mundos" para dar una visión más completa y objetiva de la conquista española de América.

Más allá de los hechos: temas para pensar, investigar, escribir y conversar

1. Discuta su opinión sobre la leyenda negra y el encuentro de dos mundos como explicaciones de la conquista española del Nuevo Mundo.

2. Discuta qué conclusiones podemos sacar del hecho de que tanto España como Inglaterra llamaron muchos de sus territorios en el Nuevo Mundo anteponiendo el adjetivo nuevo/a a nombres de ciudades propias como Nueva España, Nueva Castilla, Nueva Granada, Nueva York, Nueva Jersey, Nueva Inglaterra.

3. Relea cuidadosamente las palabras de Neruda sobre lo que se llevaron los españoles y lo que nos dejaron como herencia. ¿Por qué cree Ud. que el poeta dice que al dejarnos el idioma, las palabras, nos dejaron todo y cómo esto representa su visión de cuál debe ser el oficio del poeta?

4. Busque información sobre Pablo Neruda y su colección de poemas *Canto general*. Trate de encontrar algún poema de esa colección relacionado con el tema del capítulo y tráigalo a clase para discusión.

5. Lea y comente la siguiente selección del libro *Memorias del fuego I Los nacimientos* del autor uruguayo Eduardo Galeano.

Agüeybaná

Hace tres años, el capitán Ponce de León llegó a esta isla de Puerto Rico en una carabela. El jefe Agüeybaná le abrió la casa, le ofreció de comer y de beber, le dio a elegir entre sus hijas y le mostró los ríos de donde sacaban el oro. También le regaló su nombre. Juan Ponce de León pasó a llamarse Agüeybaná y Agüeybaná recibió, a cambio, el nombre del conquistador.

Hace tres días el soldado Salcedo llegó, solo, a orillas del río Guauravo. Los indios le ofrecieron sus hombros para pasarlo. Al llegar a la mitad del río, lo dejaron caer y lo aplastaron contra el fondo hasta que dejó de patalear. Después, lo tendieron en la hierba.

Salcedo es ahora un globo de carne morada y crispada que velozmente se pudre al sol, apretado por la coraza y acosado por los bichos. Los indios lo miran, tapándose la nariz. Día y noche le han pedido perdón, por las dudas. Ya no vale la pena. Los tambores transmiten la buena nueva: Los invasores no son inmortales.

Mañana estallará la sublevación. Agüeybaná la encabezará" (66-67).

CAPÍTULO III
De la independencia al presente

¿Cuánto sabemos?

I. Conteste las siguientes preguntas y luego compare sus respuestas con un compañero/a de clase. Cuando termine de estudiar el capítulo, después de completar la sección **¿Cuánto sabemos ahora?** vea cuáles de sus respuestas iniciales estaban correctas.

1) La independencia de las colonias norteamericanas influyó en las luchas por la independencia en América Latina.

Cierto o Falso

2) El despotismo ilustrado fue un movimiento literario del siglo XIX.

Cierto o Falso

3) _____ es considerado "el libertador" de América.

4) La Inquisición fue:
      a) una institución judicial establecida por la Iglesia Católica
      b) una institución política establecida por el Rey de España
      c) un tipo de gobierno
      d) un sistema de interrogación

5) El destino manifiesto fue una doctrina promulgada por los Estados Unidos en 1945 para justificar la conquista y expansión sobre los territorios americanos que aún quedaban sin explorar.

Cierto o Falso

II. Empareje:

_____ 1. Túpac Amaru	A. Presidente de Chile de 1970-73
_____ 2. Puente entre Centro y Sudamérica	B. Costa Rica
_____ 3. No tiene ejército	C. Argentina
_____ 4. Rafael L. Trujillo	D. Líder inca que se rebeló contra los españoles
_____ 5. República Socialista	E. Opositoras a la dictadura en Argentina
_____ 6. Estado Libre Asociado	F. Doctrina Monroe
_____ 7. Capital es un puerto en el Atlántico	G. Cuba
_____ 8. Madres de Plaza de mayo	H. Puerto Rico
_____ 9. Salvador Allende	I. Dictador República Dominicana
_____ 10. "América para los americanos"	J. Guerrillero latinoamericano
_____11. Che Guevara	K. Panamá

CAPÍTULO III
De la independencia al presente

III.1. Siglo XIX

A. Razones para las luchas por la independencia

Los viajes de exploración y el descubrimiento de nuevos continentes pusieron en contacto e interrelacionaron diferentes países, culturas y sociedades durante los siglos XVI al XVIII. En la medida en que los viajes se hacían más frecuentes entre un punto y otro, en que el comercio, legal o de contrabando se desarrollaba, y en que las ideas pudieron viajar con más facilidad gracias a la invención de la imprenta por Johann Gutenberg en 1450 y a la expansión de su uso a diferentes partes del orbe, la influencia de unos pueblos sobre otros y las alianzas políticas se dejaron sentir cada vez más. Como podemos ver, la idea de globalización de la que escuchamos hablar tanto hoy en día con respecto a la economía es algo que ha venido evolucionando desde el momento en que el hombre se interesó en conocer lo que existía más allá de sus fronteras inmediatas.

En ese sentido podríamos afirmar que si bien es cierto que las luchas por la independencia en Hispanoamérica tuvieron una base interna: la situación imperante en las colonias, también es cierto que recibieron un impulso externo: la influencia en la población criolla de ideologías de liberación imperantes a fines del siglo XVIII a través del globo y los movimientos revolucionarios inspirados por éstas.

1. Globalización de conflictos: influencias externas

El siglo XVIII en Hispanoamérica estuvo marcado por las reformas que Carlos III de la Casa de Borbón, monarca de 1759 a 1788 y representante en España de lo que se llamó el despotismo ilustrado, introdujo en el gobierno y en las relaciones de la madre patria con las colonias. El despotismo ilustrado se caracterizó por un tipo de gobierno paternalista en que los monarcas gobernaban con el bienestar del pueblo en mente, pero sin incluir al pueblo en la toma de decisiones. Aunque desde el punto de vista de los peninsulares las reformas introducidas por Carlos III eran progresistas, lo cierto es que las mismas sólo resultaron en un fortalecimiento del poder monárquico frente al poder del gobierno local en las colonias.

Algunas de las reformas administrativas visaban a fortalecer el control de la corona sobre el territorio colonizado como lo fue el ordenar el establecimiento del virreinato del Río de la Plata. Otras apuntaban a una reestructuración de las relaciones comerciales con las colonias como lo fueron la eliminación del monopolio comercial del puerto de Sevilla (que por razones técnicas se había mudado al puerto de Cádiz en 1717); la apertura de otros trece puertos en España y su autorización, así como la autorización a otras compañías como la de Barcelona o la de Las Filipinas a comerciar con las colonias en América; y finalmente la habilitación de 22 puertos americanos y la autorización a compañías como la Guipuscoana de Venezuela a entablar relaciones comerciales con España.

Sin embargo, estas reformas excluían de plano el comercio entre las colonias en sí, lo que fue causa de gran malestar entre los criollos quienes veían el comercio entre unos puertos y otros como la posibilidad más viable de desarrollo económico de los territorios americanos. Debemos recordar que uno de los inconvenientes más grandes causados por el monopolio comercial fue la enorme cantidad de tiempo que demoraban los productos en llegar a su destino final desde el momento en que salían de Cádiz, y el contrabando surgido como consecuencia de esta tardanza.

Como medida política, Carlos III abolió las encomiendas y estableció las intendencias. Los intendentes eran oficiales administrativos nombrados por el rey, en su mayoría peninsulares, encargados de vigilar la administración colonial local, impulsar la economía y recaudar impuestos. En cierto modo su rol principal fue el de limitar el poder de los virreyes y de los gobiernos locales y frenar la corrupción administrativa imperante pues ellos ejercían poder en asuntos de justicia y del desarrollo social y económico de las colonias, y le reportaban directamente al rey.

Otra medida tomada por este monarca que redundó en contra de las colonias fue la expulsión de los jesuitas de todos sus territorios en 1767 con el fin de contrarrestar el gran poder político adquirido por la Iglesia gracias a las riquezas acumuladas. Para mediados del siglo XVIII la mayoría de los jesuitas eran criollos y la orden tenía bajo su dirección alrededor de 650 centros de estudios superiores y unas 24 universidades en todo el continente. Sin embargo, el exilio no les impidió a los jesuitas el colaborar con la causa de independencia de las colonias a través de sus críticas abiertas al gobierno absolutista español.

El poder absolutista seguía reinando sobre las colonias; no sólo el comercio seguía controlado, sino también el libre flujo de ideas pues la Inquisición dictaba qué libros podían leerse y cuáles estaban prohibidos obligando a los criollos educados a procurárselos de manera clandestina. Vale la pena recordar aquí que esta institución de tipo judicial fue establecida por la Iglesia Católica en la Edad Media para perseguir y enjuiciar a los acusados de herejía. En 1559 publicaron la primera edición del *Índice de libros prohibidos* y casi cuatro siglos más tarde, en 1948 publicaron la última edición del mismo, mas no fue hasta 1966 que fue eliminada la pena de excomunión a quienes leían estos libros.

Entre los libros prohibidos en los siglos XVIII y XIX se encontraban *El Contrato social* del pensador francés Juan Jacobo Rousseau así como *La declaración de los derechos del hombre* producto de la Revolución Francesa. Este último fue traducido al español por el político colombiano Antonio Nariño e impreso y distribuido de contrabando. Lo mismo sucedió con los libros que presentaban las ideas de los economistas liberales ingleses Adam Smith, John Stuart Mill y David Ricardo en defensa de la libre competencia, la libre iniciativa privada, el libre mercado.

En política, la independencia de las colonias americanas del poder inglés en 1776, el triunfo de la Revolución Francesa en 1789, así como las doctrinas de algunos de los pensadores que provocaron estos acontecimientos: Thomas Jefferson, Thomas Paine, Rousseau, Montesquieu influyeron enormemente en el pensamiento liberador criollo. La independencia de Haití del imperio francés en 1804 también sirvió de incentivo de lucha para los criollos. Estas luchas, cuyo fuego fue inflamado por las ideas que caracterizaron a lo que se ha llamado siglo de las luces o ilustración en el que la razón, la ciencia y el respeto a los derechos del hombre surgieron como faro por sobre la oscuridad y la ignorancia de la Edad Media marcaron la pauta a seguir para las colonias de América sometidas al absolutismo español. Cuando Napoleón Bonaparte invadió España y Portugal en 1808 y nombró a su hermano José como monarca, el país comenzó a perder el poder absolutista que tenía sobre su imperio americano.

2. Detonadores internos

La liberación de los territorios coloniales estuvo liderada por los criollos y mestizos ilustrados quienes por su privilegiada situación económica y posición social habían tenido la oportunidad de estudiar en el extranjero, tanto en los Estados Unidos como en Europa, y de haber estado, por lo tanto, en contacto con las ideas revolucionarias del siglo. La inconformidad y molestia por parte de criollos y mestizos ilustrados se tradujo en un gran resentimiento contra el sistema imperial español el que consideraban caduco. Aunque disfrutaban de los mismos privilegios económicos que los peninsulares, no ostentaban ningún poder político ya que eran los peninsulares quienes ocupaban la mayoría de los puestos de decisión en los gobiernos coloniales. Los criollos, como hijos de esta tierra se sentían más cercanos a la realidad americana que a lo que sucedía en la madre patria; es decir, se sentían más americanos que españoles. Por eso, el hecho de tener prohibido el comercio interno sin pasar por España creó un clima de inconformidad que encontró canalización en las luchas por la independencia. Los criollos deseaban autogobernarse y promover el desarrollo económico de los territorios americanos a través del libre comercio con otros países.

B. Guerras de independencia

La emancipación de las colonias españolas fue un proceso largo que comenzó a mediados del siglo XVIII con todo tipo de alzamientos a lo largo del continente. En su mayoría estas revueltas respondían más a intereses económicos de los criollos que a intereses políticos nacionales y fueron más bien reacciones de protesta contra el monopolio comercial o contra los altos impuestos.

En 1780, en Perú, sin embargo hubo un líder indígena, Túpac Amaru II (José Gabriel Condorcanqui, nacido en Cusco el 19 de marzo de 1742) quien indignado por el abuso de los españoles, a la cabeza de 6.000 indios organizó una enorme rebelión. Fue derrotado y condenado a morir descuartizado amarrados sus miembros a cuatro caballos. Al no poder cumplirse la sentencia fue arrastrado y descuartizado en la plaza pública de Cusco, la misma plaza en que su bisabuelo había sido decapitado. Más tarde lo que quedaba de su familia fue exterminada menos Fernando, su hijo de 12 años, quien fue enviado a España y condenado a prisión a vida. En 1760 se había casado con Micaela Bastidas quien fue asesinada frente a él para obligarlo a hablar.

Ejecución de Túpac Amaru II

También en 1780, en Bolivia, otro líder indígena Túpac Katari (Julián Apaza 1750-1781) encabezó otra rebelión frente a un ejército de 40.000 indígenas con los que sitió la ciudad de La Paz. Traicionado fue derrotado, hecho prisionero, condenado a muerte y luego desmembrado. Se dice que antes de morir dijo, "un día volveré hecho en millones". A comienzos de los noventa, nació en Bolivia el llamado Ejército guerrillero Túpac Katari cuyo objetivo era luchar contra la desigualdad social y que tomó su nombre en homenaje. Uno de sus máximos dirigentes fue el actual vicepresidente Álvaro García Linera.

Las luchas cuyo objetivo fue más bien la independencia de España y el establecimiento de naciones independientes comenzaron en el siglo XIX y se prolongaron a lo largo de todo el siglo. Fue un largo proceso de batallas militares y políticas que comenzó en los albores del siglo y que podríamos dividir en tres etapas, aunque éstas a veces se superponen. La primera etapa corresponde a la independencia de Sudamérica culminando en 1828 con la independencia del Uruguay. Entre 1810, año en que la Nueva Granada, hoy día Colombia declaró su independencia de España y 1828, los virreinatos de Nueva Granada, del Perú y del Río de la Plata fueron desintegrándose dando paso al nacimiento de las nuevas naciones. La segunda etapa la conforman las luchas por la liberación de México y Centro América donde para 1848 ya todos los países habían consolidado su independencia, y la tercera y última etapa las luchas de independencia de las colonias del Caribe que se produjeron en la segunda mitad del siglo, luchas que también incluían entre sus objetivos lograr la emancipación de la población esclava; en 1898 Cuba y Puerto Rico seguían aún bajo dominio español.

C. Héroes de la independencia hispanoamericana

1. Francisco de Miranda (1750-1816)

La primera tentativa de independencia fue dirigida por el militar Francisco de Miranda quien intentó, infructuosamente, de liberar a su país de origen, Venezuela. Miranda fue capitán del ejército español, mas la semilla de independencia y libertad que habitaba su espíritu lo llevó a luchar también del lado de las fuerzas de Jorge Washington y Lafayette por la independencia de las colonias norteamericanas de Inglaterra, así como del lado de las fuerzas revolucionarias durante la Revolución Francesa.

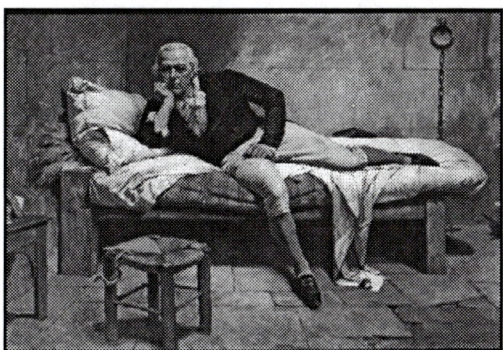

Francisco de Miranda en su celda en Cádiz

Trató de conseguir apoyo en Inglaterra, Francia y los Estados Unidos para la independencia de Hispanoamérica, y finalmente partió desde Nueva York con una expedición que organizara en esa ciudad. Llegó a costas venezolanas el 28 de abril de 1806 donde sus fuerzas fueron derrotadas. Hizo un segundo intento en los primeros días de agosto que también fracasó. Regresó a Londres, donde en 1810 se encontró con Simón Bolívar quien también había llegado allí buscando apoyo para la causa de la independencia de Venezuela. Regresaron al país con los mismos objetivos de lucha y finalmente en julio de 1811 Venezuela fue declarada independiente. Sin embargo, esta independencia no duró mucho debido a conflictos internos entre los diferentes grupos. En 1812 Miranda fue capturado por el ejército español y enviado a la cárcel. Murió en Cádiz en 1816.

2. Simón Bolívar

Conocido como el Libertador, Simón Bolívar es una de las figuras señeras de los movimientos de independencia del continente sudamericano, padre de la independencia de Colombia (1810), Venezuela (1811), Perú (1821), Ecuador (1822) y Bolivia (1825). Criollo nacido en Caracas en 1783, hijo de descendientes españoles con gran poderío económico, como todo criollo rico, el joven Bolívar se crió y tuvo una educación similar a la de un príncipe europeo. Su familia tenía grandes relaciones con la corona, a tal punto que el joven Bolívar, en sus visitas a la madre patria, solía jugar a la pelota vasca con el príncipe Fernando de Asturias. En uno de esos partidos Bolívar, por accidente, le hizo caer el sombrero al príncipe de un pelotazo. Considerándolo una afrenta, el príncipe exigió una apología. La negativa de Bolívar de doblegarse ante el príncipe por lo que él consideraba un accidente fue un presagio de lo que sucedería unos veinte años más tarde: Bolívar contribuiría al desmembramiento del imperio español en América. (Wepman, 113-14).

Simón Bolívar, el Libertador

Su labor dentro de la lucha de independencia de su país comenzó en 1807 cuando organizó una conspiración contra el régimen en el poder. Más adelante, en 1810 fue en misión diplomática a Londres con el propósito de lograr adeptos a la causa de liberación. Allí se encontró con Francisco de Miranda con quien unió fuerzas para regresar y continuar la lucha. Después de años caracterizados por un ir y venir de campañas militares -algunas ganadas, otras perdidas- y por periodos de exilio, en febrero de 1819 Bolívar fue elegido Presidente de Venezuela y en diciembre de ese mismo año fundó la República de Colombia. En el verano de 1819 Bolívar y San Martín, quien venía combatiendo desde el sur, se encontraron en la ciudad de Guayaquil y con un abrazo sellaron el triunfo de la independencia de las colonias sudamericanas en lo que la historia recuerda como el abrazo de Guayaquil. San Martín y sus tropas se sometieron a las fuerzas comandadas por el Libertador quien soñaba con establecer los Estados Unidos de Sudamérica y quien sería elegido presidente de la temporera Confederación de Venezuela, Colombia, Ecuador, Perú, y el Alto Perú al que Bolívar cambió de nombre por Bolivia. Las victorias militares dirigidas por Bolívar que consolidaron la definitiva independencia de Sudamérica del dominio español fueron las de Carabobo (1821), donde finalmente se consolidó la independencia de Venezuela y la batalla de Ayacucho (1824), bajo el mando del general Antonio José de Sucre, quien también liberó Guayaquil y Quito.

Dos mujeres influyeron de forma directa o indirecta en etapas cruciales en la vida de Bolívar: su esposa, la española María Teresa de Toro quien al morir inesperadamente de una enfermedad tropical le soltó las ataduras a una vida de conformidad familiar preparándolo a abrir camino al amor y la lucha por la patria, y Manuela Sáenz, quiteña a quien conoció en el año de 1822 y quien abandonó a su marido para seguir a Bolívar con quien permaneció hasta los últimos momentos de su vida. El amor que surgió entre ambos, tan ardiente como el que anteriormente había sentido Bolívar por María Teresa, le dio al Libertador la fortaleza necesaria para continuar la lucha hasta lograr su objetivo de una Hispanoamérica independiente, antes de morir en 1830. Bolívar la llamó "la Libertadora del Libertador" después de que le salvara la vida cuando un grupo de oficiales se amotinó para darle muerte el 25 de septiembre de 1828. Bolívar muere de tuberculosis en Santa Marta, Colombia camino al exilio. Manuela muere en la miseria en Paita, Perú, durante una epidemia de difteria en 1856. Fue enterrada en una fosa común y todos sus bienes, incluyendo la mayoría de las cartas de amor de Bolívar, quemados.

3. José de San Martín

Hacia el sur fue, entre otros, San Martín, argentino (1778-1850) quien lideró las luchas de independencia declarando en julio de 1816 la liberación de Argentina. Hubo por supuesto, otros líderes, como José Gaspar Rodríguez de Francia (1766-1840) quien declaró la independencia de Paraguay en mayo de 1811 y Bernardo O'Higgins, chileno, (1817-1823) quien gracias al apoyo de San Martín logró la independencia de Chile en 1818. Sin embargo fue sobre todo San Martín el que junto al Libertador, abrazó la causa de la liberación del continente. Atravesó fronteras hacia el norte y junto a Bolívar y a Sucre participó en la liberación del Ecuador así como en la campaña liberadora del Perú.

José de San Martín

El caso de la liberación del Uruguay no fue resuelto tan rápidamente. En 1814 los portugueses en Brasil invadieron este territorio conocido en ese entonces como la Banda Oriental y lograron conquistarlo. En 1821 el territorio fue oficialmente anexionado al Brasil. No fue hasta 1828 que el Uruguay pudo declarar su independencia del Brasil gracias al apoyo militar argentino.

4. Miguel Hidalgo

Sacerdote mexicano (1753-1811) conocido como el cura Hidalgo, padre de la independencia de su país. A diferencia de los otros héroes de la independencia, el cura Hidalgo no era militar; su lucha tuvo raíces más bien de justicia social. Fue su gran preocupación por las paupérrimas condiciones económicas de los indígenas la que le llevó, en septiembre de 1810, a proclamar el Grito de Dolores y tomar las armas contra las tropas realistas del gobierno español, pero fue derrotado en enero de 1811 sin alcanzar a llegar a la Ciudad de México, centro del poder. Sin embargo, es en este día que el país celebra el día de la independencia, por ser la primera insurrección de importancia contra la corona española.

Miguel Hidalgo y Costilla

Su estandarte fue tomado por otro sacerdote, el padre José María

Morelos quien declaró la independencia en 1813 y quien también fuera vencido por las tropas realistas y ejecutado al igual que Hidalgo. La insurrección fue mantenida viva por Vicente Guerrero el que en 1821 firmó un acuerdo por la liberación nacional con Agustín Iturbide, militar de las fuerzas realistas contra quien había estado luchando. El Plan de Iguala o de las Tres Garantías, como se llamó el acuerdo, establecía tres puntos sobre los cuales fundar la unión de ambos bandos: la independencia de México, el mantenimiento del catolicismo como religión oficial y la igualdad de derechos para españoles y mexicanos.

La independencia de España fue final y permanentemente declarada en agosto de 1821 por medio de la firma del Tratado de Córdoba entre el virrey Juan O'Donojú e Iturbide quien había quedado al mando de las fuerzas liberadoras una vez firmado el Plan de Iguala. Los territorios centroamericanos también declararon la independencia ese mismo año, pero en 1822 Iturbide se proclamó emperador de México e incorporó Centroamérica a su imperio, con excepción de Panamá que fue parte de la Gran Colombia hasta 1903. En 1823 Guatemala, Honduras, El Salvador, Nicaragua y Costa Rica aprovecharon la coyuntura histórica de que Iturbide fue obligado a abdicar para separarse de México y formar la confederación de Provincias Unidas de Centro América. Con el curso de los años esta confederación fue debilitándose dando paso al nacimiento de repúblicas completamente independientes como las conocemos hoy día; Nicaragua y Honduras (1838), Costa Rica (1838 hasta 1842 y luego definitivamente en 1848), El Salvador (1841), y Guatemala (1847).

5. José Martí y Antonio Maceo

Las luchas de independencia se extendieron a mediados de siglo a las colonias del Caribe. Dos son los héroes de la lucha por la independencia de Cuba -la más grande de las Antillas Mayores- José Martí (1853-1895) y Antonio Maceo (1845-1896). Desde muy joven, Martí se opuso al absolutista gobierno español lo que le costó el exilio a la corta edad de 17 años. A lo largo de su vida forjó ideales de libertad para su país, oponiéndose a que cualquier otra potencia extranjera, incluyendo los Estados Unidos que ya en esa época buscaban expandir su dominio sobre los países del sur, ejerciera su poder sobre el mismo. Así como el cura Hidalgo fue antes religioso que hombre de armas Martí fue primero hombre de letras, y aunque como Hidalgo en determinado momento optó por la lucha armada, su pluma fue su arma más poderosa. Luego de haber vivido en exilio en España, México y Guatemala, en 1878 le fue posible regresar a su país, aunque no por mucho tiempo. Desde un segundo exilio en Nueva York, donde vivió de 1881 a 1895, organizó la lucha armada por la independencia de su patria muriendo en una de las primeras batallas en 1896.

José Martí

Maceo, recordado como "el titán de bronce", participó activamente en la Guerra de los diez años (1868-1878) entre las tropas reales y las cubanas. El padre de Maceo había luchado al lado de las fuerzas españolas vencidas por Bolívar en Venezuela así que después de declarada la independencia, emigró a Cuba, país aún bajo el régimen español con el fin de comenzar una nueva vida. En Cuba, sin embargo, años después se unió a las fuerzas revolucionarias de 1868, al igual que varios de sus hijos, entre ellos Antonio.

Antonio Maceo

Tanto en Cuba como en Puerto Rico se produjeron levantamientos contra el gobierno español en 1868. En Cuba se produjo el Grito de Yara y en Puerto Rico el Grito de Lares. Ambos intentos fueron fallidos; Puerto Rico fue una república independiente solamente por tres días y siguió siendo colonia española hasta 1898 cuando pasó a manos de los Estados Unidos como resultado de España haber perdido la Guerra Hispanoamericana. La lucha en Cuba tuvo dos etapas. La primera fue la Guerra de los diez años entre 1868 y 1878; la segunda, la Guerra de independencia de 1895 a 1898. Durante la primera etapa todos los que luchaban querían la independencia de España, pero algunos deseaban la anexión a los Estados Unidos en lugar de la independencia total. En 1878 se firmó un acuerdo de paz, acuerdo que luego no fue respetado por España, lo que trajo como consecuencia la continuación de la lucha desembocando en la Guerra de independencia en la que fueran asesinados Martí y Maceo. En 1898 los Estados Unidos intervinieron en el conflicto provocando la Guerra Hispanoamericana. Como resultado de la misma España perdió los últimos bastiones de su imperio colonial: Cuba, Puerto Rico y Filipinas. Cuba logró su independencia en 1902, Puerto Rico y Filipinas pasaron a ser territorios norteamericanos. Se consolidó así la intervención norteamericana en el hemisferio sur a lo largo del naciente siglo; intervención cuyas primeras manifestaciones se habían producido en Centro América cuando en 1856 William Walker se declaró presidente de Nicaragua y luego en 1860 trató de apoderarse del territorio hondureño.

III.2. Siglo XX

A. Formación de las naciones y delimitación de fronteras

Con el fin de la Guerra Hispanoamericana un optimista panorama se abrió para el Nuevo Mundo ya completamente liberado del imperio español, y las fronteras nacionales tal como las conocemos hoy en día terminaron de establecerse con la separación de Panamá de Colombia en 1903.

1. Países y capitales: Aspectos geográficos, topográficos, demográficos y económicos

Los Estados Unidos Mexicanos es el nombre oficial de lo que conocemos comúnmente como México. De los países de habla hispana, México es el único que se encuentra localizado en la América del Norte. Al norte tiene fronteras con los estados de Texas, Nuevo México, Arizona y California en los Estados Unidos, sirviendo el Río Bravo o Río Grande de frontera natural entre los dos países. Al sur tiene fronteras con Belice y Guatemala. Sus costas son bañadas por el océano Pacífico por el oeste y por el golfo de México y el mar Caribe o Mar de las Antillas por el este. Los Estados Unidos Mexicanos son treinta y uno, más un distrito federal, Ciudad de México, capital del país. Con respecto a los Estados Unidos de Norte América, la superficie de México (764.000 millas cuadradas / 1.972.550 kilómetros cuadrados) es un poco más de tres veces la de Texas, lo que lo hace el segundo país de Hispanoamérica más grande en tamaño. Argentina es el primero con 1.100.000 millas cuadradas / 2.771.300 kilómetros cuadrados.

Siendo un país tan extenso cuyo territorio incluye además varias islas de gran atractivo turístico como las de Cozumel, Puerto Real, Carmen y Mujeres su clima varía dependiendo de la topografía. En el norte, donde existen los desiertos, el clima es seco. Hacia el centro, el sur y las islas en el golfo de México el clima es más bien húmedo y tropical. Dos cadenas de montañas atraviesan el territorio mexicano: la Sierra Madre Occidental al noroeste del país y la Sierra Madre Oriental a lo largo del este. La población de México en el 2006 es de alrededor de 107.449.525 habitantes; su unidad monetaria es el peso mexicano y los recursos naturales más importantes con que cuenta el país son el petróleo, la plata, el cobre, el oro, el plomo, el zinc, el gas natural y la madera.

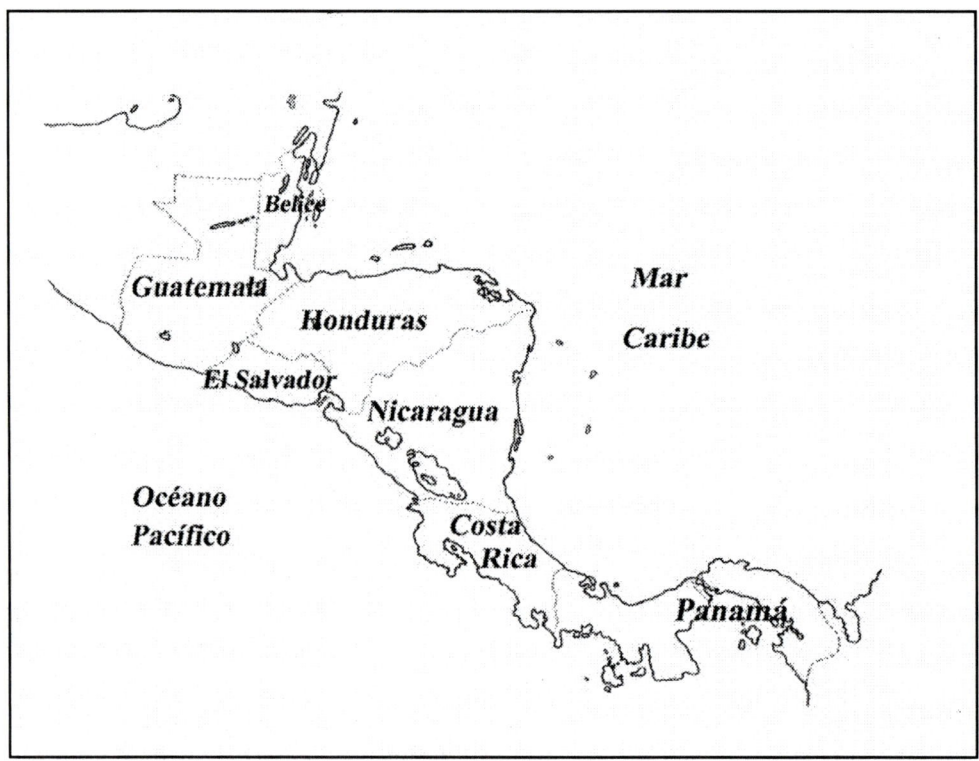

La América Central, cuyas costas son bañadas por el mar Caribe al este y el océano Pacífico al oeste, está compuesta de siete repúblicas. Yendo de norte a sur, están: Belice, al noreste, único país donde no se habla español sino inglés, y luego, los siguientes países de habla hispana: Guatemala, al este de Belice, El Salvador, Honduras Nicaragua, Costa Rica y Panamá.

Guatemala, cuya capital es Ciudad de Guatemala limita al norte con México, al suroeste con El Salvador cuya capital es San Salvador y al sureste con Honduras cuya capital es Tegucigalpa. Honduras, a su vez tiene frontera al sur con Nicaragua, cuya capital es Managua, y Nicaragua colinda al sur con el norte de Costa Rica cuya capital es San José. Finalmente, Costa Rica que limita al sur con el norte de Panamá, cuya capital es Ciudad de Panamá. Panamá está conectado a Colombia sirviendo de puente entre Centro y Sudamérica.

Guatemala

Tiene una superficie de 42.000 millas cuadradas /108.890 kilómetros cuadrados, más o menos el tamaño del estado de Tennessee dividida en veintidós departamentos. En general, el mismo clima tropical se extiende por todo el país: húmedo y cálido; un poco más frío en las regiones montañosas elevadas. Hacia el sur las montañas incluyen regiones volcánicas donde se encuentra el extinto volcán Agua de 3.776 metros de altura. Esta zona volcánica hace de Guatemala un lugar susceptible a terremotos, y las costas hacia el Caribe la hacen propicia a huracanes y tormentas tropicales. La población de Guatemala en el 2006 es de alrededor de 12.293.545. La moneda del país es el quetzal y los más importantes recursos naturales son el petróleo, el níkel, el pescado, el caucho y las maderas finas. El café, el azúcar, el banano y otras frutas y vegetales tropicales representan los productos de exportación más fuertes.

El Salvador

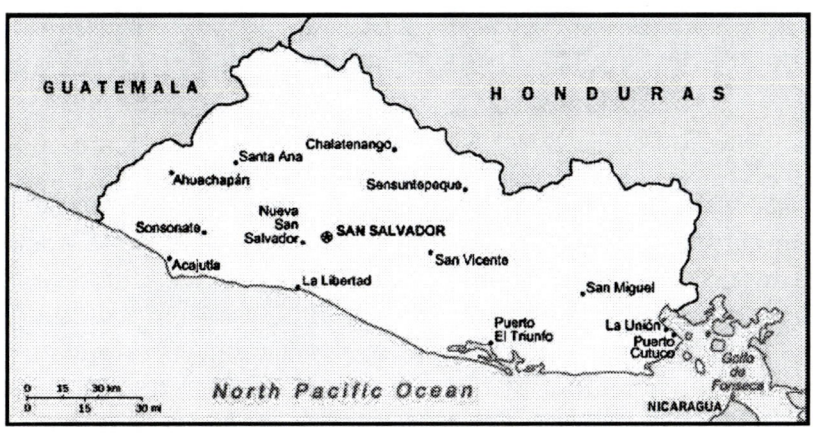

El país de América Central más pequeño en extensión, El Salvador, tiene una superficie de unas 8.292 millas cuadradas /21.476 kilómetros cuadrados, más o menos el tamaño de Massachussets, dividida en catorce departamentos. El clima es tropical con una estación de lluvia de mayo a octubre y una estación de sequía de noviembre a abril. La presencia de varios volcanes no extintos: el Santa Ana, el San Vicente, el San Miguel y el Izalco en su zona montañosa hacen al país muy propenso a violentos y frecuentes movimientos sísmicos. La población en el 2006 es de alrededor de 6.822.378 habitantes. Entre los productos agrícolas que se cultivan en el país se encuentran el café, el algodón, la caña de azúcar y árboles de madera valiosa como el cedro, el roble negro y la caoba. Como recursos naturales el país cuenta con petróleo y reducidos depósitos de oro, plata, piedra caliza y yeso. En el 2001 El Salvador adoptó como unidad monetaria el dólar norteamericano. En el 2006 los Estados Unidos firmaron un tratado de libre comercio con América Central y la República Dominicana siendo El Salvador el primer país en ratificar este acuerdo.

Honduras

Está administrativamente dividida en dieciocho departamentos. La superficie del país es de 43.267 millas cuadradas /112.090 kilómetros cuadrados, un poco más grande que el estado de Tennessee. Como en El Salvador y Guatemala, el clima en general es tropical, más templado en las montañas del interior y más cálido y húmedo en las zonas costeras. El terreno montañoso, que ocupa unas tres cuartas partes del país, se mezcla con valles donde se produce suficiente pasto para alimentar la producción ganadera.

Los productos de exportación más importantes son el café, el banano, la carne congelada, los mariscos y la madera. Otros recursos naturales con que cuenta el país, a pesar de que no están suficientemente explotados, son pequeños yacimientos de oro, plata cobre, hierro, cal, mármol, plomo y zinc. La población de Honduras en el 2006 es de 7.326.496 y la moneda es el lempira.

Nicaragua

Las 49.985 millas cuadradas/129.494 kilómetros cuadrados de Nicaragua están conformadas por planicies rodeadas de una serie de cadenas de montañas una de las cuales, la Cordillera Volcánica que se extiende también hacia Costa Rica, es abundante en volcanes que hacen al país muy propenso a violentos terremotos. Esta configuración topográfica hace que el clima tropical que existe en general en el país sea templado en las zonas montañosas. Nicaragua es el país de mayor extensión de América Central y abriga el cuerpo de agua dulce más extenso, el lago Nicaragua. Su territorio, algo más pequeño que el estado de Nueva York, está dividido en quince departamentos. Como las tierras son muy fértiles, la economía del país está fundada en la agricultura y hay grandes plantaciones de maíz, algodón, café, tabaco, banano, arroz, soya y caña de azúcar. También hay yacimientos de oro, plata, cobre, zinc, tungsteno y plomo. La población de Nicaragua en el 2006 es de 5.570.129 y la unidad monetaria del país es el córdoba oro.

Las 19.700 millas cuadradas/51.022 kilómetros cuadrados de Costa Rica (un poco más pequeña que Virginia del Oeste) están divididas en siete provincias las que en el 2006 contaban con 4.075.261 habitantes. Costa Rica es el país más estable de América Central y el único que no tiene un ejército, proscrito por el capítulo 12 de la constitución de 1949: "Se proscribe el Ejército como institución permanente". A diferencia del resto de los países centroamericanos en que el nivel de pobreza que afecta la población fluctúa entre el 75 y el 37%, en Costa Rica existe una amplia clase media y solamente el 20% de los habitantes vive bajo el nivel de pobreza. El clima de Costa Rica es muy similar al de los otros países de Centro América, cálido en las costas, y de templado a frío en las zonas más elevadas dependiendo de la altitud del terreno. La estación de lluvias es de mayo a noviembre y la de sequía de diciembre a abril. El fuerte de su economía es el turismo y la agricultura, pues a pesar de que hay yacimientos de minerales, sobre todo de bauxita, no se han explotado masivamente. El país produce además enormes cantidades de energía hidráulica. Gracias a la riqueza de su suelo Costa Rica es capaz de producir una gran variedad de productos agrícolas para la exportación primordialmente café, banano, cacao, frutas tropicales y caña de azúcar; gracias a la riqueza de sus costas también puede exportar pescado y mariscos: atún, tiburón, tortuga, etc. La moneda del país es el colón.

En las elecciones de febrero del 2006, Costa Rica eligió como Presidente a Óscar Arias Sánchez, candidato socialdemócrata por el Partido Liberación Nacional. Arias Sánchez ya había sido presidente en el cuatrienio de 1986-1990 y en 1987 recibió el Premio Nobel de la Paz por sus gestiones por la paz en Centroamérica.

Panamá

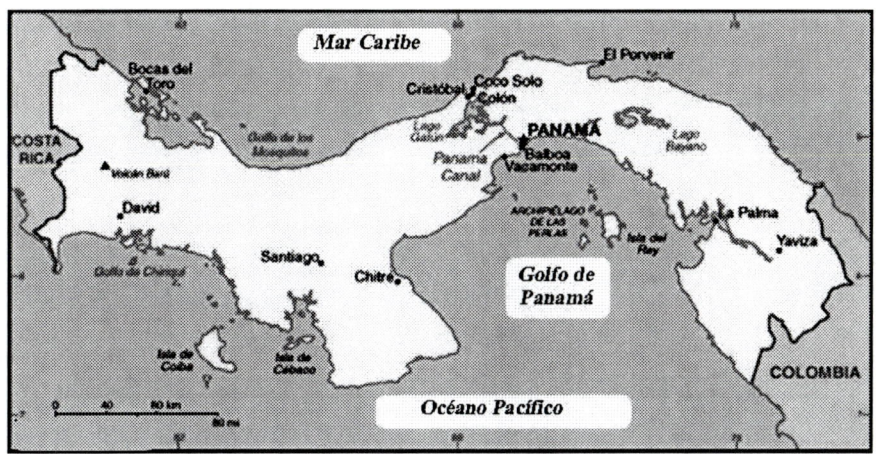

Nueve provincias divididas en dos partes por el canal, la superficie total de Panamá cubre 30.185 millas cuadradas/78.200 kilómetros cuadrados (más o menos el tamaño de Carolina del Sur) incluyendo las numerosas islas que le pertenecen oficialmente. Su clima es básicamente tropical. Su posición estratégica de eslabón entre Norte y Sudamérica y a la vez entre el océano Atlántico y el Pacífico hacen de Panamá un país de una riqueza única. La administración del canal desde 1999 (hasta ese momento estuvo administrado por los Estados Unidos desde que se finalizó su construcción en 1914) ha significado para Panamá una fuente de ingreso muy importante, junto al turismo que la zona del canal genera. Como todos los países centroamericanos, el país exporta banano, café y caña de azúcar. También exportan camarones y otros mariscos. Los extensos bosques tropicales son un notable recurso natural del país; además posee cobre y se produce importante cantidad de energía hidráulica. La moneda de Panamá es el balboa y su población en el 2006 es de 3.191.319 habitantes.

C. El Caribe hispano

Solamente tres de las Antillas mayores son de habla hispana: Cuba, la República Dominicana, la cual comparte el territorio total de la isla La Española con Haití, y Puerto Rico. Cada una de las tres antillas tiene un tipo de gobierno diferente: Cuba cuya capital es La Habana es una república socialista, la República Dominicana cuya capital es Santo Domingo es una república democrática y Puerto Rico cuya capital es San Juan es un Estado Libre Asociado de los Estados Unidos. En su calidad de Estado Libre Asociado, es decir no una república independiente ni un estado de la unión norteamericana el primer mandatario en Puerto Rico es un gobernador elegido por el pueblo puertorriqueño, no un presidente.

Cuba

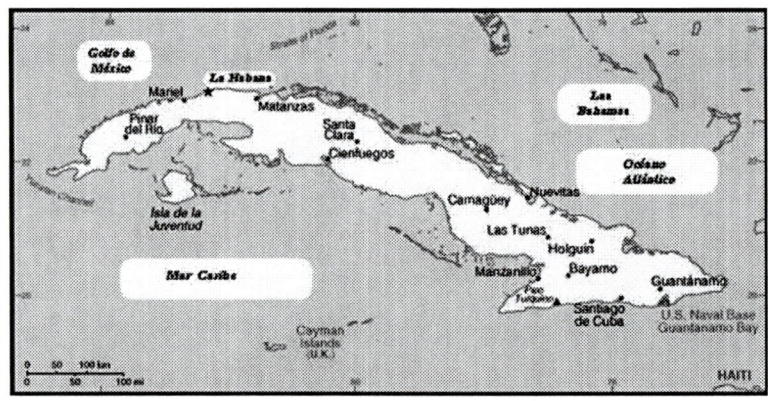

Cuba, la mayor en extensión (44.00200 millas cuadradas/114.471, el tamaño de Pensilvania) se encuentra situada directamente al sur de La Florida y al noroeste de La Española. Su posición geográfica le da a la isla un clima semi-tropical, y las tres antillas comparten la misma época de lluvias, de agosto a octubre, en que toda la región es afectada por tormentas tropicales o huracanes. La población en Cuba en el 2006 es de 11.382.820 habitantes.

Como la isla está regida por un gobierno de corte socialista los medios de producción, los recursos naturales, el comercio internacional están controlados por el gobierno. Cuba, catorce provincias en tierra firme y un municipio especial conformado por la pequeña Isla de la juventud, posee yacimientos de níquel, cobalto, cobre, manganeso, cromo y sal. Hasta los años noventa la agricultura fue la actividad principal del país, sobre todo el cultivo de la caña de azúcar, el café y el tabaco. Los puros cubanos son internacionalmente reconocidos entre los mejores del mundo.

Con el desmembramiento del bloque de países socialistas la agricultura cubana perdió su lugar como primera actividad económica del país y Cuba conoció una fuerte crisis. El gobierno llamó este periodo de crisis de los años noventa el periodo especial y para aliviar la situación introdujo algunas reformas para crear una economía mixta -socialista y capitalista- que incluían el abrir sus puertas a un mercado que se había mostrado exitoso en otros países de Latinoamérica: el turismo. Igualmente permitió las inversiones extranjeras, legalizó el uso del dólar norteamericano en paridad con el peso cubano, se les permitió a algunos sectores profesionales el trabajar por cuenta propia -entre ellos la industria de la restauración y la del transporte- y estableció tiendas en las que se podía comprar solamente con dólares.

Como consecuencia del flujo de moneda americana la brecha en el nivel de vida entre los sectores de la población que tienen acceso a dólares, bien sea porque tienen familiares en el extranjero que les envían divisas o porque trabajan en sectores económicos pagados en dólares, se ha agrandado. La prostitución ha regresado y el mercado negro se ha acrecentado por la necesidad de la gente de satisfacer la carencia de alimentos, ropa y productos de higiene personal existente en la isla.

República Dominicana

La República Dominicana tiene una superficie total de 18.712 millas cuadradas/48.464 kilómetros cuadrados –un poco más que el doble de Nueva Hampshire. El territorio dominicano cuya población en el 2006 es de 9.183.984 habitantes está dividido en veintinueve provincias y un distrito nacional, Santo Domingo. En 1930 Rafael Leónidas Trujillo asumió el poder tras un golpe de Estado y por treinta y un años gobernó el país directa o indirectamente como dictador absoluto -con el apoyo de los Estados Unidos- y como si éste fuera una empresa privada suya y de su familia. Este interés "personal" quizás explique el desarrollo económico que conoció la República Dominicana durante su mandato en que se construyeron hospitales, carreteras, puertos y se estableció un sistema de pensiones para los trabajadores pues en realidad se trataba de que en última instancia todo redundara en beneficio de su "propiedad personal".

Como bajo todo gobierno dictatorial durante el "trujillato" o época de Trujillo, la violación de las libertades del individuo y de los derechos humanos fue flagrante. En 1960, su régimen fue censurado por la Organización de Estados Americanos (OEA), y le fueron impuestas sanciones económicas. Hoy en día la República Dominicana tiene un gobierno democrático. Hasta mayo del 2004 el presidente lo fue Hipólito Mejía quien había elegido como vicepresidenta a Milagros Ortiz Bosch, primera mujer en ocupar ese escaño en el país. En las elecciones de mayo del 2004 salió vencedor el Dr. Leonel Fernández del partido de la Liberación Dominicana (PLD) quien había sido el presidente en el cuatrienio de 1996-2000. Aunque la economía dominicana ha conocido un gran crecimiento en las últimas décadas llegando a reducir la tasa de habitantes viviendo bajo el límite de pobreza a 25%, la distribución de riquezas continúa siendo muy dispareja y aún de nuestros días muchos dominicanos pobres arriesgan sus vidas cruzando en inseguras lanchas el canal de la Mona hacia Puerto Rico donde esperan encontrar mejores condiciones de vida o intentar el paso hacia los Estados Unidos.

El reciente crecimiento de la industria turística y el aumento de zonas de libre comercio han causado que la agricultura haya perdido el lugar predominante que ocupaba en la economía del país. Los productos agrícolas de mayor exportación siguen siendo el azúcar, el café y el tabaco. La crianza de ganado vacuno y porcino y de aves de corral es básicamente para el consumo interior. La isla cuenta además con limitados yacimientos de ferroníquel, oro, hierro y acero y la unidad monetaria del país es el peso dominicano.

Puerto Rico

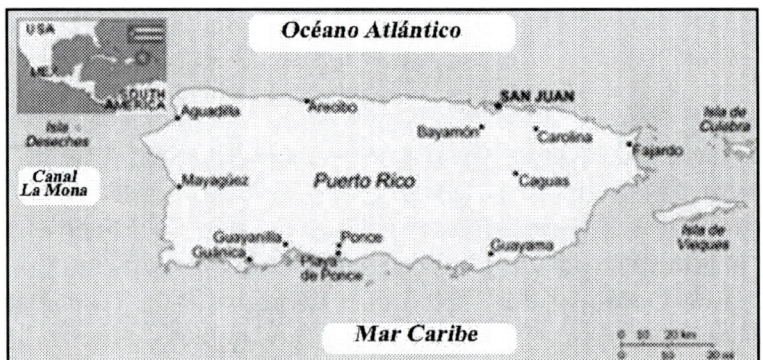

Puerto Rico es la más pequeña de las Antillas mayores ocupando una superficie de 3.551 millas cuadradas/9.104 kilómetros cuadrados, tres veces el tamaño de Rhode Island. Parte de esta superficie está comprendida por las islas de Vieques, Culebra, Mona y Monito. Como hiciera el Ecuador con las islas Galápagos, el gobierno de Puerto Rico clasificó estas últimas dos islas de reserva natural por la variedad única de su fauna y de su flora. Del mismo modo, el bosque lluvioso de El yunque, localizado al noreste de Puerto Rico es considerado reserva natural y hace parte del sistema de bosques nacionales de los Estados Unidos.

Contrario a muchos países de Hispanoamérica, la agricultura no es una de las actividades principales del país y a pesar de ser una isla, tampoco lo es la pesca comercial. Sus recursos minerales son limitados: pequeños yacimientos de cobre y níquel, pero se cree que en sus costas hay posibilidades de encontrar petróleo, algo que aún no ha sido confirmado. La industria del turismo, la manufactura -de productos farmacéuticos y químicos y de instrumentos científicos- así como el refinamiento de petróleo, y los servicios –finanzas, seguros, bienes raíces, etc.- ocupan un lugar preponderante en la economía de la isla.

Puerto Rico está dividido en setenta y ocho municipios y su población en el 2006 es de 3.927.188 habitantes en la isla. Como los puertorriqueños son oficialmente ciudadanos americanos desde 1917 y por lo tanto no necesitan visa para entrar a los Estados Unidos, existe una enorme cantidad de puertorriqueños viviendo allí, alrededor de 3.400.000 según el censo del 2000, casi tantos como en la isla. Esta emigración comenzó en los años cuarenta y continúa hoy en día; como todo emigrante, los puertorriqueños llegan a los Estados Unidos en busca de mejores oportunidades económicas para ellos y para sus hijos pues a pesar de la relación política de dependencia con los Estados Unidos, el ingreso per cápita del puertorriqueño de la isla es de $12.440, menor que el del estado de Mississippi, el más bajo de la unión. La moneda de Puerto Rico es el dólar y el correo es el correo federal norteamericano.

La isla no tiene un ejército propio; los puertorriqueños sirven en el ejército de los Estados Unidos. En el cuatrienio del 2000-2004 Puerto Rico tuvo una gobernadora, Sila M. Calderón, primera mujer en ocupar ese cargo.

El continente sudamericano está compuesto por trece repúblicas independientes de las cuales sólo tres: Brasil, Guyana y Surinam no son hispanohablantes, y de la Guayana francesa, departamento de ultramar francés. En Brasil, cuya capital es Brasilia, se habla portugués; en Guyana, cuya capital es Georgetown, se habla inglés y en Surinam, cuya capital es Parabaribo, se habla holandés. Los países de habla hispana bajando por el lado del noroeste del continente y subiendo hacia el norte a encontrarse con Brasil por el este son: Venezuela, capital Caracas; Colombia, capital Bogotá; Ecuador, capital Quito; Perú, capital Lima; Bolivia, capital La Paz; Chile, capital Santiago; Paraguay, capital Asunción; Argentina, capital Buenos Aires y Uruguay, capital Montevideo.

País	Superficie	Unidad Monetaria	Población al 2006
Argentina: Buenos Aires	1.100.000 millas cuadradas/ 2.771.300 kilómetros cuadrados	peso argentino	38.740.807 Buenos Aires: sobre los 3.000.000
Bolivia: La paz	424.162 millas cuadradas/ 1.098.160 kilómetros cuadrados	boliviano	9.500.000 La Paz: 2.600.000
Chile: Santiago	292.280 millas cuadradas/ 756.945 kilómetros cuadrados	peso chileno	15.665.216 Santiago: alrededor de 6.000.000
Colombia: Bogotá	440.000 millas cuadradas/ 1.139.600 kilómetros cuadrados	peso colombiano	43.662.073 Bogotá 6.950.000
Ecuador: Quito	109.454 millas cuadradas/ 283.560 kilómetros cuadrados	sucre = dólar norteamericano	13.710.234 Quito: 1.650.000
Paraguay: Asunción	157.048 millas cuadradas/ 406.752 kilómetros cuadrados	guaraní	6.336.900 Asunción: 1.081.000
Perú: Lima	496.087 millas cuadradas/ 1.285.200 kilómetros cuadrados	nuevo sol	28.409.897 Lima: alrededor de: 6.000.000

Uruguay: Montevideo	68.037 millas cuadradas/ 176.215 kilómetros cuadrados	peso urugua-yo	3.241.003 Montevideo: 1.325.968
Venezuela: Caracas	352.143 millas cuadradas/ 912.050 kilómetros cuadrados	bolívar	24.654.694 Caracas: 2.784.000

De esos trece países sólo Bolivia y Paraguay no tienen costa. Al perder la Guerra del Pacífico o guerra del salitre (1879-1883) entre Chile y la Confederación Perú-Boliviana, Bolivia perdió el acceso al mar. El origen de la guerra podemos encontrarlo en una ley boliviana que imponía un nuevo impuesto de 10 centavos sobre cada quintal de salitre exportado, impuesto que Chile consideró violaba el Tratado de Límites de 1874 en el que se estipulaba que los derechos de exportación de minerales, explotados entre los paralelos 23 y 25, no podían exceder a los vigentes en aquella época. Lo que en realidad estaba en juego eran las inmensas riquezas en salitre y guano de la región al norte del desierto de Atacama. La guerra, originalmente con Bolivia, se extendió al Perú al conocer Chile la existencia desde 1873 de un tratado secreto de alianza defensiva entre Bolivia y Perú.

Al finalizar la guerra, en virtud del Pacto de Tregua firmado en 1884 Atacama y el puerto de Antofagasta pasaron a dominio chileno, con lo cual Bolivia perdió su salida al mar. En 1953, sin embargo, el gobierno chileno proporcionó a Bolivia un puerto franco en Arica para facilitarle el comercio de sus productos. La reivindicación de una salida al mar ha sido constantemente reclamada por los sucesivos gobiernos bolivianos. Hoy, gracias a la llegada al gobierno de Michelle Bachelet en Chile y de Evo Morales en Bolivia, por primera vez se introduce en los 13 temas a conversar entre ambos países. Ello no significa necesariamente un acuerdo o un mismo punto de vista para abordar el problema; pero indudablemente es un avance en las relaciones entre los dos países.

Aunque huérfanos de costa y mar, Bolivia y Paraguay cuentan con otros sistemas fluviales de importancia. Bolivia, por ejemplo, comparte con Perú el lago navegable más alto del mundo, el Titicaca, y cuenta con una enorme cantidad de ríos de variada importancia que se extienden por todo el país. En total Bolivia cuenta con más de 10.000 kilómetros comercialmente navegables. Actualmente está desarrollando Puerto Busch, sobre el río Paraguay enclavado en la frontera trinacional con Paraguay y Brasil, una vía que le abre la posibilidad de transportar pasajeros y carga desde y hacia el Océano Atlántico. La hidrovía tiene una extensión de 3.442 kilómetros longitudinales, desde sus cabeceras al interior del estado de Mato Grosso en el Norte de Brasil, hasta el río Paraná a la altura del puerto uruguayo de Nueva Palmira. Puerto Busch está emplazado cerca de los ricos yacimientos de hierro del Mutún, reserva de 4.000 millones de toneladas de hierro.

Paraguay, por su parte, también cuenta con lagos y ríos navegables entre ellos los ríos Paraná –uno de los más grandes del mundo- y el Paraguay, dos de los más importantes sistemas fluviales del continente. El río Paraguay nace en Brasil y va bajando hacia el sur convirtiéndose en afluente del Paraná a la altura de la frontera entre Paraguay y Argentina para alimentar luego el cauce del río de la Plata y finalmente desembocar en el océano Atlántico. Los otros sistemas fluviales del continente que representan vías de comunicación y de transportación de importancia y en algunos casos sirven para generar electricidad lo conforman el río Amazonas, el río Magdalena y el río Orinoco.

El Amazonas es el segundo río en longitud en el mundo, siendo el primero el río Nilo y sus aguas o las de sus afluentes recorren territorio brasileño, colombiano, boliviano, peruano, ecuatoriano y venezolano. Como dato curioso hay que señalar que el Amazonas cambió de curso: hoy en día el Amazonas fluye del océano Pacífico al Atlántico, pero según un estudio realizado por el geólogo Russell Mapes, entre 65 y 145 millones de años atrás éste corría en dirección opuesta, del Atlántico al Pacífico, es decir en dirección este-oeste. El estudio se basa en que si el Amazonas siempre hubiera fluido hacia el este, como lo hace ahora, los sedimentos encontrados contendrían rastros de minerales mucho más jóvenes, que se habrían "deslizado" desde los Andes y los sedimentos encontrados son rastros de minerales antiguos.

El río Magdalena nace en la cordillera de los Andes y recorre el territorio colombiano hacia el norte para desembocar en el mar Caribe. El Orinoco recorre el territorio venezolano y desemboca en el océano Atlántico.

Sudamérica está localizada en el hemisferio sur lo que implica que las estaciones del año son opuestas a las del hemisferio norte. La diversidad climática y geográfica va de la selva tropical en Brasil, Ecuador, Colombia y Venezuela a las inmensas llanuras de la Argentina, Uruguay, Venezuela, Colombia y Brasil, a los desiertos del sur del Perú y el norte de Chile y a las nieves eternas de la Cordillera de los Andes, la que atraviesa el continente de norte a sur desde el norte de Venezuela hasta la Tierra del Fuego. Los picos más altos de esta cadena de montañas se encuentran en la frontera entre Chile y Argentina siendo el Aconcagua el más elevado. La topografía montañosa de la mayoría de los países ha creado permanentemente problemas de comunicación entre los gobiernos, con sede en las ciudades capitales, y el resto del país. Esta situación, a su vez, ha afectado el desarrollo económico y creado problemas de densidad poblacional pues los habitantes del interior emigran a las ciudades desarrolladas en busca de mejores condiciones de vida. Esto último resulta en el surgimiento de arrabales o favelas, como se les llama en Brasil, villas miseria, en Argentina y Uruguay o poblaciones callampas como se les conoce en Chile, alrededor de los centros urbanos.

La economía de los diferentes países es tan variada como su topografía y su clima pero ello, junto al nuevo cuadro político continental, lo veremos en forma detallada en el capítulo sobre la nueva izquierda.

B. Movimientos revolucionarios

Como ya vimos, el siglo XIX fue de grandes logros políticos para Hispanoamérica; todos los países lograron la independencia excepto Puerto Rico y Cuba, a quien finalmente le fue concedida en 1902, con algunas restricciones impuestas por la aprobación de la enmienda Platt. Esta enmienda establecía el derecho de los Estados Unidos a intervenir militarmente en la isla cuando lo creyera necesario, poder que no vaciló en utilizar. Se delimitaron también las fronteras nacionales y las repúblicas comenzaron a dar forma a su desarrollo político, social y económico. Como los españoles habían reproducido en América un sistema administrativo similar al que tenían en la península y trasladado aquí el mismo espíritu regionalista que la dividía –y en cierto modo aún hoy la divide- este proceso no fue fácil. En adición, después de la independencia de España las nuevas naciones, en su mayoría, quedaron huérfanas de clases dirigentes capacitadas para tomar las riendas del gobierno y desarrollar las economías locales. El objetivo de los criollos, quienes llevaron la voz cantante en las luchas de independencia fue, en general, el de apoderarse de los privilegios de mando de que disfrutaban los peninsulares ya que, como sabemos, aunque criollos y peninsulares disfrutaban por igual de privilegios económicos y sociales asociados a su clase, los primeros tenían limitados poderes políticos lo que era profundamente resentido pues ellos consideraban a América su patria. Una vez lograda la independencia pocos de ellos pensaron en el bienestar de las otras capas de la sociedad, entre ellos indígenas, mestizos, mulatos quienes en diferente medida habían unido sus voces a las luchas de independencia contribuyendo así a la victoria.

Se produjo además una división política de carácter bipartidista: conservadores y liberales o centralistas y federalistas. Los conservadores favorecían un gobierno fuerte centralista dirigido desde la capital hacia las provincias y con estrecho vínculo del estado y la iglesia católica; los liberales favorecían el fortalecimiento de gobiernos locales que no dependieran de un gobierno central, la completa separación de la iglesia y el estado y la defensa de las clases desfavorecidas. La principal consecuencia de esta situación fue el surgimiento de gobiernos de tipo caudillista o dictatoriales de los que los siguientes no son sino algunos ejemplos: Juan Manuel de Rosas en Argentina (1835-52); José Gaspar Rodríguez de Francia en Paraguay (1814-40); Rafael Carrera en Guatemala (1844-48; 1851-65); Mariano Melgarejo en Bolivia (1864-83); Gabriel García Moreno en Ecuador (1861-75).

Así fue como el progreso y desarrollo económico de las nacientes naciones no dependió exclusivamente de éstas; la globalización de inversiones extranjeras ya estaba presente en esos momentos. El patrón fue el mismo en toda Latinoamérica: el pretexto para la intervención era ayudar a los países a lograr o mantener independencia política, pero el objetivo final, premeditado o no, era llegar a controlar la economía de esos países a través de inversiones, llegando así a dominar su mercado.

La primera en ver en los nuevos países un mercado de extensión significativa fue la Gran Bretaña quien desde el comienzo apoyó las luchas de independencia de las colonias españolas. Al perder sus colonias norteamericanas era lógico que surgiera allí el interés por, y la necesidad de encontrar nuevos mercados para sus productos. Más adelante, los recién formados Estados Unidos de Norteamérica en expansión hacia el oeste y hacia el sur, amparados sucesivamente bajo la doctrina Monroe y la doctrina del destino manifiesto hicieron inversiones en México e intervinieron en 1898 en la guerra entre los independentistas cubanos y España provocando la Guerra Hispanoamericana o Hispanoestadounidense de la que ya hemos hablado.

James Monroe, 1816 NP Gallery

La doctrina Monroe, proclamada por James Monroe frente al Congreso de los Estados Unidos en 1823 y cuya consigna fue "América para los americanos" establecía la política exterior de los Estados Unidos frente a las naciones latinoamericanas con respecto a las potencias europeas de las que habían sido o eran todavía colonias: los Estados Unidos no intervendrían en esos países, pero tampoco permitirían a España, Francia, Gran Bretaña o Portugal el intentar recuperar sus antiguas colonias.

En un principio fue una doctrina de "defensa" contra Europa y no de "dominación" sobre Latinoamérica; el cambio de objetivo se produjo más adelante con la implementación del destino manifiesto, doctrina proclamada por John L. Sullivan veintidós años más tarde (1845) la que declaraba que por mandato divino los Estados Unidos estaban destinados y tenían el deber de conquistar todas las tierras vírgenes en territorio americano.

Es evidente, y el examen que haremos más adelante de la historia de la intervención norteamericana en Latinoamérica a lo largo del siglo XX lo muestra, que el desarrollo independiente de las nuevas naciones sería algo muy difícil de lograr y que el origen del subdesarrollo de estos pueblos tiene su base en esta situación.

Baste citar dos ejemplos concretos, el caso de México y el de Cuba. Durante el gobierno de Porfirio Díaz (1876-1910) el capital extranjero dominaba la vida económica del país: "Los americanos y los británicos eran dueños de los pozos de petróleo y de las minas. Los franceses controlaban la mayor parte de la industria textil y muchas de las grandes tiendas. Los alemanes controlaban el negocio de ferretería y medicinas. Los españoles (especialmente los gallegos eran tenderos y pequeños comerciantes. Los servicios públicos –tranvías, electricidad, agua corriente- pertenecían a los ingleses, canadienses, americanos y otros extranjeros. Los mexicanos, sin formación en la técnica moderna, eran por así decirlo, extranjeros en su propia tierra" (Herring 331) [nuestra traducción].

Porfirio Díaz

Igualmente, al triunfo de la Revolución Cubana en 1959 la United Fruit Company poseía en Cuba 277.000 acres de terreno; la explotación de las minas de hierro, sulfuro, níquel, cobalto, y otros minerales así como las tres más importantes refinerías de petróleo y las centrales azucareras estaban en manos americanas. (Herring 408-409).

El hecho de que la situación de injusticias sociales para la mayor parte de la población en los diferentes países siguiera vigente después de la independencia hizo que el siglo XX en Latinoamérica estuviera marcado por luchas de tipo social y económico, por la búsqueda del mejoramiento de las condiciones de vida de la gente sobre todo de los indígenas, los mestizos, los mulatos, los campesinos, los antiguos esclavos, es decir, aquellas capas de la población que vivían en condiciones de extrema pobreza sin disfrutar de derecho alguno a la educación o a empleos bien remunerados. Y, de la misma manera que para lograr la independencia fue necesaria la lucha armada, para mejorar las condiciones de vida no bastó con el establecimiento de constituciones o la organización de elecciones, sino que fueron necesarios movimientos de acción revolucionaria dirigidos muchos de ellos por líderes mestizos y mulatos, y que comenzaron con la Revolución Mexicana de 1910.

1. La Revolución Mexicana

Después de lograr su independencia se sucedieron en el gobierno de México una serie de caudillos: el general Antonio López de Santa Anna, quien entre 1821 y 1855 ocupó en seis ocasiones la presidencia del país; el coronel Anastasio Bustamante (1830-32; 1837-41); Benito Juárez (1861-1863; 1867-1872), de sangre indígena; el general Porfirio Díaz (1876-1911) cuyos respectivos gobiernos fueron preparando el terreno para que germinaran ideales revolucionarios.

Entre 1821 y 1910 el país se vio envuelto en guerras civiles así como guerras contra los Estados Unidos y contra Francia lo que dejó un saldo de una deuda externa de grandes proporciones la que el gobierno de Benito Juárez ordenó no pagar en 1861. En 1836 México perdió a favor de Estados Unidos el territorio de lo que hoy es Texas, y en 1848 el territorio ocupado hoy por Arizona, California, Colorado, Nevada, Nuevo México y Utah. El fin de la guerra contra los Estados Unidos significó para el país la pérdida de más de la mitad de su antiguo territorio mientras que para los Estados Unidos significó no sólo el anexar tierras de enormes riquezas sino, sobre todo, y gracias a ello, el afirmar su creciente poderío económico y político y garantizarse puertos de excelente posición estratégica en el océano Pacífico y el golfo de México.

En 1856, el gobierno liberal de Ignacio Comonfort libró una batalla no contra país alguno sino contra una poderosa institución, la Iglesia Católica: se firmó la Ley Lerdo de Tejada la que obligaba a la Iglesia a vender todos sus bienes y tierras no cultivadas. Esta ley tenía un doble fin: debilitar el poderío económico y la influencia política de la iglesia al mismo tiempo que lograr que más personas sin tierras pudieran adquirir y ser dueños de tierra productiva. Sin embargo, la tierra no fue adquirida por los sin tierra sino que fue a parar a manos de los grandes hacendados, locales y extranjeros.

El cinco de mayo de 1862 (origen de la celebración de este día como día de fiesta nacional para los mexicanos) las fuerzas invasoras francesas enviadas por Napoleón III, en respuesta al no pago de la deuda externa, fueron momentáneamente derrotadas por un pequeño número de soldados mexicanos. Más adelante, y gracias a los refuerzos enviados, Francia logró imponer a Maximiliano de Austria como emperador del país por igualmente un corto periodo de tiempo (1864-67). En 1867 los franceses fueron finalmente derrotados, y Benito Juárez fue reelegido presidente.

Porfirio Díaz perdió dos veces las elecciones frente a Benito Juárez, y en 1876 por medio de un golpe de Estado asumió el poder. Durante su gobierno dictatorial, que se prolongó de 1876 a 1911, enmendó la constitución varias veces para poder ser reelegido, y durante esa época, conocida como el porfiriato, despojó al país de sus mayores riquezas al poner tanto recursos naturales como tierras productivas en manos de inversionistas extranjeros. La modernización tecnológica que conoció el país en esa época no alcanzó a las grandes masas campesinas que se hacían cada vez más pobres. A pesar de llevar sangre indígena, Díaz mostró su menosprecio por indios y mestizos por igual al irlos dejando fuera de su gobierno, mientras cada vez más criollos eran nombrados en puestos administrativos. Su desagrado por los pobres y por los indios llegó a tal punto que se dice que para la celebración del centenario del Grito de Dolores con el que el Padre Hidalgo había dado comienzo a la lucha por la independencia de España, mandó a sacar de la ciudad de México a todos los indígenas para que sus invitados extranjeros vieran una ciudad impecable sin vestigios de pobreza. (Herring 336). Fueron las clases marginadas y empobrecidas junto a algunos intelectuales indignados por las atrocidades cometidas por Díaz las que pusieron en jaque su gobierno dictatorial desencadenando los diez años de lucha revolucionaria que se sucedieron.

Pancho Villa

Francisco Madero fue el líder que logró aglutinar las diferentes fuerzas que lucharon contra Díaz obligándolo a partir al exilio en 1911. Sin embargo, el gobierno de corte liberal de Madero no duró mucho. Traicionado por algunos de sus oficiales, entre ellos el general Victoriano Huerta, y abandonado por las masas que le habían apoyado ante lo que ellos consideraban insuficientes y lentas reformas para el mejoramiento de las condiciones de vida, Madero fue depuesto y asesinado. Es en este momento en que entran en acción dos famosos héroes de la revolución: Emiliano Zapata, quien estaba al frente del movimiento campesino del sur y Francisco (Pancho) Villa, quien junto a Venustiano Carranza y Álvaro Obregón dirigían el movimiento revolucionario en el norte.

Emiliano Zapata (sentado al centro) y partidarios

1917 representó el año del triunfo de los ideales revolucionarios pues bajo la presidencia de Venustiano Carranza, elegido ese mismo año, se promulgó la Constitución de 1917, la que hoy en día permanece vigente, uno de los documentos de más avanzada en favor de la justicia social de la época; documento promulgado, vale la pena mencionarlo, meses antes de que se produjera la Revolución Rusa ocurrida en octubre del mismo año.

Cuatro artículos de esta constitución captan nuestra atención pues resumen el llamado al reconocimiento y respeto de algunos de los más importantes ideales de la revolución: derecho a la igualdad de los individuos, justicia social, soberanía nacional sobre los territorios y recursos naturales y preservación y restauración del "equilibrio ecológico". Estamos hablando de los artículos 3, 4, 27 y 123. Los siguientes son fragmentos de las estipulaciones de estos artículos:

Artículo 3. Todo individuo tiene derecho a recibir educación... dicha educación será laica y, por tanto, se mantendrá por completo ajena a cualquier doctrina religiosa... y [será] gratuita.

Artículo 4. La nación mexicana tiene una composición pluricultural sustentada originalmente en sus pueblos indígenas. La ley protegerá y promoverá el desarrollo de sus lenguas, culturas, usos, costumbres, recursos y formas específicas de organización social...

Artículo 27. La propiedad de las tierras y aguas comprendidas dentro de los límites del territorio nacional, corresponde originariamente a la nación... La nación tendrá en todo tiempo el derecho de imponer a la propiedad privada las modalidades que dicte el interés público, así como el de regular, en beneficio social, el aprovechamiento de los elementos naturales susceptibles de apropiación, con objeto de hacer una distribución equitativa de la riqueza pública, cuidar de su conservación, lograr el desarrollo equilibrado del país y el mejoramiento de las condiciones de vida de la población rural y urbana.

Artículo 123. La duración de la jornada máxima será de ocho horas. La jornada máxima de trabajo nocturno será de siete horas. Quedan prohibidas: las labores insalubres o peligrosas, el trabajo nocturno industrial y todo otro trabajo después de las diez de la noche, de los menores de dieciséis años. Queda prohibida la utilización del trabajo de los menores de catorce años. Los mayores de esta edad y menores de dieciséis tendrán como jornada máxima la de seis horas. Por cada seis días de trabajo deberá disfrutar el operario de un día de descanso, cuando menos. Las mujeres durante el embarazo no realizarán trabajos que exijan un esfuerzo considerable y signifiquen un peligro para su salud en relación con la gestación; gozarán forzosamente de un descanso de seis semanas anteriores a la fecha fijada aproximadamente para el parto y seis semanas posteriores al mismo, debiendo percibir su salario íntegro y conservar su empleo y los derechos que hubieren adquirido por la relación de trabajo. En el periodo de lactancia tendrán dos descansos extraordinarios por día, de media hora cada uno para alimentar a sus hijos... Para trabajo igual debe corresponder salario igual, sin tener en cuenta sexo ni nacionalidad... Los trabajadores tendrán derecho a una participación en las utilidades de las empresas... (Constitución política de los Estados Unidos Mexicanos).

Así como la Revolución de octubre fue el comienzo de una nueva era política en los países europeos, el triunfo de la Revolución Mexicana encendió la llama de la esperanza en los países de Hispanoamérica donde existía una gran concentración indígena, mestiza y mulata, población que desde tiempos coloniales había sido marginada del progreso social. En ese sentido se fundan partidos políticos con ideales de justicia social los que desean llevarlas a la práctica a través de la vía electoral, y surgen también movimientos completamente revolucionarios como los que llevaron a la Revolución Cubana y a la Revolución Sandinista en Nicaragua.

2. Intentos revolucionarios en Perú y Bolivia

En 1924, en el Perú, surgió el partido Alianza Popular Revolucionaria Americana (APRA) dirigido por Víctor Raúl Haya de la Torre. Como la Constitución mexicana de 1917, el APRA perseguía la justicia social y la soberanía sobre el territorio y los recursos naturales nacionales, por lo que el partido fue prohibido en varias ocasiones de participar en las elecciones. En 1968, algo inesperado y extraordinario dentro del panorama político latinoamericano sucedió. Un militar, Juan Velasco Alvarado, a la cabeza de la Junta Militar Revolucionaria, dio un golpe de Estado derrocando al presidente de turno Fernando Belaúnde Terry luego de los intentos infructuosos de éste de expropiar el petróleo en manos de compañías norteamericanas.

La junta militar gobernó con mano de hierro, censurando la prensa entre otras medidas, pero adoptando al mismo tiempo posiciones reformistas y un carácter populista hasta el momento desconocidos en Latinoamérica en un gobierno militar. Velasco concretizó la expropiación de los pozos de petróleo a seis días de haber asumido el poder, puso en marcha un plan de reforma agraria y de nacionalización de industrias con capital extranjero, entre ellas las asociadas a la minería, la pesquería, el cemento, los servicios (telecomunicaciones y energía eléctrica) y la banca, y promulgó una radical reforma educativa.

Parte fundamental de la reforma educativa la constituyó el objetivo de erradicar el analfabetismo a través de un plan de alfabetización integral llamado Operación ALFIN. Se le consideraba integral pues no se limitaba a enseñar a leer y a escribir al adulto analfabeta sino que también incluía capacitación profesional y promovía la toma de conciencia del individuo sobre su situación histórico-social. Estaba basado en las teorías de alfabetización-concienciación del pedagogo brasileño Paulo Freire, de quien hablaremos en el capítulo dedicado a la educación.

A comienzos de los setenta llegó al Perú el brasileño Augusto Boal quien había salido al exilio luego de haber sido víctima de la represión desatada en su país en los años sesenta y setenta por los gobiernos militares de Artur Da Costa e Silva y Emilio Garrastazu Médici. Boal había sido acusado de "activista cultural" que incitaba a la rebelión a través de sus obras y actividad teatral. Inmediatamente comenzó a colaborar con la Operación ALFIN y fue así como desarrolló las técnicas del Teatro del Oprimido que le han dado a conocer a nivel internacional.

Según estas técnicas, también influenciadas por las teorías de Paulo Freire, es necesario que el individuo participe activamente en el proceso de aprendizaje y que no sea un simple receptor pasivo; en ese sentido, el teatro puede ser utilizado como medio para la enseñanza y medio de expresión del individuo. La idea de Boal era básicamente que el teatro debía ser un instrumento al servicio de los intereses de las clases desfavorecidas de la sociedad. Partiendo de esa premisa, pensaba que si los individuos/público sentían que eran dueños de los medios de producción del teatro y que podían hacer parte de la ficción e influir sobre la misma en el proceso teatral, ello les daría la confianza necesaria para ser individuos activos dentro de la sociedad y luchar por influir sobre ésta para cambiarla.

Los ideales revolucionarios también se manifestaron en Bolivia. En 1941, Víctor Paz Estenssoro participó en la fundación del Movimiento Nacionalista Revolucionario (MNR). En 1951 ganó las elecciones y al tomar posesión de su cargo como presidente emprendió una serie de reformas económicas para recuperar la soberanía del país sobre sus recursos naturales, y sociales para mejorar las condiciones de vida de los desposeídos. A estos efectos nacionalizó las empresas de estaño que estaban en manos extranjeras, dio inicio a una reforma agraria en 1954 y aprobó el voto universal para incluir a la población analfabeta que hasta ese momento no podía votar.

3. La Revolución Cubana

No hay lugar a dudas que dentro de la historia de la segunda mitad del siglo XX la Revolución Cubana ocupa un lugar prominente como el movimiento revolucionario más radical de Hispanoamérica y el que ha conocido por igual fervientes defensores y exaltados detractores. Como todo movimiento político revolucionario la Revolución Cubana fue una respuesta a condiciones de vida insufribles para la mayoría de la población, a la oposición a un gobierno dictatorial y a la falta de libertad y violación de derechos humanos y civiles que este tipo de gobierno usualmente conlleva, lo que logró que una pequeña vanguardia, poniendo su vida en peligro, se lanzara a la lucha y lograra aglutinar en un movimiento los diferentes sectores de la población afectados por esa situación. Del mismo modo que a fines del siglo XIX José Martí tomó la antorcha de la independencia encendida por Bolívar casi un siglo antes y la hizo suya para luchar por la independencia de Cuba, Fidel Castro y un puñado de hombres se hicieron eco de los ideales de libertad, de soberanía y de justicia social expresados en la Constitución Mexicana de 1917 así como en la Constitución cubana de 1940 para convertirse en artífices de la Revolución de 1959, aquella que puso fin a la dictadura de siete años de Fulgencio Batista.

Fidel en el Escambray

Otro latinoamericano que se transformó en símbolo no sólo de la Revolución Cubana sino de otros movimientos revolucionarios en Latinoamérica lo fue el médico argentino Ernesto (Che) Guevara. Como San Martín un siglo y medio antes subiera del sur hacia el norte del continente en su lucha por la independencia durante el periodo colonial, el Che abandonó su país en 1954 en su ideal de unirse a otros que como él veían en la revolución armada el fin de las injusticias sociales que se vivían en los países latinoamericanos. En México se unió a Fidel Castro quien se encontraba exiliado y al Movimiento 26 de julio y junto a ellos embarcó en el Granma hacia Cuba. Luchó en la sierra y participó de la toma de poder que los llevó a derrocar a Batista. Luego del triunfo de la Revolución se desempeñó como ministro de la industria. En 1965 dejó Cuba y se unió a las luchas revolucionarias campesinas en Bolivia donde fue asesinado en 1967.

El Che

Durante las décadas de los sesenta y setenta la Revolución Cubana representó un faro de esperanza para los países latinoamericanos. Reconocidos intelectuales como el escritor colombiano Gabriel García Márquez, Premio Nobel de literatura en 1982 tomaron su defensa, e incluso hicieron donaciones para desarrollar programas educativos o culturales. Por ejemplo, García Márquez hizo grandes aportes financieros para la fundación, en 1986, de la Escuela Internacional de Cine y Televisión de San Antonio de los Baños en la que se han formado cineastas de diversos países de América Latina y del mundo.

El desarrollo social experimentado por la Cuba revolucionaria es ampliamente reconocido. Los mayores logros sociales de la revolución pueden resumirse en los siguientes:

1. Educación gratuita para todos los cubanos desde preescolar hasta universidad, y alfabetización de la población adulta analfabeta. En 1961 se llevó a cabo una gran campaña de alfabetización que elevó el porcentaje de alfabetizados en la isla a un 99%, uno de los más altos del mundo.

2. Junto a la educación gratuita se promovió el desarrollo de la cultura y se trató de elevar el nivel cultural de la gente. Se fundó la Casa de las Américas, institución que "[c]oncebida como un espacio de encuentro y diálogo desde distintas perspectivas en un clima de ideas renovadoras, divulga, investiga, auspicia, premia y publica la labor de escritores, artistas plásticos, músicos, teatristas y estudiosos de la literatura y las artes; cuya comunicación alienta, al tiempo que fomenta el intercambio con instituciones y personas de todo el mundo". (Sitio web de Casa de las Américas); se fundó además el Instituto Cubano del Arte e Industrias Cinematográficas (ICAIC), y en música se impulsó el desarrollo de lo que se llamó "la nueva trova cubana".

3. Plan de salud nacional gratuito. Se logró reducir la mortalidad infantil y aumentar la esperanza de vida de la población hasta hacerlas comparables a las de los países desarrollados incluyendo los Estados Unidos, y a pesar de que entre 1959-1962 la mayoría de los médicos y otros profesionales abandonaron la isla, el país fue capaz de suplir esa falta con la formación de nuevos médicos. Hoy en día hay más médicos cubanos que de la Organización Mundial de la Salud ofreciendo sus servicios en diferentes países del

mundo incluyendo Venezuela, Uruguay y Bolivia. La Escuela Panamericana de Ciencias Médicas recibe estudiantes de todas partes del mundo.

4. Redistribución de las riquezas saliendo favorecidos, más que todo, los campesinos y agricultores.

Las críticas o acusaciones más fuertes a la Revolución Cubana enfatizan los siguientes aspectos:

1. La supresión de las libertades individuales así como la falta de libertad de expresión, de disensión y de libertad de prensa. Desde su llegada al poder Castro dejó claramente establecida su consigna de "dentro de la revolución, todo; fuera de la revolución, nada".

2. El encarcelamiento arbitrario de periodistas y dirigentes de la oposición como medida de amedrentamiento.

3. La expropiación de la propiedad privada.

4. Su ingerencia en la política interior de otros países.

5. La aplicación y manejo de un modelo económico que ha producido escasez de comida y productos de primera necesidad y el hecho de que aunque se hayan logrado cubrir las necesidades básicas de todos los individuos (salud, educación y recreación gratuitas, subsidios para arriendos de viviendas y comida) no se haya logrado aumentar el nivel de vida de la sociedad cubana en su conjunto y que después de más de cuarenta años de revolución el país sigue enfrentando graves problemas a nivel económico. Situación agravada por el bloqueo norteamericano y por la caída de la Unión Soviética, lo que hizo perder a Cuba la ayuda económica que le permitía aliviar en algo su situación. Tras la llegada de Hugo Chávez a la presidencia de Venezuela, Cuba cuenta hoy con el apoyo de ese país para abastecerse de petróleo a precios solidarios y junto a Bolivia ingresó al ALBA, tratado de comercio impulsado por Venezuela.

Esta situación política y económica junto a la falta de libertades civiles ha llevado a cientos de miles de cubanos a través de los años a tomar el camino del exilio, sea escapando a la persecución política, sea escapando a la situación económica.

4. Movimientos de guerrilla

Siguiendo el ejemplo del movimiento de guerrilla que comandado por Fidel Castro había derrocado a Batista en Cuba, surgieron en otros países movimientos guerrilleros caracterizados por tener en sus filas tanto obreros como intelectuales y en los que el ruido de la metralleta y el sonido de las guitarras llamaban al unísono a la protesta. Nos ocuparemos en esta sección de algunos de ellos.

La guerrilla boliviana es sin duda una de las que dejó para la historia nombres que aún hoy día se recuerdan envueltos entre una nube de heroísmo y de leyenda. Desde comienzos de los sesenta el germen guerrillero andaba rondando en Bolivia. En 1962 Inti y Coco Peredo, dos jóvenes hermanos de izquierda bolivianos se presentaron ante el Che Guevara en La Habana con un plan para organizar la guerrilla en su país. El objetivo era de, al igual que en Cuba, derrocar al gobierno y tomar el poder por la fuerza con la idea de que la experiencia de Bolivia sirviera de detonador y se expandiera por otros países latinoamericanos: Brasil, Paraguay, Perú y Argentina en donde ellos pensaban que las condiciones eran también favorables a este tipo de acción.

En 1966 el Che dejó Cuba y entró clandestinamente a Bolivia para organizar la guerrilla. Eran años en que el sueño de cambiar el mundo y construir una nueva sociedad más justa recorría el orbe; la simpatía hacia estos movimientos guerrilleros se fue extendiendo por otros lugares del planeta y, entre otros, se unieron al grupo dirigido por el Che el teórico de izquierda francés Regis Debray y la intérprete argentina que pasaría a la historia como Tania la guerrillera. En marzo de 1967 todo el plan quedó truncado; el Che fue asesinado en las montañas por el ejército boliviano. Sus manos le fueron cortadas y enviadas a los EU para confirmar su identidad. Los campesinos guerrilleros que le acompañaban cuando lo ejecutaron y para quienes el Che representaba la esperanza de un mundo más justo comenzaron a llamarlo San Ernesto de La Higuera pues fue en la escuela de este pueblo donde a la 1:10 p.m. el 9 de octubre de 1967 Guevara fue ajusticiado.

Escuela de La Higuera

Tania, única mujer en formar parte de la guerrilla también cayó bajo las armas del ejército y Regis Debray fue sentenciado a treinta años de cárcel (de los cuales llegó a cumplir tres). En los años setenta, el hermano menor de Inti y Coco Peredo, Chato, tomó las armas y organizó la guerrilla de Teoponte. (Teoponte es un pequeño pueblo minero boliviano cuya mina era explotada por capitales norteamericanos). A la consigna de "volvimos a las montañas" acuñada por Inti antes de ser asesinado respondieron sobre todo los movimientos estudiantiles y culturales de las ciudades.

Un cantante de protesta, Benjo Cruz, escribió los siguientes versos que se convirtieron casi en himno de las guerrillas latinoamericanas: "En esta América nuestra,/ sólo hay un muro que existe./ Al norte un hay pueblo alegre y al sur veinte pueblos tristes./ ¿Qué miraste en esta vida hermano que no lo viste?/ Aprende a ganar como hombre lo que nunca defendiste". Antes de dar su último concierto en La Paz para unirse a la guerrilla dejó una nota explicando su decisión donde decía: "tomo el fusil para justificar mi canto".

También los intelectuales peruanos se sumaron a la guerrilla en el Perú. Javier Heraud Pérez a quien llamaban el poeta guerrillero, luego de vivir en Cuba como estudiante becado de cine y literatura adoptó el seudónimo de Rodrigo Machado bajo el cual escribió una serie de poemas y se sumó a la guerrilla boliviana dirigida por el Che. En 1963, teniendo él sólo veintiún años de edad regresó a su patria como miembro del Ejército de Liberación Nacional del Perú (ELN) y fue asesinado en un encuentro de la guerrilla con el ejército en medio del río Madre de Dios.

La guerrilla en Colombia tuvo diferentes ramificaciones desde comienzos de los sesenta. El grupo más grande pasó a llamarse en 1966 FARC (Fuerzas Armadas Revolucionarias de Colombia) del que se dice es el brazo armado del Partido Comunista Colombiano. A través de los años su dirigente fundador, Pedro Antonio Marín se fue convirtiendo en leyenda viviente. Tomó el nombre de un líder comunista muerto como consecuencia de prisión y tortura en 1951, Manuel Marulanda Vélez, para honrarlo a través de su participación en la guerrilla. En 1964 comenzó a organizar campesinos en grupos de autodefensa contra el ejército lo que dio origen a las guerrillas móviles, cuya estrategia de emboscadas, las hacía más difíciles de derrotar para el ejército. Lo mismo podían atacar destacamentos de soldados estacionados que patrullas en movimiento. Dos años más tarde nacerían las FARC. Pronto comenzaron a apodarle "Tiro Fijo" pues se decía que no fallaba un disparo. Su fama se fue acrecentando y los campesinos decían que cuando estaba en peligro se transformaba en nube, rompía el cerco de sus enemigos y luego aparecía en otra montaña para seguir luchando.

Otro de los guerrilleros que marcó Colombia fue el sacerdote Camilo Torres Restrepo de quien se dice que nunca disparó su fusil, sin embargo murió asesinado en 1966. Camilo fue fundador del Frente Unido Movimientos Populares y miembro del ELN (Ejército de Liberación Nacional). Su compromiso con los pobres y desfavorecidos de Colombia nació de la influencia que la Teología de la Liberación, de la que hablaremos en el capítulo sobre la religión, había tenido en jóvenes sacerdotes latinoamericanos. Según este pensamiento teológico el deber de todo cristiano debía ser el de luchar por una sociedad más justa lo que dejaba sin efecto la contradicción que la Iglesia Católica tradicional establecía entre el cristianismo y el socialismo.

Hoy en día los movimientos de guerrilla en Colombia se distanciaron de sus objetivos ideológicos y se les asocia al secuestro y asesinato de políticos o personas influyentes de la sociedad y al narcotráfico como fuente de ingreso para financiar sus actividades.

En 1985 las FARC comenzaron a cobrar un impuesto a los narcotraficantes para aumentar sus ingresos; a partir de la década de los noventa, sin embargo, comenzaron a intervenir como intermediarios para más tarde participar directamente en la elaboración y comercialización de la droga estableciendo vínculos directos con distribuidores de Europa y los Estados Unidos. En el año 2006 los Estados Unidos presentaron un dossier acusatorio de 64 páginas en contra de las FARC estableciendo cargos concretos en contra de 50 guerrilleros, entre ellos varios miembros del alto mando de la guerrilla, como Jorge Rodríguez Mendieta, ex comandante del frente 24 y miembro del estado mayor del bloque Magdalena Medio.

En el 1966, con la llegada al poder de los militares, se organizaron en Argentina los Montoneros, guerrilla del ala de extrema izquierda del peronismo. Financiaban sus campañas secuestrando ejecutivos u hombres de negocio extranjeros en Argentina y pidiendo sumas enormes por su rescate. Como modernos Robin Hoods, a veces pedían parte del rescate en comida y ropa a ser repartida entre los pobres. Su objetivo era que Juan Domingo Perón, quien se encontraba en el exilio en España, regresara al país y los librara de un gobierno que estaba llevando a la Argentina a depender cada vez más de los Estados Unidos. La violencia llegó a su clímax cuando los Montoneros secuestraron y dieron muerte a Pedro Eugenio Aramburu quien había participado del golpe de Estado que había derrocado a Perón en 1955 y al asumir la presidencia había hecho detener a muchos dirigentes políticos y sindicales peronistas. Otros dos grupos guerrilleros, el Ejército Revolucionario del Pueblo (ERP) y las Fuerzas Armadas Revolucionarias (FAR) también contribuyeron al clima de violencia que se fue intensificando en el país en los años setenta. La represión desatada por los gobiernos dictatoriales en el poder había llevado a las cárceles a numerosos dirigentes sindicales y políticos de izquierda los que en 1972 llegaban a doscientos. El 22 de agosto de 1972 se produjo la que pasó a la historia como la masacre de Trelew en la que fueron fusilados dieciséis militantes guerrilleros miembros del ERP, las FAR y los Montoneros que estaban presos en la base naval de Trelew.

En los setenta, cuando diversas dictaduras de derecha comenzaban a fortalecerse en el cono sur, surgieron en Uruguay los Tupamaros. Este movimiento cuyo nombre proviene de Túpac Amaru, quien como sabemos fue el líder inca descuartizado por los españoles en la plaza de Cusco, fue el primer movimiento de guerrilla urbana en surgir en América Latina. Su objetivo era combatir el gobierno dictatorial uruguayo y convertir al país en un estado marxista. Fueron fuertemente combatidos por los gobiernos militares de Juan María Bordaberry (1972-1976) y Aparicio Méndez (1976-1981) durante los cuales muchos de sus miembros fueron encarcelados, asesinados o tuvieron que partir al exilio.

También en 1970 se fundan en El Salvador las Fuerzas Populares de

Liberación Farabundo Martí (FPL), grupo de guerrilla que ejerció gran influencia política en la vida política del país. Farabundo Martí fue un líder obrero y campesino salvadoreño de los años treinta y uno de los principales dirigentes del Partido Comunista de El Salvador. Luego del triunfo de la Revolución Cubana algunos de los dirigentes del Partido, el que hasta ese momento había estado opuesto a la lucha armada, decidieron optar por la misma. Vale la pena recordar que a fines de los setenta la desigualdad económica en El Salvador era insalvable. El 60% de las tierras cultivables y el 70% de las riquezas estaban en manos del 5% de la población. En 1979 se desató una sangrienta guerra civil que duró doce años durante la cual murieron 85,000 salvadoreños, civiles en su mayoría. En 1980 el FPL y otras tres organizaciones guerrilleras de izquierda se unieron para fundar el Frente Farabundo Martí para la Liberación Nacional (FFMLN) con el fin de formar un frente más amplio que les permitiera llegar al poder como había sucedido en Cuba en 1959 y más recientemente, en 1979, en Nicaragua.

5. El caso de la Unidad Popular (UP) en Chile

En 1970, año de elecciones en Chile, fue elegido presidente Salvador Allende, candidato por la Unidad Popular, coalición de izquierda que incluía al Partido Socialista, al Partido Comunista y al Partido Radical, y quien pasaría a la historia como el primer presidente con programa socialista elegido democráticamente en el hemisferio occidental. Aunque Allende solamente obtuvo el 37% de los votos fue ratificado por el Congreso como presidente del país. Para la izquierda latinoamericana el caso de Chile representaba un camino de esperanza; para los Estados Unidos, una nueva manifestación del "espectro soviético" en Latinoamérica, un cáncer que había que exterminar antes de que comenzara a ramificarse. Recordemos que se vivían los años de la llamada guerra fría, momento de enfrentamiento entre dos bloques ideológicos distintos, uno encabezado por los Estados Unidos, el otro por la Unión Soviética.

Salvador Allende

Allende puso su programa de campaña en marcha tan pronto asumió el poder, y como después de la Revolución Mexicana o los comienzos de la Revolución Cubana las paredes de pueblos y ciudades se cubrieron de murales cantando a la vida; la educación, la salud, la cultura alcanzaron a las capas más desfavorecidas de la población. Como médico, Allende sentía una gran preocupación por la salud de su pueblo, sobre todo de los niños; uno de sus más humanitarios decretos presidenciales fue otorgar gratuitamente medio litro de leche diaria a cada niño chileno. Su programa de gobierno no pretendía imitar ninguno de los gobiernos socialistas en vigor siendo su lema "una vía chilena al socialismo". Pretendía, al mismo tiempo que sacar al país del plano de subdesarrollo y de dependencia en que se encontraba, redistribuir el ingreso nacional ya que, en esos años, apenas el 2% de la población recibía el 46% del mismo. Entre las reformas introducidas por el gobierno de Allende están comprendidas las siguientes:

1. Nacionalización de las minas de cobre, mayoritariamente en manos de dos compañías norteamericanas, Anaconda y Kennecott; de los bancos extranjeros y de las empresas monopolísticas.

2. Socialización de los medios de producción.

3. Reforma agraria y redistribución de bienes.

4. Aumento de salarios y control de precios lo que otorgó mayor poder adquisitivo a las clases media y trabajadora.

5. Reducción del desempleo.

6. Gran impulso a la cultura. Florecieron las "Casas de la Cultura" donde se ofrecía no sólo entretenimiento cultural sino formación en diferentes áreas artísticas.

6. La revolución sandinista

El movimiento revolucionario encabezado por el Frente Sandinista de Liberación Nacional (FSLN) fue el que en julio de 1979 puso fin a más de cuarenta años de dictadura somocista en Nicaragua. Desde 1937 el país había sido gobernado dictatorialmente por Anastasio Somoza y luego, consecutivamente por sus dos hijos, Luis y Anastasio hijo, Tachito.

Augusto Sandino

Los sandinistas tomaron su nombre del líder guerrillero Augusto César Sandino quien en la década del treinta luchara contra la ocupación estadounidense de Nicaragua y quien fuera asesinado por la guardia nacional somocista en 1934. Entre los líderes de las diversas facciones del FSLN, que puso fin a la dictadura de Somoza se encuentran Edén Pastora, conocido como el Comandante Cero, quien dirigió la toma del Palacio Nacional de Managua en 1978, paso decisivo en el triunfo del sandinismo un año más tarde. En las elecciones de 1984 Daniel Ortega resultó elegido presidente. A fines del 2006 fue reelecto presidente de Nicaragua al frente de una amplia coalición que incluía un partido somocista.

Entre las medidas tomadas por el gobierno revolucionario inmediatamente después de asumir el poder se encuentran las siguientes:

1. Nacionalización de todas las propiedades de la familia Somoza (10% del total de la tierra cultivable) y de la tierra y recursos naturales en manos de latifundistas locales y extranjeros.

2. Reforma agraria.

3. Reforma educativa: educación gratuita hasta la escuela secundaria y alfabetización de adultos analfabetas.

4. Protección de las libertades individuales: libertad de expresión, de organización y asociación, religiosa, etc...

5. Mejoramiento de las condiciones de trabajo de los trabajadores rurales y urbanos.

6. Mejoramiento de los servicios públicos y de las condiciones de vivienda.

7. Abolición de la tortura y de la pena de muerte.

C. Neocolonialismo: los Estados Unidos, ¿la política del buen vecino o intervencionismo?

Cuando miramos las reformas que estos movimientos revolucionarios pretendían lograr y las comparamos a la realidad de los países latinoamericanos hoy en día cabe preguntarse ¿qué sucedió? ¿Por qué los países de Centro y Sudamérica y los del Caribe siguen teniendo una economía de subdesarrollo? Un estudio profundo de las causas de ese subdesarrollo económico nos lleva a la arena de la política exterior que los Estados Unidos, país más poderoso del hemisferio occidental, ha adoptado desde el siglo XIX hacia los países al sur del río Grande. Nos lleva también a tomar conciencia de los problemas de corrupción administrativa que se han ido sucediendo en el continente sudamericano a lo largo del siglo XX y que en muchos casos, al alba del nuevo milenio siguen presentes, todo lo cual ha determinado el presente de estas naciones.

El poeta nicaragüense Rubén Darío en el poema "A Roosevelt" incluido en su colección *Cantos de vida y esperanza* publicada en 1905 presagiaba la política agresiva del destino manifiesto al tiempo que expresaba su deseada violenta respuesta de Latinoamérica:

> ...
> Eres los Estados Unidos, eres el futuro invasor
> de la América ingenua que tiene sangre indígena,
> que aún reza a Jesucristo y aún habla en español.

> ...
> Los Estados Unidos son potentes y grandes.
> Cuando ellos se estremecen hay un hondo
> temblor

> ...
> y alumbrando el camino de la fácil conquista
> la Libertad levanta su antorcha en Nueva York.

> ...
> Tened cuidado. ¡Vive la América española!
> Hay mil cachorros sueltos del León Español.
> Se necesitaría, Roosevelt, ser por Dios mismo,
> el Riflero terrible y el fuerte Cazador,
> para poder tenernos en vuestras férreas garras.

> Y, pues contáis con todo, falta una cosa: ¡Dios!

En una "lista parcial" preparada por la organización International A.N.S.W.E.R. llamada "Un siglo de intervenciones militares estadounidenses", entre 1890 y 1999 los Estados Unidos intervinieron 130 veces en asuntos internos de países extranjeros, 48 de ellas en países hispanoamericanos, en la mayoría de los casos para poner o mantener en el poder gobiernos dictatoriales que defendían los intereses políticos y económicos norteamericanos como el de la dinastía Somoza en Nicaragua, el de Fulgencio Batista en Cuba, el de Rafael Leónidas Trujillo en la República Dominicana, el de Augusto Pinochet en Chile, por mencionar sólo algunos.

En 1923 el gobierno de los Estados Unidos reconoció como oficial al gobierno del presidente mexicano Álvaro Obregón a cambio de que el artículo 27 de la Constitución concerniente a la aplicación retroactiva de la soberanía mexicana sobre sus recursos minerales, entre ellos el petróleo en manos norteamericanas, fuera revocado. Cuando en 1925 el nuevo presidente Plutarco Elías Calles revertió los cambios introducidos por Obregón las relaciones diplomáticas con los Estados Unidos estuvieron a punto de romperse y nuevamente el deseo de partir en lucha armada contra México se propagó en el país para proteger lo que las compañías petroleras consideraban "sus derechos".

En 1927 el secretario de relaciones exteriores Frank B. Kellogg culpó a la presencia del "espectro bolchevique" de la oposición violenta que se estaba produciendo en los países hispanoamericanos a la intervención norteamericana declarando que "agentes soviéticos viviendo en México alentaban a los nicaragüenses a resistir la agresión yanqui" (Thomas A. Bailey: 679).

En 1929 el recién electo presidente Herbert Clark Hoover quiso cambiar la imagen de "invasor" de los Estados Unidos en Latinoamérica por una de "buen vecino" y realizó un viaje por muchos de los países latinoamericanos donde los Estados Unidos tenían intereses comerciales. Un periódico cubano de la época citado por Thomas A. Bailey en su libro *A Diplomatic History of the American People* saludaba así su visita:

"Si el Sr. Hoover desea conquistar la inmediata simpatía de América Latina, deberá en este instante anunciar un cambio en la política de su país declarando que la doctrina Monroe no significa que el continente americano es sólo para los Estados Unidos, que Haití será evacuado, que Nicaragua será liberado del yugo extranjero, que Cuba verá la abrogación de la enmienda Platt, que nuestros tratados comerciales dejarán de ser unilaterales, que nuestros países serán libres de manejar sus propios asuntos como lo estimen más conveniente, y que los Estados Unidos son verdaderos amigos y no conquistadores" (681) [nuestra traducción].

La idea de una política de relaciones diplomáticas de amistad y cooperación fue retomada y desarrollada por el presidente Theodore Roosevelt quien en 1933 la hizo oficial bautizándola con el nombre de política de buena vecindad. Sin embargo, la lista citada anteriormente prueba que las intervenciones políticas en Latinoamérica continuaron; el poema de Darío seguía vigente.

El 30 de abril de 1948 veintiún países: Argentina, Bolivia, Ecuador, Estados Unidos, Nicaragua, Paraguay, Perú, Brasil, Colombia, Costa Rica, Cuba, Chile, El Salvador, Guatemala, Haití, Honduras, México, Panamá, República Dominicana, Uruguay y Venezuela firmaron el Pacto de Bogotá por el cual se comprometían a abstenerse de todo tipo de amenaza, coacción o violencia de unos contra otros y a resolver sus diferencias en forma pacífica. Este pacto dio nacimiento a la Organización de Estados Americanos (OEA). A los primeros veintiún miembros se fueron sumando con el correr de los años Antigua y Barbuda, Barbados, Belice, Canadá, Dominica, Granada, Guyana, Jamaica, Las Bahamas, Saint Kitts y Nevis, San Vicente y las Granadinas, Santa Lucía, Surinam y Trinidad y Tobago.

En 1961 el presidente Kennedy les propuso a los miembros de la OEA la idea de un plan conjunto de desarrollo socioeconómico para toda

Latinoamérica bajo el optimista nombre de Alianza para el progreso, quizás como una manera de contrarrestar la influencia que los cambios que se estaban produciendo en Cuba pudieran tener en el resto de Latinoamérica. Cuba no firmó el acuerdo, y por fuerte presión de los Estados Unidos, en 1962, fue expulsada de la OEA. También ese mismo año el presidente Kennedy decretó un embargo económico contra la isla dado el carácter socialista que estaba tomando la Revolución.

Alianza para el progreso establecía un plan que debía completarse en el lapso de diez años y requería de un presupuesto total de cien millones de dólares de los cuales el 80% provendría de los mismos países latinoamericanos, y el restante 20% de los Estados Unidos. En teoría quedaba establecido que los fondos serían administrados de manera multilateral con representantes de diversos países, pero en la práctica los Estados Unidos se fueron adjudicando cada vez más la prerrogativa de decidir cuáles proyectos recibirían financiamiento. Dice Hubert Herring en su libro *A History of Latin America*: "Teodoro Moscoso, coordinador norteamericano de Alianza para el progreso hizo un gran esfuerzo por mantenerse fiel al ideal multilateral, pero la presión por parte del Congreso y del Departamento de Estado para lograr un firme control americano era constante" (930).

La presión norteamericana por controlar la asignación de fondos se fue haciendo cada vez más tenaz al punto que en 1964 el Congreso impuso las siguientes condiciones: "ningún proyecto que provoque un efecto adverso en la economía norteamericana, que desaliente la empresa privada, o que prohíba la participación a pequeños negocios norteamericanos será aprobado. Aún más, no se le asignarán fondos a ningún país que no firme un acuerdo de garantía que los comprometa a respetar las inversiones norteamericanas ya existentes en esos países" (931). Se les exigía además el comprar solamente maquinaria norteamericana aunque fuera más barato adquirirla en otros países, lo que obviamente no era aceptable para los países pobres.

El problema de algunos gobiernos latinoamericanos corruptos fue otro factor negativo en contra del balance positivo que se esperaba lograr con el desarrollo de Alianza para el progreso. En muchas ocasiones se produjo malversación de fondos por administradores corruptos; las clases adineradas no querían invertir en sus propios países; se enriquecían de manera personal y sacaban el dinero a cuentas extranjeras en los Estados Unidos o Suiza. A pesar de todo, un balance objetivo de Alianza para el progreso muestra que en general, en unos países más que en otros, algunos proyectos, sobre todo en el plano de la salud, la vivienda y la alfabetización lograron elevar las condiciones de vida de la gente. El hecho de proveer almuerzos a los niños de las escuelas rurales, por ejemplo, logró que más padres enviaran sus hijos a las escuelas mejorando simultáneamente su salud y su escolaridad, pero como podemos observar hoy en día, aún queda muchísimo por hacer.

Como vimos en las declaraciones de Kellogg en 1927, la justificación que los Estados Unidos dieron a su intervención militar en los países latinoamericanos a lo largo del siglo XX fue la influencia del "espectro bolchevique", la amenaza soviética de expandir las ideas socialistas por el continente. Esta amenaza llegó a su clímax en los años sesenta y setenta con el triunfo primero de la Revolución Cubana y luego de la Revolución Sandinista y de la Unidad Popular en Chile.

Es importante recordar que los años sesenta cobijaban un mundo dividido en dos bloques de poder, el mundo capitalista representado por los Estados Unidos y el mundo socialista por la URSS y que ambos bloques pensaban que quien no estuviera con ellos estaba contra ellos. Se creó un clima de enorme tensión, cada superpotencia sospechaba de la otra y consideraba necesario para mantener su hegemonía el ejercer dominio sobre las naciones en desarrollo de Asia, Africa, el Cercano Oriente y América Latina lo que marcó la vida política de estas regiones. Cualquier incidente que la otra potencia pudiera considerar una amenaza, podía hacer pasar al mundo de la guerra fría, caracterizada por violentos choques económicos y diplomáticos, a una lucha armada.

Por ello cuando en 1960 el Primer Ministro de la Unión Soviética al momento, Nikita Jruschov, anunció su apoyo al gobierno de Castro y le proveyó misiles que, por su alcance, ponían en peligro de ataque la zona del este de los Estados Unidos, se creyó que el mundo estaba al borde de una guerra nuclear. La situación se resolvió a través de la vía diplomática en 1962: Jruschov acordó poner alto a las preparaciones que se estaban llevando a cabo en Cuba para la instalación de los misiles y llevarse las armas de vuelta a la Unión Soviética y el Presidente Kennedy prometió hacer un tanto con los misiles estadounidenses que habían sido instalados en Turquía.

Foto aérea del área de lanzamiento de los misiles

Al igual que la Revolución Cubana, la Revolución Sandinista aglutinó muchas fuerzas de oposición a la dictadura que le precedió incluyendo las capas medias de la población. Sin embargo, se hacía evidente que los ideales de justicia social que ambas se proponían conseguir no podían concretizarse dentro de sociedades donde la tierra y las riquezas nacionales estuvieran en manos de unos pocos y donde el capital extranjero controlara la economía. Había que tomar medidas radicales y esas medidas respondían más a la organización de una sociedad socialista/comunista que a la de una sociedad capitalista.

En un comienzo Fidel Castro intentó mantener relaciones diplomáticas y comerciales con los Estados Unidos, pero la diferencia en la orientación ideológica de ambos gobiernos era insalvable. En 1961, un grupo de cubanos en el exilio en Miami, con el apoyo del gobierno de los Estados Unidos, planificó un desembarque en la región de Cuba conocida como Playa Girón o Bahía de Cochinos para intentar derrocar el gobierno de Castro, invasión fácilmente frustrada por las fuerzas cubanas. En 1962 el gobierno revolucionario liberó 1.113 prisioneros que habían sido apresados durante la invasión a cambio de $53.000.000 en comida y medicina que habían sido recaudados por entidades privadas en los Estados Unidos.

El bloqueo económico total decretado por el gobierno del Presidente Kennedy en 1962 tras el fracaso de Bahía de Cochinos se encuentra aún vigente y afectó enormemente el desarrollo de la economía cubana. Ante esta situación, Castro aceptó el apoyo del bloque socialista quien estableció relaciones con Cuba en condiciones ventajosas para el país acordándole al gobierno de Castro un crédito de $100.000.000 y firmando un acuerdo para comprar cinco millones de toneladas de azúcar durante un periodo de cinco años al precio del mercado mundial. Otros países del mundo socialista como Polonia y China también firmaron tratados comerciales con Cuba en esos momentos.

De acuerdo a las autoridades cubanas, en los 45 años de aplicación del bloqueo éste les habría causado pérdidas por 86.000 millones de dólares.

Una política de bloqueo comercial similar se decretó contra Nicaragua a comienzos de los ochenta. Los Estados Unidos atacaron la economía poniendo explosivos bajo el agua en el puerto de Corinto para interrumpir el paso de los barcos mercantes. El presidente Ronald Reagan acusó al gobierno sandinista de brindar apoyo a movimientos revolucionarios marxistas en El Salvador y otros países de Centro América y le eliminó todo tipo de ayuda. En su lugar, a través de la CIA, para evitar que el "fantasma bolchevique" continuara expandiéndose, financiaron, proveyeron armas y dieron entrenamiento militar a los contras o movimientos contrarrevolucionarios que intentaban por todos los medios, incluyendo la lucha armada, de evitar que la Revolución Sandinista lograra sus propósitos de igualdad y justicia social.

Cuba y Nicaragua representaron para los Estados Unidos huesos duros de roer, como dice la expresión popular, y casos que querían evitar se repitieran en Centro y en Sudamérica. Ya en las elecciones presidenciales en Chile en 1964 los Estados Unidos habían tratado de intervenir para impedir que Salvador Allende fuera elegido presidente, lo que volvió a producirse en 1970. Documentos salidos a la luz pública en 1998 comprueban la intervención directa de los Estados Unidos en el golpe militar que derrocara al gobierno socialista de Allende.

El 27 de junio de 1970 –poco antes de las elecciones presidenciales en Chile- en una reunión del Concejo de Seguridad Nacional, el principal consejero en asuntos de seguridad nacional del presidente Nixon, en aquel entonces Henry Kissinger declaró: "No veo por qué debemos echarnos a un lado a observar cómo un país se convierte en comunista por la irresponsabilidad de su propia gente". Después de las elecciones el gobierno de Nixon trató infructuosamente de impedir que el congreso chileno ratificara a Allende como presidente. Luego, dio la orden de impedir que Allende asumiera el poder. Finalmente, ante estos dos fracasos y la rapidez con que Allende comenzaba a socializar el país, ordenó que se comenzara un plan de desestabilización de la economía chilena que creara las condiciones favorables a un golpe de Estado militar.

Al igual que con Nicaragua, se decretó un boicot económico contra Chile cuyos medios de producción dependían casi exclusivamente de los Estados Unidos para piezas de repuesto y maquinarias. Los Estados Unidos también ejercieron presión para impedir que tanto el Banco Interamericano de Desarrollo como el Banco Mundial le prestaran dinero al gobierno de Allende, todo lo que efectivamente contribuyó a desestabilizar la economía. Todo comenzó a escasear: alimentos, piezas de recambio, productos de primera necesidad, y lo que no escaseaba, era escondido y vendido en mercado negro.

El poder adquisitivo que la clase media y la clase trabajadora habían conseguido gracias al aumento en los salarios y al control de precios quedó anulado. La gente tenía dinero, pero no había qué comprar. Esta situación causó gran malestar sobre todo en las capas medias de la población que en un principio habían apoyado a Allende. Las mujeres de la burguesía salían a las calles junto a sus empleadas de servicio golpeando las ollas vacías para protestar por la falta de comida aunque sus cocinas estuvieran abastecidas por productos comprados en el mercado negro.

Los Estados Unidos aprovecharon la coyuntura para subvencionar grupos de oposición y propaganda en contra del gobierno de Allende; incrementaron además la ayuda al sector militar e intensificaron el entrenamiento de su personal en escuelas en los Estados Unidos y Panamá. Comenzaron a proliferar las huelgas entre ellas la de los transportistas que paralizaron el país e impidieron la distribución de alimentos y la de los mineros del cobre que privó al gobierno de su principal fuente de ingreso, ambas financiadas con fondos de la CIA como fue comprobado en una investigación realizada por el congreso norteamericano y se puede leer en los documentos desclasificados de la CIA.

El descontento se generalizó: los extremistas de izquierda, porque la socialización emprendida por Allende no se producía tan radical y rápidamente como ellos lo deseaban, la derecha, porque se oponía a las reformas en marcha, todo el mundo, por la escasez, las huelgas, las manifestaciones y el caos político y social.

Para combatir la falta de distribución de alimentos Allende nombró al general de la Fuerza Aérea, Alberto Bachelet a cargo de la Secretaría nacional de distribución. Tras el golpe ello le valió su arresto y luego su muerte a consecuencias de las torturas recibidas.

El terreno estaba listo y el 11 de septiembre de 1973, con el apoyo de la CIA, una Junta militar con el General Augusto Pinochet a la cabeza derrocó al gobierno de Allende. Nadie sabe con certeza cómo se produjo la muerte de Allende, unos dicen que murió combatiendo durante la defensa del Palacio de la Moneda, palacio presidencial; muchos que se suicidó con una ametralladora que le había regalado Fidel Castro en su visita a Chile cuando los militares entraron al palacio. Las siguientes fueron las últimas palabras de su discurso de despedida al pueblo chileno:

> "Trabajadores de mi Patria: tengo fe en Chile y en su destino. Superarán otros hombres este momento gris y amargo donde la traición pretende imponerse. Sigan ustedes sabiendo que, mucho más temprano que tarde, de nuevo se abrirán las grandes Alamedas por donde pase el hombre libre para construir una sociedad mejor. ¡Viva Chile! ¡Viva el pueblo! ¡Vivan los trabajadores! Tengo la certeza de que mi sacrificio no será en vano. Tengo la certeza de que por lo menos será una lección moral que castigará la felonía, la cobardía y la traición".

Otro testimonio sobre lo ocurrido en esta época lo encontramos en la carta dirigida por un general de la Fuerza Aérea de Chile a sus hijos en el exilio el 16 de octubre de 1973.

> "Estuve 26 días arrestado e incomunicado. Fui sometido a tortura durante 30 horas (ablandamiento) y finalmente enviado al Hospital FACH con un esquema, que es la antesala del infarto". "Me quebraron por dentro, en un momento, me anduvieron reventando moralmente -nunca supe odiar a nadie- siempre he pensado que el ser humano es lo más maravilloso de esta creación y debe ser respetado como tal, pero me encontré con camaradas de la FACH a los que he conocido por 20 años, alumnos míos, que me trataron como a un delincuente o como a un perro".

El autor de la carta el general Alberto Bachelet quien fuera el padre de la actual presidenta de Chile Michelle Bachelet.

D. Populismo, dictaduras y retorno a la democracia

1. Algunos líderes populistas

Los años cuarenta y cincuenta vieron el surgimiento de carismáticos líderes populistas que encarnaban hasta cierto punto el gobierno de sus países. En Chile surgió Arturo Alessandri Palma, presidente en diferentes periodos: 1920-1924; 1925; 1932-1938 y elegido senador en 1949. Se dice que era tan popular que se dirigía a las masas diciendo: "Chusma inconsciente que me escucháis" sin que nadie se sintiera ofendido. En Perú surgió Víctor Raúl Haya de la Torre, fundador del APRA y en Ecuador José María Velasco Ibarra, presidente del país durante cinco términos: 1934-1935; 1944-1947; 1952-1956; 1960-1961; 1968-1972 a quien le llamaban cariñosamente "el loco Ibarra" quien fuera derrocado cuatro veces por los militares. "Denme un balcón y seré presidente" fue una de sus frases favoritas.

En Argentina, Juan Domingo Perón, elegido presidente en 1946.

Juan Domingo Perón

Perón era adorado por la clase trabajadora a los que su mujer, Evita, llamaba los "descamisados" al punto que el peronismo se convirtió en un movimiento político propio a las ideas nacionalistas y populistas que caracterizaron los gobiernos de Perón, pero también de mano dura contra sus opositores, y por su admiración y cercanía de principios con el dictador italiano Benito Mussolini que hacen que algunos lo vean más como un dictador que como un líder populista.

En Colombia, Jorge Eliécer Gaitán, quien organizó un enorme movimiento popular completamente al margen de los dos partidos políticos que tradicionalmente habían controlado la vida del país, el Partido Liberal y el Conservador, y aunque cuando se presentó a las elecciones en 1946 salió derrotado, fue un indiscutible líder de masas. La situación en el país era la tensa y violenta típica situación en un país en que la industrialización, apoyada por el Partido Liberal, hacía frente al latifundismo, apoyado por el Partido Conservador. La muerte de Gaitán, asesinado en las calles de Bogotá en

1948, desató un periodo de violencia exacerbada conocido en la historia de Colombia como la época de la violencia que duró por unos treinta años, en los que murieron más de 300,000 campesinos. También se sucedieron durante esta época gobiernos dictatoriales como el de Gustavo Rojas Pinilla. Secuelas de esa violencia aún se dejan sentir hoy día.

Jorge Eliécer Gaitán

En 1948, en Puerto Rico, Luis Muñoz Marín, resultó ser el primer gobernador de la isla elegido democráticamente por el pueblo puertorriqueño y no nombrado por los Estados Unidos. Fue el artífice del Estado libre Asociado, status político actual de la isla.

Todos estos líderes partían en, muchas veces, demagógicas campañas políticas a las áreas urbanas pobres y las zonas rurales donde atraían a las masas de obreros pobres y campesinos con su política populista en favor de reformas que mejorarían sus condiciones de vida. Fomentaban igualmente un fuerte sentimiento nacionalista; por ejemplo, el lema del Partido Popular Democrático fundado por Luis Muñoz Marín era Pan, Tierra y Libertad y sus símbolos eran la pava, sombrero de paja típico del campesino puertorriqueño, y el machete.

2. Dictaduras de derecha en las décadas de los sesenta a los ochenta

Antes de entrar en detalles sobre los diferentes gobiernos dictatoriales de derecha entre los años sesenta y ochenta en América Latina es importante hacer mención de la llamada "Operación Cóndor" establecida en los años setenta, la que permitió y facilitó la persecución, asesinato y desaparición de cientos de miles de opositores a estos regímenes.

La Operación Cóndor fue un plan de inteligencia continental coordinado por los servicios de inteligencia de Argentina, Chile, Brasil, Paraguay, Uruguay y Bolivia, países que en esos años vivían bajo regímenes de dictadura militar y que contó con el respaldo y la cooperación de los Estados Unidos. Los gobiernos de Perú, Colombia y Venezuela, aunque no fueron miembros firmantes de la Operación, colaboraron con los gobiernos que hacían parte del plan.

Las acciones de represión emprendidas como parte de la Operación Cóndor no se limitaban a los países que habían firmado el acuerdo. Se les facilitaba a los servicios de inteligencia de las fuerzas armadas de los distintos países el desplazamiento a cualquier lugar del mundo para realizar operaciones represivas que podían ir desde el arresto, la represión, la desaparición o la muerte de cualquier individuo sospechoso de ser activista de izquierda, comunista, o terrorista marxista.

El alcance de este horrendo plan quedó comprobado cuando en 1992 un profesor de derechos humanos de la Universidad de Kansas, Martín Almada, descubrió en Paraguay los "Archivos del terror": 8.369 fichas, 740 libros y más de 10.000 fotografías, documentos que probaban que como resultado de la Operación Cóndor hubo un saldo final de 50.000 muertos, 30.000 desaparecidos y 400.000 presos.

a. Paraguay: Alfredo Stroessner (1954-1989)

Por treinta y cinco años ininterrumpidos, Alfredo Stroessner gobernó con mano de hierro el Paraguay. Tras un golpe de Estado fue elegido presidente en un simulacro de elecciones donde él era el candidato único. Bajo su gobierno encontraron acogida en Paraguay antiguos dictadores de otros países como Anastasio Somoza de Nicaragua, así como antiguos nazis entre ellos Joseph Mengele conocido como el "ángel de la muerte" por sus experimentos genéticos en niños, en los campos de concentración nazi. En los años sesenta Paraguay era el país menos desarrollado del cono sur.

Muere el 16 de agosto del 2006, a la edad de 93 años, en exilio, en Brasil.

b. Bolivia: René Barrientos (1966-1969) y Hugo Banzer (1971-78; 1997-2001)

Barrientos encabezó la junta militar que derrocara a Víctor Paz Estenssoro en 1964. En 1966 fue elegido presidente. Su gobierno fue altamente represivo sobre todo en contra de los movimientos estudiantiles y las luchas guerrilleras. Bajo su mandato fue asesinado en 1967, el líder guerrillero Ernesto Che Guevara.

En 1971, tras otro golpe militar -el número 187 en 146 años que tenía en ese entonces la República de Bolivia- Banzer fue nombrado presidente. Estudió entre otras escuelas militares en la de Panamá donde se graduó con honores con una especialización en lucha antiguerrillera lo que utilizó para reprimir eficazmente los movimientos de izquierda en su país. Como Juan María Bordaberry en Uruguay, ilegalizó los partidos políticos de izquierda así como el sindicato la Central Obrera Boliviana y cerró las universidades. En 1997 se presentó como candidato a las elecciones por el Partido Acción Democrática Nacionalista y salió vencedor, ocupando el puesto hasta el

2001 cuando su enfermedad le obligó a renunciar. Banzer fue el primer antiguo dictador en regresar a la vida política del país por medios democráticos y ser elegido presidente. Contribuyeron a su elección sus promesas de terminar con la pobreza y poner fin a la deficiencia en los servicios sociales. Bajo su mandato como presidente democrático, Bolivia emprendió también la erradicación del cultivo de coca.

C. Uruguay: Juan María Bordaberry (1972-1976)

Fue elegido presidente del Uruguay en 1972, durante una época en que la violencia guerrillera de izquierda protagonizada por los Tupamaros era muy fuerte en el país y hasta cierto punto gobernó dictatorialmente pues se alió con los militares para mantener la situación bajo control. Disolvió el Parlamento y declaró ilegal todo tipo de organización social incluyendo el sindicato más grande del país, la Convención Nacional de los Trabajadores. Prohibió los partidos marxistas, estableció la censura y abolió las libertades civiles. Su represivo gobierno se caracterizó por las mismas atrocidades que cometía cualquier gobierno militar en Latinoamérica en esos años: violación flagrante de los derechos humanos; en 1976 el número de presos políticos en Uruguay alcanzaba los 6.000. Fue depuesto por los propios militares y en su lugar fue elegido Aparicio Méndez.

d. Chile: Augusto Pinochet (1973-1989)

El 11 de septiembre, con el asalto al Palacio de la Moneda, la Junta Militar tomó control sobre todo el país desatando años de sangrienta dictadura. Las universidades perdieron su autonomía y fueron intervenidas por los militares; los partidos de oposición fueron prohibidos, la prensa censurada, y miles de miles de chilenos fueron arrestados, encarcelados, torturados, asesinados, desaparecidos o enviados al exilio. El gobierno dictatorial de Pinochet duró alrededor de dieciséis años, de septiembre del 1973 hasta 1989.

En octubre de ese año el General llamó a un plebiscito que ofrecía como opciones la renovación de su mandato por otros ocho años o su inmediata expiración; para su gran sorpresa, lo perdió. A los pocos meses del golpe su régimen había dejado un saldo de por lo menos 3.197 muertos y desaparecidos incluyendo extranjeros que se encontraban en Chile en el momento del golpe y que la CIA había clasificado de "peligrosos", y alrededor de 250.000 personas detenidas, al punto que tuvieron que utilizar estadios, bases militares y hasta barcos navales como prisiones y centros de tortura.

Entre tantos otros detenidos el 11 de septiembre se encontraba el cantante Víctor Jara quien fue llevado al Estadio Chile en Santiago donde fue brutalmente asesinado 5 días más tarde. Según cuenta su mujer, la bailarina inglesa Joan Jara, después de días de tortura los militares le rompieron las manos, luego le entregaron una guitarra y mofándose de él le pidieron que cantara. Víctor Jara comenzó a cantar, entonces, lo acribillaron a balazos y más tarde lo tiraron en las faldas del cerro San Cristóbal.

En adición a todos los muertos, desaparecidos y torturados, el gobierno de Pinochet fue responsable de que cerca de 1.000.000 de chilenos tuvieran que salir al exilio fuera por razones políticas, fuera por razones económicas.

Además de desatar un gobierno de terror, una de las primeras empresas del gobierno de Pinochet fue transformar la economía del país. Para ello se asesoró de un grupo de economistas neoliberales, los llamados Chicago boys, influenciados por la política monetarista de Milton Friedman. Los primeros años la economía chilena se recuperó. En sus propias palabras, Pinochet decía que él quería hacer de Chile no una nación de proletarios sino una nación de empresarios. Sin embargo la bonanza económica no alcanzó a todas las capas sociales; las capas medias virtualmente desaparecieron y en 1987 el 40% de la población chilena vivía bajo el límite de pobreza, índice que bajara a 15.7 recién en el 2000 después de la vuelta a la democracia.

Como dato curioso, Pinochet quiso cambiar la imagen del dictador latinoamericano que se enriquecía gracias a la apropiación personal de fondos públicos por la del dictador probo y austero. Sin embargo en el primer semestre del 2004 las investigaciones del Senado norteamericano al Banco Riggs por lavado de dinero sacaron a la luz pública unas cuentas millonarias con ahorros hechos por un "funcionario público chileno" a lo largo de su carrera quien resultó ser el general Augusto Pinochet. Las cuentas estaban a su nombre, a nombre de su esposa y otros familiares y colaboradores cercanos.

Pinochet murió el 12 de diciembre del 2006 desaforado de la inmunidad que pretendió darse como senador vitalicio en la constitución que él mismo elaborara, en libertad provisional y con innumerables procesos encima, el mismo día en que en todo el mundo se celebraba el aniversario de la Declaración universal de los derechos humanos.

Refiriéndose a su muerte la Presidenta Bachelet declaró:

> "Tengo memoria, creo en la verdad y aspiro a la justicia y tengo la profunda convicción y la voluntad para superar la adversidad, los momentos amargos e injustos y entender que como en los ciclos personales, también en los ciclos de la historia de una nación se abren nuevos derroteros donde lo que aprendimos del pasado nos debe ayudar para enfrentar mejor el futuro".
>
> "Chile no puede olvidar, sólo así tendremos una mirada constructiva de nuestro porvenir, garantizando el respeto a los derechos fundamentales de todas y todos los chilenos".

La mandataria indicó que el fallecimiento de Pinochet "simboliza la partida de un referente de un clima en el país de divisiones, de odio, de violencia".

El gobierno chileno tomó la decisión de no rendir honores de Estado ni decretar duelo oficial, sino sólo los honores militares correspondientes.

e. Argentina: Jorge Rafael Videla (1976-1981)

En marzo de 1976, luego de una cada vez más creciente crisis económica, tomó el poder en Argentina Jorge Rafael Videla, a la cabeza de una Junta Militar que disolvió el congreso para poder gobernar. Las reglas de un gobierno dictatorial entraron en vigencia y como en Uruguay, en Bolivia, en Chile, en Guatemala: todo grupo disidente fue suprimido, los sindicatos declarados ilegales, la represión desatada. A cinco años de su mandato había sido documentado el arresto, secuestro, detención o desaparición de más de 6,000 personas. En 1981 Videla fue sustituido por otro militar, Roberto Viola quien debía ejercer un mandato de cuatro años, pero fue destituido al final de ese mismo año y reemplazado por Leopoldo Galtieri quien a su vez, luego de perder la guerra contra Gran Bretaña por la recuperación de las Islas Malvinas, fue sustituido por Reynaldo Bignone. Las atrocidades cometidas por esta sucesión de dictadores militares eran denunciadas y condenadas en todos los foros de derechos humanos en todo el mundo. Según el informe de la Comisión Nacional sobre la Desaparición de Personas (CONADEP) creada en 1983 por el Presidente Patricio Alwyn a la caída de la dictadura para investigar los crímenes y encontrar los culpables de tanta atrocidad, había a lo largo y ancho del país 340 centros de detención donde se practicaba metódicamente la tortura; el número de desaparecidos entre 1976-1983 se elevó a 12.000 y el total de víctimas incluyendo a los torturados y a los asesinados fue entre 20.000 y 30.000 personas. Este horrible periodo de la historia de Argentina ha sido llamado la guerra sucia.

Al igual que en Chile, en que las mujeres hacían presencia frente a las cárceles con la esperanza de con ello salvar las vidas de sus esposos, hijos, hermanos presos, las primeras en hacer frente a la represión en Argentina fueron las mujeres. En abril de 1977 un grupo de catorce mujeres, todas madres de desaparecidos, a iniciativa de Azucena Villaflor de De Vicenti decidieron pararse en silencio en la Plaza de mayo, frente a la Casa rosada, el palacio presidencial, exigiendo al gobierno respuesta a su pregunta "¿dónde están?" Por este acto de valentía los militares las llamaron "Las locas de la plaza de mayo" y con ello dieron origen a lo que más adelante se convertiría en la asociación de las Madres de Plaza de mayo que se reunían en la plaza una vez por semana con las fotos de sus hijos desaparecidos por los militares.

Las madres de Plaza de mayo

Se dice que al comienzo no marchaban, sino que se mantenían en un grupo compacto y que fueron los guardias que cuidaban la plaza quienes les dijeron que caminaran de dos en dos pues estaba prohibido formar grupos de más de tres personas en la calle. Con el aumento de la represión, el acto de estas madres se convirtió en movimiento; el grupo de Buenos Aires llegó a ser de cientos de mujeres y se fueron creando otros grupos en otras ciudades del país.

A ellas también se unieron padres, hijos, hermanas, abuelas de desaparecidos. Su enorme desafío llamó la atención de la prensa internacional y gracias a Amnistía Internacional dieron a conocer en todo el mundo la realidad que vivía el pueblo argentino, realidad negada por la dictadura. Ni siquiera con el secuestro y desaparición de su fundadora en diciembre de 1977 pudieron silenciarlas.

Vidas truncadas, futuros destruidos, familias desintegradas. Cuán abstracto puede parecer todo esto: miles de desaparecidos, cientos de miles de exiliados, etc… Veamos un par de ejemplos concretos para ilustrar lo sucedido bajo las dictaduras.

- Un bebé desaparece. En 1975 Hugo Alberto Suárez fue secuestrado por los organismos de seguridad argentinos cuando paseaba llevando en brazos a su bebé de menos de un año de edad. Su esposa María Rosa Vedoya fue detenida más tarde. Ambos "desaparecieron", del bebé nunca más se supo, hasta que 32 años más tarde un hombre se reconoció en una foto de bebé mostrada por una abuela de nietos desaparecidos en la televisión. Se hizo los exámenes genéticos y se convirtió en el nieto número 85 recuperado por las Abuelas de Plaza de Mayo. Nunca se aclaró cómo en el año 1976 este bebé llegó a las manos de una enfermera que lo declaró como propio y lo crió.

- Un diploma universitario entregado 36 años más tarde. Ricardo Chidichimo pasó su último examen en la universidad en 1976. La vida le sonreía, había terminado sus estudios y su esposa esperaba un bebé. Sin embargo el 20 de noviembre de 1976 fue secuestrado. Ricardo no recibió su diploma y no conoció a su hija. 36 años más tarde Florencia Chichidimo, la hija que nunca conoció recibió el diploma a nombre de su padre, un diploma igual que los otros otorgados por la universidad con la única diferencia que en la parte de atrás se lee: "Este diploma se otorga conforme a lo establecido por Res. CD N° 768/06 de la Facultad de Ciencias Exactas y Naturales, encontrándose el Sr. Ricardo Darío Chidichimo en situación de desaparecido".

En la facultad había un antecedente: en septiembre de 1998, 20 años después de la desaparición del físico Daniel Bendersky, sus padres habían recibido el diploma en su nombre.

Luego de que cayera la dictadura en 1983 las madres comenzaron a marchar pidiendo que se juzgara a los culpables de tantos crímenes bajo el lema de "¡Nunca más!", para que nunca más se produjeran hechos como los relatados más arriba. En diciembre del 2003 el gobierno de Néstor Kirchner decretó el establecimiento de un premio para promover la defensa de los derechos humanos que llevará el nombre de Azucena Villaflor de Devincenti. El mismo será entregado cada 12 de diciembre, fecha en que como dijéramos se celebra en todo el mundo el aniversario de la Declaración de los derechos humanos.

f. Guatemala: Efraim Ríos Montt (1982-1983)

En 1982, tras un golpe militar, Efraim Ríos Montt se convirtió en dictador de Guatemala y comenzó una lucha encarnizada contra los militantes y las guerrillas de izquierda masacrando indígenas y campesinos. En su artículo "The Illinois Congressman and the Dictator's Daughter" Stephen Kinzer menciona que una comisión de las Naciones Unidas había concluido que durante el periodo de gobierno de menos de dos años de Ríos Montt el ejército cometió 626 masacres de civiles.

3. El retorno a la democracia

A partir de los años ochenta el panorama político fue cambiando de gobiernos dictatoriales a gobiernos democráticos en casi toda la América Latina. En Uruguay se legalizaron los dos partidos políticos históricamente rivales, el Partido Blanco (ideales conservadores, protección de la fe y el orden) y el Colorado (ideales liberales y de soberanía uruguaya) y a lo largo de los noventa se fueron poco a poco sucediendo en el país gobiernos elegidos democráticamente.

En Guatemala Ríos Montt fue depuesto por Óscar Humberto Mejías quien restauró las libertades civiles y gobiernos democráticos se fueron sucediendo. En Argentina, en 1983 subió al poder Raúl Alfonsín bajo cuyo gobierno Videla fue enjuiciado y condenado a cadena perpetua. Este fue amnistiado en 1990 por Carlos Menem sucesor de Alfonsín. En Paraguay Andrés Rodríguez, candidato por el Partido Colorado ganó las elecciones presidenciales de 1989; su mandato fue caracterizado por la democratización del país. Como en otros países la democratización pasaba por la legalización de los partidos políticos prohibidos y enmiendas a la Constitución.

En Chile, como ya dijéramos, Pinochet perdió el referéndum con el que pretendía mantenerse en el poder. En 1989 el candidato por la Concertación de Partidos por la Democracia (CPPD), el demócrata-cristiano Patricio Alwyn fue elegido presidente y se aprobaron enmiendas a la Constitución que devolvían la democracia al país: se levantó la proscripción a los partidos de izquierda y se redujo el mandato presidencial de ocho a cuatro años. Las reformas económicas emprendidas bajo su mandato permitieron que más de 1.000.000 de chilenos saliera de vivir bajo el límite de pobreza. En los años subsiguientes Chile comenzó a abrirse a acuerdos comerciales con otros países del mundo lo que ha favorecido el desarrollo y la estabilización de su economía.

También en Nicaragua comenzaron a sentirse los vientos de democracia. La oposición pudo manifestarse en las calles; los medios de comunicación de masa una vez censurados obtuvieron libertad, entre ellos el periódico de oposición al sandinismo, *La Prensa* y la cadena de radio Radio Católica. Con el objetivo de lograr la paz en una región espantosamente afectada por la guerra el Presidente de Costa Rica, Óscar Arias Sánchez invitó a los gobiernos de Nicaragua, El Salvador, Guatemala y Honduras a participar de un Plan de Paz para Centroamérica. El acuerdo fue firmado en 1987 por los cinco países y ello ayudó a poner fin a las cruentas guerras civiles que afectaban la región.

Por ese gran esfuerzo, ese mismo año, Óscar Arias fue merecedor del Premio Nobel de la Paz. En 1990 se realizaron elecciones en Nicaragua en las que los sandinistas perdieron el poder, en gran parte por la paupérrima situación de la economía y por las guerras civiles que habían desangrado al país. Asumió el poder Violeta Barrios de Chamorro por la Unión Nacional Opositora (UNO) coalición de grupos antisandinistas, primera mujer en asumir ese cargo en Nicaragua. Barrios de Chamorro era la viuda de Pedro Joaquín Chamorro, editor del diario *La Prensa* asesinado en 1978 por su oposición a la dictadura somocista.

En 1991 todos los países, excepto Cuba, tenían gobiernos democráticos.

La democracia establecida, los problemas que enfrentaron, y aún enfrentan estas sociedades es nuevamente el de lograr un desarrollo económico nacional y el de la distribución de la riqueza así generada pues sigue existiendo una gran disparidad entre los diferentes sectores de la población.

De acuerdo a informes de las Naciones Unidas América Latina es el continente con la mayor brecha en el ingreso per cápita del mundo: el 10% más rico gana el 48% del ingreso nacional; el 10% más pobre, recibe apenas el 1.6 %, situación que causa frustración y desconfianza en los gobiernos, y que origina inestabilidad provocando revueltas populares.

15 años más tarde con la llegada al poder de la denominada "nueva izquierda" se inicia un nuevo capítulo en la historia de los países latinoamericanos. Ya no se trata de reconquistar la democracia, se trata de consolidar el desarrollo. Esta vez no se trata solamente de recuperar el derecho a voto y a elegir quien los gobierne, se trata de tener el control de las riquezas naturales, de tener acceso a la educación, a la salud, a la técnica, de que los pueblos indígenas sean reconocidos. Esta vez los pueblos exigen el tener el derecho a una vida mejor, pero de ello hablaremos en el capítulo siguiente.

Preguntas de comprensión y repaso

De la independencia al presente

III. 1. Siglo XIX
A. Razones para las luchas por la independencia
1. Explique por qué podemos decir que las luchas por la independencia en Hispanoamérica tuvieron tanto una base interna como externa.
2. ¿Quién fue Carlos III y qué reformas administrativas y económicas estableció durante su reinado? ¿Qué caracterizó al "despotismo ilustrado?"
3. Explique por qué los criollos estuvieron descontentos con las reformas económicas introducidas por Carlos III.
4. ¿Cuál fue la reforma política más importante de Carlos III?
5. Describa el rol de los intendentes.
6. Describa el rol de los jesuitas en Latinoamérica.
7. ¿Qué fue la Inquisición?
8. Haga un corto resumen de las causas externas e internas a la base de los movimientos de independencia en la Latinoamérica del siglo XIX.

B. Guerras de independencia
1. ¿Quién fue Túpac Amaru II?
2. Mencione las tres etapas en que se pueden dividir las luchas por la independencia de Latinoamérica en el siglo XIX.
3. Haga una lista de los héroes de la independencia hispanoamericana y qué países liberaron.

III.2. Siglo XX
A. Formación de las naciones y delimitación de fronteras
1. Tome notas sobre los más relevantes aspectos geográficos de México.
2. Mencione las siete repúblicas que forman América Central y sus capitales. ¿En cuál de ellas no se habla español?
3. ¿Cuál de las repúblicas representa el puente entre Centro y Sudamérica?
4. ¿Qué particularidades tiene Costa Rica con respecto a las otras repúblicas de Centro América?
5. Nombre las tres Antillas Mayores donde se habla español, sus capitales y el tipo de gobierno que las rige.
6. ¿Cómo se resintió en Cuba el desmoronamiento del bloque de países socialistas en los años noventa y qué medidas tomó el gobierno cubano para aliviar la situación?
7. ¿Quién fue Rafael Leónidas Trujillo y qué representó para la República Dominicana?
8. ¿Por qué hay tantos puertorriqueños viviendo en los Estados Unidos?

9. Estudie rigurosamente la lista de países de Sudamérica, sus capitales y su localización así como otros aspectos de su geografía. ¿En qué sentido la topografía general del continente sudamericano ha afectado el desarrollo de los pueblos?

10. Explique cómo perdió Bolivia su acceso al mar.

11. ¿Cuáles son los dos países más pobres de Latinoamérica?

12. ¿Por qué no se ha podido eliminar el problema del cultivo de coca en Bolivia, Perú y Colombia?

B. Movimientos revolucionarios

1. ¿Qué representó el siglo XIX para los países latinoamericanos?

2. ¿Qué problema tuvieron que enfrentar los hispanoamericanos una vez ganada la independencia?

3. Explique la diferencia entre liberales y conservadores.

4. ¿Por qué Gran Bretaña y los Estados Unidos apoyaban a los países latinoamericanos en sus guerras de independencia del imperio español?

5. Explique la doctrina Monroe y el destino manifiesto.

6. ¿Qué caracterizó el siglo XX en los países latinoamericanos?

7. ¿Qué fue la Ley Lerdo de Tejada? ¿Cumplió su objetivo? ¿Por qué?

8. ¿Cuál es el origen de la celebración del cinco de mayo en México?

9. ¿Cuál fue el peor daño infligido por Porfirio Díaz a su país?

10. ¿Qué es el APRA?

11. ¿Qué reformas radicales introdujo el general Juan Velasco Alvarado en el Perú?

12. Describa la Operación ALFIN.

13. ¿Quién fue Augusto Boal y cuál fue su rol dentro de la Operación ALFIN?

14. ¿Quién fue Víctor Paz Estenssoro?

15. ¿Por qué se produce la Revolución Cubana? ¿Cuáles son considerados sus grandes logros? ¿Cuáles son las mayores críticas que se le hacen?

16. ¿Quién fue Ernesto Che Guevara y cuál es su relación con la Revolución Cubana?

17. Describa lo que caracterizó los diversos movimientos de guerrilla en Sudamérica en los años sesenta y setenta y mencione algunos de los guerrilleros cuyos nombres pasaron a la historia.

18. Comente la realidad económica en El Salvador a fines de los 70 y su incidencia en la formación de movimientos de guerrilla.

19. ¿Quién fue Salvador Allende, qué caracterizó el gobierno de la Unidad Popular y cuáles fueron los grandes logros obtenidos?

20. ¿Quién fue Augusto César Sandino y por qué el Frente Sandinista de Liberación Nacional tomó su nombre de él?

C. Neocolonialismo: los Estados Unidos, ¿la política del buen vecino o intervencionismo?

1. ¿Cómo han justificado los Estados Unidos su presencia en los países latinoamericanos en distintos momentos de la historia? ¿La ven de la misma manera los latinoamericanos?

2. Explique lo que fue la política de buena vecindad.

3. Explique lo que fue la Alianza para el progreso. Según el historiador Hubert Herring, ¿por qué no estaban satisfechos los países latinoamericanos con la forma en que los Estados Unidos participaban en este programa de desarrollo?

4. Haga un balance de los logros alcanzados gracias a la Alianza para el progreso y establezca las causas para aquello en que se quedaron cortos.

5. Discuta brevemente la política de los Estados Unidos con respecto a Cuba, Nicaragua y Chile.

6. Describa la situación en Chile que propició la caída del gobierno de Salvador Allende.

7. ¿En qué sentido las últimas palabras de Allende al pueblo chileno representan optimismo?

D. Populismo, dictaduras y retorno a la democracia

1. ¿Qué caracterizaba a los gobiernos populistas?

2. ¿Quién fue Luis Muñoz Marín y qué importancia tuvo en la vida política de Puerto Rico?

3. ¿Por qué Perón es visto como líder populista y como dictador?

4. ¿Qué fue la Operación Cóndor? ¿Qué datos salieron a la luz pública cuando se descubrieron los "archivos del terror"?

5. ¿Qué caracterizó a los gobiernos dictatoriales de los años sesenta a ochenta? ¿Cuál de los dictadores estuvo más tiempo en el poder? Compare y contraste los gobiernos dictatoriales de Pinochet en Chile y de Videla en Argentina.

6. Explique lo que representaron las Madres de Plaza de Mayo.

7. ¿Qué dictador luchó contra los Tupamaros?

8. ¿Cuál es la dualidad de Hugo Banzer?

9. ¿Quién fue Efraim Ríos Montt?

10. Describa cómo se fue produciendo la vuelta a la democracia en los años ochenta y noventa.

11. ¿Qué fue el Plan de Paz para Centroamérica?

12. ¿Cuáles son los desafíos que deben enfrentar los actuales gobiernos en América Latina y cuál es la raíz de esos problemas?

Horizontales

2. Capital de Colombia
4. Único país de habla hispana localizado en América del Norte
7. Descuartizado en plaza de Cusco
9. Héroe de la independencia de Cuba
11. Lago navegable más alto del mundo
13. País más pequeño de Centro América
15. Capital del Ecuador
17. Conocido como el Libertador
18. País largo y estrecho en Sudamérica
19. Padre de la independencia de México

Verticales

1. Libertador de Argentina
2. País que perdió su mar en la Guerra del Pacífico
3. Único país que no tiene ejército
5. País de Centro América con un canal que une el Pacífico con el Atlántico
6. Segundo río más largo del mundo
8. Estado Libre Asociado
10. "El titán de bronce"
12. País socialista en América Latina
14. Su capital es Caracas
16. Su capital es Lima

¿Cuánto sabemos ahora?

Utilice el siguiente banco de palabras para contestar las preguntas y luego vuelva a la sección **¿Cuánto sabemos?** al comienzo del capítulo para comparar sus respuestas antes de estudiar el capítulo y después.

Simón Bolívar, Nicaragua, Tupamaros, El Salvador, Cuba, ilustración, Ernesto Che Guevara, Costa Rica, Grito de Dolores, descamisados, Madres de Plaza de mayo, Operación Cóndor, Panamá, Alianza para el progreso, Salvador Allende, intendentes, Inquisición, Rafael Trujillo, Maceo y Martí, Puerto Rico, Víctor Jara, Tiro Fijo, Tania la guerrillera, Benjo Cruz, Javier Heraud, Camilo Torres

1. _____Oficiales administrativos nombrados por el rey encargados de vigilar la administración colonial local, impulsar la economía y recaudar impuestos.

2. _____Institución de tipo judicial establecida por la Iglesia Católica en la Edad Media para perseguir y enjuiciar a los acusados de herejía.

3. _____Movimiento filosófico en el que la razón, la ciencia y el respeto a los derechos del hombre surgieron como faro por sobre la oscuridad y la ignorancia del periodo oscurantista de la Edad Media.

4. _____Conocido como el Libertador de América del Sur.

5. _____Así se le llama al momento en que el cura Hidalgo incitó a tomar las armas contra las tropas realistas del gobierno español.

6. _____Dos líderes de la independencia de Cuba.

7. _____está conectado a Colombia sirviendo de puente entre Centro y Sudamérica.

8. _____País más pequeño en extensión de América Central.

9. _____País de mayor extensión de América Central.

10. _____ El capítulo 12 de la constitución de 1949 de este país dice: "Se proscribe el Ejército como institución permanente".

11. _____Tiene un estatus político especial; no es un país independiente ni tampoco un estado de los Estados Unidos.

12. _____República socialista en el Caribe.

13. _____Dictador de la República Dominicana.

14. _____Grupo guerrillero del Uruguay. Tomaron su nombre de un líder inca que se sublevó contra los españoles y fue descuartizado en la plaza pública de Cusco.

15. _____ Primer presidente con programa socialista elegido democráticamente en el hemisferio occidental. Su gobierno fue derrocado por un sangriento golpe militar en 1973.

16. _____ Plan conjunto de desarrollo socio-económico para toda Latinoamérica propuesto por el Presidente Kennedy.

17. _____Nombre con que Evita Perón se refería al pueblo.

18. _____Guerrillero argentino que combatió junto a Fidel Castro en la Sierra Maestra.

19. _____Única mujer en la guerrilla boliviana.

20. _____ Grupo de mujeres que se reunían en una Plaza de Buenos Aires una vez por semana con las fotos de sus hijos desaparecidos por los militares.

21. _____Poeta peruano recordado como el poeta guerrillero.

22. _____Fundador de las FARC, de quien se decía no fallaba un disparo.

23. _____Sacerdote guerrillero colombiano.

24. _____Cantante de música de protesta que murió en la guerrilla boliviana.

25. _____ Cantante asesinado en el Estadio Chile por la dictadura de Pinochet.

26. _____ Plan de inteligencia continental destinado a eliminar la oposición a los gobiernos dictatoriales.

Más allá de los hechos: temas para pensar, investigar, escribir y conversar

1. Escoja uno de los artículos de la Constitución mexicana de 1917 citados en el capítulo y compárelo y contrástelo con la Constitución de los Estados Unidos.

2. José Martí representa un héroe tanto para los cubanos exiliados en Miami quienes han llamado sus medios de propaganda anti-castrista Radio Martí y TV Martí como para los cubanos revolucionarios. Busque información adicional sobre Martí y escriba un corto ensayo discutiendo esta aparente contradicción.

3. La siguiente es una cita tomada de la "Segunda Declaración de La Habana" discurso de Fidel Castro al pueblo de Cuba el 4 de febrero de 1962 en el que hace extensiva alusión a la posición expresada por los Estados Unidos en la conferencia de la OEA del 17 de agosto de 1961 en Punta del Este, Uruguay, en la que el Presidente Kennedy presentó su plan de Alianza para el progreso.

> "Frente a la acusación de que Cuba quiere exportar su revolución, respondemos: Las revoluciones no se exportan, las hacen los pueblos. Lo que Cuba puede dar a los pueblos y ha dado ya es su ejemplo. Y ¿qué enseña la Revolución Cubana? Que la revolución es posible, que los pueblos pueden hacerla, que en el mundo contemporáneo no hay fuerzas capaces de impedir el movimiento de liberación de los pueblos.
>
> Nuestro triunfo no habría sido jamás factible si la revolución misma no hubiese estado inexorablemente destinada a surgir de las condiciones existentes en nuestra realidad económico-social, realidad que existe en grado mayor aún en un buen número de países de América Latina".

Busque información adicional en la red sobre la Cuba pre-revolucionaria y sobre la Cuba socialista. En grupos de tres decidan ser "defensores" o "detractores" de la Revolución. Prepárense para un debate entre grupos que defienden una posición o la otra.

4. Busque información adicional sobre las técnicas del Teatro del Oprimido. Pueden consultar el libro de Boal *Categorías del Teatro del Oprimido*. Escojan una noticia o acontecimiento actual y preséntelo a la clase haciendo uso de una de esas técnicas, "teatro imagen" o "teatro periodístico", por ejemplo. Pueden trabajar en grupos.

5. Busque información sobre el rol de las mujeres y su oposición a las dictaduras en Chile y Argentina y escriba un corto ensayo sobre sus hallazgos.

6. Escoja uno de los íconos latinoamericanos del siglo XX (el Che, Víctor Jara, Tania la guerrillera, etc.) y busque información adicional. Escriba una semblanza de esa persona y preséntela a la clase.

7. Busque información adicional y discuta el rol de los intelectuales en los movimientos revolucionarios latinoamericanos.

PARTE II

NUESTRO PRESENTE

Hoja de ruta: lo que veremos en este capítulo

CAPÍTULO I

El nuevo mapa político de América Latina

CAPÍTULO I
El nuevo mapa político de América Latina

¿Cuánto sabemos?

I. Conteste las siguientes preguntas y luego compare sus respuestas con un compañero/a de clase. Cuando termine de estudiar el capítulo, después de completar la sección **¿Cuánto sabemos ahora?** vea cuáles de sus respuestas iniciales estaban correctas.

1) El primer país de Sudamérica en elegir un presidente de origen indígena fue:
    a) Paraguay
    b) Ecuador
    c) Bolivia

2) En el 2001 Luiz Inácio Lula da Silva se convirtió en presidente de:
    a) Brasil
    b) Perú
    c) Venezuela

3) El país de Sudamérica con mayor estabilidad económica y política en el 2006 es:
    a) México
    b) Chile
    c) Costa Rica

4) El país latinoamericano con mayores reservas de petróleo es:
    a) México
    b) Venezuela
    c) Nicaragua

5) Bolivia es uno de los países más ricos en recursos naturales de Sudamérica.

Cierto o Falso

6) Cuba ha ayudado a Venezuela y Bolivia en sus campañas de alfabetización.

Cierto o Falso

7) La corrupción es algo que nunca ha caracterizado a los gobiernos latinoamericanos.

Cierto o Falso

8) Entre el 2000 y el 2006 Chile conoció dos presidentes socialistas. Ellos son:
    a) Hugo Chávez y Néstor Kirchner
    b) Lula y Tabaré Vázquez
    c) Ricardo Lagos y Michelle Bachelet

I.1 La "nueva izquierda"

Con la llegada al poder en febrero de 1999 de Hugo Chávez en Venezuela y el resultado de las elecciones hasta diciembre del 2006 el mapa político de Sudamérica dio un giro hacia lo que la prensa ha denominado como la "nueva izquierda latinoamericana" en un impresionante movimiento que puede apreciarse en el siguiente mapa.

En el 2006 hubo 13 elecciones y fue el voto popular quien eligió a los gobernantes lo que muestra un avance significativo en el ejercicio de los derechos democráticos, sobre todo si lo contrastamos con el hecho de que en las últimas dos décadas en Latinoamérica 14 presidentes fueron derrocados y no pudieron terminar su mandato.

Tres mandatarios fueron reelegidos: en Brasil, Venezuela y Colombia; dos son continuación de las coaliciones de gobiernos en el poder: Chile y México; y siete son producto de nuevas coaliciones o agrupación de movimientos sociales: Bolivia, Honduras, Costa Rica, Haití, Perú, Nicaragua y Ecuador. Ocho de los presidentes electos pertenecen a la denominada "nueva izquierda".

El nombre de "nueva izquierda" erróneamente sugiere un grupo articulado, y nada más lejos de ello; estamos hablando de una serie de gobiernos con algunas semejanzas en lo que respecta a sus políticas sociales pero con diferencias programáticas, sobre todo en lo referente a la economía (tratados comerciales y nacionalizaciones). A partir de los primeros meses del 2007, divergen también en lo que se refiere a la aplicación de un proyecto de sociedad, el denominado "socialismo del siglo XXI".

Estos gobiernos llegaron al poder llevados sea por partidos políticos, una coalición de partidos, o llevados por movimientos sociales como respuesta al desencanto de la población frente a los partidos tradicionales.

En el 2007 se realizarán elecciones en: Argentina, con la casi segura reelección del Presidente Kirchner o, si decide no presentarse, la elección de su esposa la senadora Cristina Kirchner; Guatemala donde la candidata de izquierda es Rigoberta Menchú, Premio Nobel de la Paz en 1992; y en el 2008 habrá elecciones en Paraguay en las que aparece como favorito un ex obispo, Fernando Lugo, candidato de la izquierda.

A. Puntos en común o semejanzas

Coinciden estos gobiernos en un compromiso de tipo social que apunta a disminuir la pobreza, reducir la diferencia entre ricos y pobres, erradicar el analfabetismo o elevar los niveles de educación y proveer acceso a la medicina y a la vivienda. Todos buscan privilegiar los intereses nacionales y ven la integración latinoamericana como una necesidad para desarrollar su economía; necesidad que implica, entre otras cosas, la integración de los recursos energéticos, la apertura de sus mercados y la interconexión de sus caminos para permitir la circulación de sus productos.

Las medidas tomadas, el camino adoptado depende en gran medida del punto de desarrollo en que cada país se encuentra, de los lazos comerciales que han establecido y de las metas que han alcanzado. Unos, con un desarrollo económico medio o avanzado buscan pasar a la categoría de países desarrollados en una década (Brasil, Argentina y Chile), otros menos desarrollados (Bolivia, Ecuador, Nicaragua), están en una etapa de consolidación como países y de consolidación como democracias. Otro, Venezuela, poseedor de enormes riquezas provenientes del petróleo propone un proyecto de sociedad que cambie radicalmente las estructuras existentes.

Todos ellos han sido recibidos con gran simpatía, algunos por lo que su llegada al poder significó el regreso a la democracia, otros por lo que significó la estabilización del país tras un momento caótico y la preservación del sistema democrático, otros por el origen modesto o étnico de sus líderes.

Finalmente hay que decir que todos ellos tienen en común haber sido elegidos democráticamente con una clara representatividad, casi todos con más del 50 o 60% de la votación. La excepción la constituye Daniel Ortega en Nicaragua, quien llega al poder con sólo el 36% gracias a una reforma que permitió que el presidente fuera elegido en la primera vuelta con menos del 40% de la votación siempre y cuando superara a su más próximo contrincante por el 5% o más de los votos.

B. Puntos de divergencia

Las diferencias más significativas existentes entre estos gobiernos se dan en el manejo económico, en sus posiciones frente al comercio internacional y a los Tratados de Libre Comercio, en su percepción de la integración latinoamericana y de la estructura y el rol que deben jugar sus organismos económicos: Mercosur y CAN y finalmente, en sus relaciones con los Estados Unidos y con los organismos financieros internacionales. Por ejemplo Brasil, Argentina y Uruguay reembolsaron sus deudas al FMI (Fondo Monetario Internacional) para no estar más sometidos a sus dictados. Ecuador les seguirá los pasos.

Como vemos, las diferencias pueden resumirse en dos áreas: la política y la económica. En un lado se sitúa el socialismo del siglo XXI y en el otro el sistema económico capitalista actual, pero con correcciones en lo social. En el fondo es la misma vieja oposición: capitalismo versus socialismo, pero con ambos sistemas reformándose, uno en lo social el otro en la forma de enfrentar y desrrollar la economía.

De acuerdo a la Presidenta Bachelet en su discurso durante la toma de poder de Rafael Correa en Ecuador: "todos los gobiernos democráticos electos en el último periodo, todos, y estoy hablando de un periodo amplio, tienen gobiernos de corte progresista, podríamos llamar, sin otros apellidos". Añadió la Presidenta que "hay diferentes maneras" para enfrentar problemas como la pobreza, pero enfatizó que lo relevante es que quienes ocupan la Primera Magistratura cuenten con el respaldo de la ciudadanía. "Serán los propios gobiernos, los parlamentarios, sus ciudadanos, los que irán mirando cómo resuelven estos desafíos", aseveró la gobernante.

Una percepción diferente aparece en las declaraciones del presidente Morales en la XXXII reunión del Mercosur en Brasil a comienzos del 2007: "En América Latina se acabaron las democracias subordinadas al imperio [se refiere a los Estados Unidos]", "antes sólo teníamos un presidente, un líder, un comandante, un pueblo, una nación que luchaban contra el imperio, contra las políticas de hambre y miseria, contra los planes impuestos desde arriba y desde afuera, antes había sólo un pueblo, un presidente, un comandante como Fidel, a quien se suman otros presidentes", y se refirió explícitamente a sus pares de Venezuela, Hugo Chávez, y de Ecuador, Rafael Correa. "En Bolivia soportamos una total intromisión del Banco Mundial, del FMI, que exigía a los gobiernos de turno impuestazos, gasolinazos y la aplicación de un modelo neoliberal. Ahora dijimos: acá no hay ninguna subordinación ni sometimiento a estos entes financieros, y empezamos a despegar económicamente, empezamos a dignificarnos".

El presidente Lula, por su parte, declaró en la misma reunión que las diferencias entre los países no afectarán el desarrollo del bloque y que lo más importante es respetar la identidad social de cada país: "el pluralismo político-ideológico es totalmente compatible con nuestro proceso de integración", afirmó.

Venezuela, el gobierno con posturas más radicales, propicia a su vez su denominada política bolivariana de unidad continental, y bajo la consigna de "nuestro norte es el sur" busca consolidar su influencia política y económica sobre el resto del continente y el Caribe; busca que el resto de los países rechace los Tratados de Libre Comercio con los Estados Unidos y que se sumen a su proyecto ALBA.

En lo político, Chávez mantiene un discurso confrontacional fuertemente anti-neoliberalismo, anti-estadounidense y en contra de la globalización y los Tratados de Libre Comercio a lo que opone su proyecto bolivariano. A comienzos del 2007 planteó su proyecto del socialismo del siglo XXI y su concretización a través de nuevas reformas estructurales y de nacionalizaciones para financiarlas.

C. Las tendencias

Los más radicales, aquellos que apuntan a un cambio de sociedad: el socialismo del sigloXXI

Venezuela, Bolivia, Ecuador y Nicaragua los países más radicales desde un punto de vista de las reformas y planteamientos (calificados por algunos como populistas o neopopulistas), a los que se suma Cuba, conforman un primer grupo el que tiene tratados de asistencia mutua en programas de alfabetización y asistencia médica. Todos ellos se suman al ALBA (Alternativa Bolivariana para América Latina y El Caribe) de Chávez y se declaran abiertamente opuestos al neoliberalismo y a los Tratados de Libre Comercio y al ALCA. Los gobiernos de Bolivia, Ecuador y Nicaragua se declaran cercanos al socialismo del siglo XXI propuesto y liderado por Hugo Chávez.

En su política internacional son claramente antinorteamericanos y abogan por una integración continental que vaya más allá de los tratados económicos y apunte a una refundación del continente con organismos políticos y económicos que respondan a una nueva orientación política que Chávez define como "Revolución bolivariana" o "socialismo del siglo XXI"; que Evo Morales ve como "revolución democrática y cultural".

En estos países, apenas llegados al poder sus nuevos gobernantes, realizaron asambleas constituyentes para redactar nuevas constituciones que les permitieran tener el poder político para realizar la transformación total del país y que al mismo tiempo les diera el tiempo necesario para consolidar estas transformaciones.

Cuba se dio una nueva constitución 48 años atrás cuando Fidel tomó el poder el 1 de enero de 1959; Venezuela a un año de que Chávez asumiera la presidencia por primera vez en febrero de 1999, hizo una nueva constitución que le permitió ser reelegido en el 2000, y Bolivia se encuentra poniendo en marcha su propia asamblea constituyente la que en principio debería proponer una nueva constitución para el 6 de agosto del 2007. En Ecuador, Rafael Correa, en los primeros momentos de su gobierno en el 2007 plantea elegir una asamblea para cambiar la constitución y en Nicaragua Daniel Ortega se encamina también a una reforma constitucional.

En los tres primeros casos, la reforma prolongó el mandato presidencial. En Venezuela, Chávez anunció que planteará una nueva reforma en su nuevo periodo (2007-2013) para permitir la reelección indefinida y garantizar así el desarrollo del "socialismo del siglo XXI". En Cuba, desde el triunfo de la Revolución en el 1959 no ha habido verdaderas elecciones (tras la enfermedad de Fidel en julio del 2006, éste traspasó "provisoriamente" el poder a su hermano Raúl). Este traspaso de poder se ve como una transición sin cambio, sin embargo en los primeros seis meses se ha podido apreciar una pequeña diferencia: Raúl ve con simpatía el pragmatismo económico de Vietnam y los resultados de la política económica de China, es decir un país socialista pero buscando resultados económicos, un país donde el compromiso político no justifica la ineficiencia. Independientemente de la gravedad o no de la enfermedad de Fidel, de su regreso o no al gobierno, está claro que el reloj biológico está jugando en contra de los dirigentes emblemáticos de la Revolución Cubana, Fidel y Raúl, y que se acerca la hora de su sucesión.

En Bolivia ya se habla de los primeros 8 años de Evo, lo que implica una reforma para lograr su reelección inmediata y garantizar al menos dos periodos a partir de nuevas elecciones convocadas al ser aprobada la nueva constitución.

Los moderados, aquellos que apuntan a un desarrollo social y económico dentro del sistema existente

En otro grupo, el que podríamos ver como más moderado en las reformas y en su enfoque político (calificados desde la oposición de izquierda como neoliberales) se encuentran Chile, Brasil, Argentina y Uruguay. Chile, ya con dos presidentes socialistas –uno de los cuales gobernó por dos periodos- no abandona la globalización ni la apertura a las inversiones extranjeras ni los acuerdos de libre comercio. Durante el segundo periodo del Presidente Lagos se realizó un cambio constitucional, pero sólo para acortar el mandato presidencial de 6 a 4 años y así facilitar la alternancia.

Brasil aplica una política de desarrollo social, pero no se aparta ni un ápice del desarrollo económico en que está embarcado. Es casi lo mismo que Argentina y que el propio Uruguay, gobernados por mandatarios declarados de izquierda pero que actúan dentro de marcos ideológicamente muy flexibles en gobiernos en los que se impone un pragmatismo mucho más conveniente desde un punto de vista económico. El recién reelecto Presidente Lula, durante su campaña presidencial se manifestó contrario a que se reelijan los presidentes y planteó una reforma constitucional para eliminar esta posibilidad.

Las condiciones que posibilitaron la llegada de la "nueva izquierda" al poder

Para lograr entender la llegada al poder de los gobiernos de la denominada "nueva izquierda" se hace imprescindible dar una mirada a la situación política y económica que propiciara los cambios. En la mayoría de los casos estos gobiernos fueron precedidos por un ambiente de descontento en que el pueblo se sentía cansado y desilusionado por la corrupción de la clase política y su incapacidad de lograr un desarrollo económico estable en el país. O porque a pesar de existir un momento favorable para la economía gracias a un precio elevado en el mercado internacional de las materias primas exportadas no lograron que la enorme desigualdad en la distribución de las riquezas se dejera atrás y se diera paso a una sociedad más equitativa. Son los sectores de la población de ingresos más bajos, aquellos que se sentían abandonados y fuera del boom económico los que dieron el triunfo o garantizaron la reelección de los candidatos de izquierda.

En el Perú, sin embargo, a pesar de que las condiciones parecían favorables para el triunfo de Ollanta Humala, candidato más cercano a lo que se denomina la "nueva izquierda", éste fue derrotado, quizás por lo que mostrando el país un crecimiento sostenido por más de 4 años, la gente prefirió no poner en peligro ese flujo de riqueza eligiendo a Humala, sino mantener y acentuar el comercio e inversiones y el crecimiento de la economía con Alan García del APRA, reelegido en el 2006, pero buscando que en su nuevo gobierno se produzca una mejor redistribución de las riquezas.

D. Desafíos para la nueva izquierda

Los desafíos sociales:

El camino a recorrer para los nuevos gobiernos y sus sucesores en el terreno social y en el desarrollo de la integración latinoamericana es largo. El mayor desafío es el de desarrollar sociedades más justas, el reconocer e incluir los grupos étnicos postergados en sus derechos y el garantizar una mejor distribución de la riqueza manteniendo al mismo tiempo el crecimiento de su economía y aumentando la competitividad de sus productos en el mercado nacional e internacional. Este desafío implica el tener gobiernos estables, seguros y creíbles para ganar la confianza de los inversionistas extranjeros y captar el capital necesario al desarrollo nacional y garantizar la paz social necesaria a su desarrollo sin ser arrastrados a tomar medidas inmediatistas. Implica el establecer reglas comerciales justas y claras, y respetarlas, y el modernizar las estructuras estatales para lograr un mayor dinamismo de las economías.

El desafío implica igualmente el responder a las expectativas de mejoramiento del nivel de vida de los sectores más desfavorecidos sin que ello implique la exclusión de otros sectores; implica desarrollar políticas que sin poner en peligro el desarrollo económico del país se preocupe de lo social. De no verse un resultado concreto se entraría en periodos de crisis políticas generadas por el descontento de una mayoría que enfrentada a cifras de crecimiento favorables de la economía siente que para ellos nada cambia y que siguen siendo las mismas minorías de siempre las que se benefician de esta situación.

Los desafíos económicos:

Necesitan firmar contratos internacionales de comercio que contemplen la defensa de sus materias primas y el desarrollo de la industria nacional. Necesitan disponer de préstamos para modernizar su industria poniendo la tecnología a su alcance, ayudando a su inserción en el mercado internacional, sobre todo el de las pequeñas y medianas industrias, las más afectadas por una mayor apertura del mercado. Al mismo tiempo necesitan elevar el nivel educacional para responder a las nuevas exigencias tecnológicas y crear así empleos estables, competitivos, que respondan a las exigencias de un mercado cada vez más exigente.

Para garantizar el desarrollo económico, los nuevos gobiernos enfrentan el desafío de diversificar su producción, industrializarse y no basar su economía en la sola exportación de materias primas o productos estrellas. Para ello se requiere igualmente diversificar y mejorar las fuentes de energía y desarrollar la infraestructura mejorando los caminos para permitir recolectar y transportar los productos con eficiencia y a un menor costo.

Se necesita modernizar los puertos para manejar un volumen de carga considerablemente mayor en menor tiempo (Brasil modernizó los suyos y redujo el costo de embarque y desembarque de mercadería de cerca del 50%), y por las mismas razones, modernizar los aeropuertos y las vías ferroviarias.

Pero no todo es la infraestructura, se necesita, además, modernizar la industria, incluyendo la administración de las empresas. Es decir, se requiere invertir en mejoras que permitan reducir los costos de producción aumentando la productividad, la rentabilidad y la competitividad de los productos, lo que atraería las inversiones necesarias para el desarrollo y creación de nuevas empresas y nuevos empleos.

En un momento en que hay una gran demanda de materias primas debido al creciente y sostenido desarrollo económico de China, India y Japón, (lo que representa un aumento considerable del ingreso para los países exportadores de materias primas) los nuevos gobiernos se ven enfrentados a dos posibles políticas económicas: crecer sin inversiones y desarrollar una política populista, o aprovechar el momento de expansión para disponer de recursos en los momentos de contracción de la economía, es decir, invirtiendo hacia el futuro, cuidándose de no desarrollar planes que sin un sólido respaldado económico provoquen el día de mañana un colapso de la economía como el conocido por Argentina en el 2001 y que puso al país al borde de la quiebra; colapso del que recién se levanta, y que tras tres años seguidos de un crecimiento sostenido cercano al 9% finalmente llega a recuperar los niveles económicos de antes de la crisis.

El desafío de la integración continental:

Si se llegara a un acuerdo de integración entre los diferentes organismos existentes (Mercosur, CAN), lo que constituiría un paso positivo para el desarrollo de toda la región, habría que tomar las medidas necesarias para que la integración no limitara el desarrollo individual de cada país ni su libertad de comercio, y sí que garantizara su independencia frente a toda presión externa.

La integración regional tiene la ventaja de presentar un frente común a las grandes potencias, las grandes compañías y el mundo del capital, lo que ayudaría a la región a negociar tratados comerciales en mejores condiciones. Ello le permitiría sacar provecho del impulso económico que los nuevos grandes actores del mundo económico (China, Japón e India) significan para el desarrollo de la economía mundial.

En una escala continental, la integración crearía un mercado más amplio que favorecería el desarrollo de un nuevo fenómeno, el surgimiento de multinacionales pertenecientes a países emergentes ejemplo de lo cual son las primeras multitiendas, supermercados y líneas aéreas con unidades de operación en diversos países. Por ejemplo, LAN Chile tiene oficinas principales en Santiago y unidades en Argentina (donde es accionista mayoritaria), Ecuador y Perú cubriendo América Latina, Europa, el Pacífico Sur, Estados Unidos, México y el Caribe. Para el 2007 LAN busca expandir su mercado de vuelos internacionales a través de un contrato de "vuelos compartidos" firmado con la aerolínea Nueva Varig de Brasil.

Para que funcione, esta integración regional necesita de organismos multilaterales garantes del cumplimiento de los acuerdos sabiendo que si se establecen reglas, éstas se respetarán más allá de un cambio de gobierno ya que ha sido una historia de desconfianza y competencia uno de los mayores obstáculos para avanzar en la integración regional.

La integración regional necesita además eliminar la corrupción, flagelo que contribuyó en gran medida al desprestigio de las clases dirigentes; desprestigio que, entre otras cosas, crea desconfianza y aleja a los posibles inversionistas extranjeros privando a los gobiernos de obtener los créditos tan necesarios al desarrollo de sus países; desprestigio que incluso puede conducir a soluciones extremas.

De alguna manera la paradoja que enfrenta la "nueva izquierda" es que, mientras la economía es condicionada por un componente real -la globalización- la política mantiene un marcado sello local.

Antes la integración regional era entendida como la manera en que los países se repartían el mercado interno, o como un conjunto de reglas aduaneras para facilitar el tránsito de mercaderías. Hoy la define la manera en que los países enfrentan la globalización, la orientación de los acuerdos internacionales de comercio, los mercados a los que apuntará (o a los que no apuntará por razones políticas), la dependencia o independencia nacional respecto a una potencia o grupos de potencias y el proyecto de sociedad que quieren desarrollar. Es ello lo que marcará la diferencia entre los gobiernos de la llamada "nueva izquierda".

El desafío de la integración energética:

Otro desafío a enfrentar es el de la energía, el mantener el equilibrio necesario en las relaciones entre los países energético-dependientes y aquellos proveedores de gas o petróleo para que esa dependencia no se traduzca en dependencia política con el riesgo evidente de que en caso de desacuerdo se corte el abastecimiento.

Ello explica quizás el que los países moderados del Mercosur mantengan un delicado equilibrio en sus relaciones, y declaraciones, tanto con Venezuela y Bolivia como con los Estados Unidos, los dos primeros, sus principales abastecedores de gas y petróleo, el tercero su principal fuente de intercambio comercial.

La tentación existe de usar el gas y el petróleo (o el dinero proveniente de los mismos) como arma para ejercer presión para imponer un determinado modelo socio-político y económico.

Por ello los países buscan lograr una independencia energética sea desarrollando las fuentes existentes o diversificando el tipo de energía, como es el caso de Brasil con el etanol, sea diversificando sus fuentes de abastecimiento para no depender de un solo proveedor, sea desarrollando proyectos conjuntos entre varios países o buscando proveedores de fuera del continente como una forma de garantizar el abastecimiento.

I.2. Los protagonistas

A. Argentina

Algunos antecedentes:

En 1973 Juan Domingo Perón regresó al poder en Argentina y tras su rápida muerte en 1974 le sucedió su vicepresidenta y tercera esposa, Isabel Martínez de Perón, lo que la convirtió en la primera mujer jefe de estado del hemisferio occidental. La inestabilidad política y económica del país alcanzó límites insostenibles y ello llevó en 1976 a un golpe de Estado militar encabezado por el General Jorge Rafael Videla quien dio inicio a la llamada guerra sucia de la que ya habláramos en el capítulo anterior. En 1981 Videla fue depuesto por otro militar, Roberto Viola y éste a su turno por el General Leopoldo Galtieri. Otro militar, Reynaldo Bignone asumió el poder ante la dimisión de Galtieri luego de perder la Guerra de las Malvinas, conflicto bélico que, librara contra Inglaterra, en un intento de fomentar el espíritu nacional para desviar la atención del pueblo de los efectos de la dictadura, y de recuperar estas islas ubicadas en el Atlántico en el sur de Argentina.

Ante el descrédito internacional del gobierno militar y la presión ejercida por el pueblo argentino en demanda de un gobierno civil y democrático, en 1983, Bignone llamó a elecciones presidenciales que fueron ganadas por Raúl Alfonsín, candidato de la Unión Cívica Radical. Volvió al poder un gobierno civil y democrático, pero a pesar de las reformas políticas introducidas al gobierno de Alfonsín le fue imposible resolver los problemas económicos que aquejaban al país, y los peronistas con Carlos Menem a la cabeza ganaron las elecciones de 1989 y luego nuevamente de 1995. En 1998 la recesión llegó a niveles extraordinarios y afloraron los defectos de las políticas aplicadas por Menem incluyendo la corrupción y la amnistía de los militares encarcelados durante el gobierno de Alfonsín por violación de los derechos humanos durante los siete años de gobierno militar. Así, Menem perdió el apoyo de la clase obrera que lo había llevado al poder.

En 1999 Fernando de la Rúa se convirtió en presidente pero tampoco pudo reducir la inflación, y la economía del país colapsó. En el 2001 las fuertes presiones sociales llevaron a de la Rúa a dimitir. En el 2002 el Congreso nombró presidente a Eduardo Duhalde cuya devaluación de la moneda nacional llevó a una crisis bancaria y a la consecuente pauperización de millones de argentinos. Una Argentina en bancarrota es la herencia política de Néstor Kirchner, miembro del peronista Partido Justicialista, quien llega al poder en mayo de 2003 con solamente un 22% de votos cuando el otro candidato, Carlos Menem se retiró antes de la segunda vuelta.

Hoy, tras la grave crisis del año 2000 Argentina se recupera y su economía comienza a estabilizarse. A fines del 2006 su taza de crecimiento de 8,5% fue una de las más grandes de Latinoamérica.

La "nueva izquierda": Néstor Kirchner

Néstor Kirchner, Presidente de Argentina

El gobierno de Kirchner se sitúa en el centro izquierda o lo que se puede llamar un peronismo de izquierda y entre las primeras medidas de su gobierno a favor de la recuperación de la economía estuvo la exitosa renegociación y pago total de la deuda externa de Argentina. A finales del 2004 la enferma economía argentina comenzó a dar signos de mejoría. La tasa de desempleo descendió a 13,2% y a 12,7% en el primer semestre del 2005 (no se cuentan como desocupadas a aquellas personas que reciben subsidios del plan "trabajar" creado por el estado).

Por cuarto año consecutivo, la economía argentina creció en el 2006 a un ritmo superior al 8 por ciento en promedio, después de la caída de 20 puntos porcentuales acumulada por la recesión que sufrió el país entre 1998 y 2002, cuando se dispararon los índices de pobreza y desempleo. Igualmente, al finalizar el segundo semestre de 2004, la población por debajo de la línea de pobreza había disminuido significativamente a 29,8%, con 10,7% por debajo de la línea de indigencia, respecto al segundo semestre de 2003 en que las cifras eran respectivamente 47,8 y 20,5%.

El presidente Kirchner, afirmó a fines del 2006 que el país "ha salido del infierno de la severa crisis del 2002 y ahora apunta a trabajar por un crecimiento económico permanente". Para el 2007 se espera un crecimiento alrededor del 6,8%.

En el 2006, Argentina decidió pagar toda su deuda con el Fondo Monetario Internacional, cancelando débitos por más de 9.000 millones de dólares logrando así plena independencia de los organismos crediticios para aplicar su política económica. Los opositores a Kirchner plantearon que ese gesto era una locura desde el punto de vista económico y que el disminuir las reservas del país ponía en riesgo su desarrollo. Existía sin embargo un precedente en Latinoamérica, días antes Brasil había pagado la totalidad de su deuda con el FMI, más adelante seguiría el ejemplo Uruguay.

Un año más tarde Argentina no sólo recuperó las reservas, sino que tiene 31.230 millones de dólares en el Banco Central; el país "recuperó todo luego de haber estado soportando las políticas equivocadas e injustas" que le proponía el Fondo Monetario, al decir del presidente Kirchner.

Este pago se pudo realizar gracias a un contexto internacional en el que los países que históricamente dependieron del auxilio del FMI disponían de abundantes ingresos por la revalorización de las materias primas y gracias a ello registraban superávits fiscales nunca vistos; en un momento en el que los riesgos de turbulencias financieras, y por lo tanto de necesidad de auxilio por parte del FMI, parecen lejanos.

Sin embargo ello no quiere decir que toda la deuda externa haya desaparecido, aún debe 6.500 millones al llamado Club de Paris, integrado por 19 países a los que en el 2007 les propuso pagar la deuda en 10 años con 3 años de gracia y con un interés de 6,3%. Los acreedores aspiran a un plazo menor y un interés más alto. Al igual que con el Fondo Monetario y el Banco Interamericano de Desarrollo, en estos pagos no habría quita, es decir propone cancelar el total de la deuda, la diferencia es que propone un pago escalonado. Otro componente de la deuda pendiente son los bonos que no entraron en el canje los que suman 25.250 millones de dólares a lo que hay que sumar 15.500 millones de dólares reclamados en juicios por empresas privatizadas en diferentes tribunales internacionales de comercio lo que totaliza

47.500 millones de dólares en deuda externa.

La diferencia con el pasado es que Argentina ofrece cancelar su deuda y está en posición de renegociar el pago, de hecho con España ya firmó un nuevo convenio para el pago (a un interés del 6,8%) de los cerca de 1.000 millones que le adeuda desde el 2001, deuda que se terminará de saldar en el 2012.

La brecha entre los ingresos del 10% más rico y el 10% más pobre de la población se redujo de 42 a 35 veces a fines del 2006 con referencia al 2005.

Según datos del Ministerio de Economía las exportaciones en el 2006 llegaron a un récord de 46.569 millones de dólares (un incremento del 15% con respecto al 2005) con un superávit (diferencia entre exportaciones e importaciones) superior a los 12.409 millones de dólares. Las importaciones aumentaron del 19% y llegaron a 34.159 millones de dólares.

El principal destino para los productos argentinos continúa siendo el Mercosur, con el 22% de las exportaciones, seguido con un 18% por el bloque formado por China, Corea, Japón e India.

Estos resultados posibilitaron al Gobierno el aumentar el gasto público de 11.500 millones, mucho más allá de lo que se había presupuestado.

En el terreno educacional a partir de marzo del 2007 habrá trece años de educación obligatoria: un año de preescolar, la primaria y la secundaria. Se agrega el estudio de un segundo idioma y el acceso a las nuevas tecnologías. Los docentes deberán respetar la libertad de conciencia de padres y alumnos. La reforma educacional que buscará una profunda reforma en los contenidos de las materias a enseñar prevé que a partir del 2010 se destine un mínimo del 6% del PBI para invertir en el sector.

En octubre se realizarán elecciones y la corriente denominada Kirchnerismo es la favorita. Las encuestas dan en primer lugar a Néstor Kirchner, en caso de postularse a su reelección (con más de un 50%), o a la senadora Cristina Fernández de Kirchner (con un 40%) en caso de ser ella la candidata. Frente a la candidatura de Cristina, Kirchner declaró: "mi ciclo está cumplido, lo mejor es que en octubre la candidata sea Cristina, tiene una mirada más institucional para lo que viene en el país, una mirada más abierta al mundo". De ser ella la candidata, el Presidente Kirchner planteó que se dedicaría a articular una fuerza de centroizquierda con bases peronistas.

Críticas:

En el campo de las relaciones internacionales se le critica la actitud apática, casi de menosprecio con respecto a la política exterior en el curso de todo su gobierno, en que se ha caracterizado por faltar a cumbres, criticar a las multinacionales con un lenguaje agresivo y dejar esperando a altas figuras de la política mundial, entre ellos Condoleezza Rice.

En lo económico se le critica el imponer una política de precios para controlar la inflación, no directamente, sino a través de acuerdos forzados por la casa de gobierno bajo la presión de tomar medidas que afecten al sector en cuestión: disminución de las autorizaciones para exportar carne en el caso de los ganaderos, boicot a distribuidoras en el caso de la gasolina, etc... lo que, pese a lograr su objetivo de mantener la inflación por debajo del 10% falsea las reglas del mercado.

La política de fijación de precios al gas en el pasado llevó a Argentina al borde de una crisis energética por falta de inversiones en ese campo, crisis que repercutía en Chile al Argentina cortar cada vez con mayor frecuencia el suministro de gas rompiendo los acuerdos comerciales existentes. Estas situaciones producen molestia y más allá, crean un clima de desconfianza con respecto a los compromisos comerciales asumidos sobre todo cuando las declaraciones oficiales de diferentes funcionarios difieren entre sí y más de una vez se contradicen.

Cierto, que el fantasma de la crisis se aleja luego de la firma de un convenio con Bolivia tras la nacionalización del gas, primer país en firmar los nuevos contratos y en aceptar el aumento del precio del gas a $5 dólares. Ello le garantiza un suministro de gas por los próximos 20 años, pero creó tensiones con otros países por cuanto se prestó a servir de elemento de presión y de ruptura de negociaciones colectivas.

Visión política en miras al futuro:

En lo político, en declaraciones que hiciera en diciembre del 2006 Kirchner planteó su visión del futuro desarrollo político de Argentina y su inserción en Latinoamérica: "tanto para la Argentina como para América Latina, el gran desafío es la construcción de poder popular, de un movimiento nacional y popular, no populista".

Con respecto a las alianzas y tratados comerciales existentes expresó: "el Mercosur no tiene que ser un acuerdo meramente económico, sino que se tiene que ampliar y ser de los países de América del Sur, no meramente un acuerdo económico sino generar fundamentalmente ejes estratégicos, que empuje a los países de América Latina. Para ello será muy importante el rol que tendrán Brasil y Venezuela en los tiempos que vienen".

Durante la cumbre del Mercosur en Brasil clarificó que "piensa desde la centroizquierda en un Mercosur que vaya hacia a la modernidad y no que lo lleve 30 años atrás" marcando una posición diferente a la de Chávez, pero al mismo tiempo manifestando su gratitud con él por la compra de bonos que permitió sobrepasar la crisis financiera que afectó a Argentina.

Con respecto a la integración gasífera: "tenemos el proyecto del gasoducto del sur, cuya iniciación es también el gasoducto del nordeste, que conecta a Bolivia, a la que le vamos a comprar 20 millones de metros cúbicos diarios. Los grandes emprendimientos no se hacen de un día para otro, lo que pasa es que hay muchos que no lo quieren ver". El gasoducto del sur, si se toman en cuenta las enormes reservas gasíferas de Venezuela, garantizaría el suministro de gas a Argentina por mucho más allá de los 20 años de los contratos firmados con Bolivia.

Se suma a Chávez en la propuesta de crear organismos financieros que de alguna manera reemplacen aquellos de los que se retiraron como el Fondo Monetario Internacional y que les dé acceso a los fondos necesarios a desarrollar la economía.

De hecho, a fines de febrero del 2007 firmó en Caracas una serie de acuerdos económicos entre ellos la explotación conjunta de reservas petrolíferas, la compra por parte de Venezuela de 750 millones de dólares en bonos argentinos y, a nivel continental, la puesta en marcha del Banco del Sur que en el 2007 deberá tener ya establecidos sus objetivos y estructura, al que Chávez y Kirchner esperan se sumen rápidamente Bolivia, Nicaragua y Ecuador.

Este acercamiento parece contradictorio con la posición que asumiera Kirchner un mes antes en la reunión del Mercosur en Brasil donde se mostró de acuerdo con Lula en la necesidad de moderar las declaraciones que puedan afectar al continente alejando a los inversionistas extranjeros, clara señal a Chávez y sus declaraciones con respecto a las nacionalizaciones en Venezuela, sus diatribas en contra de otros gobernantes y su deseo de exportar su proyecto del socialismo del siglo XXI más allá de las fronteras de Venezuela.

Como vemos, predomina en Kirchner una posición pragmática, alianza e integración en América Latina con todo aquello que favorezca el desarrollo económico de Argentina y distanciamiento con todas aquellas posiciones que puedan afectar o hipotecar su desarrollo.

Como para reafirmar su independencia invitó al Presidente Chávez a visitar Argentina en el mes de marzo, el mismo mes en que el Presidente Bush realizó una gira por Brasil, Uruguay, Guatemala, Colombia y México.

En el 2007 el informe de la Organización Mundial del Comercio sobre Argentina destacó que el país "ha superado con éxito una de las peores recesiones de su historia gracias a la adopción de un amplio abanico de medidas políticas", pero señaló que tras superar la crisis, "necesita que el crecimiento económico se vuelva estable y sostenido en el tiempo", para lo que recomendó "reducir drásticamente la inflación, aumentar la competencia y atraer inversión extranjera". El gobierno se mostró halagado por la tónica del informe, pero dejó claro que no acepta recomendaciones y no cambiará en nada una política económica que le permitió sacar al país de la crisis.

B. Bolivia

Algunos antecedentes:

Durante la década de los setenta Bolivia conoció un cierto crecimiento económico gracias a los altos precios del estaño en el mercado mundial. En agosto de 1978 había subido al poder, gracias a un golpe militar, el coronel Hugo Banzer el que instaló un gobierno represor que fue sucedido por otra junta militar al Banzer dimitir. La década de los ochenta estuvo marcada por la caída de los precios del estaño y la consecuente crisis económica boliviana: inmensa deuda externa, hiperinflación, disminución en las exportaciones del único producto sobre el cual habían fundado su economía, mala administración.

La exportación ilegal de cocaína tomó el lugar de la exportación de estaño. En esta década una serie de gobiernos civiles se sucedieron: el de Hernán Siles Zuazo en 1982, un nuevo término de Paz Estenssoro, y el de Jaime Paz Zamora. En 1993 el empresario minero Gonzalo Sánchez de Lozada asumió la presidencia y al igual que otros presidentes de países latinoamericanos endeudados tomó medidas austeras con el fin de enderezar la economía, lo que si bien ayudó a reducir la inflación tuvo enormes consecuencias negativas en el aspecto social. En las elecciones de 1997 Hugo Banzer volvió a ocupar la silla presidencial.

Banzer promovió la erradicación de la producción y del tráfico ilegal de coca, lo que llevó a un mayor empobrecimiento del campesinado boliviano. En el 2002 volvió al poder Sánchez de Lozada quien fue llevado a renunciar en octubre de 2003 por la fuerte presión popular que se oponía a sus medidas de gobierno por considerar que iban en beneficio de las compañías extranjeras y en desmedro del pueblo boliviano. Carlos Mesa, el entonces vicepresidente asumió el poder, pero en el 2004 dimitió y fue reemplazado de forma interina por Eduardo Rodríguez hasta que se produjeron las elecciones de 2005 cuando accedió al poder, con un 54% de la votación en la primera vuelta, el activista indígena y dirigente cocalero miembro del Movimiento al Socialismo (MAS), Evo Morales.

Para terminar estos antecedentes hablaremos sobre los territorios perdidos por Bolivia desde su fundación de acuerdo al historiador boliviano Miguel Delgadillo, pérdidas de territorios que marcan su historia y permiten entender mejor el sentimiento del pueblo boliviano hoy.

El país en su fundación tenía cerca de tres millones de kilómetros cuadrados y fue perdiendo gradualmente más de la mitad de su territorio.

Con Chile, tras su derrota en la Guerra del Pacífico perdió el litoral y un total de 120.000 km2". (ver mapa)

Con Brasil, durante los gobiernos de Mariano Melgarejo y del general Pando perdió un total de 301.733 km2.

Con Perú, en 1909 perdió 250.000 km2.

Con Argentina, con la firma del tratado de 1925 perdió el Chaco Central (130.000 km2) y la Puna de Atacama Central (36.000 km2).

Con Paraguay, el 21 de julio de 1938 cedió todo el Chaco Boreal perdiendo 243.500 km2.

En total Bolivia perdió más de la mitad de su territorio: 665.000 Km2 por guerras y 610.000 Km2 por tratados, quedando con su actual superficie de 1.100.000km2".

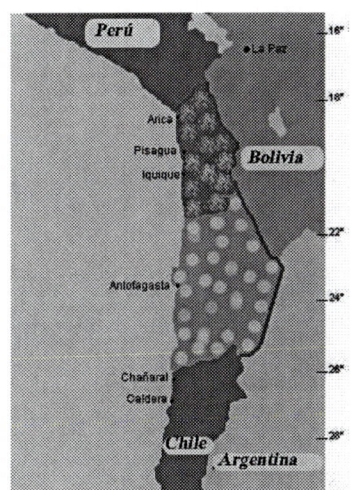 

Territorios perdidos con Chile Territorios perdidos con Paraguay y Argentina marcados con círculos

La "nueva izquierda": Evo Morales

Evo Morales entra a la historia como el primer presidente indígena de Bolivia. Es digno de señalar que al igual que Lula, Evo Morales es de origen muy humilde. Aymará es su etnia y su lengua materna; castellano su segunda lengua. De niño trabajó la tierra y fue pastor de llamas. A los 13 años, en 1972, se trasladó a Oruro, para hacer la secundaria. Mientras estudiaba trabajó como ladrillero y panadero. Sin embargo, no logró terminar sus estudios, y a los 17 años hizo el servicio militar, lo que representó una base importante de su formación. De muy joven lideró movimientos en defensa de los derechos de los indígenas, los campesinos y los obreros. También fue conocido como dirigente de los cocaleros (cultivadores de coca) e incluso siendo presidente mantiene su posición de líder máximo cocalero. Fue elegido presidente el 22 de enero del 2006 con un 53,7% de la votación.

Evo Morales en su casa natal

Las grandes tareas programáticas del nuevo gobierno:
La primera tiene que ver con la nacionalización del gas y el petróleo, Bolivia tiene la segunda reserva mayor de gas natural del continente.

Al cumplirse 100 días de su llegada al gobierno firmó el decreto supremo "Héroes del Chaco" nombrado por los 50.000 bolivianos que murieron defendiendo los recursos naturales hace unos 80 años, la que otorga al

Estado el control absoluto de los importantes yacimientos de gas y petróleo del país. Las empresas extranjeras que operan en Bolivia debieron entregar toda su producción a la estatal Yacimientos Petrolíferos Bolivianos (YPFB) para su comercialización e industrialización, y en el plazo que se les acordó, 180 días, tuvieron que regularizar sus antiguos contratos bajo la amenaza que de no hacerlo, tendrían que abandonar el país.

Los nuevos contratos establecen que todo el petróleo y el gas extraído de suelo boliviano pertenece a la estatal YPFB, la cual debe compensar a los operadores. A cambio del derecho a explotarlos, las petroleras darán el 82 por ciento de sus ingresos al gobierno en impuestos y regalías. A comienzos del 2007 aún faltaba por clarificar muchos asuntos: la forma de indemnización de las dos refinerías de petróleo que posee Petrobrás en Bolivia las que también pasarán a control boliviano y finalmente, con las actuales inversiones, no está claro si la producción de gas alcanzará para cubrir el contrato con Argentina.

En febrero del 2007, tras duras negociaciones, logró un aumento del precio del gas vendido a Brasil, el que, dependiendo de la calidad del gas, podría pasar de 4,20 dólares a 4,45 por millón de BTU (unidad térmica británica) para el gas rico. Precio bastante menor que los 5 dólares que acordó pagar Argentina en octubre del 2006 y que Bolivia pedía fuera el precio mínimo. El nuevo precio podría significar hasta 100 millones de dólares más de ingreso para Bolivia.

El primero de enero del 2007 la estatal YPFB asumió el monopolio del comercio de los hidrocarburos controlando la explotación, comercialización y exportación del gas con lo que completa el proceso de recuperación de ese recurso natural.

El 10 de enero, mediante un decreto supremo, el Gobierno decidió la conformación de la nueva empresa Petroandina Exploración y Explotación S.A. conformada por Yacimientos Petrolíferos Fiscales Bolivianos y Petróleos de Venezuela, la que se hará cargo de la industrialización de los recursos hidrocarburíferos de Bolivia.

En el mes de febrero nacionalizó las fundiciones de estaño y antimonio del complejo metalúrgico Vinto que estaba en manos de la compañía suiza Glencore. La expropiación se hizo con la ocupación de los predios por el ejército boliviano y el Presidente Morales justificó el acto diciendo que la forma en que se había privatizado el complejo en 1996 había sido fraudulenta. Vinto produce 30,000 toneladas de estaño y 5,000 de antimonio al año.

En el 2006, como consecuencia directa de la recuperación del gas y del excelente precio en el mercado internacional de los metales y materias primas, por primera vez, las exportaciones en Bolivia subieron a 4.000 millones de dólares en el 2006 (un aumento de 1.300 millones de dólares comparado a los 2.700 millones de dólares en el 2005); las reservas internacionales netas se situaron por encima de los 3.000 millones; la inflación llegó a menos del 5%; el 50% de las ventas al exterior provienen del gas y el petróleo.

Terminó Evo Morales su primer año de gobierno con una economía que muestra un superávit de 1.300 millones de dólares. Para los próximos 20 años se calcula que Bolivia exportará gas por valor de 50.000 millones de dólares.

Para los próximos cinco años el gobierno proyecta una inversión pública de 7.000 millones de dólares y una inversión privada de 6.000 millones, la creación de 450.000 empleos y la reducción de la pobreza extrema de 35 a 27%.

Para el 2007 plantea un aumento del salario mínimo del 5%, pasando de 500 a 525 bolivianos mensuales. (Aproximadamente $65 dólares).

La segunda gran tarea que se fijó el Presidente Morales fue la de comenzar "la revolución agraria". Un año más tarde, a partir del primero de enero del 2007 comenzaron a distribuirse las primeras 300.000 hectáreas de 3.1 millones de hectáreas identificadas como tierras productivas no utilizadas. "Las tierras son para trabajar no para vender, deben volver a manos del pueblo boliviano", señaló el presidente Morales.

La Asamblea Constituyente:

La tercera gran tarea fijada en el primer año fue el echar a andar una Asamblea Constituyente encargada de redactar una nueva constitución para Bolivia. La constituyente definará el nuevo carácter del Estado; todos los constituyentes están de acuerdo en que debe ser plurinacional, reconociéndose las múltiples nacionalidades que existen dentro del territorio boliviano.

El Movimiento Al Socialismo (MAS) propone una nueva visión del país que propugna dos líneas fundamentales: un Estado Social Comunitario y una Nueva Economía Social, amparada en la economía comunitaria, base del capitalismo andino. Con respecto a las autonomías departamentales propone ignorar ese término y hablar más bien de un proceso de descentralización del Estado.

Poder Democrático Social (Podemos), grupo opositor al gobierno, propone un proyecto que tiene que ver con la implementación de un Estado constitucionalista de derecho con reconocimiento tácito de la supremacía de la Constitución.

Para Unidad Nacional (UN), el otro grupo opositor, el proceso refundacional parte de la constitución actual ratificando lo que funciona y cambiando aquello que no funciona, definiendo el rol del Estado en la economía, las autonomías, la inclusión social, las reglas de democracia y el desarrollo.

Desde la fundación de la República de Bolivia en 1825 hasta ahora, se han promulgado 19 textos constitucionales; solamente en la constitución de 1994 se incorporó el carácter multiétnico y pluricultural de la nación, en un país mayoritariamente indígena.

Cabe hacer notar que en los últimos años se efectuaron Asambleas

Constituyentes en Colombia (1991), Perú (1992-1993), Ecuador (1998 y se propone otra en el 2007) y Venezuela (1999). En todos los casos la realización de la Asamblea Constituyente fue planteada como una respuesta a procesos agudos de crisis social y política.

El primer gran cambio que se prevé es la convocatoria a una elección general, que incluya Presidente, Congreso, Prefectos, Subprefectos, Consejeros y autoridades municipales. La nueva constitución fijará nuevas atribuciones a las autoridades, así como el número de integrantes y su forma de elección. Las elecciones se realizarían en el 2008.

Como se ve, habrá cambios fundamentales en todos los poderes existentes y se creará un nuevo poder, el Poder Social, el que predominará sobre todos los otros poderes del Estado.

Con respecto a la coca la "Comisión de Coca" de la constituyente tiene el mandato de despenalizar la hoja de coca, ayudar a su industrialización y abrir los mercados extranjeros.

El Presidente Morales pidió que se incorporara la justicia comunitaria con el fin de recuperar los usos y costumbres de las comunidades indígenas en decisiones de arbitraje, conciliación, negociación y sanciones sociales.

La Asamblea Constituyente tiene como fecha límite el 6 de agosto para presentar la nueva constitución al presidente para que luego de que éste la acepte la someta, en un plazo no mayor de 90 días, a una consulta popular.

En virtud de las dificultades de la Asamblea Constituyente, que demoró seis meses para aprobar el reglamento que la regiría, el presidente Evo Morales decidió avanzar con su plan de refundación de Bolivia desde el Gobierno, "la revolución democrática y cultural queda ahora en manos del gobierno junto con los movimientos sociales", dijo en la reunión de evaluación del primer año de gestión del Movimiento al Socialismo realizada en enero. Ello no implica que la principal tarea para el 2007 no continúe siendo el redactar y aprobar una nueva constitución originaria que permita refundar el país.

En lo político:

Al comenzar el segundo año de gobierno, se plantea la creación de un Consejo Nacional de Coordinación, especie de Estado mayor, que estaría compuesto por el presidente, vicepresidente, presidentes de las cámaras de diputados y senadores del MAS más los ministros del área política, constituyentes y algunas organizaciones sociales importantes, las más comprometidas con el proceso de cambio.

Destaquemos que el MAS, movimiento que agrupa organizaciones sociales, participa en las estructuras tradicionales del Estado, pero al mismo tiempo conserva las formas de lucha producto de su experiencia de movimiento social de bases: paros, bloqueos de caminos, ocupaciones y cierre de gasoductos que pueden desatarse por una problemática regional o local lo puede llevarlo a oponerse a la política nacional del gobierno.

El gobierno elaborará un proyecto de ley para instituir la revocación por voto popular de las autoridades "que no cumplan con su gestión" el que se aplicaría a alcaldes, prefectos e incluso el presidente si se demuestra que han incurrido en incumplimientos de gestión, actos de corrupción, violación de los derechos humanos o incumplimiento de ofertas electorales. Las instituciones habilitadas para solicitar revocatorias serían las Organizaciones Territoriales de Base, Consejos de Vigilancia, comités cívicos y movimientos sociales. Su objetivo formal es el evitar conflictos y enfrentamientos; su peligro está en que crea inestabilidad institucional y puede ser manejado arbitrariamente, por uno u otro bando, como una herramienta para remover representantes de la oposición o del gobierno elegidos democráticamente.

Al comenzar su segundo año Morales comenzó a alejarse del estilo "chavista" de confrontación verbal permanente que le hizo perder el apoyo de la clase media. El vicepresidente Álvaro García Linera fue quien anunció este giro: "Vamos a corregir el discurso, suspendiendo esa retórica innecesaria". Si bien es cierto la clase media no es muy numerosa, controla la mayoría de los medios de comunicación, hecho sumamente importante si se piensa en las elecciones generales del 2008.

En el terreno de recuperación de los recursos naturales:

Se plantea reformular el actual Código Minero para avanzar en el proceso de nacionalización de las minas y recuperar para el Estado aquéllas explotadas en concesión. El plan apunta igualmente a refundar la Corporación Minera estatal de Bolivia y a incrementar los impuestos que percibe el Estado. Como dato histórico recordemos que Bolivia nacionalizó la minería en 1952, pero que a finales de la década de los años ochenta gran parte de las empresas estatales volvieron a manos de privados bajo concesión tras una caída de precios de los minerales lo que implicó el despido de cerca 23.000 mineros estatales.

Unas 60.000 familias dependen de 500 cooperativas mineras en todo el país, siendo los departamentos con mayor concentración de cooperativistas La Paz, Potosí y Oruro.

En su discurso de primer aniversario el presidente Morales anunció que nacionalizará las compañías mixtas conocidas como capitalizadas, que tienen socias multinacionales, en las que se pruebe la corrupción o el incumplimiento de inversiones comprometidas lo que anticipa otra ola de nacionalizaciones que afectaría capitales estadounidenses en el sector eléctrico, chilenos en el sector ferroviario, italianos en el sector de telecomunicaciones y bolivianos en el sector de la aviación. Días más tarde el gobierno inició una investigación sobre la Empresa Nacional de Telecomunicaciones (ENTEL) cuyo objetivo sería recuperar el control absoluto del Estado sobre esa empresa considerada estratégica.

En lo educacional:

Se comienza la elaboración de la Nueva Ley de la Educación Boliviana que plantea descolonizar la educación y reivindicar los derechos de las personas excluidas. El nuevo diseño curricular será construido y enriquecido por sabios de los pueblos indígenas, profesores e intelectuales y en él no intervendrán consultores externos. Al inaugurar las oficinas donde trabajará el grupo encargado de elaborar la reforma, el ministro de educación recomendó al grupo que no se complique con teorías sino con el mundo pragmático y enseñe las materias y contenidos que la mayoría de los bolivianos piden para descolonizarse.

Se crea el bono Juancito Pinto gracias al cual, desde noviembre del 2006, los niños de primaria se benefician con $200 bolivianos anuales (alrededor de $25 dólares) por asistir a la escuela. El bono abarca a 1,2 millones de escolares, entre ellos 5.000 niños especiales. Para el año 2007 se espera expandirlo a los estudiantes de nivel intermedio.

Se avanza en la alfabetización, aplicando el método de alfabetización cubano "Yo sí puedo"; desde marzo del 2006 a enero del 2007 se alfabetizó 76.232 personas.

En el terreno judicial:

Se presentó un proyecto de ley que dará a la justicia comunitaria el mismo nivel de la justicia ordinaria. La justicia comunitaria tendrá una organización y autoridades propias (fiscalizadores sociales), será obligatoria para campesinos e indígenas y en ningún caso se aplicará la pena de muerte. Ninguna autoridad de la justicia ordinaria puede intervenir en ella, dice el proyecto.

Las autoridades de la justicia comunitaria resolverán los asuntos calificados como conflictos producidos dentro de su territorio, así hayan intervenido indígenas, campesinos o no indígenas. Los últimos tendrán la opción de remitir el caso a la justicia ordinaria. El proyecto indica que los poderes Legislativo, Judicial, Ejecutivo y otros deberán cooperar cuando las autoridades indígenas así lo requieran.

Al mismo tiempo se inició una profunda reforma destinada a "nacionalizar la justicia descolonizando el derecho" lo que significa desmontar la estructura colonial del sistema judicial e impulsar uno nuevo basado en la promoción del acceso igualitario de la población a la justicia y respetando la diversidad cultural del país.

En el terreno de la salud:

Hasta fines del 2006, 50.000 bolivianos habían sido operados de la vista mediante el programa Misión Milagro, auspiciado por el gobierno cubano.

Esta Misión que se inició con un centro oftalmológico hoy tiene once centros equipados con alta tecnología. Participan un total de cien especialistas, enfermeros y otros trabajadores de la salud cubanos junto a 25 médicos bolivianos graduados en la Escuela Latinoamericana de Medicina de La Habana. Los servicios son totalmente gratuitos.

En el terreno de las relaciones internacionales:

La llegada al poder del primer presidente indígena en Latinoamérica provocó mundialmente un sentimiento de simpatía. En total, en su primer año de gobierno, el Presidente Morales visitó 28 países en cuatro continentes y comenzó el 2007 viajando en el mes de enero a otros tres: Nicaragua, Ecuador y Brasil.

En Ecuador, en enero del 2007, durante la toma presidencial de Rafael Correa, Morales manifestó que él y Chávez se han unido a "la lucha anti-imperialista y anti-neoliberal del pueblo cubano y de su comandante, Fidel Castro".

Los lazos principales de amistad y afinidad política quedan así claramente establecidos: Cuba y Venezuela. Cuba como ejemplo y Venezuela el principal aliado en la línea de la revolución bolivariana e integración del continente. A ellos se sumaron Nicaragua y Ecuador.

Con Argentina y Brasil tiene lazos de amistad, recordemos que ambos países representan el mercado actual para su gas. Con Chile, ha avanzado rompiendo en parte los fantasmas del pasado gracias a una muy buena relación personal con la Presidenta Bachelet y a la fijación de una agenda de 13 puntos sin exclusión lo que permitió hablar sobre el problema del mar, aunque con una percepción distinta para cada país: acceso a un puerto útil, con soberanía y continuidad territorial, para Bolivia; mejoramiento del acceso al mar, para Chile, primeras conversaciones que avanzan hacia una solución del conflicto.

Con los Estados Unidos mantiene una relación tensa entre otras cosas por la medida tomada por el gobierno boliviano de ampliar de 12.000 a 20.000 hectáreas el área de cultivo de la coca. Bolivia había conseguido la aceptación de la comunidad internacional para producir un máximo de 12 mil hectáreas, porque se calcula que con esa cantidad se cubre el consumo lícito interno consistente en la masticación o "acullico", así como para cumplir actos rituales y medicinales de las culturas originarias que habitan en el país. De las 20 mil hectáreas legales que tendrá el país, las 8.000 que exceden lo dispuesto por la legislación actual se industrializarán, industrialización que contempla usar la coca para elaborar, entre otras cosas, infusiones, harinas, jarabes, pomadas y abono.

En marzo del 2007 el gobierno dejó sin efecto el libre ingreso a Bolivia de ciudadanos estadounidenses, quienes a partir de ese mes necesitan una visa para entrar al país. "Es un asunto de reciprocidad que debe ser tomado como un asunto de dignidad", dijo el mandatario, al recordar que él mismo y otros funcionarios de su gobierno enfrentaron problemas para ingresar a Estados Unidos. Ofreció dar libre acceso a los norteamericanos si los Estados Unidos dejan entrar a los bolivianos sin exigirles visa.

A ello hay que añadir la desconfianza del gobierno norteamericano por su acercamiento a Chávez y por su posición contra los Tratados de Libre Comercio.

En el terreno de tratados comerciales: se encuentra en la misma línea que Chávez, oposición a los Tratados de Libre Comercio con los Estados Unidos y crítica a los tratados existentes en Latinoamérica, CAN y Mercosur. Critica ambos tratados planteando que los dos son instrumentos económicos para los empresarios, para la gente pudiente y no para la gente pobre; que entra a ellos para reformarlos y que de no reformarse, si los países no escuchan, junto a otros presidentes, junto a las fuerzas sociales de Sudamérica, propone gestar otros modelos, otros sistemas de integración, otros sistemas que resuelvan el problema económico de la gente pobre, una nueva estructura que responda a esa perspectiva social.

A fines del 2006 pidió ser aceptado en el Mercosur sin abandonar la CAN. En la XXXI reunión de ese organismo, en enero del 2007 se acordó crear una comisión especial para estudiar su aceptación y las reformas necesarias para que Bolivia pueda pertenecer a los dos bloques económicos.

Firmó un Tratado de Comercio entre los Pueblos (TCP) con Cuba y Venezuela y adhiere a la Alternativa Bolivariana para las Américas (ALBA) del presidente Chávez.

Finalmente plantea que los tratados deben ser vistos no en la perspectiva de las empresas, sino en la perspectiva de amistad y desarrollo entre los pueblos. Que deben ser tratados entre los campesinos, entre los indígenas, entre los trabajadores, entre los pueblos, para lograr el bienestar de los sectores más desfavorecidos, que deben dar prioridad al comercio de la producción de los pequeños productores, de las asociaciones, de las cooperativas y de las empresas comunitarias.

Propone una política de nacionalización de los recursos naturales a nivel continental: "este bloque es lo más recomendable para trabajar en el proceso integrador de Sudamérica y desechar los Tratados de Libre Comercio con Estados Unidos, quisiéramos instrumentos económicos modelos de integración, no sólo para dignificarnos como seres humanos, sino para nacionalizar todos nuestros recursos naturales. Hay empresas del Estado para manejar muy bien los recursos naturales".

Críticas:

En el MAS, movimiento que llevó al poder al Presidente Morales comienzan a aparecer los primeros signos de impaciencia. Se considera que hay descoordinación entre los ministerios, y entre éstos y los movimientos sociales, que no se avanza con la suficiente rapidez y que no se ha "limpiado" a el aparato estatal y contratado gente que acepte los postulados de cambio. De hecho, en el mes de enero se comenzó la evaluación de todos los funcionarios estatales cuyos contratos llegan a término, a la luz de su actitud y compromiso con los cambios. Sin llegar a la "llamada masacre blanca" tradicional en Bolivia, que es el cambio de funcionarios al llegar un nuevo gobierno, cientos de trabajadores comenzaron a perder sus puestos de trabajo.

El Gobierno confirmó que realizará despidos masivos de funcionarios públicos adelantando que los contratos serán cancelados si se demuestra que buscan boicotear la gestión del Presidente Morales.

Algunos de los asambleístas del MAS se sienten utilizados y se quejan por la interferencia de miembros del gobierno lo que les impide avanzar en su trabajo.

Desde la oposición, se critica el voluntarismo del Presidente, la falta de diálogo, y la imposición de una agenda política a través de decretos presidenciales para acelerar la "revolución democrática y cultural".

Se critica igualmente la utilización de los movimientos sociales contra la oposición: bloqueos y marchas en el llamado control social; bloqueos y marchas que a veces se salen de control y originan violencia como la conocida por Cochabamba en enero del 2007, en que la prefectura fue quemada y hubo un saldo de dos muertos y más de 200 heridos. Los enfrentamientos, en el primer año de gobierno terminaron con un saldo de más de 25 muertos en los sucesos de Uyuni, Mandiola, Huanuni, San Julián y Cochabamba.

También se critica la ingerencia del gobierno en la Asamblea Constituyente; sus relaciones con Venezuela y Cuba y la subordinación de la política boliviana al proyecto bolivariano de Chávez a través de la creación de una compañía mixta para explotar el gas y derivados de Bolivia, la donación de 24 radios comunitarias por parte de Venezuela, la compra de diarios bolivianos por parte de venezolanos para defender los progresos del gobierno de Evo Morales, declaraciones como las del Presidente Chávez de "el gobierno bolivariano no se quedará de manos cruzadas si intentan derrocar a Evo", un convenio de ayuda militar y el financiamiento de puestos fronterizos por parte de Venezuela, etc..., aspectos más visibles y criticados de la subordinación; y el manejo de sus relaciones con los Estados Unidos, que lo han alejado cada vez más de éste y han afectado el futuro de las relaciones comerciales.

Finalmente se critica la inestabilidad creada por los cambios de dirección de la política del gobierno realizados bajo presión. Citemos dos, entre numerosos ejemplos: a comienzos del 2007 los pobladores de Camiri, una de las regiones petrolíferas, cortaron los caminos y ocuparon las plantas exigiendo del gobierno se reformara la estructura de la estatal Yacimientos Petrolíferos Bolivianos (YPFB) y se les acordara una vicepresidencia. Tras una semana de negativas el gobierno aceptó las demandas y cambió la estructura del organismo encargado de administrar la principal riqueza del país.

Dos semanas más tarde 20.000 mineros cooperativistas ocuparon La

Paz exigiendo la suspensión de un aumento de impuestos que perjudicaba a las cooperativas del sector. A los dos días el gobierno cedió a las demandas y se comprometió a no enviar al Parlamento el proyecto de reforma tributaria que afectaba a la minería. Ofreció además a los cooperativistas dos de los seis votos del nuevo directorio de la estatal Corporación Minera de Bolivia (Comibol). De inmediato los mineros sindicalizados protestaron y pidieron se atendieran sus demandas o, al igual que los cooperativistas, tomarían acciones para imponerlas.

Ello ha creado un precedente peligroso. Cierto que el gobierno favorece el diálogo, pero cierto es también que el ceder a este sistema de presión ha creado una espiral de demandas que afectan desde la política económica del gobierno hasta la Asamblea Constituyente y acentúan frente a los observadores internacionales una imagen de inestabilidad.

C. Brasil

Algunos antecedentes:

Luego del golpe militar de 1964 Brasil conoció una serie de gobiernos militares dictatoriales que se prolongaron hasta 1985 con la elección de Tancredo Neves, un presidente civil. En 1989 fue elegido presidente Collor de Mello quien en diciembre de 1992 fue depuesto por corrupción. A pesar de los esfuerzos de los presidentes que se sucedieron la economía brasileña no lograba salir de la crisis que venía arrastrando. A la inflación se sumó una crisis energética sin precedentes y ésta es la situación que abona la llegada al poder, en octubre de 2002, de un antiguo líder sindical miembro del partido socialista Partido de los Trabajadores, Luiz Inácio Lula da Silva (Lula), primer presidente obrero del Brasil.

Es el séptimo de ocho hijos de una familia de campesinos formada por Arístides Inácio da Silva y Eurícide Ferreira de Melo. Lula recién conoció a su padre cuando tenía cinco años puesto que éste había emigrado a Sao Pablo en busca de trabajo.

La "nueva izquierda": Luiz Inácio Lula da Silva

184

Es interesante señalar que Lula no tuvo una educación formal. Obtuvo un diploma de equivalencia de escuela secundaria ya adulto y nunca asistió a la universidad. Su formación política viene de sus años de dirigente obrero; en 1978 fue elegido presidente de la Unión de Trabajadores del Acero y luego en 1980 fundó el Partido de los Trabajadores con el cual se presentó a las elecciones de 1982 como candidato a gobernador por el Estado de Sao Paulo, pero perdió. En 1986 ganó un puesto en el Congreso y finalmente, en las elecciones presidenciales de 2002 alcanzó la victoria. Fue reelecto para un segundo mandato presidencial en diciembre del 2006.

Lula puede ser considerado como el líder de la tendencia moderada dentro de la "nueva izquierda" por sus posiciones políticas, su gran prestigio internacional y por el peso de Brasil en la economía latinoamericana.

Las grandes tareas en su primer periodo:

El programa de gobierno de Lula incluía la expansión de servicios sociales a las clases pobres así como el mejoramiento de sus condiciones de vida, pero consciente de la necesidad de enderezar la economía nacional instituyó una serie de medidas de austeridad las que, aunque no terminaron con la inflación ni con los problemas de la deuda externa, ayudaron a producir un pequeño crecimiento en la economía y una baja en el desempleo.

En su primer periodo de gobierno la deuda del país bajó del 22%, la inflación bajó del 15% al 3%, logró mejorar la situación económica de 12 millones de familias con sus programas asistenciales de micro créditos y el desempleo bajó a 10%. Sin embargo no logró romper el estancamiento del crecimiento del país el que alcanzó solamente el 2.6%, uno de los más bajos entre los países emergentes.

De acuerdo a algunas encuestas la mayoría de los brasileños apoyaban sus reformas, pero este panorama se vio ennegrecido brevemente por un escándalo de soborno en el cual se vieron vinculados miembros de su administración. Ello le costó el pasar a una segunda vuelta en las elecciones presidenciales del 2006 en las que sin embargo fue elegido por una amplia mayoría: 60,83% de la votación que equivalen a 58 millones de votos contra 37 millones de su oponente, el candidato socialdemócrata Alckmin.

Con respecto a su primer periodo de gobierno afirmó que nunca fue populista; este gobierno, declaró: "fue, es y será popular". "Soy de izquierda, pero el Gobierno no es de izquierda y gobierna en función de la correlación de fuerzas políticas", declaró Lula en adelanto de lo que será su segundo mandato.

Segundo periodo:

Al comenzar su segundo periodo declaró que su gobierno será "un gobierno de orientación popular, pero no populista". Prometió actuar con rapidez, continuidad y osadía a fin de alcanzar "un crecimiento económico que ayude y acelere la inclusión de los sectores sociales marginados". Un crecimiento económico que debe ser "rápido, sustentable y duradero y que tiene que hacerse con responsabilidad fiscal y en ello no aflojar de ninguna manera".

Para transformar las tareas de gobierno en tareas de todos Lula busca ampliar su base. El PAC, Programa de Aceleración del Crecimiento, como llamó al programa, necesita del apoyo de una amplia coalición política que defienda una idea de nación justa e independiente. "El plan será sustentado por una amplia coalición política de fuerzas democráticas", "aquí no se crece sacrificando la democracia, poco me interesa un aumento del PIB si eso implica, por más pequeña que fuera, una reducción de las libertades democráticas. Aquí, lo económico, lo político y lo social están intensamente entrelazados", enfatizó al presentar su programa frente a la prensa.

Con estas declaraciones quiere dejar claro que busca una economía de mercado que apuesta a las inversiones y desarrollo, pero una economía que debe estar íntimamente ligada a la problemática social, una economía que crece pero que incluye a los sectores tradicionalmente desfavorecidos. Declaraciones que han sido interpretadas como una clara señal para diferenciarse de Chávez.

Cifras: entre el año 2007 y el 2010 para acelerar el crecimiento y llevarlo a un 5% el PAC planea invertir en obras públicas 236.000 millones de dólares.

Para incentivar las inversiones propone a los inversionistas privados el disminuir o eximirlos de pagar impuestos por un monto de 3.000 millones de dólares en el 2007 y de 5.500 millones en el 2008. Las inversiones serán públicas, pero con una fuerte proporción de capital privado.

Estos grandes proyectos de inversión en obras públicas apuntan a la construcción de centrales eléctricas, carreteras, puentes, aeropuertos, puertos y vías de navegación fluvial. Proyectos que irán acompañados de un fuerte componente social: construcción de viviendas, acceso al agua potable, al gas domiciliario y a la electricidad.

Para desarrollar este ambicioso plan el Presidente Lula llamó a unir esfuerzos entre ambos sectores, público y privado para hacer avanzar el país, para buscar sustituir los programas sociales por oportunidades reales de trabajo a través de la educación y la formación profesional.

Plan de inversiones récord para Brasil y a la vez récord en Latinoamérica, plan que presenta algunas similitudes con aquél aplicado por el Presidente Kirchner en Argentina en sus primeros años de gobierno, pero que se diferencia de éste por lo que apunta al desarrollo a través de la creación de obras físicas, mientras que el plan argentino apuntaba a estimular el consumo. El plan brasileño se aproxima más al desarrollado por los Estados Unidos para salir de la depresión de los años treinta, plan que se basaba en la teoría del desempleo del economista británico John Maynard Keynes que explicaba detalladamente cómo la acción estatal podía contribuir a que la economía recuperara el pleno empleo y el crecimiento.

Si el plan tiene éxito repercutirá en el resto de los países del Mercosur puesto que crecerá la demanda de productos necesarios para alimentar su economía. En adición, con todas esas inversiones en infraestructura, Brasil busca abrirse a otros mercados internacionales y apunta a transformarse en plataforma para inversiones extranjeras y la circulación de productos. Es interesante notar que Brasil y México, pese a sus bajas tasas de crecimiento, siguen siendo las dos economías más grandes de la región.

En el terreno educacional:

Otra de las grandes tareas que enfrenta es la reforma del sistema educacional en un país donde los niños terminan los seis años de primaria sin saber leer o escribir, o si leen, sin entender lo que leen. Un país donde la enseñanza media no esobligatoria y donde el salario de los profesores es menor que el de un albañil.

Para cambiar esta situación propone el Presidente Lula en su segundo gobierno el subir el salario de los profesores, el entregar los medios económicos necesarios para elevar la formación del profesorado, mejorar la estructura de las escuelas, volver obligatoria la enseñanza media y dotar las escuelas públicasde una computadora por estudiante.

En el terreno de las relaciones internacionales:

Con respecto a la integración latinoamericana declaró el Presidente Lula que ésta seguirá siendo la primera prioridad de la política internacional brasileña, "Brasil asocia su destino económico, político y social al del continente, al del Mercosur y al de la Comunidad Sudamericana de Naciones", afirmó el Mandatario ante el congreso nacional; pero ello sin perder espacio en su comercio con los Estados Unidos, la Comunidad Económica Europea, y ampliando su comercio con África, añadió.

En marzo del 2007 el Presidente Bush realizó una visita oficial a Brasil donde un asunto tratado fueron los acuerdos para la producción de etanol lo que servirá para reducir la dependencia de Estados Unidos de Irán y Venezuela a nivel del petróleo y respondería a la política global de producción de energías menos contaminantes para disminuir el efecto de la polución.

De todas las declaraciones se desprende que Lula seguirá jugando su papel de líder moderador en la denominada "nueva izquierda", que continuará apoyando los tratados comerciales latinoamericanos, pero que mantendrá cierta distancia de los intentos de una integración política en miras a adoptar un determinado proyecto de sociedad "la revolución socialista del siglo XXI" impulsada por Chávez.

De hecho, en la primera reunión del Mercosur en el 2007, se acercó a Kirchner, y ambos plantearon a Chávez el moderar declaraciones altisonantes que generan confusión y afectan negativamente a la región.

Al resto de los miembros les planteó la necesidad de atender las peticiones de los países con economías menos desarrolladas, y habló de generosidad y solidaridad.

Tras la reunión, donde fuera criticado fuertemente por Morales por hablar de solidaridad pero no aceptar el alza de precios del gas que quiere Bolivia, planteó a Bolivia el facilitar el acceso al Atlántico a través del río Madera ubicado en el Amazonas lo que permitiría la salida de las riquezas mineras de los departamentos bolivianos del Benin y Pando. Al mismo tiempo ofreció facilitar el acceso al Pacífico integrando los caminos bolivianos al plan caminero que busca conectar Guajaramerín (Brasil) con los puertos del Perú. Con respecto al precio del gas que Bolivia entrega al Mato Grosso lo igualó al precio del resto del gas importado por Petrobrás, pasando de 1,20 a 4,20 dólares. Gestos que fueron vistos por los analistas, no tanto como una respuesta al reclamo de Bolivia, sino como un intento de neutralizar la creciente influencia de Chávez sobre Morales y al mismo tiempo disminuir su influencia en el seno del Mercosur.

Con el objetivo de fortalecer el Mercosur, Lula viajó a Uruguay para ofrecer disminuir las trabas comerciales entre Uruguay y Brasil y reducir así los desequilibrios existentes. Las conversaciones con Tabaré Vázquez se realizaron antes del viaje de Bush a ese país, momento en que Uruguay podría buscar firmar convenios comerciales fuera del marco del Mercosur y no tras una negociación conjunta de sus miembros con los Estados Unidos como es el deseo de Lula.

El Presidente Lula, quien junto al presidente de México Felipe Calderón fueron los únicos mandatarios latinoamericanos presentes en el Foro Económico Mundial que se celebró en Davos el 2007 (Foro que reúne a los principales países desde un punto de vista económico), intervino llamando a los mandatarios de las naciones ricas a que "los aportes de dinero sean para proyectos de desarrollo específicos, proyectos que generen empleo, riqueza y mejoren el estándar de vida de los pueblos". Al mismo tiempo llamó a los gobernantes de los países en vías de desarrollo a "dejar de andar por el mundo llorando miserias y buscando culpables de su desgracia".

La violencia en Río y Sao Paulo:

Tras la agudización de la violencia en Río de Janeiro y Sao Paulo con quema de buses con sus pasajeros al interior, el presidente Luiz Inácio Lula da Silva anunció que el gobierno federal destinará 183 millones de dólares a un plan de combate a la violencia en esa ciudad. Antes había autorizado la utilización del ejército para controlarla. En su discurso cuando asumió el mando comparó esta violencia a actos de terrorismo que como tal debían ser combatidos.

La violencia habría sido orquestada por jefes de carteles de droga detenidos en las cárceles de Río como represalia por lo que se les habían limitado sus contactos con el exterior del penitenciario desde donde continuaban dirigiendo sus actividades, y la guerra desatada por las pandillas que dominan las 600 favelas de Río por el control del mercado de la droga.

Algunos antecedentes:

Chile recuperó su calidad de país democrático en 1989 al ganar las primeras elecciones presidenciales, después de diecinueve años de cruenta dictadura, el candidato demócrata-cristiano Patricio Alwyn, luego de que el General Augusto Pinochet perdiera el plebiscito organizado por él mismo. Con el proceso de transición a la democracia iniciado por Alwyn, quien nombró una comisión para investigar la violación de los derechos humanos durante el gobierno de Pinochet, tuvieron lugar también ciertas reformas económicas que favorecieron la salida de más de un millón de chilenos de la pobreza extrema. En diciembre de 1993 le sucedió al poder Eduardo Frei, candidato de una coalición de centro izquierda al que se le debe la integración de Chile al Mercosur como socio observador junto a Bolivia, seguido por los dos periodos del Presidente Ricardo Lagos, quien ganó un gran prestigio internacional y consolidó la política de inserción de Chile en los mercados internacionales.

A finales de 1996 Chile firmó con Canadá, el primero de una serie de Tratados de Libre Comercio (TLC), diez años más tarde (tras los gobiernos de Lagos –dos periodos- y hoy de Bachelet) Chile ha firmado sobre 50 tratados de comercio: México (abril 1998); Centroamérica (febrero 2001); Estados Unidos (junio 2003); Corea del sur (abril del 2004); la Asociación Europea de Libre Comercio constituida por Islandia, Noruega, Suiza y el Principado de Liechtenstein (diciembre 2004); China (septiembre 2005); Nueva Zelanda,

Singapur, y Brunei Darussalam (mayo 2006), Colombia (noviembre del 2006), Perú (diciembre del 2006), etc.

El último de los TLC firmados fue con Japón (su tercer socio comercial después de Estados Unidos y China) consolidándose así como el país con el mayor número de ese tipo de acuerdos del mundo, lo que le da acceso al 86% del Producto Interno Bruto (PIB) del planeta y la entrada preferencial de sus productos a los mercados más importantes. Como referencia mencionemos que México tiene acceso al 60% del PIB mundial.

✗Esta diversificación de mercados le permite ponerse al abrigo en caso de variaciones bruscas de un determinado mercado.

A ello hay que sumar Acuerdos de Complementación Económica (ACE) -que tienen una envergadura menor a los TLC- con siete países sudamericanos y con India, y la iniciación de conversaciones para tratados comerciales con Vietnam, Filipinas y Malasia. Igualmente le planteó un TLC al recientemente electo presidente de Ecuador, Rafael Correa, cuando visitara Chile en diciembre del 2006.

✿El resultado de una economía basada en el comercio exterior y la diversificación en los productos de exportación le ha dado a Chile un fuerte desarrollo económico que ha repercutido positivamente en el nivel de vida de la gente. Sin embargo termina el 2006 con una taza de crecimiento del 4.6%, bastante menor al 6% que se esperaba lo que inquietó tanto al gobierno como a los inversionistas.

Esto muestra claramente la orientación seguida por Chile: insertarse en el proceso de globalización tratando de sacar ventaja de éste. Como algo interesante hay que señalar que los últimos tratados firmados incorporan un capítulo de inversiones y otro de intercambio de tecnología y formación.

🌿 **La "nueva izquierda":** Michelle Bachelet, primera mujer presidente en la historia de Chile.

Presidenta Michelle Bachelet

El triunfo de Michelle Bachelet en las elecciones de diciembre del

2005 marcó un hito en la historia de Chile pues fue la primera mujer en convertirse en jefe de estado en ese país. Es interesante notar además que Michelle Bachelet, socialista, fue víctima de la dictadura del General Pinochet; que su padre, Alberto Bachelet fue un general de brigada de la fuerza aérea chilena quien murió a consecuencias de las torturas a las que fuera sometido durante su detención tras el golpe de Estado; que de su primer matrimonio tiene dos hijos; que su hija menor nace en la época de los noventa; que no está casada; que fue la primera mujer ministro de defensa en la historia de Chile; y que se identifica como agnóstica en un país de tradición católica donde la ley del divorcio fue recién aprobada en el 2004.

Balance del primer año de gobierno:

Durante la campaña prometió un gobierno paritario; el 50% de su primer gabinete ministerial son mujeres. Como dato anecdótico, en el 2006, el tradicional desfile militar del 18 de septiembre en conmemoración de la Independencia de Chile por primera vez fue presidido por dos mujeres: la Presidenta Bachelet y su ministra de defensa, Vivianne Blanlot.

En el área de la protección social: estableció la Pensión Básica Solidaria, la que a partir del 2007 se entregará a todas las personas mayores de 65 años (hayan cotizado o no) que pertenezcan al 60% más pobre del país. Esta pensión será de alrededor 75.000 pesos ($150.00 dólares) para alcanzar en el 2012 los 200.000 pesos (alrededor de $400 dólares). Un 60% de los beneficiados son mujeres. Estas reformas al sistema de protección social, tienen como objetivo conseguir una mejor calidad de vida para todos los chilenos en todas las etapas de la vida.

Creó un subsidio especial para la creación de empleos destinados a los jóvenes entre 18 y 24 años; subsidio que ofrece pagarles a las empresas que contraten jóvenes la mitad del costo de un salario mínimo y un bono de capacitación a través de programas manejados por las municipalidades.

En el campo educacional hizo universal el acceso a prekinder. Gracias a la subvención para esta área se llegará a una cobertura de 225.000 niños para el 2010. Hoy, la educación hasta terminar la escuela secundaria (12 años) es obligatoria. En materias de Educación Superior se becará a los jóvenes que más lo necesiten otorgando una beca al 5% de los mejores egresados de los liceos y colegios subvencionados. Este beneficio llegará a más de 9.000 estudiantes de todo el país con un costo de 24.000 millones de pesos al año.

En el terreno ocupacional, el último trimestre del 2006 el desempleo alcanzó 6,6, cifra que refleja un aumento de 145.240 puestos de trabajo en un año. En todo el 2006 alcanzó al 7,8% (530.000 desocupados en una fuerza de trabajo de 6.800.000 personas). Comparado por géneros, la tasa de desempleados varones es de 6,1% y la de mujeres 7,7%. Con respecto al año anterior en los hombres el desempleo disminuyó de 1,9% y en las mujeres de 2,4% lo que significa una clara mejoría en el acceso de las mujeres al mundo del trabajo. Esta es la cifra más baja de desempleo desde 1997.

La inflación se sitúa en 2,6% muy por debajo del 3,7 que se había previsto para el 2006. Para el 2007 se espera un crecimiento del 7,4% del consumo privado y una inversión equivalente al 30% del PIB. El objetivo de la política monetaria es que la inflación anual se ubique en torno al 3%, con un rango de tolerancia de más o menos un punto porcentual lo que permitirá anclar las expectativas de inflación.

Codelco, la empresa estatal que explota el cobre, invertirá más de 2.000 millones de dólares en el 2007 para aumentar su producción y explotar nuevos yacimientos, una cifra récord de inversión para Codelco. Es interesante hacer notar que el precio del cobre cerró el año 2006 con un alza del 82,7% respecto del año anterior, al promediar un valor de 3,05 dólares la libra cotización que es la más alta desde 1966 cuando se cotizó a 3,36 dólares la libra. Sin embargo a comienzos del 2007 su precio se sitúa alrededor de 2,6 dólares con una baja del 15%. Previendo la baja Codelco estimó la cotización para el 2007 en 2,4 dólares.

Estos indicadores económicos hacen que Chile sea citado por los defensores del libre comercio como un ejemplo a seguir. Sus detractores plantean que esa política lo aisló del resto de Latinoamérica, que sobretodo permitió el enriquecimiento de las compañías multinacionales, que los mayores ingresos beneficiaron a un solo sector, que aumentó la diferencia existente entre ricos y pobres y que el crecimiento del país se estancó al aplicar una política de gastos demasiado conservadora.

Ambos sectores reconocen la gran diferencia existente entre las capas sociales y ven la necesidad de reducirla, ambos sectores reconocen el avance en la política social, pese a estar en desacuerdo en el ritmo. Ambos reconocen la generación de riqueza, pero difieren en su utilización; unos piensan en la necesidad de invertir y ahorrar pensando en que se acerquen tiempos en que la economía mundial disminuya su ritmo de desarrollo, otros piensan que ya se ha generado suficiente riqueza para aumentar significativamente el gasto público, para unos en lo social, para otros en inversiones.

Chile no tiene sus huevos en un sólo canasto, como se dice comúnmente, tanto la balanza comercial como las relaciones políticas internacionales se encuentran bien repartidas. Como vimos tiene tratados de comercio con el Asia Pacífico, Europa, América del Norte y América Latina.

El APEC, que concentra el 60% del producto bruto mundial y un 62% de la población del mundo ha sido importante para Chile ya que el 57% de sus exportaciones globales están dirigidas hacia ese mercado.

Gracias al tratado con China ésta se constituirá en el segundo destino de las exportaciones globales de Chile. Sin embargo queda pendiente como tarea el que los pequeños y medianos productores se modernicen, aumenten su productividad y competitividad e ingresen al mercado exportador beneficiándose también de los acuerdos internacionales, diversificando aún más el desarrollo de la economía.

Lo negativo en el balance a fines del 2006:

1. El escándalo de la corrupción en Chiledeportes, parte de cuyos fondos estatales fueron utilizados para enriquecimiento personal de algunos funcionarios o para financiar campañas políticas de los candidatos de la coalición gobernante. Signo de los tiempos, la Presidenta dispuso que los ministerios publiquen en la red las declaraciones de patrimonio de las autoridades de gobierno, las reuniones con firmas de lobby y los documentos que sirven de antecedentes a los proyectos de ley a fin de favorecer la transparencia y la fiscalización.

2. La energía, el talón de Aquiles de la economía chilena. Dependientes del gas de Argentina, gas que desde el 2006 les es cortado cada vez más seguido, recién se toman medidas para garantizar la independencia energética del país. Cierto, hay importantes proyectos en carpeta o en desarrollo, incluyendo un estudio para la construcción de centrales nucleares, pero esos proyectos necesitan concretizarse o acelerarse, de lo contrario en algún momento ese cuello de botella que es el energético afectará el crecimiento económico del país.

Aunque esta crisis energética se veía venir, se perdió un tiempo precioso esperando soluciones quizás más económicas pero que implican el hipotecar la independencia energética: posibilidad de gas del Perú dependiendo de las reservas de Camisea; posibilidad de gas de Bolivia dependiendo de la apertura del gobierno boliviano, el gasoducto del sur propuesto por Chávez.

No se dieron las señales necesarias a las empresas para que investigaran el desarrollo de energías alternativas, de energías renovables, algunas de ellas más caras en un primer momento, pero necesarias a largo plazo en función del desarrollo del país, y su necesaria diversificación para alcanzar la independencia energética. Por el momento Chile cuenta con la suerte de dos años lluviosos lo que le permite afrontar los cortes de gas de Argentina gracias a las centrales hidroeléctricas existentes.

Esta política de espera muestra indecisión, y ello quizás influyó en que se terminó el 2006 con una tasa de crecimiento del PIB del 4,2%, bastante menor al 5,5% que se esperaba, pérdida de dinamismo que inquietó tanto al gobierno como a los inversionistas.

Cierto, los indicadores económicos permiten predecir que se recuperará la tasa de desarrollo entre el 5 y 6%, pero ello no basta. Chile tiene que preguntarse el porqué no crece a las tasas que podría hacerlo teniendo en cuenta su riqueza y potencial de desarrollo (crecimiento en otros países en desarrollo del 9 y más %); tiene que preguntarse si, sin poner en peligro la estabilidad económica del país, no llegó el momento de tomar medidas que favorezcan una inversión y desarrollo acelerado destinando para ello parte de los fondos que dedica al ahorro sobre todo en un momento en que se predice que la economía a nivel mundial continuará creciendo entre el 4,5 a 4,9% gracias al crecimiento de Asia, Japón y Europa, lo que equilibrará la desaceleración de los Estados Unidos, y que el precio del petróleo se mantendrá a niveles relativamente moderados.

Algunas cifras concretas:

-Chile termina el 2006 con un superávit de 23.021 millones de dólares impulsado por un alto precio del cobre, superávit de más del doble del registrado en el 2005, cuando llegó a 10.179 millones de dólares.

-Las exportaciones totalizaron 58.995 millones de dólares, con un crecimiento del 45,4% mientras que las importaciones llegaron a 32.981 millones con un crecimiento del 17,7%. Este crecimiento de las exportaciones fue uno de los más altos de Latinoamérica donde Bolivia creció un 40%, Uruguay un 20%, Costa Rica un 19% y Brasil y Argentina un 16%. Este crecimiento se debe, de acuerdo a los analistas, a las políticas de internacionalización del país. Para el 2007, el Banco Central ha estimado preliminarmente un superávit de 19.900 millones de dólares, con exportaciones por 58.100 millones de dólares e importaciones por 38.200 millones de dólares estimando un precio del cobre en los $2,60. Estimaciones positivas que al parecer se cumplirán pese a la caída del precio del cobre si miramos los resultados que alcanzó en el mes de enero del 2007 donde la balanza comercial alcanzó un superávit de 2.800 millones de dólares en comparación a los 1.083 de enero del 2006. Es decir un crecimiento del 44,3% en las exportaciones mientras que las importaciones subieron un 0,1%.

-las reservas internacionales del país registraron en el 2006 un saldo positivo de 19.420 millones lo que representa un alza de alrededor 15% con respecto al año anterior.

-las Inversiones Extranjeras Directas alcanzaron 4.815 millones lo que representa un aumento de 42,5% con respecto al año anterior.

-las inversiones de Chile en el exterior alcanzaron 6.862 millones de dólares en el 2006, un crecimiento del 20% de los cuales 4.360 millones de dólares se invirtieron en los Estados Unidos y 1.266 en Inglaterra.

Al hablar de productos de exportación en Latinoamérica se piensa en materias primas, y en el caso de Chile se piensa en el cobre que efectivamente constituye la principal fuente de ingresos pero se ignora que hay otros sectores desarrollándose para evitar esta dependencia, sectores como:

a) el pesquero que para el 2007 proyecta aumentar las exportaciones de un 20%. En el 2006 exportó 2.225 millones de dólares en salmón.

b) el de vinos y alcoholes cuyas exportaciones alcanzaron los 1.000 millones, con un crecimiento del 9% con respecto al año anterior.

c) el maderero, cuyas exportaciones alcanzaron 3.890 millones de dólares creció de 11,6%, con una proyección a 4.600 millones de dólares para el 2007.

d) el sector turismo, que creció un 12,7% aportando 1.500 millones de dólares por concepto de divisas. El crecimiento promedio del turismo en Latinoamérica fue de 7,2%.

Estas cifras explican las declaraciones de la Presidenta Bachelet en la Asamblea General de las Naciones Unidas realizada en Nueva York a fines del 2006: "hay algunos que ven la globalización como una amenaza y otros, como Chile, que la ven como una oportunidad y ello explica la principal diferencia que existe hoy entre los diferentes gobiernos de LA".

En el terreno de tratados comerciales:

En lo que respecta su política de apertura a Latinoamérica señalemos que Chile aceptó la invitación a reincorporarse al CAN (Comunidad Andina de Naciones integrada por Bolivia, Colombia, Ecuador y Perú) en calidad de miembro asociado.

Con Perú firmó un TLC y al mismo tiempo deciden formar una serie de comisiones para analizar problemas y aliviar posibles tensiones entre ambos países entre ellas la generada por la disputa sobre 35.000 kilómetros cuadrados de mar debido a la diferente interpretación de los tratados de 1952 y 1959 sobre límites marítimos.

Está en estudio la firma de un TLC con Uruguay en el 2007, tratado que serviría como una plataforma de acceso a terceros mercados a los productos uruguayos. El TLC con Chile no sólo buscaría ampliar los mercados uruguayos sino conseguir "una alianza estratégica" con el gobierno de Chile.

Chile propuso al Banco Interamericano de Desarrollo (BID) un proyecto de armonización de los acuerdos de libre comercio existentes. Esta armonización se aplicaría a: el tratamiento de la inversión, mecanismos de resolución de controversias que permita prevenir y anticipar conflictos y coordinar las reglas de origen. Ello busca establecer las condiciones para que surjan las trasnacionales suramericanas al ser trasladables de un país a otro.

En la reunión del Mercosur, realizada en enero del 2007, ofreció al resto de los países participantes el servirles de plataforma utilizando los tratados comerciales firmados por Chile y así ampliar su acceso a los mercados internacionales.

En el terreno de las relaciones internacionales:

Acuerda la discusión con Bolivia de una agenda de 13 puntos entre los cuales están incluidos la utilización de las aguas del Silala y el acceso al mar.

Chile es uno de los países de la Comunidad Sudamericana de Naciones (conformada además por Argentina, Bolivia, Brasil, Colombia, Ecuador, Guyana, Paraguay, Perú, Surinam, Uruguay y Venezuela) que en el mes de noviembre del 2006 suscribieron en Santiago un acuerdo para eliminar la utilización de visas para los turistas de estos países.

En resumen, la política del gobierno apunta a un regionalismo abierto, acercamiento a Latinoamérica, acercamiento a otros países similares a

Chile y finalmente la creación de alianzas estratégicas con aquellos países con los que tiene tratados económicos.

Se plantea profundizar los lazos con Latinoamérica, generar confianza, avanzar en el diálogo y al mismo tiempo participar activamente en el proceso de globalización; es en esta óptica que ofreció sus Tratados de Libre Comercio para que otros países se beneficien.

En la reunión del Foro Económico Mundial de Davos en el 2007, el secretario de la OCDE (Organización de Cooperación y Desarrollo Económico) que agrupa a los 30 países más avanzados económicamente planteó a Andrés Velasco, Ministro de Hacienda chileno y ex profesor de economía de la Universidad de Harvard, el interés que tienen en que Chile se integre al grupo considerando que cumple en gran parte los requisitos y estándares que se requieren para ser parte de este organismo. Manifestó que "hay mucho interés en el papel de Chile como un país vehículo, un país plataforma, desde el cual puedan enviarse exportaciones de productos latinoamericanos a los países asiáticos -algo que ya está ocurriendo- y también la posibilidad de que Chile sea plataforma para inversiones de empresas asiáticas que quieran llegar a toda la región sudamericana". Demás está decir la importancia que tendría para Chile quien presentó su candidatura para entrar a formar parte de este grupo en el 2005 y la señal que le enviaría a la comunidad internacional y los inversionistas su integración al OCDE dado que ello representaría un reconocimiento a la estabilidad de la política económica chilena por parte de los países con mayores ingresos, políticas económicas más efectivas y con los mayores niveles de desarrollo en el mundo.

Finalmente, resalta el gobierno, que todos estos avances en la economía y desarrollo no tendrían razón de ser sino aseguraran a los chilenos un nivel de bienestar que en el plazo de una generación se acerque a la de los países desarrollados similares a Chile. Coincide Chile con las posiciones de Lula en Brasil en el sentido de desarrollo sí, pero con sentido social incluyendo a los sectores más desfavorecidos, creando empleos permanentes y mejor pagados y no solamente entregando asistencia social.

Algunos antecedentes:

A mediados del siglo pasado Ecuador pasó por una época de inestabilidad política y de gobiernos populistas como los de la época en América Latina, encabezados por el de Velasco Ibarra quien, como dijéramos anteriormente, fue presidente del país durante varios términos: 1934-1935; 1944-1947; 1952-1956; 1960-1961 y 1968-1972.

En 1961 fue obligado a renunciar por fuerzas opositoras a su gobierno poco después de haber firmado con los Estados Unidos el acuerdo de Alianza para el Progreso. Le sucedió en el poder Carlos Julio Arosemena Monroy, depuesto a su vez en 1963 por una junta militar la que curiosamente, al igual que lo hiciera el gobierno militar de Juan Velasco Alvarado en el Perú en 1968, iniciara la reforma agraria del país. Esta junta fue derrocada en 1966 por un gran movimiento popular antigubernamental debido, primordialmente, a su falta de constitucionalidad. La inestabilidad política continuó.

En 1967 se aprobó una nueva constitución; el primer presidente elegido bajo la misma fue nuevamente Velasco Ibarra quien después de cuatro años de gobierno fue derrocado por otro golpe de Estado militar el que instaló en el poder al general Guillermo Rodríguez Lara. En esta década de los setenta el país conoció un momento de relativa prosperidad económica gracias al descubrimiento de petróleo, el cual era explotado por compañías extranjeras. El gobierno de Rodríguez Lara dio inicio a años de gobierno militar que llegarían hasta fines de 1979 cuando el país retornó a la democracia al asumir el poder Jaime Roldós Aguilera por el Partido Concentración de Fuerzas Populares, quien más adelante, creara el Partido Pueblo, Cambio y

Democracia. Roldós inició una sucesión de gobiernos civiles en el Ecuador en las últimas décadas del siglo XX.

En las elecciones de 1996 llegó a la presidencia Jaime Abdalá Bucaram, de origen libanés, con el apoyo de las clases populares quienes, como en otros países del continente, cansadas de vivir desfavorecidas por los gobiernos anteriores creyeron en sus promesas de aumentar el presupuesto dedicado al desarrollo social del país. No obstante, en pocos meses, la corrupción de su gobierno llegó a límites inaceptables así como sus proyectos de privatización de empresas estatales y sus excentricidades. Fue calificado de "incapacidad mental" por el Congreso y destituido.

En 1998 subió al poder el social-cristiano Jamil Mahuad, del Partido Democracia Popular, en elecciones caracterizadas por una abstención del 30%. Mahuad, quien poseía una Maestría en administración de empresas de la Universidad de Harvard, declaró que su gobierno estaría caracterizado por "criterios de derecha en lo económico, criterios de izquierda en lo social". Sin embargo, la economía ecuatoriana no hizo sino empeorar; la inflación aumentó (a un 60%), así como el déficit presupuestario, y su gobierno tuvo que enfrentar enormes crisis económicas y políticas en las que hubo tres amplias huelgas generales en contra de las reformas emprendidas, entre ellas la dolarización de la moneda local, el sucre, las que pusieron término el gobierno de Mahuad.

Un gran movimiento social encabezado por las poblaciones indígenas del país marcharon hacia el edificio de la Asamblea Nacional e impusieron una junta militar a cargo del gobierno. El Presidente Mahud abandonó el Palacio presidencial y el Congreso nombró a la presidencia al vicepresidente Gustavo Noboa. En el 2002 otro gobierno militar asumió el poder, el coronel jubilado, Lucho Gutiérrez quien en el 2004, inconstitucionalmente, destituyó a los miembros de la corte suprema y nombró jueces nuevos. Estos nuevos jueces levantaron los cargos de corrupción contra el ex presidente Abdalá Bucaram. Nuevamente inconstitucionalidad y corrupción hicieron caer un gobierno; Gutiérrez perdió el apoyo del ejército y de la clase media del país y por fuertes presiones sociales fue depuesto, siendo reemplazado por su vicepresidente Alfredo Palacio quien asumiera el poder hasta el 2006. Es bajo este clima de caos que en las elecciones de ese año llega al poder un representante de la "nueva izquierda", Rafael Correa.

Ecuador, un país de ex presidentes

Ecuador tiene actualmente 11 ex presidentes vivos lo que lo convierte en el país con mayor cantidad de ex gobernantes vivos en el mundo, y no por lo que vivan muchos años sino debido a la inestabilidad política. En los últimos diez años tres presidentes han sido destituidos y reemplazados por sus vicepresidentes. El récord en baja duración lo lleva la vicepresidenta Rosalía Arteaga [quien reemplazó al destituido Abdalá Bucaram (1996-1997)] y que gobernó por dos días siendo reemplazada por el presidente del Congreso Fabián Alarcón, presidente interino hasta 1998. Le siguieron Jamil Mahuad quién duró 2 de sus cuatro años, Gustavo Noboa quién duró 3, Lucio Gutiérrez quién alcanzó a gobernar dos años dos meses y quien fuera reemplazado por Palacios quien en enero del 2007 entregó el poder al recién electo Rafael Correa.

La "nueva izquierda": Rafael Correa

Ecuador: Presidente Rafael Correa

Correa, prácticamente un desconocido en la política salvo por los 106 días en que fue ministro de economía del gobierno de Palacios, ganó sorpresivamente las elecciones a fines del 2006 dejando en el camino a doce candidatos y a su rival de la segunda vuelta, el magnate bananero Álvaro Noboa.

Nació en Guayaquil el 6 de abril de 1963, y pese a provenir de una familia de modestos recursos estudió en la Universidad Católica y tiene dos maestrías en economía, una obtenida en los Estados Unidos y otra en Bélgica, más un doctorado en Estados Unidos.

Las líneas programáticas del nuevo gobierno:

La propuesta de Rafael Correa es de llevar a cabo la transformación total del sistema político, económico y social del país definiéndose como un gobierno bolivariano que entra al socialismo del siglo XXI.

Al asumir la presidencia declaró: "¡Cómo ha cambiado América Latina! Y seguirá cambiando, porque lo que vivimos no es una época de cambios sino un cambio de época. El servilismo, el entreguismo están siendo tirados por nuestros pueblos al basurero de la historia". Predijo que "la noche neoliberal está llegando a su fin, el nuevo día ha comenzado" y proclamó que "el surgimiento de una América Latina socialista del siglo XXI ha comenzado".

En el plano de la estructura del Estado:

Plantea una Asamblea Nacional Constituyente con plenos poderes para cambiar la actual constitución la que, dicho sea de paso, había sido promulgada por otra constituyente en junio de 1998. La convocatoria a una consulta popular con carácter urgente a realizarse el 15 de abril fue aprobada por el Congreso precisando eso sí que la asamblea no podrá disolver el Congreso o destituir al Presidente y que la nueva Constitución, la número 21 del país, deberá ser ratificada en un referéndum.

En el plano de la economía:

Correa se hace cargo de un país donde el 60% de la población vive en la pobreza, la deuda externa bordea los 10.300 millones de dólares, la canasta básica para que una familia coma decentemente se calcula en $400 dólares en un país en que el salario mínimo es de $160 dólares.

Los principales ingresos del país provienen del petróleo, apenas 6.500 millones de dólares en un país que es el quinto productor de petróleo en Latinoamérica pero que no tiene capacidad para refinar la mayor parte del que extrae, y ni siquiera cubre sus necesidades internas. Para el primer año de gobierno, se espera una producción anual de 183 millones de barriles de los cuales usaría en su consumo interno la tercera parte quedando alrededor de 125 millones de barriles para la exportación.

La segunda fuente de ingresos es el envío de dinero a sus familiares por parte de los ecuatorianos que emigraron buscando mejorar su situación económica (remesas estimadas en 3.000 millones de dólares). Otra fuente es la exportación del banano que produce unos 1.100 millones de dólares.

Si comparamos los ingresos y la deuda no es de extrañarse que como una de las primeras medidas se proponga renegociar la deuda externa. Para ello se está asesorando por un equipo técnico argentino. Se habla de pagar un 40% o menos.

Plantea la renegociación de los contratos petroleros y el reintegro de Ecuador a la OPEP (Asociación de países productores de petróleo), organización que el país abandonó hace diez años.

Ecuador prevé para el 2007 un crecimiento económico del 3,5% y una inflación del 2,7%.

En el plano de los tratados internacionales de comercio:

Se declara contrario al Tratado de Libre Comercio que Ecuador estaba negociando con los Estados Unidos, tratado que denuncia como nocivo para los intereses del país, en cambio se muestra dispuesto a firmar tratados comerciales con Chile y la Unión Europea.

Anunció que pedirá su ingreso al Mercosur y al mismo tiempo pidió la revisión del CAN sumándose a las posiciones de Chávez y Morales que buscan una nueva etapa que vaya más allá de la integración económica para llegar a una integración política del continente en el proyecto bolivariano. Dio un año para que la CAN se reforme, se elimine la burocracia, o de lo contrario indica que habría que formar una nueva estructura que responda a un nuevo proyecto político.

El vicepresidente del Ecuador anunció que muy pronto adherirán al ALBA como una forma de avanzar en la integración regional.

En la misma línea pidió que los otros países latinoamericanos trajeran de vuelta las reservas en divisas que tienen invertidas fuera del continente y que éstas sean administradas por un Banco del Sur, primer paso hacia la integración financiera continental. Para ello, planteó, se necesitaría acabar con la independencia del poder político de los bancos centrales de cada país.

Con Venezuela firmó una declaración conjunta en que ambos gobiernos se comprometen a "unir el destino de nuestros pueblos en procura de los más altos valores de equidad, justicia social y defensa de los derechos humanos" y que para lograrlo buscarán mecanismo de complementación económica y comercial. Parte de este mecanismo es un préstamo de 1.000 millones de dólares que le acordó Chávez, a una tasa de interés del 7%, para que salga del área de influencia del Fondo Monetario Internacional.

Se incorpora al proyecto de integración petrolera para América Latina auspiciado por Chávez (Petroandina, Petroamérica y Petrosur) y participará en la ampliación de las redes de televisión y radio continentales Telesur y Radio sur.

Sus primeros dos decretos como gobernante fueron uno para aumentar a 30 dólares el bono que reciben los sectores más pobres de la población, bono que beneficiará a 1.200.000 ecuatorianos y la renegociación de la deuda de los pequeños agricultores con el banco estatal de fomento a fin de aliviar su situación económica.

De los 17 miembros de su primer gabinete de gobierno siete son mujeres, entre ellas la primera mujer y la primera civil en asumir el ministerio de defensa en la historia del Ecuador, la diputada socialista Guadalupe Larriva, quien murió a los nueve días de asumir su cargo en un accidente aéreo al chocar el helicóptero en que se desplazaba durante maniobras nocturnas en un ejercicio militar. Para despejar cualquier duda sobre el carácter del accidente, el Presidente Correa pidió se formara una comisión internacional para estudiar las circunstancias del choque. En la comisión participan técnicos de Francia y de Chile.

Guadalupe Larriva fue reemplazada por otra mujer, la académica Lorena Escudero quien posee un doctorado en estudios políticos latinoamericanos. Al asumir su cargo dijo que impulsará "el sueño bolivariano de una patria americana unida, digna, fuerte y pacífica, capaz de tener su peso y voz propia en el concierto de las naciones".

En febrero el vice-presidente anunció que pedirán el cierre de la base militar estadounidense en Manta, base situada cerca de la frontera con Colombia y que servía de apoyo en la lucha contra el narcotráfico.

A aquellos que critican al gobierno de Correa por estar siguiendo los mismos pasos del de Chávez el gobierno les respondió a través de su embajador en Venezuela: "hay una coincidencia histórica en el pensamiento político y ello los lleva a actuar de una manera que parece ser concertada, pero cada uno hace lo que le conviene en su respectivo país".

Algunos antecedentes:

En 1990, después de once años de gobierno sandinista y para sorpresa de éstos, una coalición amplia de partidos políticos cuyo único vínculo era ser opositores al FSLN, la Unión Nacional Opositora, llevaron al poder a la primera mujer en llegar a la presidencia de Nicaragua, Violeta Chamorro. Chamorro era la viuda de Pedro Chamorro, director del diario *La Prensa*, diario que había sido opositor al dictador Somoza. Al Chamorro asumir el poder, la economía nicaragüense se hallaba en ruinas debido mayormente a los enormes gastos públicos causados por la guerra contra las fuerzas contrarrevolucionarias o "la contra". Como indicadores baste mencionar que la deuda externa en ese momento ascendía a $12 billones de dólares, la inflación había llegado a 12.400% y el ingreso per cápita había sido reducido de más de un 80%.

En términos políticos, el gobierno de Chamorro intentó la reconciliación nacional; en términos económicos intentó enderezar la economía revertiendo algunas medidas tomadas por el FSLN como la reforma agraria, la estatización de empresas y la subvención de servicios públicos, y poniendo en marcha medidas de austeridad. Sin embargo, al concluir su mandato sus objetivos no se habían concretizado; Nicaragua seguía políticamente dividida y las condiciones de vida de la vasta mayoría de la población habían empeorado.

Si bien es cierto se había logrado controlar la inflación y disminuir en algo la deuda externa, en la tabla del Índice de Desarrollo Humano elaborada por el Programa de Naciones Unidas para el Desarrollo, el país se situaba en segundo lugar, junto a Haití como uno en que el desarrollo social había retrocedido enormemente. En sus siete años de gobierno, el gasto social del país en su totalidad decreció de 32%: en salud bajó del 45 al 40% y en educación del 46 al 41%.

En las elecciones de 1996 asumió el poder Arnoldo Alemán Lacayo a la cabeza de la Alianza Liberal, coalición de corte conservador. Su gobierno estuvo caracterizado por la corrupción, la malversación de fondos públicos y el enriquecimiento personal, males de los que han sufrido muchos países de Latinoamérica, y por el nepotismo. De acuerdo a las siguientes cifras, la situación económica del país no cambió mucho. A pesar de una tendencia de crecimiento económico de un 5% registrada en 1998 y otra vez en 1999, y de poco más de 5% en el 2000 gracias a un acuerdo firmado con el Fondo Monetario Internacional en virtud del cual se le perdonaba el 80% de la deuda externa a cambio de la aplicación de un plan económico estructural sugerido por este organismo, en 1998 más del 75% de la población vivía bajo los límites de la pobreza y el desempleo alcanzaba el 60%. Igualmente, el porcentaje de alfabetización había bajado del 95% alcanzado después de la gran campaña de alfabetización realizada por el FSLN al 68%, lo que no cambió significativamente en los años subsiguientes.

Le sucedió en el poder en las elecciones del 2001 Enrique Bolaños por el Partido Liberal Constitucionalista. El gobierno de Bolaños acusó de corrupción, lavado de dinero y soborno al ex mandatario Arnoldo Alemán quien fue sentenciado a 20 años de prisión lo que provocó la ira tanto de liberales como de sandinistas quienes llamaron a la destitución de Bolaños de su cargo. La administración de Bolaños estuvo caracterizada por la inestabilidad política, la que a su vez creó violencia social y no favoreció el despegue de la economía que se esperaba ya que los inversionistas evitan invertir en países con inestabilidad política. Aún en el 2006, según cifras de Naciones Unidas el 78% de la población vivía bajo el límite de pobreza, el 43% de ellos en la miseria. En adición, de acuerdo a estudios realizados por el organismo Transparencia Internacional, Nicaragua posee el índice de percepción de la corrupción más alto de la región, 2,7 en una escala de 1-10 en la que 10 corresponde al menos corrupto.

La llegada al poder de la nueva izquierda: el regreso de Daniel Ortega

Presidente Daniel Ortega

En las elecciones del 5 de noviembre del 2006 el ex presidente sandinista Daniel Ortega quien resultó ganador regresó al poder tras 17 años. Ortega había sido consecutivamente derrotado en las elecciones de 1990, 1996 y 2001 en las que se presentó a la cabeza del FSLN (Frente Sandinista de Liberación Nacional).

Su triunfo ha sido atribuido a varios factores. Primero a la reforma constitucional producto del pacto que firmara en 1999 con Arnoldo Alemán, según la cual se requiere solamente el 35% de los votos para ganar las elecciones si se logra una diferencia de 5% sobre el candidato en segundo lugar (Ortega obtuvo el 38%, contra el 29% de su rival el banquero Eduardo Montealegre); segundo, a su amplia alianza con somocistas, ex contras y gremios, y la división de los partidos opositores; en tercer lugar a su cambio de discurso a uno menos sectario, más abierto, alusivo a la reconciliación nacional, a la solidaridad, en el que también regresa a su antigua fe católica y en el que declara que como presidente respetará la propiedad privada y los derechos civiles ciudadanos y en su deseo de mantener buenas relaciones con toda la comunidad internacional afirmó que respetará el Tratado de Libre Comercio que Nicaragua firmara, junto a otros países de Centro América, con los Estados Unidos.

En sus discursos Ortega se comprometió a luchar para erradicar la pobreza que afecta al 70% de la población, pero comprometiéndose al mismo tiempo a preservar los avances y alianzas económicas del país, mejorándolas y buscando nuevos mercados. Tras su elección lanzó un mensaje en dirección de empresarios e inversionistas: "vamos a ser fieles al libre mercado, el gobierno será un gobierno de puertas abiertas a la inversión extranjera", añadiendo que "no se puede erradicar la pobreza erradicando al inversionista". Para el 2007 Nicaragua espera recibir 450 millones de dólares entre préstamos y donaciones, de ellos 130 millones provendrían del FMI y 30 de la Comunidad Europea para proyectos específicos.

Las primeras medidas del nuevo gobierno:

Entre las primeras medidas tomadas por Ortega al regresar al poder se encuentran el restablecer los servicios médicos y la educación gratuita. Para esto último cuenta con un presupuesto de apenas 192 millones de dólares, presupuesto insuficiente para afrontar los cambios necesarios frente a una matrícula de estudiantes que se espera crecerá del 30%.

En el plano económico las primeras medidas concretas son la adhesión al ALBA que auspician Venezuela, Cuba y Bolivia complementado con la firma de siete acuerdos de cooperación económica y energética con Venezuela. Uno de los acuerdos firmados en el campo energético contempla la posible construcción en Nicaragua de una refinería de petróleo, proyecto que se considera una respuesta de Chávez para contrarrestar el proyecto de una refinería mesoamericana que México planea construir en Panamá o Guatemala con una inversión de 6.000 millones de dólares y la que beneficiaría a más de 10 países de la región incluyendo a Colombia. Proyecto que se inscribe, más allá de Nicaragua, en la campaña por el ganar zonas de influencia para el desarrollo del proyecto de socialismo del siglo XXI a nivel continental.

Mantiene Ortega conversaciones con el FMI (Fondo Monetario Internacional) para estudiar reformas y buscar apoyo en su lucha contra la pobreza.

Con la Unión Europea busca un acuerdo de cooperación que incluye la firma de un Tratado de Libre Comercio junto a Guatemala, El Salvador, Honduras, Costa Rica y Panamá.

Respecto al CAFTA, tratado comercial de Centro América con los Estados Unidos, señaló que es un mercado muy importante que está aportando recursos en beneficio del pueblo nicaragüense no obstante sus limitaciones que marginan una serie de productos, lo que explica que Nicaragua busque abrir otros mercados.

En un gesto ya tradicional de los gobiernos de la nueva izquierda, redujo de un 50% los salarios del Presidente y sus principales colaboradores.

En el plano de reformas estructurales anuncia la posibilidad de llamar a una asamblea constituyente para cambiar la actual estructura del Estado y realizar una reforma para dotar al país de "una democracia directa con Asambleas de Poder Ciudadano en cada departamento"; el Congreso Nacional sería el instrumento ejecutor de las propuestas de esas asambleas.

Al completar su primer mes de gobierno, entró en conflicto con la oposición por los amplios poderes que asumió la Primera Dama, la poeta Rosa Murillo, quien fue nombrada coordinadora del Consejo de Comunicación y Ciudadanía.

Entre sus nuevas atribuciones Murillo coordinará todas las comunicaciones emitidas por la presidencia, administrará la agenda del Presidente, coordinará sus giras, organizará las conferencias de prensa y dirigirá la gestión de todos los medios de comunicación del gobierno.

A ello se suma el que presidirá, junto al Presidente, las reuniones del Gabinete y será la encargada de comunicar a los ministros de Estado si el Presidente autorizó o no sus solicitudes de viajes oficiales al extranjero.

Según la oposición esta concentración de poder en manos de la Primera Dama revive fantasmas del pasado. La prensa, por su parte, teme que se ejerzan presiones económicas y políticas que limiten su libertad de trabajo.

Para reafirmar sus intenciones democráticas y deseo de superar las heridas del pasado el Presidente Ortega invitó al cardenal Miguel Obando y Bravo (de 81 años de edad) para que coordine el Consejo de Reconciliación Nacional, creado por decreto el 30 de enero del 2007 quien aceptó el ofrecimiento, pendiente del visto bueno de la Santa Sede.

En 1984 los derechos civiles y políticos de los ciudadanos fueron restaurados en el país y la junta militar permitió elecciones que trajeron al poder un gobierno civil en la persona de Julio María Sanguinetti, candidato moderado del Partido Colorado quien fuera sucedido en 1989 por Luis Alberto Lacalle del Partido Blanco. Anteriormente, en 1986 se les había concedido amnistía a los militares que habían violado los derechos humanos durante los años de dictadura militar. La situación económica del Uruguay no manifestaba ninguna diferencia con la de los otros países latinoamericanos en esa época. La inflación era la norma, la manera de contrarrestarla por parte del gobierno era el poner en marcha medidas económicas de austeridad y propuestas de privatización de las empresas públicas; la respuesta por parte de la clase trabajadora: la protesta y la huelga.

Los uruguayos siempre votaron en contra en cada referéndum sobre la privatización de los servicios públicos al que fueron llamados. En 1994, bajo el descontento general, se celebraron nuevamente elecciones en las que volvió a asumir el poder Sanguinetti, y en 1999 fue elegido Jorge Batlle del Partido Colorado, continuando la alternancia. A comienzos del 2000 la recesión económica se dejó sentir con más fuerza y apenas en el 2003 comenzó a vislumbrarse un crecimiento en la economía. Éste es el Uruguay que hereda Tabaré Vázquez, candidato izquierdista del Frente Amplio, cuando gana las elecciones de octubre de 2004 y se convierte en el primer líder de izquierda en la historia de ese país. Su asunción al poder en marzo de 2005 puso fin a la alternancia de poder que desde 1830 mantenían los partidos Blanco y Colorado.

La "nueva izquierda": Tabaré Vázquez

Presidente Tabaré Vázquez

Vázquez enfrenta su gobierno desde una perspectiva donde lo pragmático prima por sobre cualquier otra consideración política. Fiel a las promesas que le hiciera al pueblo, puso en marcha un efectivo plan de emergencia anti-pobreza llamado PANES (Plan de Asistencia Nacional a la Emergencia Social). Es éste un plan integral que consiste del establecimiento de programas sociales, médicos y educativos para ayudar a los indigentes a salir de la pobreza. Además, firmó un acuerdo con Cuba para enviar alrededor de 150 uruguayos con problemas de la vista a ser tratados por especialistas cubanos.

En un esfuerzo por curar las heridas causadas por los gobiernos de dictadura militar que aún permanecen abiertas, Vázquez ha prometido que los culpables por los casos de desaparecidos y de violación a los derechos humanos serán traídos ante la justicia, derogando así la amnistía que los gobiernos que le precedieron habían acordado a los militares. Estas medidas, así como las medidas económicas que ha tomado en beneficio de los más necesitados han aumentado el apoyo que el pueblo uruguayo le confiriera al momento de las elecciones en el 2004.

Cumpliendo su promesa el presidente Tabaré Vázquez decretó el 26 de diciembre del 2006 que cada 19 de junio se conmemore en Uruguay el día del "Nunca más", en relación con las violaciones a los derechos humanos como las que se produjeron durante el gobierno militar (1973-1985). El presidente Vázquez precisó que esto no significa cerrar las investigaciones sobre aquellos episodios, sino que significa la culminación de un proceso que aún continúa.

El día elegido para el "Nunca más" es el 19 de junio, fecha del natalicio del libertador del Uruguay general José G. Artigas en el año 1764.

Durante el periodo de la dictadura militar desaparecieron en Uruguay 26 personas y casi 150 en Argentina y un menor número en Paraguay.

Es importante destacar que está al frente del Ministerio de Defensa una mujer, la ministra Azucena Berruti, socialista y abogada que defendió a prisioneros políticos durante la dictadura militar de 1973-85.

Logros en sus dos años de gobierno:

En el terreno de la educación:

Se universaliza. El 97% de los niños en edad de recibir educación primaria están escolarizados. En los otros niveles, el 70% de los jóvenes entre 16 y 19 años terminó la escuela superior y en general la población entre 20 y 25 años de edad alcanzó un promedio de 10.5 años de escolarización. En el bachillerato, similar al de los Estados Unidos, 6 de cada 10 jóvenes en edad de hacerlo entraron a las universidades, pero solamente el 33% del sector de alumnos de menores recursos lo terminaron a tiempo, mientras que el 86% de los alumnos que no necesitan ayuda económica lo terminaron en el tiempo establecido.

En el campo laboral:

En un país cuya tasa de desempleo había alcanzado el 20% en el 2002 se produjo un aumento de la oferta de empleos de un 4% llegando a 1.200.000 de ocupados, bajando la tasa de desempleo al 10,9%.

El desempleo había crecido violentamente como consecuencia del bajo desarrollo de Brasil, su principal socio comercial, y por el retiro de los fondos que inversionistas argentinos habían depositado en los bancos uruguayos para protegerlos de la crisis económica de Argentina, capitales que regresaron a su país de origen cuando la crisis quedó atrás.

En lo económico:

En el 2006 logra un superávit de 431 millones de dólares, resultado de la diferencia entre exportaciones por 4.007 millones con un crecimiento del 16,7% e importaciones por 3.576 millones. De ese total, las exportaciones al Mercosur (del que es miembro) fueron de 944 millones, sin embargo se queja, junto al Paraguay, de la asimetría existente en ese tratado entre los países grandes y los pequeños lo que los desfavorece desde un punto de vista económico; pese a ello plantean el quedarse para no aislarse de Latinoamérica planteando eso sí, que no se les apliquen las rígidas estructuras permitiéndoles otros tratados fuera del bloque. (Para firmar un TLC con países que no pertenezcan al Mercosur se debe tener la aprobación del bloque).

En los años 2005 y 2006 su economía creció en un 6,5% anual. La inflación bordeó el 6%.

El índice de pobreza bajó del 29,5% en el 2005 al 27,7 en el 2006.

A fines del 2006 pagó el total de su deuda externa con el Fondo Monetario Internacional (alrededor de 1.000 millones de dólares) siguiendo el camino de Brasil y Argentina. El resto de la deuda externa es de alrededor de 11.500 millones de dólares.

Al comenzar el 2007, el gobierno firmó con los Estados Unidos un acuerdo sobre marcos de comercio e inversión, llamado TIFA por sus siglas en inglés (Trade and Investment Framework Agreement), que busca aumentar y facilitar el comercio e inversiones entre ambos países sin salirse de las normas fijadas por el Mercosur.

En la misma línea de apertura comercial explora la posibilidad de firmar un TLC con Chile que le permita el acceso al mercado asiático.

Con respecto a las relaciones internacionales, se encuentra enfrentado a Argentina por la construcción de la papelera Botnia, en Fray Bentos, frente a las costas de Gualeguaychú (Uruguay) lo que ha provocado cortes a los caminos de acceso entre los dos países por parte de los sectores argentinos opuestos a su construcción por el posible daño ambiental que se extendería al territorio argentino. El conflicto ha sido llevado al tribunal internacional de la Haya y en él ha intentado mediar un representante del rey de España. Este conflicto ha llevado en los últimos encuentros a que no se realicen reuniones bilaterales entre Kirchner y Vázquez y a tensar las reuniones del Mercosur como la realizada en enero del 2007 en Brasil.

H. Venezuela

Algunos antecedentes:

Desde 1959 en que fue elegido presidente Rómulo Betancourt hasta 1989 en que comienza su segundo mandato no consecutivo Carlos Andrés Pérez, Venezuela conoce un periodo de estabilidad democrática y desarrollo económico propiciado por el *boom* del petróleo en los comienzos de los setenta. En esos años las compañías extranjeras dueñas de petróleo y acero son nacionalizadas. Sin embargo, se abandonó la agricultura como actividad comercial, entusiasmados por los ingresos rápidos que producía el petróleo. Como consecuencia, en pocos años el país se vio obligado a importar productos alimenticios básicos como leche, huevos y carne para abastecer sus necesidades y aumentó vertiginosamente la deuda externa. La corrupción gubernamental, como en la mayoría de los países del continente, tuvo también su efecto negativo en el desarrollo sin paralelos que conoció el país en esos años. La caída del precio del petróleo a fines de los setenta, comienzos de los ochenta trajo consigo inestabilidad financiera y mayor aumento de la deuda externa del país, lo que por consecuencia creó malestar entre la gente y se produjeron dos intentos de golpe de Estado en febrero y noviembre de 1992 liderados, entre otros, por un oficial militar de carrera con apoyo civil, Hugo Chávez y su Movimiento Bolivariano MBR-200 fundado en 1983. A su vez, el Presidente Carlos Andrés Pérez fue acusado de corrupción, juzgado y destituido.

En 1994 Rafael Caldera, quien había sido presidente entre 1969 y 1974 ganó las elecciones y durante su mandato indultó a Chávez quien había pasado unos dos años en prisión. Se dice que después del fallido segundo intento de golpe de Estado, Chávez les dijo a quienes le apoyaban que habían perdido solamente, "por ahora", y tuvo razón pues años más tarde fundó en 1997 el partido de izquierda Movimiento V República (MVR) a la cabeza del cual ganó las elecciones de 1998.

La "nueva izquierda": Hugo Chávez

Presidente Hugo Chávez

La propuesta política de Hugo Chávez, quien se denomina socialista heredero de los principios bolivarianos de unidad continental y preconiza reformas políticas y económicas que les darían a los pobres mayor participación de la riqueza petrolera fue muy bien acogida por las masas frente a la debacle económica que se había acentuado en el país en los años noventa. Una vez en el poder, Chávez llamó a cambiar la constitución en julio de 1999 y en el 2000 fue reelegido presidente por un término de seis años. Su gobierno, de corte populista "con grandes dosis de filantropía social" (Fuentes: 2006), ha sido criticado por sus estrechas relaciones políticas con el gobierno de Fidel Castro a quien le vende petróleo a precios preferenciales y de quien recibe ayuda técnica en forma de médicos y maestros para satisfacer las necesidades de sus proyectos de salud social y alfabetización. También se le ha criticado por su ingerencia en la política interior de otros países donde, durante los procesos electorales, llamó a votar por los candidatos afines a sus posiciones como en Bolivia (Evo Morales), Perú (Ollanta Humala) y Nicaragua (Daniel Ortega).

Se le ha criticado su leguaje poco diplomático con respecto a otras autoridades: en la Asamblea General de Naciones Unidas insultó al Presidente Bush (a quien llama "Mr. Danger" en sus discursos): "huele a azufre, este estrado huele a azufre, aquí estuvo el diablo hablando ayer" tras lo cual se persignó en clara alusión (y burla) a Bush; llamó idiota al secretario general de la OEA, el chileno José Miguel Insulza; se refirió despectivamente al nuevo presidente de México y antes había insultado al actual presidente del Perú llamándolo "ladrón de siete suelas". Actitudes que han tensado innecesariamente las relaciones internacionales.

Dentro del espíritu bolivariano y con el apoyo de Cuba desarrolló un plan de cooperación política, social y económica entre los pueblos latinoamericanos llamado Alternativa Bolivariana para América Latina y El Caribe (ALBA). Según el portal de ALBA en Internet, este plan de cooperación e integración se diferencia del ALCA en que mientras "el ALCA responde a los intereses del capital transnacional y persigue la liberalización absoluta del comercio de bienes y servicios e inversiones, el ALBA pone el énfasis en la lucha contra la pobreza y la exclusión social y, por lo tanto, expresa los intereses de los pueblos latinoamericanos".

A este gobierno, que se fue haciendo cada vez más autoritario, sectores de la clase media y la clase alta respondieron con huelgas y reducción en la producción de petróleo en diciembre de 2001, y luego, en abril de 2002, una alianza entre dirigentes de negocios y militares logró deponer a Chávez, pero sólo por dos días; sus seguidores, en su mayoría la masa popular, lograron devolverlo al poder y de ahí en adelante su popularidad entre las clases pobres se ha afianzado gracias al desarrollo de sus conocidas "misiones", programas de desarrollo social que incluyen "misiones" de salud, socio-educativas y socio-productivas las que están organizadas como grupos de base abiertos a la participación de la comunidad envuelta.

Es evidente que la cotización actual del petróleo en el mercado internacional (sobre los $50 dólares por barril y que alcanzó a estar sobre los $60) y la cantidad enorme de reservas de petróleo y gas que el país posee le han permitido a Chávez disponer de grandes medios económicos para adoptar un rol de benefactor tanto de las clases desfavorecidas de Venezuela como de los países latinoamericanos en quienes ha buscado apoyo.

En el marco del proyecto nacional de la revolución bolivariana el Congreso aprobó a fines de marzo de 2006 los llamados "acuerdos de migración" según los cuales las empresas petroleras dejan de ser autónomas y pasan a formar empresas mixtas bajo el control de la compañía estatal Petróleos de Venezuela. La participación de las compañías extranjeras no puede superar el 40%.

El Presidente Chávez invitó a las compañías que acataron la nueva ley a participar en el financiamiento de parte de los 70.000 millones de dólares que se necesitarán para desarrollar la Faja Petrolífera del Orinoco, que de acuerdo a las proyecciones (235.000 millones de barriles) es la mayor reserva petrolífera del mundo. Esta política frente a las compañías extranjeras cambió al comienzo del tercer periodo de gobierno del Presidente Chávez como veremos en la sección socialismo del siglo XXI.

Tras la aprobación de la nueva ley el Presidente Chávez señaló que por primera vez los beneficios del petróleo están llegando a los sectores más desfavorecidos de la población venezolana a través de programas de educación, salud, alimentación y desarrollo sustentable. Lidera estos programas la

"Misión Vuelvan Caras", cuyo objetivo es "transformar el modelo económico a un modelo real de economía social, incorporando a los ciudadanos". En el mes de marzo de 2006 se aprobó el lanzamiento de la "Misión Vuelvan Caras" internacional que llevará la esencia de este programa social a Bolivia, Brasil, Argentina, Colombia, Nicaragua, Cuba e Irán. Así "Vuelvan Caras" busca impulsar el desarrollo de otros pueblos a través de la organización y la complementación.

Según datos de la compañía estatal de petróleos, entre el 2004 y el 2005 se invirtieron sobre 12.000 millones de dólares en planes sociales. En el 2006 se investirán 8.200 millones de dólares. Cabe destacar que en el año 2003 el dinero destinado a planes sociales fue de 40 millones de dólares.

Consciente del importante rol que los medios masivos de comunicación juegan en el desarrollo de los pueblos el gobierno venezolano creó la cadena de televisión Telesur con la participación inicial de Uruguay, Argentina, Brasil, Venezuela y Cuba y a la cual más adelante se sumó Bolivia. Telesur tiene entre sus objetivos el de reflejar una nueva imagen continental, ayudar a la integración de América Latina y el Caribe y proporcionarle una voz que rompa con la hegemonía de las cadenas de noticias que promueven, como ellos lo definen, "el imperialismo cultural de los medios noticiosos norteamericanos". A nivel regional, financió el establecimiento en Bolivia de 29 radioemisoras comunitarias que quedaron en manos de obreros y campesinos. Según el proyecto denominado "Radios de los Pueblos Originarios de Bolivia", las primeras estaciones funcionarán en ocho de los nueve departamentos del país.

En lo económico y social, el proyecto del Gasoducto del Sur que llevaría gas a Brasil, Argentina y eventualmente Chile, Uruguay y Paraguay, el financiamiento de gran parte de la campaña de alfabetización de Bolivia, la compra de bonos a la Argentina para permitirle pagar su deuda externa y la creación de una escuela de medicina gratuita con capacidad para enseñar a 1920 jóvenes desfavorecidos de América Latina, escuela inspirada en la Escuela Latinoamericana de Ciencias Médicas de Cuba, son claros ejemplos del programa bolivariano del gobierno de Chávez.

El tercer periodo: el socialismo del sigloXXI:

Al comenzar su tercer mandato, tras triunfar con un 63% de la votación (7 millones de votos) sobre Manuel Rosales, el candidato opositor quien sumó el 37% de los votos (4 millones), el reelecto presidente Hugo Chávez juró "por Cristo, el más grande socialista de la historia, por todos los dolores, por todos los amores, por todas las esperanzas, que haré cumplir con los mandatos supremos de esta maravillosa Constitución, aún a costa de mi propia vida".

Reafirmó su idea de crear un "Socialismo de siglo XXI" y fijó los lineamientos de su nueva gestión gubernamental: "Construir la vía venezolana al socialismo, ese es el único camino a la redención, a la salvación de la patria".

El socialismo del siglo XXI no tiene un contenido claro, pero, de las declaraciones de Chávez se desprende que es una mezcla de cristianismo, comunismo e indigenismo. Es un proyecto que se desarrollará en siete líneas estratégicas: "Uno, la nueva ética socialista; dos, un modelo productivo socialista, la economía socialista; tres, una democracia protagónica revolucionaria donde el poder del pueblo sea el máximo poder de la república; cuatro, la suprema felicidad social; cinco, una nueva geopolítica nacional, el desarrollo desconcentrado, el desarrollo del campo y el desarrollo de las ciudades; seis, una nueva geopolítica internacional, el mundo pluripolar, un mundo equilibrado; siete, Venezuela potencia energética mundial, potencia petrolera mundial". Proyecto que denominó "proyecto nacional y socialista de Simón José Antonio de la Santísima Trinidad Bolívar y Palacio".

Al comenzar su nuevo mandato, cuenta con un superávit de 33.000 millones de dólares producto la diferencia entre 64.000 millones de dólares en exportaciones (16% de aumento en el 2006) e importaciones por un valor de 31.000 millones de dólares (18.6% de aumento en el mismo periodo).

Siendo el país con la mayor tasa de inflación del continente, 17%, como una medida para controlarla planteó una reforma monetaria para el 2008 donde la moneda nacional disminuirá de tres ceros, el dólar pasará de 2.150 bolívares a valer 2,15. Para defender a los consumidores plantea el control de precios y una baja del IVA (Impuesto de Valor Agregado al precio de venta) que pasará del 14% al 9%, primer paso hacia su futura eliminación, medida que espera reducirá la inflación anual en tres puntos. Financiará la pérdida, calculada en 3.700 millones de dólares, con un impuesto sobre la renta y el patrimonio.

En general los altos precios del petróleo en los últimos 5 años han hecho crecer las reservas del estado permitiendo un aumento del gasto social por parte del gobierno. La inversión directa extranjera bajó a 2.000 millones de dólares de 4.700 en los años anteriores. Los anuncios de futuras nacionalizaciones probablemente agudicen esta situación.

En esta situación, con un gran aumento del gasto social, con un crecimiento de las importaciones y sin inversiones en el terreno industrial a largo plazo la estabilidad del país estaría en peligro.

Considerando que Venezuela es el octavo mayor exportador de petróleo en el mundo y las enormes reservas que cuenta aún por desarrollar, en el corto y mediano plazo no tendría mayores problemas para mantener la inversión y niveles de producción. El peligro a largo plazo, y con los precios del petróleo a la baja, es que el país se encontraría en una situación de vulnerabilidad al depender de una sola fuente de ingresos.

Las primeras tareas:

Reformas estructurales:

Para llevar adelante este proyecto, necesita Chávez de plenos poderes. En el primer mes de gobierno pidió al congreso (pese a ser 100% chavista) que le otorgara poderes especiales para legislar por decreto (sin pasar por la aprobación del congreso) durante 18 meses. La ley habilitante, llamada por él la madre de todas las leyes revolucionarias, fue aprobada por unanimidad en una sesión del congreso la que simbólicamente se realizó al aire libre en la Plaza Central de Caracas.

Los nuevos poderes le pemitirán emitir decretos leyes sobre la transformación de las instituciones del Estado, la participación popular, la función pública, el sector económico y social, finanzas y tributos, y seguridad ciudadana y jurídica. También sobre ciencia y tecnología, ordenamiento territorial, seguridad y defensa, infraestructura, transporte y servicios y el vital sector energético.

Así, hasta mediados del 2008, el Presidente Chávez podrá emitir leyes en una amplia gama de asuntos nacionales con los que impulsará su socialismo del siglo XXI. Los decretos serán dictados en dos paquetes, uno antes de la reforma constitucional, el otro tras la reforma para que no puedan ser declarados anticonstitucionales.

Es la tercera vez que el congreso le acuerda poderes extraordinarios, pero nunca antes fueron tan amplios y por un tiempo tan largo desde que asumió en 1999. La primera fue ese mismo año, por un plazo de seis meses y sólo para legislar sobre asuntos económicos. La segunda, al año siguiente, fue por un plazo de un año y para legislar en seis ámbitos. Las 49 leyes dictadas en ese periodo desataron movilizaciones, paros empresariales, un fracasado paro petrolero y el fallido intento de golpe de Estado en abril del 2002.

Apenas aprobados los nuevos poderes extraordinarios anunció que a partir del primero de mayo del 2007 el Estado tomará el control de los campos petrolíferos que explotan compañías transnacionales en la Faja del Orinoco. El Estado tendrá una participación mínima del 60%. Las nuevas condiciones afectan a compañías de Estados Unidos, Francia, Noruega e Inglaterra.

En el plano del consumo interno, y para poner fin a la especulación, escasez de alimentos y el incumplimiento de los precios fijados por el Estado tiene redactada una ley para nacionalizar los frigoríficos, mataderos, unidades productivas de ganadería y supermercados.

Le seguirán leyes para articular la nacionalización de los sectores de hidrocarburos (regidos anteriormente por contratos de asociación estratégica), electricidad y telecomunicaciones.

PDVSA (Petróleos de Venezuela) toma así el control en todas las actividades de exploración, extracción y distribución del crudo y sus derivados. Para financiar esta nueva etapa cuenta con 17.000 millones de dólares que le serán transferidos de las reservas internacionales que están en manos del Banco Central. Anunció también que se plantea terminar con la independencia del Banco Central, lo que le permitirá fijar la política monetaria del país.

Estos poderes especiales son solamente una parte de la revolución socialista la que comprende "la reforma constitucional, el poder comunal, la reforma educativa y la reorganización de la geopolítica nacional", todas ellas reformas necesarias para avanzar en el nuevo proyecto de sociedad "reemplazando el estado burgués por el estado comunal", en palabras del Presidente.

El Congreso se dio el plazo de un año para presentar una reforma constitucional la que entre otras cosas prevé la posibilidad de la reelección indefinida del presidente de la república.

Frente a las críticas de que una concentración de poder tan grande es antidemocrática, el vicepresidente de la república, Jorge Rodríguez, respondió al aprobarse la ley habilitante: "claro que queremos instaurar una dictadura, la dictadura de la democracia verdadera y la democracia es la dictadura de todos, ustedes, nosotros, juntos construyendo un país diferente".

No es la primera vez que en Venezuela se otorgan poderes extraordinarios, otros presidentes antes de Chávez usaron de ellos, la diferencia radica en que constitucionalmente antes de la reforma bolivariana de 1999 estos poderes no podían exceder un año y se limitaban al sector económico.

Finalmente, a nivel político planteó Chávez la necesidad de reestructurar los diferentes partidos y movimientos que lo apoyan en un partido único.

En el terreno de los tratados comerciales:

Entra a formar parte del Mercosur, pero al mismo tiempo pide que deje de ser simplemente un acuerdo comercial, se reforme y cree estructuras políticas en función de la integración latinoamericana.

Continúa promoviendo el ALBA, su tratado comercial en oposición al ALCA como ya vimos, e invita a Nicaragua y Ecuador a integrarse al mismo. Ecuador, casi de inmediato, respondió positivamente a la invitación.

En lo económico creó las bases para el Banco del Sur con Argentina, en el intertanto ofrece créditos para desarrollo a Bolivia, Cuba, Ecuador y Nicaragua. Venezuela ha prestado 2.500 millones de dólares a Argentina, ha prometido 1.500 millones a Bolivia y 500 a Ecuador.

Planteó la necesidad de la integración energética del continente y para ello propuso el gasoducto del sur, y ofreció a Brasil y otros países el integrarse al desarrollo de sus campos petrolíferos en la Franja del Orinoco.

A través de Petro Caribe, ofreció petróleo a bajo precio y a ser pagado a largo plazo a 14 países caribeños a los que llamó a "crear un mar de resistencia" contra el imperialismo norteamericano.

Ofreció el apoyo militar de Venezuela al gobierno de Evo Morales en caso de "crisis internas" lo que es fuertemente criticado por la oposición boliviana que denuncia una nueva injerencia.

A fines del 2006 firmó una alianza estratégica con Irán la que, entre 11 acuerdos, comprende: la creación de un fondo de 2.000 millones de dólares para desarrollar inversiones en ambos países y/o apoyar otros países que intenten liberarse del "yugo imperialista"; la coordinación de sus posiciones en el seno de la OPEP para mantener el precio del petróleo, y para promover el pensamiento revolucionario en el mundo. A comienzos de mayo del 2007 la línea aérea de Irán inauguró un vuelo semanal entre Teherán y Caracas.

Defensa y crítica al gobierno de Chávez:

Los defensores del proyecto de Chávez se basan en el carácter social de las reformas propuestas y su beneficio para los sectores desfavorecidos; los opositores, en la concentración del poder en un solo hombre y el peligro que ello implica para la democracia tal como la conocemos.

La prensa internacional reaccionó negativamente a esta concentración de poderes a través de la ley habilitante calificando a Chávez de "caudillo" o, como *El País* de España, citando a Bolívar para denunciar un atentado a la democracia: "Huid del país donde uno solo ejerce todos los poderes, es un país de esclavos".

Los países moderados de la llamada "nueva izquierda" señalan que su gobierno fue elegido democráticamente, que las políticas aplicadas a nivel nacional no tienen por qué trabar las relaciones comerciales entre ellos o con el resto del mundo, y que diferentes proyectos pueden coexistir a nivel continental siempre que no intenten imponerse a otros países y se respeten las reglas democráticas.

Los críticos resaltan el papel protagónico que quiere jugar tanto en Latinoamérica como en el resto del mundo y el uso que hace del petróleo para lograr su objetivo lo que pondría en peligro el equilibrio latinoamericano.

Las repetidas declaraciones agresivas de Chávez en contra de los Estados Unidos y sus autoridades, que pasaron de tener un matiz humorístico a ser claramente ofensivas, así como el anuncio de las primeras medidas adoptadas para llevar a cabo la transformación de Venezuela al socialismo del siglo XXI tuvieron como resultado el unir a congresistas demócratas y republicanos quienes pidieron que se abandone la política moderada del Departamento de Estado y se responda con dureza a los ataques de Chávez.

Como una manera de contrarrestar la influencia del Presidente Chávez en la región, el gobierno de los Estados Unidos envió a mediados de febrero del 2007 dos altos funcionarios (el subsecretario para América Latina y el subsecretario para Asuntos Políticos) en una visita a Brasil y Argentina para respaldar su rol de liderazgo en la región. Para los analistas los elogios sobre ambos gobiernos, sobre sus posiciones y estas reuniones con miembros del gobierno y empresarios buscan crear un contrapeso político y económico en el continente.

La visita se realizó en un momento en que los mandatarios tanto de Argentina como de Brasil, pese a defenderlo en sus derechos, han dado señales de molestia por las últimas actuaciones de Chávez las que pueden perjudicar la percepción que existe de la región en el exterior y que por lo tanto podrían perjudicar al Mercosur y a sus respectivos países.

En marzo del 2007 el Presidente Bush visitó cinco países latinoamericanos: Brasil, Colombia, Guatemala, México y Uruguay. En Brasil, entre otros temas discutió el desarrollo de fuentes alternas de energía como el etanol, el que ambos países desean desarrollar. En Colombia, en forma evidente, el tema principal lo fue la lucha contra el narcotráfico. En Guatemala, la situación actual del país y en Uruguay, el tratado de comercio que firmaron. La visita a México es la primera del mandatario norteamericano al país después de la llegada al poder de Calderón.

Aunque en el trasfondo de todas las conversaciones estuvo presente la preocupación de los Estados Unidos por las posiciones adoptadas por el sector radical de la "nueva izquierda" liderado por Chávez, el tema no se planteó directamente para evitar caer en una política de confrontación.

En abril del 2007 el Presidente Chávez organizó en Caracas una Cumbre Energética Sudamericana a la que invitó a diferentes presidentes latinoamericanos; cumbre para integrar los recursos energéticos a la lucha contra la pobreza, la exclusión y la inseguridad y para lograr la justicia e igualdad en miras a la construcción del socialismo del siglo XXI a nivel continental.

La cumbre muestra la importancia que han alcanzado en el continente las fuentes energéticas y el peso que tienen desde un punto de vista político.

A. Colombia

Algunos antecedentes:

El actual presidente de Colombia, Álvaro Uribe, fue elegido para un primer mandato del 2002 al 2006. Fue el primer candidato a presidente de su país en ser elegido en la primera vuelta de las elecciones al obtener 53% de la votación contra 31,8% obtenida por el candidato opositor. Su reelección en mayo del 2006 estableció dos récords: uno, por primera vez en su historia el pueblo colombiano reeligió a un presidente, y con 62%, una votación incluso mayor que la obtenida en el primer mandato, y dos, la aparición de una nueva formación de izquierda como primera fuerza de oposición, el candidato del Polo Alternativo Democrático, quien llegó en segunda posición con el 22% lo que puso fin al bipartidismo liberal-conservador hasta ese momento imperante.

Presidente Álvaro Uribe

La economía de Colombia está mayoritariamente dominada por la empresa privada y algunas empresas estatales que controlan sobre todo el sector de las comunicaciones y la energía eléctrica. El problema más grande que enfrenta el país hoy en día es el de la violencia.

En su segundo periodo el presidente Uribe seguirá enfrentándose al grave problema de la violencia y al flagelo de la pobreza que afecta a un 51% de la población pese a un 5% de crecimiento sostenido de la economía colombiana. En los primeros meses de su nuevo gobierno se produjo un comienzo de apertura en relación al tema del intercambio de prisioneros por los secuestrados por la guerrilla primer paso para poner fin al conflicto armado con la mayor y más antigua guerrilla del continente las FARC (Fuerzas Armadas Revolucionarias de Colombia).

Sin embargo, a fines del 2006, tras la explosión de un carro bomba en la universidad militar en Bogotá en lo que representó un ataque al corazón de las fuerzas armadas colombianas, el Presidente Uribe suspendió todo acercamiento y llamó a rescatar a los secuestrados y derrotar militarmente a la guerrilla.

En su mensaje de año nuevo al pueblo colombiano podemos ver lo que Uribe busca para su país: "una Patria con crecimiento económico, una Patria con inversión, para tener una Patria con empelo, para tener una Patria con reducción sustancial de la pobreza, una Patria con armonía, una Patria con equidad. Soñamos en una Colombia sin guerrilla, sin paramilitares, sin narcotráfico... Una Colombia donde se acaben los poderes irregulares que han maltratado a nuestra comunidad, donde prospere la institución de la democracia".

La situación al comenzar el segundo periodo:

En lo que concierne la economía las cifras muestran un crecimiento sostenido del 6%, uno más alto de Latinoamérica, algo que no se lograba en el país desde hace más de tres décadas, pero con un déficit en su balanza de pagos de 1,8% debido a la gran cantidad de productos importados. Es interesante hacer notar sin embargo que un porcentaje alto de las importaciones en el 2006 fue de maquinarias lo que indica un impulso a la industrialización. Ello hace que el déficit de 1,8% entre importaciones y exportaciones no sea visto como alarmante y con posibilidad de ser eliminado en el futuro.

La inflación alcanzó apenas el 5% y el desempleo, aunque aumentó, fue muy poco, de 11,7 en diciembre 2005 a 12% en diciembre 2006.

Está para ratificación en el Congreso un TLC con los Estados Unidos y ya firmó uno con Chile situándose claramente en la línea de apertura económica y apoyo a este tipo de acuerdos económicos.

Respecto a la educación el énfasis ha sido en mejorar la formación tecnológica de los jóvenes. Bajo el programa "Computadores para Educar" del Ministerio de Comunicaciones con apoyo del Ministerio de Educación Nacional y del Servicio Nacional de Aprendizaje se provee de computadores a instituciones educativas de todo el país, al mismo tiempo que se le ofrece capacitación en el uso de la tecnología al personal docente. Entre 2002 y 2006 el programa benefició a dos millones 48 mil estudiantes. El objetivo para el 2007 es que 915 mil alumnos puedan beneficiarse del programa.

Referente a la vivienda, el gobierno ha lanzado el proyecto "Pacto por la vivienda sana - hogares con bienestar" del cual ya se están beneficiando 512.977 familias de escasos recursos.

En cuanto a la lucha contra la guerrilla y el narcotráfico, en los primeros días del 2007 el gobierno ha puesto en marcha una estrategia denominada "Plan Consolidación". En el 2006 fueron expulsados de varias regiones del país algunos frentes de las FARC. Igualmente, 8734 guerrilleros y 1706 ex paramilitares fueron desmovilizados gracias al aumento en el número de efectivos militares. En adición, 73 toneladas de cocaína fueron incautadas, se destruyeron 2093 laboratorios de producción y se erradicaron manualmente 42015 hectáreas de hojas de coca.

A pesar de todos los logros en ese ámbito, el problema mayor de Colombia sigue siendo la violencia; el problema no resuelto de los secuestrados, del narcotráfico, de los desplazados que afecta 3,8 millones de los 42 millones de habitantes, en fin, de la violencia general del país.

Esa violencia que en el puerto de Buenaventura ha hecho que las tradiciones se pierdan y los muertos se entierren sin ser velados; lo mismo en el otro extremo del país, en Turbo.

Esa violencia cotidiana que llevó a las mujeres de Pereira en septiembre del 2006 a, sin saberlo, repetir la acción de las mujeres de Atenas y Esparta las que 430 años antes de Cristo decidieron no tener sexo con sus parejas hasta que la guerra terminara, única forma que encontraron para detener la masacre entre los hombres. Gesto extraordinario que fuera recogido por Aristófanes en *Lisístrata* que significa "las que fracturan los ejércitos".

Casi 25 siglos más tarde 25 mujeres de un barrio periférico de Pereira, algunas de ellas menores de edad, en un intento de reducir los índices de violencia en la ciudad y poner fin a la masacre entre sus hombres decretaron una huelga de "piernas cruzadas".

Hay en Pereira alrededor de treinta pandillas cuyos miembros son en general menores de 30 años. La ciudad tiene una de las tasas más altas de homicidios en el país (90 de cada 100.000 habitantes) y el 80% de los muertos son hombres menores de 30, esposos, novios, compañeros de las mujeres en huelga. La huelga terminaría el día en que los hombres se sentaran a concertar el desarme.

Sin saberlo, sintieron que el enfrentamiento entre pandilleros estaba hipotecando su futuro, que el enfrentamiento entre Esparta y Atenas, el que dejó miles de desplazados como lo ha hecho la violencia en Colombia, fue lo que llevó a la destrucción de una sociedad.

La violencia no se detuvo, pero fue un primer paso, una campanada que obligó a las autoridades a reconocer que tras la violencia existe un problema social y que tiene que ser enfrentado como tal.

La violencia entre los grupos:

En el periodo comprendido entre fines del 2006 y comienzos del 2007, más de 300 guerrilleros del ELN (Ejército de Liberación Nacional) han muerto en enfrentamientos con guerrilleros de las FARC (Fuerzas Armadas Revolucionaras de Colombia). El ELN, cuenta con unos 3 mil combatientes y es la segunda fuerza rebelde del país, tras las FARC, con 17 mil hombres.

Los enfrentamientos se desataron por un ajuste de cuentas tras el asesinato de un jefe de las FARC por parte de miembros del ELN, y tienen como trasfondo la lucha por el control territorial de 3 departamentos, Arauca, Cauca y Nariño, el uso de corredores estratégicos para el narcotráfico y la proximidad de la campaña para la elección de gobernadores y alcaldes.

Algunos antecedentes de la historia reciente:

Las elecciones generales de México el 2 julio del 2006 fueron unas muy reñidas al punto que el resultado oficial final no fue dado a conocer sino hasta septiembre. La noche de los comicios electorales el Instituto Federal de Elecciones (IFE) pidió a ambos candidatos, Felipe Calderón y Andrés Manuel López Obrador que se abstuvieran de pronunciarse vencedores puesto que la diferencia de votos era muy pequeña; Calderón aparecía con una ventaja de apenas el 1,4%. Ni Obrador, ni Calderón hicieron caso de este llamado y ambos se declararon vencedores lo que inició un periodo de conflictos entre los partidarios de cada candidato.

Presidente Felipe Calderón

El 6 de julio se dio como vencedor oficial a Felipe Calderón por el estrecho margen de 0,58% lo que fue contestado por López Obrador y la coalición que lo llevó al poder, la Alianza por el bien de todos, alegando irregularidades en el proceso electoral y pidiendo un recuento general de votos. Después de dos meses de investigación y de un recuento parcial de votos, el Tribunal Federal de Elecciones informó que se habían producido pequeñas irregularidades, pero que éstas no habían afectado el resultado y confirmaron a Calderón presidente electo con un 0,56% de ventaja.

Andrés López Obrador
durante su autoproclamación como presidente

López Obrador no aceptó esa decisión y anunció la formación de un "gobierno paralelo" con él como "presidente legítimo", y amenazando con impedir que Calderón asumiera la presidencia. En medio de los disturbios provocados, Felipe Calderón prestó juramento como presidente el primero de diciembre.

Primeros meses del gobierno de Felipe Calderón:

Con respecto a la economía del país Calderón piensa que hay que desarrollar la economía "desde el centro, respetando las reglas del mercado, pero respetando también las reglas de éticas de justicia y de respeto al medio ambiente".

Aunque el año 2006 cerró para México con un crecimiento del PIB de 4,5%, Calderón piensa que el contexto internacional y de finanzas públicas no será muy favorable al desarrollo económico nacional en el 2007. Arguye para ello la desaceleración del desarrollo económico de los Estados Unidos, primer socio comercial de México, la baja estimada para el precio del petróleo y la caída de la producción petrolera mexicana. A pesar de ello insistió que nada lo detendrá de cumplir con su agenda clave de gobierno de combatir la pobreza, crear nuevos empleos y luchar contra la inseguridad. Considera Calderón que el mejoramiento en estas tres áreas básicas: educación y salud, empleo y seguridad ayudará a atraer inversionistas a su país.

En el campo laboral lanzó un Programa Nacional para el Primer Empleo para incentivar la creación de nuevos empleos. De acuerdo a este plan el gobierno subvencionará a los empresarios que contraten recién egresados de las universidades o escuelas técnicas con el 100% de las cargas sociales de los nuevos puestos creados. También propuso el mandatario, el reactivar los sectores agropecuario, de infraestructura y de turismo.

En el área social anunció que aumentará el gasto social de 6,9%; el de salud de 3,9% y el de educación de 4,2%. Con la implementación del "seguro popular" más de siete millones de familias de escasos recursos tendrán acceso a atención médica gratuita.

Para combatir la inseguridad aumentó el presupuesto de 12,4% para fortalecer los cuerpos policiales con el fin de realizar redadas masivas contra los carteles de droga. El primer arresto importante fue el de Pedro Díaz Parada, líder de un cartel de drogas realizado en enero del 2007. En adición, el gobierno decidió la extradición a los Estados Unidos de varios líderes de pandillas asociadas con el narcotráfico.

En cuanto al desarrollo económico que garantice la política social que quiere aplicar, el mandatario ha manifestado que se necesitan inversiones extranjeras para desarrollar el país. En el Foro Económico de Davos, Suiza a fines del 2006, declaró que "estamos convirtiendo a México en uno de los mejores países para invertir" con la garantía de la "seguridad jurídica" que no ofrecen otros gobiernos en Latinoamérica. A esos efectos hace una diferencia entre lo que él define como políticas del pasado ("dictaduras personales vitalicias" y "políticas expropiatorias") y políticas del futuro (el compromiso con la legalidad, el mercado y las inversiones) y afirma que México toma partido por el futuro.

Estas declaraciones enardecieron la confrontación que el Presidente Chávez había tenido anteriormente con el ex Presidente Fox y provocaron una respuesta inflamatoria contra Calderón. A manera de disculpa en respuesta al presidente venezolano, Calderón declaró: "Comparto con otros gobernantes la idea de fomentar la unidad y la integración de los países latinoamericanos, para lo cual es indispensable que los gobiernos seamos capaces de expresar nuestras coincidencias y diferencias en una forma madura y respetuosa y analizar juntos las alternativas para nuestros pueblos sin incurrir en descalificaciones personales".

El gobierno de Calderón ha expresado igualmente respeto por el gobierno de Lula en Brasil y de Álvaro Uribe en Colombia. "Yo veo gobiernos de izquierda, como puede ser el de Lula, que hacen las cosas bien, que protegen mercados, que permiten que haya inversión. Veo gobiernos conservadores, como el de Colombia, que trabajan con políticas sociales muy, muy intensas". En cuanto a Chile, ambos países ratificaron en 1999 un Tratado de Libre Comercio.

Encuestas realizadas en febrero del 2007 muestran que las iniciativas tomadas por el Presidente Calderón aumentaron su apoyo popular al 58%, considerablemente mucho más alto que el 36% con el que fue elegido. Por su parte López Obrador, al autoproclamarse presidente, provocó la ruptura de la alianza que lo respaldaba perdiendo gran parte del apoyo que tenía.

C. Perú

Algunos antecedentes:

Después de varios gobiernos militares en los setenta el país retomó el camino de la democracia en 1980 con Fernando Belaúnde Terry como presidente electo por segunda vez. Esta nueva línea de gobierno no fue suficiente para sacar al Perú de la debacle económica, lo que, como de costumbre, aumentó la deuda externa y acrecentó los enfrentamientos entre la guerrilla de izquierda Sendero Luminoso y el gobierno. En 1985 subió al poder el candidato de la Alianza Popular Revolucionaria Americana (APRA), Alan García el que tampoco fue capaz de poner fin a la crisis económica. Por el contrario, la guerrilla siguió tomando fuerza y el deterioro en la economía del país, así como la corrupción, siguió acrecentándose.

En 1990 Alberto Fujimori, de descendencia japonesa, ganó las elecciones presidenciales; en 1992 disolvió el Congreso, suspendió la constitución e impuso la censura poniendo así fin a la democracia parlamentaria en el Perú, para según él, poder luchar contra el terrorismo, el tráfico de drogas y la corrupción. Gracias a ello, y a un gobierno autoritario, pudo vencer a la guerrilla y en el 1993 hizo aprobar una nueva constitución que le otorgaba más poderes al presidente y personalmente le permitía volver a presentarse como candidato en las elecciones de 1995 las que volvió a ganar. Como en los vecinos países, la economía del país no vio mejoría con las medidas de austeridad y de privatización de los servicios públicos; la deuda externa siguió creciendo a la par con la pobreza y el descontento popular.

A pesar de todo, en las elecciones del 2000 Fujimori fue reelegido presidente por un tercer periodo consecutivo. Ese mismo año, luego de que su jefe de inteligencia, Vladimiro Montesinos fuera acusado de soborno, Fujimori, quien fuera acusado de corrupción, dimitió de su puesto de presidente del Perú durante una visita al país de sus progenitores, ante la sorpresa y la cólera de los peruanos ya que por poseer ciudadanía japonesa no podía ser extraditado para ser juzgado por sus acciones. En diciembre de 2005, en un sorpresivo viaje de regreso a Perú, Fujimori hizo escala en Chile donde fue detenido de acuerdo a la orden internacional de captura interpuesta por el gobierno peruano por violación a los derechos humanos y mal manejo de fondos públicos. A fines de mayo de 2006 fue puesto en libertad bajo fianza por la corte suprema de Chile con la orden de no abandonar el país hasta tanto los tribunales decidan sobre la demanda de extradición.

En el 2001 el candidato centrista de origen mestizo Alejandro Toledo, fue elegido presidente. La corrupción del gobierno de Toledo no fue diferente de la de los gobiernos que le precedieron. Sus medidas de privatización de los servicios públicos fueron muy mal acogidas por la gente y le quitaron credibilidad a su gobierno pues Toledo, durante su campaña, había prometido no vender las compañías nacionales.

A pesar de que desde su llegada al poder en el 2001 la economía ha conocido un tímido crecimiento de 4% anual basado en los ingresos que dejan la minería y la industria del gas, este crecimiento no se ha traducido en la creación de nuevos empleos ni en un beneficio social evidente para los sectores desfavorecidos.

El 9 de abril del 2006 se celebró la primera vuelta de las elecciones presidenciales bajo un panorama político marcado por un fuerte desencanto con respecto a la clase política dirigente. Entre los 27 candidatos a presidente destacaron tres: una mujer, candidata socialdemócrata por el Partido Popular Cristiano (PPC), Lourdes Flores Nano, el ex presidente, candidato del APRA Alan García y un desconocido en el círculo político, el ex militar y candidato nacionalista, Ollanta Humala.

Humala comparte características con algunos de los presidentes que han asumido el poder en América Latina en los últimos años. Al igual que Evo Morales, es de origen aymará y al igual que Chávez, militar de carrera. Similar al gobierno de Chávez y al de Morales, la propuesta de gobierno del Partido Nacionalista Peruano (PNP) por el cual Ollanta fue candidato a presidente, está caracterizada por un fuerte sentimiento nacionalista e indigenista y se inscribe en esta corriente populista. Su plan de gobierno se denomina "Llapanchik Perú" que significa "Perú de todos".

En el año 2000, junto a su hermano Antauro, también militar, asaltó la instalación minera de Toquepala, Tacna para exigir la renuncia del Presidente Alberto Fujimori. La marcha del destacamento duró un mes, hasta que Fujimori huyó del país y el Gobierno transitorio les ofreció una amnistía si deponían las armas. Entre el 2001 y el 2002 estudió una maestría en Ciencias Políticas en la Pontificia Universidad Católica del Perú. Durante su campaña se definió diciendo: "Siempre han tratado de ponerme etiquetas", antes de considerar que los conceptos de derecha e izquierda "acabaron con el fin de la Guerra Fría". "Soy de abajo, ni de derechas ni de izquierdas", declaró, matizando así su ideología y planteamientos políticos.

El resultado de la primera vuelta ya es parte de la historia: Humala, un perfecto desconocido, llegó en primer lugar, con una votación del 30%. Sin embargo, en la segunda vuelta ganó el candidato socialdemócrata Alan García por apenas el 5.5% de los votos. En su primer discurso García prometió un gobierno de "concertación, coincidencia, diálogo y apertura que no olvidará a los desposeídos". Vale la pena destacar que Humala ganó en 14 de los 24 departamentos del país, sobre todo en el sur y los departamentos de la sierra, es decir los más abandonados económica y socialmente y que no han sentido los beneficios del crecimiento económico sostenido del Perú en los últimos 5 años. García sacó ventaja en el norte, Cerro Pasco y sobre todo en Lima, Piura y Callao donde se concentra alrededor de un tercio de la población electoral. Ganó en los departamentos que representan la costa exportadora y los departamentos productores de riquezas mineras.

El alto porcentaje del candidato nacionalista que con 43 años, un partido en formación y cinco meses de campaña se transforma en un referente indiscutible de la política peruana puede interpretarse como un claro mensaje a la clase política tradicional marcada por la corrupción y la exclusión: continuar con su manera de hacer política es inaceptable. Al reconocer su derrota Humala planteó que había obtenido una victoria social y política, que logró colocar por primera vez en la agenda política peruana el tema de la exclusión y las demandas de los sectores más pobres, y que de inmediato iniciaría la campaña para obtener la transformación social que prometió durante su campaña.

Presidente Alan García

La situación tras las presidenciales y regionales del 2006:

Los dos finalistas de las presidenciales enfrentaban un gran desafío en las elecciones regionales y municipales realizadas a fines del 2006: Humala ganar una votación que le permitiera consolidarse como movimiento a nivel nacional, García ganar el apoyo político necesario para su gestión presidencial. El electorado les dio la espalda a ambos y la mayoría de las regiones fueron ganadas por candidatos independientes o movimientos regionales. La derrota de los candidatos del Partido Aprista y del Partido Nacionalista mostró la frustración del electorado frente al sistema político imperante.

El pueblo votó por Alan García para presidente, por lo que en una situación de crecimiento económico, prefirieron conservar el sistema imperante con la promesa del candidato de distribuir mejor la riqueza; pero en las primeras elecciones le mandaron un claro mensaje: su elección representó un voto útil y no un cheque en blanco. Humala no logró estructurar un partido y su movimiento se fragmentó al no existir una propuesta programática concreta. Hay que decir que las declaraciones de apoyo de Chávez no lo ayudaron y que fueron resentidas como ingerencia en los asuntos internos del Perú y como ofensivas al país.

Para ambos el desafío queda en pie: para el presidente García el lograr una concertación para gobernar, realizar un gobierno de inclusión social y no caer en los errores de su primer gobierno considerado como el peor gobierno en la historia del país el que terminó en medio de la corrupción, con una inflación en los últimos 3 años del 7.200%.

Para Humala el de articular su movimiento, las organizaciones sociales y la izquierda en general alrededor de lo que él definió como "un frente nacionalista, democrático y popular en todos los distritos, provincias y departamentos del país para aglutinar a las fuerzas políticas y a las organizaciones sindicales, sectoriales y sociales que apuestan por el cambio, que aman a la patria y que rechazan el modelo económico neoliberal", a fin de iniciar las transformaciones sociales que necesita el país.

El comienzo de un segundo mandato:

En el plano del comercio internacional firma un Tratado de Libre Comercio con Chile y gestiona frente a la CAN que se invite a Chile a reintegrarse a sus filas; invitación, que dicho sea de paso, el gobierno de Michelle Bachelet acepta.

En la reunión de presidentes en el marco de Mercosur y de la Comunidad Sudamericana de Naciones realizado en Bolivia a comienzos del 2007, se reconcilia con Chávez y hace valer la voz del Perú pidiendo mejorar las relaciones comerciales, y tomar en cuenta las asimetrías entre los diferentes países.

En el 2007 se encuentra esperando la aprobación del Tratado de Libre Comercio con los Estados Unidos, el que debe ser ratificado, al igual que el de Colombia por el Congreso norteamericano.

Firma un tratado con Brasil para desarrollar proyectos gasíferos comunes en la zona de la amazonía y para la construcción de carreteras que den salida al Pacífico a los productos brasileños.

Finalmente busca abrir los mercados del Asia a los productos peruanos y en competencia con Chile se propone modernizar sus puertos para que sirvan de plataforma de salida a los productos latinoamericanos.

En el campo de los recursos naturales:

Se confirmó el descubrimiento de campos petrolíferos en la Amazonía lo que podría convertir al Perú en un país exportador de petróleo a fines del 2010 con una producción de hasta 220.000 barriles diarios, 70.000 más de los necesarios para cubrir la demanda interna, cifras que no toman en cuenta la producción de nuevos campos petrolíferos que se exploran en su frontera con Colombia y Ecuador. Para su exploración y explotación la compañía norteamericana Barrett Resources ha destinado 1.000 millones de dólares.

El gobierno se comprometió a dar seguridad jurídica y tributaria a las diferentes compañías extranjeras, pero al mismo tiempo exigió el que se fortalezca una gestión social y se mantenga una buena relación con las comunidades en las áreas explotadas.

En el terreno de la economía:

No puede comenzar un segundo periodo presidencial en mejores condiciones; la inflación para el 2006 alcanzó apenas el 1,7%, la tasa de inflación más baja de Latinoamérica, seguido de Brasil (3,1%), Chile (3,3%), Ecuador (3,6%) y México (3,7%). Las tasas más altas fueron las de Venezuela (16%), Argentina (10%) y Paraguay (8%).

Las exportaciones crecieron de un 36% en el mismo año sumando 23.428 millones de dólares impulsadas principalmente por los altos precios de los metales.

Finalmente la tasa de crecimiento de la economía alcanzó 8,03% (el mayor crecimiento en once años) en un continente en que el promedio de crecimiento fue de 4,6%. Para el 2007 proyecta un crecimiento cercano al 8,3%.

Si esta tendencia se confirma estarán todas las condiciones para desarrollar acciones que permitan la reducción de la pobreza, que mejoren la asistencia médica, el acceso a la vivienda y continuar la reducción de la cesantía la que en el 2006 pasó de 10,1% a 8,8%.

Necesita el Perú mejorar los niveles de educación de su población e invertir en tecnología e innovación para ser competitivos en el mercado internacional y mantener su crecimiento.

Es éste un cuadro económico similar al del gobierno de Toledo, pero que al no reflejarse en una política social causó frustración y minó la confianza del pueblo en la clase política gobernante. Ello está muy cercano para que el Presidente García lo ignore.

En febrero del 2007 acordó con China iniciar un estudio de factibilidad para un posible Tratado de Libre Comercio entre ambos países. El 10% de las exportaciones peruanas van a China, segundo mayor destino de los productos peruanos después de los Estados Unidos que compra un 23%.

Preguntas de comprensión y repaso

I.1. La "nueva izquierda"
1. Defina lo que ha sido denominado como la "nueva izquierda latinoamericana" y qué países la componen.
2. Resuma los puntos de convergencia y de divergencia entre los gobiernos parte de la "nueva izquierda".
3. Diga cuáles son las dos tendencias al interior de esta "nueva izquierda" y los países que las componen.
4. Explique las razones por las cuales se presume que esta llamada "nueva izquierda" llegó al poder.
5. Resuma los desafíos a los que tienen que hacer frente los gobiernos de la "nueva izquierda".

I.2. Los protagonistas
1. Mencione los protagonistas de la nueva izquierda.
2. Describa la situación de la economía argentina justo antes de que Néstor Kirchner asumiera el poder.
3. Resuma los logros más significativos del gobierno de Kirchner y las críticas que se le hacen.
4. Describa lo que caracteriza a Bolivia como país a la llegada al poder de Evo Morales en términos de situación económica, política y de población.
5. Resuma los logros más significativos del gobierno de Morales y las críticas que se le hacen.
6. Resuma los logros más significativos del gobierno de Lula en su primer periodo y en lo que va del segundo y las críticas que se le hacen.
7. Comente cómo la violencia en Río y Sao Paulo puede afectar el gobierno de Lula.
8. ¿Quién es Ricardo Lagos?
9. ¿Quién es Michelle Bachelet? Comente lo positivo y lo negativo en Chile durante su primer año de gobierno.
10. ¿Qué ha caracterizado la política ecuatoriana de las últimas décadas? ¿Por qué se dice que es un país de ex presidentes?
11. ¿Cómo se perfila el desarrollo político y económico del Ecuador con la llegada al poder de un representante de la "nueva izquierda"?
12. ¿Qué propicia la vuelta de Daniel Ortega a la presidencia de Nicaragua?
13. ¿Cuáles fueron las primeras medidas tomadas por su gobierno? ¿Qué peligros comienzan a perfilarse?
14. Diga quién es Tabaré Vázquez y qué lo diferencia de los presidentes que le precedieron.
15. ¿Cuáles han sido los logros de sus dos primeros años de gobierno?

16. Resuma la propuesta política del Presidente Hugo Chávez y su programa de desarrollo social. ¿Qué aspecto de su personalidad ha provocado tensión y molestia en sus relaciones con otros países?

17. ¿Cuántos periodos de gobierno ha tenido Chávez? Describa su proyecto de sociedad "socialismo del siglo XXI".

I.3. La centro derecha

1. Resuma los logros y los problemas que ha enfrentado el Presidente Álvaro Uribe en sus dos periodos de gobierno.

2. Resuma lo que sucedió en las elecciones de julio del 2006 en México.

3. Resuma la agenda clave del gobierno de Felipe Calderón y su visión de los países de la "nueva izquierda".

4. ¿Qué caracterizó al gobierno de Alberto Fujimori?

5. ¿Quién es Ollanta Humala y qué lo distingue de los otros candidatos a la presidencia del Perú en el 2006?

6. ¿Por qué no ganó la "nueva izquierda" en Perú?

7. ¿Cómo se perfila el panorama político y económico del Perú bajo el segundo mandato del Presidente García?

¿Cuánto sabemos ahora?

Empareje:

Luego vuelva a la sección **¿Cuánto sabemos?** al comienzo del capítulo para comparar sus respuestas antes de estudiar el capítulo y después.

_____ 1. Hugo Chávez   A. Presidente de México

_____ 2. Michelle Bachelet   B. Se autoproclamó presidente de su país

_____ 3. Lula   C. Segunda reserva de gas del continente

_____ 4. Néstor Kirchner   D. Presidente de Venezuela

_____ 5. Tabaré Vázquez   E. Presidente de Nicaragua

_____ 6. Andrés López Obrador   F. País con mayor apertura comercial del continente

_____ 7. Venezuela   G. Denominación dada al grupo de nuevos mandatarios

_____ 8. Felipe Calderón   H. Presidente de Ecuador

_____ 9. Nueva izquierda   I. Ex militar peruano candidato a la presidencia

_____ 10. Chile   J. Sindicalista que llega a la presidencia de su país

_____ 11. Bolivia   K. Primera mujer presidente de Chile

_____ 12. Daniel Ortega   L. Primer aymará que llega a la presidencia de un país latinoamericano

_____ 13. Ollanta Humala   M. Presidente de Argentina

_____ 14. Rafael Correa   N. Presidente del Uruguay

_____ 15. Evo Morales   O. Primera reserva latinoamericana de gas

Más allá de los hechos: temas para pensar, investigar, escribir y conversar

1. Busque información adicional sobre la llamada "nueva izquierda" latinoamericana y escriba un ensayo que responda a la siguiente pregunta: ¿cree Ud. que a pesar de las diferencias que los animan, estos gobiernos pueden llegar a lograr la integración de los países latinoamericanos?

2. Usted es un economista que ha sido contratado por un gobierno latinoamericano para que ayude al país a salir de la condición de subdesarrollo en la que se encuentra y hacerlo más competitivo en el mercado internacional. Escoja un país; busque información adicional sobre la economía y la política de ese país y luego escriba sus recomendaciones en un corto ensayo. Pueden trabajar en grupos.

3. Luego de buscar información adicional, escriba un ensayo a favor o en contra de englobar los nuevos gobiernos de Venezuela, Chile, Brasil, Argentina, Bolivia, Ecuador, Nicaragua y Uruguay bajo el nombre de "nueva izquierda".

4. Busque información adicional sobre la situación en los países llamados de la "nueva izquierda". A su entender, ¿en cuál/es de ellos se ha desarrollado la democracia y en cuál/es se han limitado los derechos democráticos de la oposición? Ilustre su posición con ejemplos concretos.

CAPÍTULO II
El nuevo mapa económico de América Latina

¿Cuánto sabemos?

I. Conteste las siguientes preguntas y luego compare sus respuestas con un compañero/a de clase. Cuando termine de estudiar el capítulo, después de completar la sección **¿Cuánto sabemos ahora?** vea cuáles de sus respuestas iniciales estaban correctas.

1) El Mercosur es un Tratado de Libre Comercio entre los Estados Unidos y Latinoamérica.

Cierto o Falso

2) Chile tiene problemas de independencia energética.

Cierto o Falso

3) Bolivia es uno de los países más ricos en recursos naturales de Sudamérica.

Cierto o Falso

4) El país latinoamericano que al 2007 tiene la mayor cantidad de tratados comerciales firmados es México.

Cierto o Falso

5) Los corredores interoceánicos facilitarán el comercio de los países latinoamericanos con los países de Asia.

Cierto o Falso

6) Venezuela es el país con mayores reservas de petróleo.

Cierto o Falso

7) El gas es otra fuente de energía importante para los países latinoamericanos.

Cierto o Falso

8) Brasil es uno de los más grandes exportadores de petróleo

Cierto o Falso

9) El problema de la droga se da solamente en Colombia.

Cierto o Falso

10) Uno de los problemas acentuados por el problema de la droga es la violencia.

Cierto o Falso

CAPÍTULO II
El nuevo mapa económico de América Latina

II.1. Los tratados comerciales existentes

A. Algunos antecedentes

A lo largo del siglo XX se produjeron algunos intentos de los países latinoamericanos de unirse bajo ideales bolivarianos de cooperación mutua para el desarrollo económico y el establecimiento de una zona de libre comercio. Entre ellos se encuentra la fundación de la Asociación Latinoamericana de Libre Comercio (ALALC), creada en 1960 y cuyos primeros integrantes fueron, en orden alfabético, Argentina, Brasil, Chile, México, Paraguay, Perú y Uruguay. Colombia, Ecuador, Venezuela y Bolivia firmaron el acuerdo en años subsiguientes. Los resultados no fueron lo que se esperaba y siempre en busca de alternativas viables, en 1981 la ALALC fue reemplazada por la Asociación Latinoamericana de Integración (ALADI).

Con el objetivo de lograr resultados más efectivos esta vez se tomó en cuenta la realidad económica y de desarrollo de cada país. Los países miembros fueron clasificados en tres grupos: países más desarrollados, países con desarrollo intermedio y países de menor desarrollo. En 1999 Cuba entró a formar parte de la organización. Con el fin de ampliar mercados y expandir el comercio y desarrollo económico de los países miembros, la ALADI fomenta y apoya otros acuerdos sub-regionales de sus miembros así como de países no miembros como los siguientes: la Comunidad Andina de Naciones (CAN) integrado hasta el 2006 por Bolivia, Colombia, Ecuador, Perú y Venezuela; el Grupo de los Tres, acuerdo de libre comercio firmado por Colombia, México y Venezuela; el Mercado Común Centroamericano cuyos países miembros son Costa Rica, Guatemala, Honduras, Nicaragua y El Salvador y el Mercado Común de América del Sur (Mercosur) del cual fueron miembros iniciales Argentina, Brasil, Paraguay y Uruguay con Chile y Bolivia como miembros asociados; en el 2006 Venezuela pasó a ser miembro y se invita a Bolivia a integrarse al bloque.

Como parte de un plan de globalización de la economía los Estados Unidos ha firmado Tratados de Libre Comercio con diversos países de Centro y Sudamérica en los últimos años: NAFTA (*North America Free Trade Agreement*) con México (incluye también a Canadá), en español Tratado de Libre Comercio de América del Norte (TLCAN); CAFTA (*Central America Free Trade* Agreement), en español Tratado de Libre Comercio de América Central (TLCAC) con los países centroamericanos de El Salvador, Guatemala, Honduras, Nicaragua y Costa Rica; con Chile, con la República Dominicana y con Colombia. Con Perú fue aprobado un tratado, pero ahora tiene que ser ratificado por el Congreso peruano; con Ecuador se estaba en negociaciones, pero las mismas se han detenido con la llegada al poder de Correa. Se están realizando también los estudios necesarios para la firma de un tratado con los países participantes del FTAA (*Free Trade Area of the Americas*).

Esta influencia económica norteamericana en el sur del hemisferio ha provocado críticas al mismo tiempo que ha despertado simpatías; los críticos aluden que es una nueva forma de imperialismo económico por parte de los Estados Unidos y que la riqueza así generada favorece a los de siempre y no llega a los sectores más necesitados. Los simpatizantes consideran que los logros económicos producto de estos tratados están comenzando a reflejarse y que los mismos permitirán, a mediano y largo plazo, un mejoramiento de la calidad de vida de sus pueblos.

El tema del fortalecimiento de Mercosur ha generado igualmente posiciones divergentes en esta izquierda. La presidenta Michelle Bachelet, recién asumiendo el poder, declaró que la integración de Chile como socio a parte entera de Mercosur implicaría un retroceso para el país quien tiene políticas económicas y aduaneras más avanzadas y que Chile no puede permitirse un retroceso.

Sin embargo, plantea seguir asociado al Mercosur como organismo de arbitraje que puede jugar un rol importante en caso de divergencias económicas entre sus miembros. El caso más reciente en ese sentido es un enfrentamiento entre Argentina y Uruguay por la construcción de dos papeleras en el lado uruguayo del Río de la Plata, asunto que provocó bloqueos de caminos y movilización popular en el lado argentino acusando a las papeleras de posible contaminación ambiental. Uruguay, por su lado reclamaba su derecho a desarrollo económico y esgrimía que ambas compañías cumplían con las normas internacionales contra la contaminación. Éste es el tipo de caso, según Bachelet, en que Mercosur podría servir de mediador.

B. La reestructuración de los bloques existentes

A fines de abril el presidente Hugo Chávez anunció oficialmente que Venezuela se retiraba de la Comunidad Andina de Naciones (CAN), de la cual ejercía la presidencia, endosando la responsabilidad de esa decisión a los dos países andinos (Colombia y Perú) que firmaron Tratados de Libre Comercio con los EEUU, tratados denunciados por Chávez como instrumentos de dominación y coloniaje. La CAN estaba integrada por Bolivia, Colombia, Ecuador, Perú y Venezuela y era la sucesora del Pacto Andino, bloque que había nacido en los años sesenta. A fines del 2006 Chile se reintegró a la CAN.

El Presidente Morales, quien en junio de ese año había asumido la presidencia del grupo andino, se sumó a la posición de Chávez haciendo un llamado a Perú, Colombia y Ecuador a que abandonen los tratados que tienen o están negociando con los Estados Unidos para mantener viva la Comunidad Andina de Naciones y llamó a Venezuela a no retirarse de la CAN si estos países aceptaban abandonar los contratos.

Tras anunciar la retirada venezolana de la CAN, Chávez lanzó una advertencia al otro gran sistema de integración del subcontinente, el Mercosur: "si el Mercosur no se reestructura apropiadamente le ocurrirá lo mismo que a la CAN: morirá"; el "Mercosur debe ser reformateado, reformulado; nuevos fundamentos deben primar en estos mecanismos, uno de ellos la solidaridad, otro de ellos la cooperación, otro la complementación económica".

El presidente Morales anunció que su objetivo al asumir la presidencia de la CAN será transformarla en la "Comunidad Antiimperialista de las Naciones" lo que deja entrever una nueva posibilidad de crisis de la CAN.

América Central (El Salvador, Honduras, Nicaragua, Guatemala, Costa Rica y Panamá) fue la única región latinoamericana en lograr avances concretos con el lanzamiento de negociaciones para la firma de un Acuerdo de Cooperación Económica birregional. Este acuerdo se suma al Tratado de Libre Comercio CAFTA ya logrado por América Central con Estados Unidos el que fuera negociado en el tiempo récord de un año entre enero de 2003 y enero de 2004, y que ya está vigente en El Salvador, Honduras y Nicaragua.

Para la integración energética mesoamericana, los gobernantes de Belice, Colombia, Costa Rica, El Salvador, Guatemala, Honduras, México, Nicaragua, Panamá y República Dominicana acordaron construir una refinería Centroamérica-México-República Dominicana-Colombia. Los presidentes se comprometieron a "desarrollar los mercados regionales de petrolíferos, electricidad, gas natural, así como promover el uso de energías renovables", en el contexto de una integración mesoamericana de recursos energéticos.

El futuro del G3 o Grupo de los tres (acuerdo comercial firmado en 1994 entre México, Colombia y Venezuela) se verá afectado puesto que a fines de mayo del 2006 el presidente Chávez anunció oficialmente que Venezuela se retirará del mismo por las mismas razones por las que abandonó la Comunidad Andina de Naciones: por lo que "son tratados conformados bajo el esquema del más puro neoliberalismo". Con esta medida pretende salvaguardar los intereses nacionales y apuntalar el ingreso del país al Mercosur, grupo en el que se estudia la forma que tomará la integración de Bolivia quien planteó ingresar al Mercosur pero sin renunciar a su pertenecia a la CAN.

C. El nacimiento de un nuevo bloque

El nacimiento de un nuevo bloque conformado por Cuba, Bolivia y Venezuela, "será un paso más en las aspiraciones de cambiar el sistema neoliberal que predomina en nuestro continente" y "(será) un encuentro de tres generaciones, de tres revoluciones que esperan profundizarse más todavía", según palabras del presidente boliviano, Evo Morales.

Este nuevo bloque se caracteriza por su definición política y por lo que ha adoptado un carácter confrontacional en el terreno de las declaraciones públicas, lo que ha producido más de un roce a nivel diplomático, y ha generado incertidumbre en el mercado financiero internacional.

A integrarse al ALBA se invitó oficialmente a Nicaragua y Ecuador los dos países en que a fines del 2006 ganaron presidentes de izquierda.

El ALBA contempla, entre otros aspectos, cooperación económica, integración energética, fomento de capitales iberoamericanos, respeto al papel del Estado como regulador de la actividad económica, defensa de la identidad de los pueblos y concertación de posiciones a nivel internacional.

D. La Comunidad Sudamericana de Naciones (CSN), un espacio integrador

La CSN creada el 8 de diciembre de 2004 está integrada por los jefes de Estado y de gobierno de Argentina, Bolivia, Brasil, Colombia, Chile, Ecuador, Guyana, Paraguay, Perú, así como de Surinam, Uruguay y Venezuela. Su objetivo es estrechar los vínculos entre la Comunidad Andina de Naciones y el Mercosur y buscar así el fortalecimiento continental.

En su segunda cumbre, reunida en Cochabamba, Bolivia a comienzos de 2007, los países de la región se comprometieron a concretizar la integración a partir de los potenciales energéticos, además de preservar la biodiversidad, ecosistemas, recursos hídricos y generar un mecanismo de diálogo entre las instituciones de la Comunidad Sudamericana de Naciones con la sociedad civil.

Plantean los mandatarios allí reunidos que es fundamental superar las asimetrías para lograr una integración equitativa, promover un nuevo contrato social sudamericano que logre un desarrollo social sostenible y más justo, promover la integración energética para el bienestar de todos y generar procesos de integración en cuanto a infraestructura que se traduzca en una mayor comunicación entre los puesblos.

El documento también contempla mecanismos de cooperación económica, comercial, financiera, industrial, productiva, además de los referidos a los aspectos sociales como la migración, identidad cultural y la cooperación en materia de defensa.

Sin embargo la segunda cumbre se termina sin que se trate la creación de instrumentos políticos integradores, temática sustentada por el Presidente Chávez y el Presidente Morales.

La tercera Cumbre se realizará en Cartagena de Indias, Colombia, en el 2007, y la cuarta en Santiago de Chile en el 2008.

El 2007 en Latinoamérica va a estar dominado por reuniones para discutir asuntos como la integración energética y los precios del gas y el petróleo considerando la situación de cada país. Igualmente estará dominado por discusiones relacionadas al Mercosur y a la CAN, a su modificación o a su reemplazo por otro organismo como el ALBA, lo que de suceder profundizaría las diferencias entre los países moderados y de centro derecha y los países radicales.

II.2. Latinoamérica y las inversiones extranjeras

Según el ranking elaborado por la revista inglesa *The Economist*, para el periodo 2006-2010 la región de Latinoamérica en su conjunto no presenta un panorama muy atractivo para los inversionistas, sobre todo por la falta de competitividad de muchas economías y la llegada al poder de los nuevos gobiernos de izquierda, que en varios casos se perciben como símbolo de inestabilidad.

A pesar de las diferencias en desarrollo económico y en el plano ideológico, lo que queda claro es que el reto primordial que enfrentan estos nuevos gobiernos es el de responder a un compromiso social en el que todos puedan disfrutar de un nivel de vida digno gracias a una distribución más justa de las riquezas, hacer que sus países sean más competitivos en el mercado internacional l y políticamente más estables y confiables.

Una visión general con respecto a la competitividad nos la entrega el informe del Foro Económico Mundial (WEF, World Economic Forum) en su informe anual 2006 en el que, entre otros factores, evalúa la competitividad de 117 países.

El índice de competitividad toma en cuenta nueve parámetros: la macroeconomía, las instituciones, la infraestructura, la salud, la educación primaria, secundaria y superior; el entrenamiento, la eficiencia de los mercados, la aptitud tecnológica, la sofisticación de los negocios y la innovación.

En la tabla que sigue en las dos primeras columnas se ve la posición de los países latinoamericanos en relación unos con otros en el 2005 y el 2006; en la tercera y cuarta columna su posición con respecto a todos los países.

	2006	2005	2006	2005
Chile	1	1	27	27
Costa Rica	2	3	53	56
Panamá	3	9	57	65
México	4	6	58	59
Jamaica	5	8	60	63
El Salvador	6	7	61	60
Colombia	7	5	65	58
Brasil	8	4	66	57
Trinidad Tobago	9	10	67	66
Argentina	10	2	69	54
Uruguay	11	11	73	70
Perú	12	12	74	77

Guatemala	13	16	75	95
República Dominicana	14	15	83	91
Venezuela	15	13	88	84
Ecuador	16	14	90	87
Honduras	17	18	93	97
Nicaragua	18	17	95	96
Bolivia	19	19	97	101
Paraguay	20	20	106	102
Guyana	21	21	111	108

Argentina, tiene a su favor tres parámetros centrales: educación (básica, media y superior), infraestructura y salud pública. Sin embargo registra una caída de 15 puestos en relación al informe del 2005 básicamente por el "empeoramiento de la calidad de los suministros locales y la creciente centralización en las decisiones de política económicas además del alto nivel de deuda pública" y al mismo tiempo Argentina registra uno de los crecimientos más altos de Latinoamerica.

Brasil, lo desfavorece el peso de una gran deuda externa, las altas tasas de interés (14%), la ineficiencia en el manejo del gasto público y la carga de la burocracia sobre la sociedad lo que afecta la inversión por parte de privados y contribuye a frenar el crecimiento de su economía.

Chile, además de liderar Latinoamérica, sobrepasa 13 de los 25 miembros de la Comunidad Europea (único país latinoamericano que sobrepasa alguno de sus miembros). El informe del 2006 destaca la solidez de sus instituciones, que ya operan "con niveles de transparencia y apertura superiores al promedio de la Unión Europea", y la "efectividad de sus mercados, relativamente libres de distorsiones". En su contra juega el problema energético y la necesidad de avanzar aún más en la educación superior y desarrollo tecnológico. Sin embargo Chile registra un crecimiento de apenas el 4,2%, mucho más bajo del 6% esperado, e incluso bajo el crecimiento promedio del continente.

Colombia, en su contra juegan el retraso en la educación, salud y tecnología, como el alto costo de la lucha antiterrorista para garantizar la seguridad de las empresas, el bajo desarrollo de la infraestructura de transporte, la alta carga tributaria para las empresas y la poca disponibilidad de capital de riesgo. A su favor juega la eficiencia en el mercado laboral, financiero y de bienes.

Bolivia, en su contra juega la inestabilidad en los contratos, en sus gobiernos, la dificultad para conseguir financiamiento, la corrupción y la baja educación, factores que lo sitúan entre los últimos países. A su favor juegan las reformas iniciadas por el nuevo gobierno, la campaña de alfabetización, la recuperación de las riquezas nacionales, las enormes reservas con que cuenta, y en lo político las elecciones para una asamblea constituyente que dicte una nueva constitución que podría dar una estructura más sólida al Estado. Bajo la presidencia de Evo Morales el crecimiento llegó a un 4,5% y terminó con un superávit sobre los 1.000 millones de dólares, un récord para la economía boliviana.

Venezuela, pese a encontrarse en una situación muy favorable debido a los altos precios alcanzados por el petróleo hasta mediados del 2006, ocupa uno de los últimos puestos debido a la desconfianza que crea la baja calidad de las instituciones, los anuncios de nuevas nacionalizaciones, la creciente intervención del gobierno en la toma de decisiones económicas y la arbitrariedad en el cambio de contratos establecidos. Las declaraciones al comienzo del nuevo mandato del Presidente Chávez han profundizado este cuadro de desconfianza. A ello hay que agregar una baja de los precios del petróleo en el mercado internacional.

México, refleja las mismas debilidades que el resto de Latinoamérica en lo que respecta a debilidades institucionales, claramente reflejadas en la última contienda electoral, y muestra una economía sumamente dependiente de la economía norteamericana lo que la supedita a los cambios del vecino país su principal socio comercial. Sin embargo este mismo aspecto negatico lo favorece en cuanto a que favorece su desarrollo tecnológico y eficiencia en el manejo del mercado de bienes.

Panamá, muestra un crecimiento importante al pasar del puesto 65 en el 2005 al 57 en el 2006 reflejo "de las reformas que el país ha adoptado", entre las cuales resaltan el saneamiento de las finanzas públicas y los cambios del sistema tributario y la seguridad social. También influyó en su ascenso el progreso tecnológico, con el avance de la fibra óptica y la penetración de Internet.

En materia de transparencia y seguridad jurídica genera una creciente confianza en un país que muestra una macroeconomía sólida y abierta y que ha mejorado en infraestructura. Recordemos que a fines del 2006 aprobó la ampliación del Canal de Panamá lo que se reflejará en un aumento de su capacidad de tránsito de cerca del 30%, permitiendo además el paso de los super tanqueros de la última generación.

A. La política de nacionalizaciones en el 2007

Dos de los países de la denominada nueva izquierda han optado por el camino de nacionalizar la totalidad de los recursos naturales y de las empresas consideradas estratégicas para el gobierno, donde existe una diferencia es en la forma de realizar dichas nacionalizaciones.

Bolivia, como viéramos al nacionalizar el gas en el 2006, lo hace ocupando militarmente los campos petrolíferos mientras el Presidente Morales da lectura al decreto de nacionalización. El decreto acuerda un plazo determinado a las empresas extranjeras para aceptar las nuevas condiciones o tienen que abandonar el país.

En el mes de febrero del 2007 nacionalizó las fundiciones de estaño y antimonio del complejo metalúrgico Vinto que estaba en manos de la compañía suiza Glencore. Nuevamente la expropiación se hizo con la ocupación de la empresa por el ejército boliviano. El gobierno anunció que no pagará indemnizaciones, la empresa suiza por su lado anunció que se reserva el derecho a recurrir a los tribunales internacionales para un arbitraje.

Venezuela optó por un camino diferente. Gracias al petróleo posee medios económicos que le permiten nacionalizar a través de la compra de acciones a las empresas extranjeras con lo cual el gobierno quiere evitar roces, posibles juicios internacionales o sanciones que podrían incluir el congelamiento de sus activos en el exterior.

En ambos casos el resultado es el mismo: las empresas se enfrentan a la misma alternativa, o aceptan o abandonan el país.

La primera empresa norteamericana expropiada fue la Compañía de Electricidad de Caracas la que vendió sus aciones por 900 millones de dólares, acciones que había comprado por 2.000 millones seis años atrás. Una semana más tarde la empresa de telecomunicaciones Verizon aceptó la venta del 28% de sus acciones para transferir el control al estado venezolano seguida por la compañía norteamericana CMS Energy quien vendió el 70% de sus acciones en Séneca, una pequeña filial que atendía 120.000 clientes. Las tres operaciones suman un total de 1.400 millones de dólares y forman parte del proyecto de Chávez para asumir el control de empresas de los sectores estratégicos. Las seguirán las transnacionales petroleras, las que ya aceptaron las nuevas condiciones para poder permanecer en el país.

La pregunta que se plantean los expertos es si las nacionalizaciones contribuirán al desarrollo de ambos países. La experiencia de las nacionalizaciones en la década de los setenta fue negativa. Las empresas fueron manejadas con criterios políticos más que económicos y se transformaron en verdaderos monstruos burocráticos en manos de inexpertos. La otra pregunta es si Venezuela, considerando los bajos precios del petróleo dispone de los fondos necesarios para seguir el camino que optó para nacionalizar y si luego contará con los medios para continuar la inversión y la explotación de las empresas así nacionalizadas.

II.3. Los corredores interoceánicos, elementos de integración y desarrollo

Cuando se habla de los corredores interoceánicos se tiende a pensar solamente en rutas y autorutas, pero hay que verlos como un conjunto de redes de transporte y comunicación, como redes híbridas en las que las rutas terrestres se combinan con las fluviales, con las aéreas, con los ferrocarriles. Hay que verlos en función de las zonas económicas que irán utilizándolos para el transporte de sus productos y riquezas hacia los diferentes mercados.

El desarrollo de los países latinoamericanos se ve actualmente favorecido por el enorme mercado para las materias primas producto del crecimiento económico de China, India y Japón. El primer país en firmar acuerdos económicos con los países asiáticos fue Chile, y tras ese mercado también están Bolivia, Perú y Brasil. Para tener acceso a esos mercados de una manera efectiva es imprescindible una red de transporte que permita la circulación de materiales y productos de manera eficaz.

Dentro de este marco no cabe duda que los corredores jugarán un papel trascendental para el desarrollo e integración de Latinoamérica. En principio, permitirán el desarrollo de los difrentes países así como la salida de sus productos hacia los mercados mundiales y facilitarán el intercambio cultural entre los pueblos. Ello necesariamente implica que los mismos tienen que ser vistos dentro de una estrategia continental en que los intereses nacionales y los regionales no estén reñidos sino que se complementen.

Para ello los países de la región sudamericana ya están desarrollando una infraestructura de corredores que les permitirá mejorar su inserción internacional a esos mercados; corredores que les permitirán establecer un puente terrestre entre los océanos Atlántico y Pacífico facilitando el acceso a los mercados de los países del Asia-Pacífico, desde el océano Pacífico y a los países del Mercado Común Europeo desde el océano Atlántico.

Los corredores interoceánicos permitirán además la aproximación entre los países, el desarrollo económico de regiones aisladas, el intercambio comercial con costos bajos. Al observar el mapa de América del Sur se percibe que Brasil, Perú y Chile son los polos naturales de la eventual puesta en marcha de corredores bioceánicos que integren varios países teniendo como punto de encuentro Argentina.

En el Simposio "Mercosur: Corredores Ferroviarios Bioceánicos Multinacionales", organizado por el Centro Argentino de Ingenieros los asistentes coincidieron en que se necesita lograr una red de transportes poli modal que cuente con transporte terrestre, fluvial, ferroviario y aéreo que facilite el intercambio comercial de la región y de sus exportaciones. En el caso de Argentina este sistema de transporte es primordial pues casi el 60% de las exportaciones del país proviene del campo y la agroindustria.

Hoy en día, para aprovechar el desafío que representa el mercado asiático, para aumentar su comercio con el mercado europeo y mejorar el acceso a los mercados regionales Latinoamérica precisa reestructurar completamente sus sistemas de transporte así como modernizar el sistema ferroviario y reparar o construir nuevas carreteras para mejorar el transporte terrestre para darles más competitividad y salida a sus productos.

También necesita modernizar y ampliar sus puertos y aeropuertos, punto de llegada de los corredores y punto de salida y entrada de los productos para bajar los costos y facilitar el movimiento comercial interno, regional e internacional.

Como vemos, el éxito de los corredores dependerá de la existencia de una infraestructura que garantice su funcionamiento, pero también de la seguridad y estabilidad política en los países por donde los productos pasen. Los constantes cortes de caminos por situaciones internas locales o regionales, el peligro de cortes por diferencias políticas entre países, el posible condicionamiento por razones de geopolítica para ganar influencia o imponer modelos, la confianza, son factores que tendrán incidencia en la eficacia de los corredores y en su posible capacidad integradora.

Pero no todo es infraestructura. Para competir en el exterior se necesitan productos que tengan la calidad requerida y que estén en el mercado en el momento oportuno. Lo anterior significa que los corredores también tienen que tomar en cuenta la cadena de distribución de la carga de modo a eliminar las interrupciones en el flujo continuo de mercancías desde el punto de origen al punto de destino.

Esta competitividad obliga a buscar las rutas más convenientes, lo que, como vimos, no significa necesariamente las más cortas.

Enfrentar el desafío de la erradicación de la pobreza y el logro de una sociedad más equitativa está ligado necesariamente al desarrollo económico y a una mejor distribución de la riqueza. Implica el aumentar el empleo y al mismo tiempo la calidad de esos empleos, así como mejorar los salarios, lo que a su vez necesita de un aumento de la productividad. Para lograrlo se requiere de una mano de obra mejor calificada lo que precisa de mejorar la educación. En resumen, para enfrentar la economía y su componente social como un todo se necesita generar más riqueza y asegurar competitividad y un mercado para los bienes generados para lo que, sin duda, los corredores interoceánicos jugarán un papel muy importante .

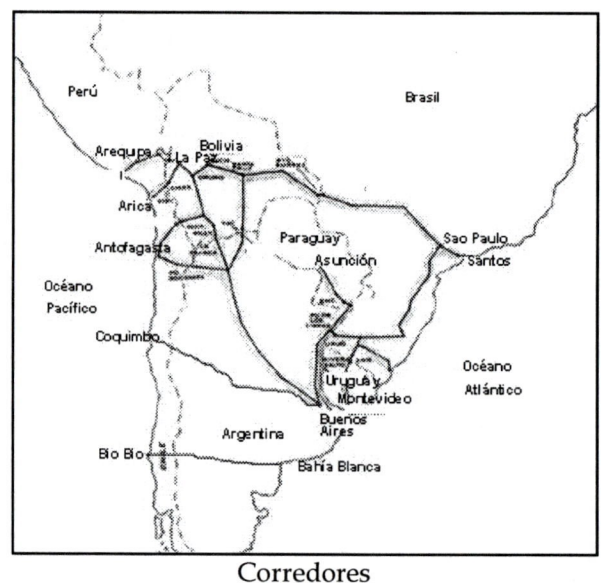

Corredores

A. Corredor del Cono Sur Central de Sudamérica

Los corredores bioceánicos son varios. El más grande es el Corredor del Cono Sur Central de Sudamérica. En esta macro-región confluyen las fronteras de siete países: norte de Chile, sur de Perú, norte de Argentina, centro-sur y centro-oeste de Brasil, Bolivia, Paraguay y Uruguay teniendo como salida en el Pacífico los puertos del norte de Chile. Por su parte, los países del Pacífico sur sudamericano podrán acceder a los puertos del Atlántico para facilitar sus envíos a Europa sin necesidad de cubrir largos trayectos marítimos por el estrecho de Magallanes o el canal de Panamá.

En competencia con los puertos del norte de Chile se encuentra Perú quien busca que sus respectivos puertos se constituyan como terminales de corredores bioceánicos y puerta de entrada del comercio con los países del Asia-Pacífico. Ambos países apuntan hacia las mismas zonas interiores, esto es, la totalidad del territorio boliviano y los estados del centro-oeste de Brasil. Existe otra posibilidad, que Perú desarrolle una posición alternativa al conectarse directamente con Brasil y por esa vía, llevar los corredores bioceánicos al plano bilateral, con un solo cruce de frontera.

Los puertos relacionados con los corredores, tanto en Chile como en Perú, aunque en la actualidad son operativos, requieren de reparaciones, ampliaciones y modernizaciones para enfrentar el desafío del volumen y especialización de las cargas que se prevé transitarían por estos corredores y para que, además, sean compatibles con el mayor volumen de las naves que atracarán. Al igual que los aspectos físicos y tecnológicos de los puertos, se deben modernizar los procedimientos y aspectos normativos que regulan el funcionamiento de éstos. Tras los acontecimientos del 11 de septiembre del 2001 en los Estados Unidos, un nuevo elemento entra en juego y es la seguridad que puedan garantizar estos puertos con respecto a las cargas que embarquen.

B. Corredor Bioceánico Pacífico-Atlántico

El Corredor Bioceánico Atlántico-Pacífico es una franja de aproximadamente 2.600 Km. tomándose como puntos extremos los puertos de Santos y San Francisco en Brasil y los puertos de Antofagasta y Mejillones en Chile.

Desde cualquiera de los puertos brasileños se accede a Argentina por Asunción, Paraguay o Corrientes, y la Provincia de Salta es el punto de convergencia en el camino hacia el océano Pacífico, a través de Chile por el Paso de Sico.

C. Eje del Sur

El Eje del Sur abarca las provincias argentinas de Buenos Aires, La Pampa, Río Negro y Neuquén y las regiones chilenas de Maule, Bío Bío y Araucanía. El potencial de desarrollo del Eje se ve favorecido por la existencia de los puertos de Bahía Blanca, en el Atlántico y los de la octava región de Chile en el Pacífico (Concepción, Chillán, etc.). La existencia de un sistema de transportes con restricción de pasaje en la zona de la cordillera compromete la competitividad de los productos de esa región. La reparación de esos caminos y la construcción de un túnel que facilite el tránsito en la cordillera en toda estación pueden contribuir a hacer viable la exportación de los mismos.

La Región del Bío Bío, ubicada en el centro geográfico de Chile, ofrece una localización estratégica, que podría describirse como el vértice de dos triángulos: el primero uniendo a Chile con los mercados de Asia y Norteamérica, y el segundo, con los mercados asiáticos y europeos. La región, en efecto, puede convertirse en el corredor de entrada de productos de Asia hacia la parte sur de América Latina y, al mismo tiempo, ser la salida de productos –principalmente agrícolas y forestales- hacia mercados de Oriente. Por sus puertos se exportan 3.500 millones de dólares.

D. Eje de Capricornio

El Eje de Capricornio está conformado por la región norte de Argentina (Misiones, Corrientes, Formosa, Chaco, Santiago del Estero, Tucumán, La Rioja, Catamarca, Salta, Jujuy), el estado de Río Grande do Sul de Brasil, la región norte de Chile (Antofagasta, Atacama) y la región sur-occidental de Paraguay. Las actividades económicas dominantes de este Eje son la minería, la agricultura, la ganadería, la explotación forestal-maderera, la industria y predominancia en algunas regiones del sector servicios. El Eje cuenta con una buena capacidad portuaria y logística instalada en los puertos de Antofagasta y Mejillones, en el Norte de Chile. Sin embargo, en general, los sistemas de transporte ferroviario que sirven a la zona son antiguos y se encuentran deteriorados. Se requiere de un gran esfuerzo para modernizar el material así como de un mejor mantenimiento de las vías férreas y garantizar la interconexión entre los sistemas ferroviarios de los diferentes países.

E. Visión estratégica de Brasil, el gigante latinoamericano

Aunque geográficamente es un país del Atlántico, Brasil tiene grandes intereses económicos y comerciales con los países asiáticos, favorecidos por la presencia en su territorio de una gran colonia de japoneses y un numeroso contingente de coreanos, que añaden una calidad humana importante en las relaciones comerciales con esos países. Así como Argentina, Bolivia, Paraguay y Uruguay, Brasil no tiene acceso directo al Pacífico lo que indudablemente significa aumentar sus costos y perder oportunidades comerciales con la cuenca del Pacífico.

La materialización de corredores bioceánicos en Sudamérica contribuiría a cambiar esta situación, permitiéndole al país el mantenimiento del dinamismo comercial. Por ello, su gran interés en participar en los diferentes proyectos que le signifiquen a sus productos una salida por el Pacífico y el acceso a la región Asia-Pacífico y el ambicioso plan de inversiones en infraestructura de su segundo periodo apuntan en esta dirección.

F. Centro América y México

Si miramos Centro América y México, allí se cuenta con el canal de Panamá, el que será ampliado con un tercer juego de esclusas que permitirá el tránsito de barcos de mayor tonelaje lo que aumentará su capacidad máxima de aproximadamente 600 millones de toneladas. El proyecto tendría un costo total de unos 5 mil 250 millones de dólares y podría generar entre 150 mil y 250 mil empleos adicionales para el año 2025, según las proyecciones de la Autoridad del canal.

En México, se está estudiando la viabilidad de un proyecto de conexión directa por vía terrestre entre el Pacífico y el Atlántico uniendo los puertos de Salina Cruz en el Pacífico y Coatzacoalcos en el Atlántico. El proyecto denominado Transítmico de Tehuantepec sería un nuevo y gigantesco corredor de contenedores que espera desviar el 5% del tráfico marítimo.

II.4. La ruta del gas

A. El gas y sus actores: una visión general

Las reservas probadas de gas natural en Venezuela son de 147 trillones, de Argentina 27 trillones, de Perú 13 trillones, y de Brasil 8 trillones y las reservas naturales de gas descubiertas en Bolivia alcanzan los 54 trillones de pies cúbicos, siendo la segunda en importancia en Sudamérica.

B. Situación por país

Brasil y **Argentina,** pese a poseer reservas de gas propias, necesitan importar gas del exterior para satisfacer sus necesidades incluso con las proyecciones de las nuevas búsquedas, seguirán siendo países importadores de gas. Ambos países apostaron por Bolivia y construyeron gasoductos para traer el preciado producto a sus países logrando, hasta la llegada del gobierno de Evo Morales, contratos con precios sumamente favorables, precios solidarios con Argentina, y un precio cercano a los 3,6 dólares para Brasil. El nuevo gobierno boliviano nacionalizó las compañías y asumió el control de todo el proceso productivo incluyendo la comercialización y los precios, lo que aumentó el precio del gas boliviano a entre $4,20 y $5.

Por ello para Brasil, en estos momentos, el primer objetivo es el de romper, a la brevedad posible, su dependencia energética. En este sentido está desarrollando aceleradamente el trabajo de explotación de los recientemente descubiertos campos del Amazonas los que podrían llevar al país a autoabastecerse en dos o tres años y convertirlo en exportador de gas en el

2012. Hasta el 2010 serán invertidos unos 20.000 millones de dólares para anticipar la producción de reservas ya localizadas y aumentar la oferta de gas en el mercado.

Junto a los Estados Unidos planea el desarrollo y lanzamiento de un "mercado hemisférico del etanol" que comprende la instalación de una serie de plantas procesadoras del biocombustible en Centro América. Brasil (35.000 millones de litros) junto a los Estados Unidos (20.000 millones de litros) producen el 72% del etanol a nivel mundial .

En el caso de Argentina, se necesitarían unos seis años para recuperar el tiempo perdido y recobrar sus niveles de producción. En el año 2002 el gobierno argentino convirtió sus tarifas de gas de dólares a devaluados pesos y las congeló. El precio del gas, que representa la mitad del consumo de energía del país, se redujo dos tercios. Desalentadas por los bajos precios, las empresas energéticas detuvieron los trabajos de exploración y pararon la inversión y prospección de nuevos yacimientos. Las reservas probadas de gas argentino cayeron un 35% entre 2000 y 2004, y para enfrentar la escasez invernal, el gobierno redujo las exportaciones a Chile a partir de 2005. Según el ex presidente del Banco Central argentino, Javier González Fraga, el país necesita hacer una inversión de 3.000 millones de dólares al año para poner en marcha nuevas exploraciones de yacimientos de gas. De estas exploraciones dar resultados positivos Argentina podría solucionar su problema de consumo interno y podría volver a ser un país exportador.

Por sus grandes extensiones de terreno cultivables será un actor importante en la producción y comercialización de biocombustibles.

Chile y **Uruguay**, países sin gas, necesitan importarlo. Hasta el 2010 Chile podría contar con gas argentino, sin embargo se vive una situación cada vez más precaria e inestable con cortes cada vez más imprevistos y frecuentes, sobre todo porque el 80% de los contratos de abastecimiento de gas que Argentina tiene con las empresas chilenas vence en los próximos diez años (2007 al 2016). La renovación de permisos de exportación está condicionada al nivel de producción y reservas de Argentina.

Para lograr su independencia energética, a largo plazo Chile planifica invertir 20.000 millones de dólares entre el periodo de 2007-2015. La mitad de esta inversión será para la construcción de 53 centrales hidroeléctricas con una capacidad de producción de 9.500 MW. El proyecto Aisén de Endesa y Colbún, el más importante, producirá 2.400 MW en 4 centrales en los ríos Pascua y Baker. Esto le permitirá añadir 18.500 MW a su capacidad actual de 7.000 MW. Al mismo tiempo el gobierno planifica desarrollar fuentes de energía alternativas, centrales a carbón (10 proyectos) y centrales a ciclo combinado (gas y petróleo).

Se plantea la construcción de un terminal gasífero en el norte para importar gas natural licuado cuya primera etapa de desarrollo debería entrar en funcionamiento en el 2008 ayudando a poner fin a la dependencia del gas argentino; se avanza en los estudios sobre los efectos ambientales para aprobar la construcción de centrales hidroeléctricas en el sur (Aisén); se plantea una inversión en exploración y producción de petróleo y gas natural de más del doble que los últimos cuatro años, 4.500 millones de dólares entre el 2007 y el 2011 contra 1.950 millones de dólares entre el 2002 y el 2006, inversiones tanto en Chile como en el extranjero.

A mediados del 2006 el gobierno chileno dio a conocer que diez de las principales petroleras a nivel mundial habían mostrado sus intenciones de entrar a la exploración de posibles yacimientos gasíferos en el país, sumándose así al camino ya iniciado por la ENAP (Empresa Nacional de Petróleos de Chile) con la exploración del yacimiento gasífero del Lago Mercedes en el sur del país.

Uruguay, junto a Paraguay, opta por el gas y están negociando con Bolivia la construcción de un gasoducto directo que les permitiría abastecerse de gas y al mismo tiempo daría salida al gas boliviano al Atlántico.

Paraguay descubrió reservas de gas a fines del 2005, pero pese a ello necesita del gas boliviano, y a comienzos del 2006 firmó un tratado con Evo Morales para la construcción de un gasoducto que junto con proveer de gas a ese país puede servir a Uruguay y eventualmente a parte de Argentina.

Perú, con el descubrimiento de los campos de Camisea se transformó en la tercera reserva de gas del continente. Tiene firmado contratos para abastecer a México. El descubrimiento de un gran yacimiento de petróleo en el Amazonas en el 2006 cubrirá el consumo interno y lo convertirá en país exportador como ya viéramos en la sección dedicada a este país.

Bolivia, la segunda reserva de gas del continente se transformó en la solución para el problema de escasez de gas para Argentina y Brasil, y comenzó a exportar casi 30 millones de metros cúbicos diarios, en particular a Brasil, pero también a Argentina. Con este gas contaban las empresas extranjeras Petrobrás, Repsol, Total, y British Gas cuando invirtieron 4.900 millones de dólares en Bolivia entre 1997 y 2004. Con lo que no contaban era con la reacción del pueblo boliviano cuando propusieron vender el gas a Estados Unidos a partir de un puerto chileno. Las manifestaciones de protesta hicieron al país ingobernable y uno tras otro cayeron los gobiernos, hasta la llegada al poder de Evo Morales quien nacionalizó el gas y planteó un aumento del 60% de su precio de venta a Argentina y Brasil.

Como viéramos en la sección dedicada a Bolivia, los primeros resultados se reflejan en un histórico superávit de 1.300 millones de dólares.

Venezuela es el país que posee las mayores reservas del continente, capaz de abastecer las necesidades de los otros países por un periodo superior a los doscientos años. A ello hay que sumar un actual momento privilegiado en los precios del petróleo; el que Venezuela sea el mayor productor de petróleo del continente y un importante proveedor en el mundo hace que el Presidente Chávez cuente con fondos prácticamente ilimitados para implementar su política de integración bolivariana.

De hecho, ya propuso la construcción de un gasoducto para suplir de gas al sur del continente. En lo que respecta al petróleo, bajo el lecho del río Orinoco, Venezuela calcula tener reservas por 1.200 billones de barriles de crudo extrapesado, las que constituirían las reservas de petróleo más grandes del planeta.

Al echar un vistazo al mapa de la demanda y suministro de gas natural en Sudamérica el gran gasoducto del sur promovido por el presidente Hugo Chávez parece tener pleno sentido. Esta tubería de 8.000 kilómetros llegaría hasta Buenos Aires y se abriría paso a través de la selva amazónica. Para la realización de este proyecto se calcula un costo de 23.000 millones de dólares, lo que lo pone al borde de lo irrealizable, sin embargo, por el significado político que tiene, el gobierno de Chávez estaría dispuesto a asumir el financiamiento de 10.000 millones, es decir la mitad del costo del mismo. El gasoducto del sur integraría también a Brasil, Bolivia y Paraguay.

Otro gasoducto propuesto por Venezuela llevaría gas a Colombia y Centro América en lo que sería un primer paso hacia la integración energética de toda Latinoamérica.

C. Los proyectos de integración para garantizar el acceso al gas y sus consideraciones políticas

Algunos antecedentes:

1. Tras la nacionalización en Bolivia los países más afectados, Brasil y Argentina, llamaron a una reunión para ver cómo esta medida afectaría el cumplimiento de los contratos existentes y el suministro de gas a sus países.

2. Chávez anunció su retiro de la CAN en una reunión tripartita (Cuba, Bolivia y Venezuela), el Presidente Morales lo apoyó y, como futuro presidente rotatorio, pidió a Colombia y Perú anular los Tratados de Libre Comercio con los Estados Unidos para evitar el retiro de Venezuela.

3. En la reunión del Chaparé (en la que participa el vicepresidente cubano) se anunció la firma de varios contratos comerciales con Bolivia y se ofreció ayuda técnica a Bolivia para la explotación de sus reservas gasíferas.

4. En La Paz, Chávez anuncia la creación de Petroandina, proyecto a sentar las bases de una sólida integración regional, e invita a otros países a sumarse, en específico a Ecuador. (Petroandina, junto a Petrosur -para Brasil, Argentina y Chile- y Petrocaribe -para 14 países de Centroamérica y el Caribe-, forman el proyecto Petroamérica de Chávez para lograr la integración del continente).

5. Los partidos de la oposición boliviana denuncian la ingerencia de Venezuela en la política interna y en la economía boliviana y su avasallamiento por parte de este país. Ambos presidentes, Chávez y Morales quien los llamó "Yanqui llok'allas" (en quechua, jovenzuelos estadounidenses), los

acusaron de ser lacayos del imperialismo.

Estos antecedentes muestran que el manejo de los recursos energéticos (petróleo y gas) se inscribe dentro de una concepción política general, la concepción de la llamada revolución bolivariana, y que en ese sentido, se quiera o no, entran a jugar como elementos de negociación y podrían ser empleados como elementos de presión en la integración latinoamericana.

Ello explica las declaraciones del Presidente Lula en febrero del 2007: "Brasil quiere integrar una red suramericana de petróleo y gas y estudia un proyecto venezolano de construir un gasoducto regional", pero prefiere "no depender de nadie". Y añadió: "sueño que la Comunidad Suramericana de Naciones evolucione tanto que podamos establecer entre nosotros una integración energética, pero no es fácil, estamos trabajando".

Está claro que por los recursos económicos de los que dispone y por sus posibilidades de apoyo al desarrollo de algunos países, el presidente Chávez es el actor principal en esta nueva redefinición. Su verdadero peso está dado por su capacidad de intervenir en la fijación de la política energética y de recursos de los países andinos.

Un tema de discusión latente hoy en Latinoamérica es el de la justeza o no de los planteamientos de la revolución bolivariana esbozados por Chávez, de sus ventajas o peligros, del desarrollo o inhibición de la democracia en su aplicación, en las similitudes o diferencias con experiencias del pasado, en su papel liberador o avasallador, en la conveniencia o no de aplicar modelos y en la posibilidad de que cree una nueva dependencia político económica.

Todos estos antecedentes confirman una redefinición del mapa político de Latinoamérica con un trasfondo político e ideológico que debe ser tomado en cuenta para entender las futuras alianzas entre los países, el rol que jugarán las materias primas y la energía, así como la concretización o fracaso de los proyectos de integración regional y Tratados de Libre Comercio.

II.5 La droga, mal continental

La droga representa un problema que va más allá de las fronteras y que afecta igualmente la economía y la seguridad ciudadana en todo el continente latinoamericano. Colombia comparte con Bolivia y Perú el serio problema de ser productores de la materia prima para la elaboración de la droga, lo que les ha creado problemas de gran violencia e inseguridad. Para miles de campesinos es más productivo cultivar plantas de coca que productos alimenticios. Aunque los gobiernos han tomado medidas drásticas para erradicar el problema, éste no ha sido eliminado.

Bajo el gobierno de Evo Morales, dirigente cocalero, Bolivia se desmarca de las formas tradicionales de lucha contra la droga: erradicación de las plantaciones y pide la legalización de la hoja de coca como producto benéfico. A fines del 2006, y rompiendo los acuerdos que tenía firmados a nivel internacional, Bolivia aumentó del 40% las tierras donde legalmente se podía plantar coca planteando que la coca allí producida será industrializada para su exportación.

Hasta el momento ninguno de los planes para combatir la droga: el Plan Colombia o la erradicación en Perú y Bolivia, ha dado el resultado esperado. La gran violencia que se vive en Colombia y que se ha desatado igualmente en las ciudades de Río y Sao Paulo en Brasil así como en México; y el descubrimiento cada vez más frecuente en el norte de Chile y en Buenos Aires de hombres y mujeres que han ingerido cápsulas de cocaína, no son sino reflejo de cuán arraigado está este mal en el continente y cuán difícil se ha hecho erradicarlo.

Una solución real tiene que pasar primero por proveerles a estos campesinos incentivos económicos para que cultiven otros productos que fortalezcan la economía de los países y les permita a ellos mejorar sus condiciones de vida. En segundo lugar, la solución tiene que pasar por un mejor control de las fronteras, y en tercer lugar por atacar simultáneamente el mercado consumidor en los países desarrollados.

Preguntas de comprensión y repaso

II.1. Los tratados comerciales existentes

1. Mencione los tratados de comercio entre los países de América del Sur.

2. ¿Qué son el NAFTA, el CAFTA y el FTAA?

3. Resuma la reestructuración que se produce en los tratados en el 2006.

4. ¿Qué es el ALBA, qué países lo componen y cuáles son sus objetivos?

5. ¿Qué es la CSA y cuál es su objetivo? ¿Qué estructuras necesitan crear para lograr estos objetivos?

II.2. Latinoamérica y las inversiones extranjeras

1. ¿Por qué los años de 2006-2010 no se perfilan como atractivos a la inversión extranjera en Latinoamérica?

2. Según el informe de *The Economist* ¿qué cosas positivas tiene cada país de Latinoamérica de los que ocupan un puesto más o menos destacado y qué cosas negativas le afectan? ¿Cómo compara Chile con los países de la Comunidad Europea?

II.3. Los corredores interoceánicos, elementos de integración y desarrollo

1. ¿Qué papel jugarán los corredores interoceánicos en el desarrollo de Latinoamérica?

2. Describa lo que son.

3. ¿Qué interés tiene para Latinoamérica el alto desarrollo que están teniendo los países asiáticos?

4. ¿Qué mejoras tienen que hacer los países latinoamericanos a sus actuales sistemas de transporte?

5. ¿De qué depende que los corredores cumplan su función integradora y de ayuda al desarrollo?

6. ¿Cuál es el corredor que más países abarca?

7. Si tiene que transportar productos de los puertos de Santos y San Francisco en Brasil a los puertos de Antofagasta y Mejillones en Chile, ¿qué corredor utilizaría?

8. ¿Qué corredor abarca gran parte de Argentina y Chile?

9. Si tiene que transportar productos de Paraguay a Chile o Argentina, ¿qué corredor utilizaría?

10. ¿En qué beneficiarían los corredores a Brasil?

11. ¿Qué dos proyectos se están planteando en Panamá y México para hacer más competitivo el transporte y la salida de productos?

II.4. La ruta del gas

1. ¿Cuáles son los países con mayores reservas de gas de América del Sur y qué países precisan de importar gas?

2. ¿Puede el gas llegar a ser un elemento determinante en la integración de desarrollo de los países latinoamericanos? Explique.

3. ¿Cómo se manifiesta la utilización del gas y el petróleo como elementos de presión política de los países exportadores sobre los que necesitan importar?

4. ¿Qué pueden hacer los países que no tienen gas o petróleo para resolver su problema energético?

II.5 La droga, mal continental

1. Comente las repercusiones que tiene en los países latinoamericanos el problema de las drogas.

2. ¿Qué se necesita para resolver este problema?

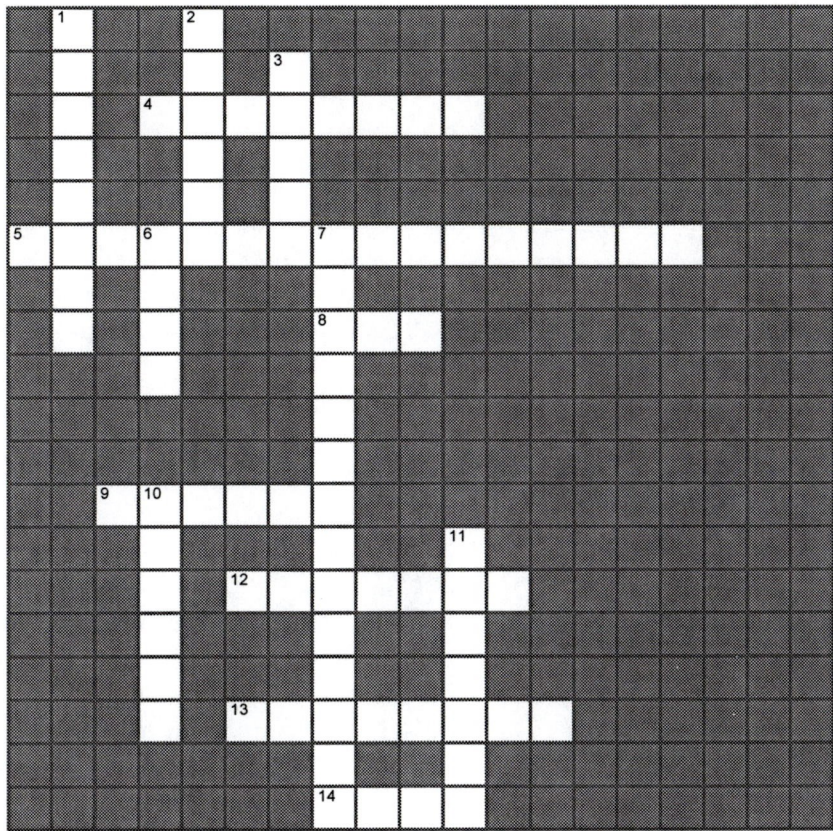

Horizontales

4. Primera mujer presidente de Chile
5. Nombre dado a la propuesta de Chile para dar solución al problema del gas
8. Nombre de pila del primer presidente indígena de Bolivia
9. Presidente de Venezuela que propicia el plan bolivariano de integración
12. País en conflicto con Argentina por la construcción de dos plantas papeleras
13. Tratado de comercio entre Argentina, Brasil, Uruguay, y como observadores, Chile y Bolivia
14. Alternativa Bolivariana para América Latina

Verticales

1. Nombre del Presidente de Argentina
2. El gigante latinoamericano
3. País mejor ubicado en el ranking de competitividad del WEF
6. Nombre que se le da cariñosamente al presidente de Brasil
7. Nombre dado a los nuevos gobiernos latinoamericanos en Venezuela, Brasil, Bolivia, Uruguay, Chile y Argentina
10. Candidato a la presidencia del Perú de origen indígena
11. Nombre de los campos gasíferos del Perú

¿Cuánto sabemos ahora?

Empareje:
Luego vuelva a la sección **¿Cuánto sabemos?** al comienzo del capítulo para comparar sus respuestas antes de estudiar el capítulo y después.

_____ 1. ALBA

_____ 2. Mercosur

_____ 3. CAN

_____ 4. Petroamérica

_____ 5. Gasoducto del Sur

_____ 6. Venezuela

_____7. Corredores interoceánicos

_____ 8. Bolivia

_____ 9. Chile

_____ 10. NAFTA

_____ 11. CAFTA

_____ 12. CSN

A. Comunidad Andina de Naciones

B. Vías de comunicación entre el Pacífico y el Atlántico

C. Segunda reserva de gas del continente

D. Alternativa Bolivariana para América Latina y el Caribe

E. Iniciativa de gas propuesta por Venezuela, Brasil y Argentina

F. País con mayor apertura comercial del continente

G. Tratado de Libre Comercio entre los países centroamericanos y los Estados Unidos

I. Mercado Común de América del Sur

J. Proyecto de integración latinoamericana en abastecimiento de petróleo

K. Comunidad Sudamericana de Naciones

L. Tratado de Libre Comercio entre México, los Estados Unidos y Canadá

M. Primera reserva latinoamericana de gas y petróleo

Más allá de los hechos: temas para pensar, investigar, escribir y conversar

1. Busque información adicional sobre lo que son los Tratados de Libre Comercio y escriba un ensayo exponiendo su opinión sobre si éstos son beneficiosos o no al desarrollo de los países latinoamericanos.

2. Dibuje en un mapa los corredores interoceánicos y explique cómo los mismos beneficiarían a los países envueltos.

3. Discuta en un ensayo las consideraciones políticas que puede tener para un país el poseer o no fuentes de energía para su desarrollo.

4. Busque información adicional sobre el problema de oferta y demanda, producción, tráfico y consumo de drogas y desarrolle un plan para la eliminación de este flagelo de la sociedad. Describa cómo cambiaría la situación en los países envueltos, tanto en los países productores como en los consumidores.

CAPÍTULO III

La mujer en la escena latinoamericana: de las trincheras por la independencia al palacio presidencial

III.1. La mujer en la historia

A. Conquista y colonización
B. Independencia
C. Periodo de transición
D. Siglo XX y XXI
　　1. La mujer y la Revolución Mexicana
　　2. El desarrollo del feminismo latinoamericano
　　　　a. Feminismo intelectual
　　　　b. Feminismo obrero
　　3. La mujer latinoamericana en la política en los siglos XX y XXI
　　　　a. Primeras mandatarias

CAPÍTULO III
La mujer en la escena latinoamericana: de las trincheras por la independencia al palacio presidencial

¿Cuánto sabemos?

I. Conteste las siguientes preguntas y luego compare sus respuestas con un compañero/a de clase. Cuando termine de estudiar el capítulo, después de completar la sección **¿Cuánto sabemos ahora?** vea cuáles de sus respuestas iniciales estaban correctas.

1) Las mujeres no son mencionadas en los libros de historia latinoamericana porque no jugaron ningún papel importante en la misma.

Cierto o Falso

2) En América Latina sólo pueden votar las mujeres alfabetizadas.

Cierto o Falso

3) Se les llamó soldaderas a las mujeres que acompañaron a los hombres en la Revolución Mexicana.

Cierto o Falso

4) Una vez lograda la independencia de España y establecidas las nuevas naciones las mujeres obtuvieron completa igualdad de derechos dentro de la sociedad latinoamericana.

Cierto o Falso

5) Rigoberta Menchú es una india guatemalteca de origen maya que obtuvo el Premio Nobel de la Paz.

Cierto o Falso

6) Las mujeres tuvieron parte activa en las revoluciones cubana y nicaragüense.

Cierto o Falso

7) Ha habido varias mujeres latinoamericanas que han sido primeras mandatarias de sus países.

Cierto o Falso

8) La gobernadora de Puerto Rico del 2000 al 2004 fue una mujer.

Cierto o Falso

9) El libro y película *En el tiempo de las mariposas* están basados en la vida de las hermanas Mirabal de la República Dominicana.

Cierto o Falso

10) La primera mujer en llegar a ser Presidenta de Chile fue Michelle Bachelet.

Cierto o Falso

CAPÍTULO III
La mujer en la escena latinoamericana: de las trincheras por la independencia al palacio presidencial

III.1. La mujer en la historia

A. Conquista y colonización

En todas las sociedades, escribir la historia ha sido tarea tradicionalmente de hombres. No resulta entonces sorprendente que cuando leemos libros de historia sobre América Latina, donde priman sociedades patriarcales, las líneas dedicadas a la mujer sean tan pocas y se les mencione, por lo general, habiendo jugado roles secundarios en el desarrollo de la misma. Se hace natural alusión a "el padre de la patria" pero nunca se menciona a las muchas madres de la patria. Más aún, en el idioma español, caracterizado por la división de sustantivos por género, la palabra prócer no tiene femenino y el femenino de héroe, heroína, como el femenino de poeta, poetisa, encierran en el sufijo "ina" o "isa" un dejo de inferioridad. Es por esa razón que con el desarrollo del feminismo en la literatura latinoamericana las mujeres poetas comenzaron a rechazar el sustantivo "poetisa" que consideraban miraba despectivamente su labor creativa, y a reivindicar el de "poeta" para referirse a sí mismas.

En esta sección presentaremos mujeres que, aunque ignoradas por casi todos los textos y libros de historia, influyeron en el desarrollo de la sociedad. A manera de homenaje queremos que sus nombres queden blanco sobre negro para que las futuras generaciones les otorguen el reconocimiento que ellas merecen.

Si hurgamos en la historia no contada tratando de leer lo que aparece entre líneas, la mujer ha tenido una participación más significativa de la que se nos ha hecho creer en la rebelión contra las atrocidades cometidas por los españoles durante la conquista así como en las guerras de independencia. Una de las primeras mujeres ejecutadas por sospecha de sublevación fue la cacica **Anacaona**, esposa del cacique Canoabó y hermana del cacique Behechio de la isla La Española quien además de valiente guerrera fue una gran poeta. Se la describe como una mujer muy hermosa, de gran talento y con gran iniciativa y actitud de mando, el que mostró extraoficialmente al lado de su hermano y el que tomó oficialmente a la muerte de su marido quien había dirigido la sublevación que destruyó el Fuerte de la Natividad. Fue apresada y murió ahorcada en 1504.

A mediados de 1700 existió en el Virreinato del Perú un grupo de mujeres guerrilleras bajo el liderazgo de **Ana de Tarma** quienes durante trece años se mantuvieron en guerra contra los españoles. Alrededor de 1777, otra mujer, **Juana Moreno**, ayudó a los insurrectos a abastecerse de armas para luchar contra las injustas prácticas de los encomenderos a las cuales se había añadido el venderles productos superfluos e innecesarios a los indígenas.

Como mencionáramos en el Capítulo III de la primera parte de este texto, en 1780 en el Virreinato del Perú explotó una de las más importantes rebeliones indígenas contra el dominio español dirigida por Túpac Amaru la que comenzó con la captura y ejecución del corregidor Antonio Arriaga. Lo que no se menciona a menudo es la significativa participación de las mujeres en esta lucha; nos detendremos en los párrafos siguientes a presentar el rol que jugaron algunas de ellas.

Tenemos en primer lugar a **Micaela Bastidas**, esposa de Túpac Amaru, quien mostró sus potencialidades de líder no sólo reclutando campesinos para la causa revolucionaria sino también dirigiendo las tropas cuando Túpac Amaru debía desplazarse a otros lugares. Se dice que ella le sugirió a su marido el tomarse la ciudad de Cusco cuando ésta estaba poco guarnecida, pero que Túpac Amaru no le hizo caso. Ambos fueron capturados y ejecutados al mismo tiempo que sus dos hijos, el 18 de mayo de 1781.

Un par de meses antes, en marzo, **Bartolina Sisa** dirigió la lucha para sitiar La Paz, plan que fracasó debido a los refuerzos de 5,000 hombres que recibieron los españoles para proteger la ciudad. En julio fue hecha prisionera y un año más tarde, en 1782, fue ejecutada.

Otras mujeres combatientes y que también fueron torturadas, vejadas y ejecutadas lo fueron **Gregoria Apaza**, apresada junto a Bartolina, y **Marcela Castro**. Esta última fue acusada no sólo de participar en el alzamiento de Marcapata sino también de no denunciar a ninguno de los que intervinieron en él. Su cuerpo fue amarrado a la cola de un caballo, arrastrado por las calles y luego descuartizado, sus miembros expuestos en diferentes lugares; el resto del cuerpo fue quemado y las cenizas lanzadas al aire.

Un gran número de mujeres fue acusado de apoyar los movimientos de insurrección bien fuera reclutando hombres y mujeres para la causa o proveyéndoles víveres u otro tipo de apoyo a los rebeldes, y por ello condenadas al destierro. En octubre de 1783 alrededor de cien personas fueron sentenciadas a dejar la ciudad de Cusco. Debían hacer un trayecto a pie hasta el puerto del Callao para de ahí embarcar hacia México, su destino final. Entre las mujeres que iban en esa caravana se encontraban **Ventura Monjarrás**, **Margarita Condori**, **Manuela Tito Condori** y **Antonia Castro** quienes no alcanzaron a llegar al destierro pues murieron por el camino. Otra mujer que no alcanzó a llegar al destierro fue **Cecilia Túpac Amaru** quien a pesar de ser la esposa de un español, Pedro Mendigure, no pudo soportar el trato que éstos les daban a los suyos y se unió a los insurrectos. Fue sentenciada a que antes de partir al destierro debería recibir doscientos azotes y ser arrastrada por las calles de la ciudad. No alcanzó a dejar la ciudad; murió cuando le aplicaban este castigo.

Al sur del continente, dos mujeres mapuches dejaron su nombre para la posteridad, **Fresia** y **Guacolda**. A pesar de que sus nombres no fueron registrados por los cronistas, lo que atestaría de su existencia más allá de la ficción, han llegado a ocupar un lugar en la historiografía nacional chilena a través de la única referencia que se tiene de ellas, la que hace Alonso de Ercilla en su poema épico *La Araucana* en el siglo XVI donde describe la guerra de los araucanos (con Caupolicán y Lautaro como líderes) contra las tropas españolas. Refiriéndose a Guacolda, pareja de Lautaro, dice Ercilla en su poema: "Aquella noche el bárbaro dormía/con la bella Guacolda,/ y ella por él no menos se abrasaba". A Fresia, pareja de Caupolicán, la menciona cuando habla sobre la captura de éste. Según cuenta Ercilla en su poema épico Fresia, indignada por la rendición de Caupolicán, al verlo preso de los españoles tomó a su hijo recién nacido y se lo tiró a los pies diciendo: "Que yo no quiero título de madre/ del hijo infame del infame padre". Habría preferido verlo muerto que prisionero de los españoles.

Como en toda guerra siempre hay dos bandos, queremos mencionar igualmente las hazañas de valientes mujeres que combatieron del lado de los españoles como **Catalina de Erauso**, mejor recordada como la Monja Alférez quien disfrazada de soldado español combatió a los araucanos durante el proceso de la conquista de Chile y como **Inés Suárez**, amante de Pedro de Valdivia.

Defensa de Santiago dirigida por doña Inés de Suárez,
José Mercedes Ortega Pereira (1856-1933).

Nació Doña Inés en Extremadura, a la edad de 30 años al no tener noticias de su marido, quien había viajado al Nuevo Mundo como parte de la expedición de Pizarro, abandonó España y partió en su busca. En su peregrinar recorrió diversos países llegar a Lima, Perú, donde se enteró de su muerte. Poco tiempo después se transforma en la amante de Pedro de Valdivia y lo siguió hasta Santiago de Chile. En 1541, en ausencia de Pedro de Valdivia, Doña Inés en un momento en que la moral de los españoles bajaba, tomó el liderazgo en la defensa de Santiago. Años más tarde, el tribunal de Lima, para evitar el escándalo de que vivieran "al igual que marido y mujer" sin ser casados, la obligó a separarse de Pedro de Valdivia y a casarse con uno de sus capitanes, Rodrigo de Quiroga. A Pedro de Valdivia le ordenaron terminar esa relación y traer de España a Doña Marina, su legítima esposa. Su extraordinaria historia es recogida por la escritora Isabel Allende en una novela "Inés del alma mía" publicada en el 2006.

B. Independencia

A comienzos del siglo XIX un grupo de mujeres peruanas, con **Rosa Campuzano** a la cabeza, ayudaron al triunfo de los planes del general San Martín sirviendo de enlace con los criollos que luchaban por la independencia del Perú. Por su privilegiada posición social, económica e intelectual dentro de la sociedad peruana de la época estas mujeres podían reunir en sus salones, sin despertar sospecha, a los grupos que conspiraban contra el gobierno español. Fue así como pudieron ayudar a difundir los mensajes que San Martín enviaba para llamar a la sublevación. Compañeras de Campuzano lo fueron **Gertrudis Coello, Carmen Noriega, Francisca Quiroga, Carmen Guzmán, Brígida Silva de Ochoa** y **Petronila Fernández de Paredes** quien mantenía una red de espías gracias a la cual logró salvar la vida de muchos insurgentes y también transportar armas de un lugar a otro.

Otras peruanas guerrearon con su pluma: **Josefa Sánchez de Boquete**, madre, **Josefa Riva Agüero de Gálvez**, hija y **Catalina Sánchez Boquete**, prima de la primera lucharon por la independencia desde las trincheras de la revista por ellas editada: *Boletines Pro Libertad*. Igualmente utilizó su pluma como arma de combate **Josefa Messia de la Fuente y Carrillo de Albornoz** quien imprimía panfletos de propaganda revolucionaria en su casa y además recogía dinero entre su círculo de amistades para la causa.

Otra aliada de San Martín lo fue la chilena **Paula Jaraquemada Alquizar** quien armó a los hombres que trabajaban para ella en su hacienda en la región de Paine y marchó junto a ellos a encontrarse con el ejército del general. No sólo le proveyó hombres sino también caballos y alimentos, y convirtió su hacienda en hospital para los heridos.

Heroínas ecuatorianas lo fueron **Baltazara Chuiza** y **Lorenza Abimañay** quienes en 1778 y 1803 respectivamente dirigieron levantamientos contra los españoles. Lorenza, junto a otras dos mujeres: **Jacinta Juárez** y **Lorenza Peña**, bajo el grito de "sublevémonos, recuperemos nuestra tierra y nuestra dignidad" llevaron a 10,000 indígenas a la sublevación. Como tantas otras antes de que se lograra la independencia, esta rebelión fue controlada por las tropas realistas y Lorenza Abimañay fue decapitada.

Evidentemente, no podemos dejar de mencionar a la quiteña **Manuela Sánchez de Thorne** (1797-1856), recordada en los pocos libros de historia en que la mencionan como la amante de Simón Bolívar. Sin embargo los hechos muestran que Manuela fue mucho más a las luchas de independencia que simplemente la amante del Libertador. Antes de conocer a Bolívar y de enamorarse de él, Manuela ya hacía parte de las fuerzas revolucionarias que luchaban contra el gobierno español en el Ecuador trabajando como espía y distribuidora de panfletos que llamaban a la insurgencia. Cuando Ecuador se convirtió en república fue una de las primeras mujeres en recibir la Orden del sol, condecoración establecida en 1821 por José de San Martín en reconocimiento a servicios civiles o militares prestados a la patria. Una vez convertida en la compañera de lucha y sentimental de Bolívar combatió a su lado en numerosas batallas y estuvo junto a él en diferentes momentos decisivos de su vida política: el encuentro del General con San Martín en Guayaquil, las batallas de Pichinca y Ayacucho, el conflicto entre Bolívar y Santander, la rebelión de Córdova y la disolución de la Gran Colombia. Lo acompañó fielmente hasta su muerte después de la cual fue desterrada al Perú donde murió. La independencia de Latinoamérica fue tan importante para Manuela como lo fue para Bolívar y fue su mutua pasión y convicción de principios lo que los mantuvo unidos y lo que la hace digna de ocupar un merecido lugar en la historia del continente latinoamericano.

En Bolivia se distinguió **Vicenta Juaristi Eguino** quien recogió dinero entre los de su clase para la causa revolucionaria al tiempo que estableció una fábrica donde empleaba mujeres para la fabricación de municiones. También, **Juana Azurduy de Padilla** estuvo a la cabeza de un batallón de mujeres llamado "las leales" el que se dice participó en unas dieciséis batallas.

En Colombia mujeres como **Antonia Santos Plata, Josefa Palacios** y **Policarpa Salavarrieta**, La Pola, son recordadas como heroínas de la independencia, sobre todo Salavarrieta, a quien no sólo se le considera heroína sino mártir. Conquistada para la causa por el insurgente Alejo Sabaraín se estableció en la capital del país y se hizo emplear como sirvienta y costurera en la casa de Andrea Ricaurte Lozano, el corazón del movimiento republicano, con el objetivo de servir de contacto y obtener información que fuera útil a la causa de la independencia. Además organizó batallones de soldados para engrosar las huestes de Simón Bolívar y de Francisco de Padua Santander, líderes de la independencia. Fue denunciada por un hombre de nombre Francisco Tovar, y ejecutada.

Entre las venezolanas adherentes a la causa republicana o de independencia mencionaremos a **Juana Ramírez** quien dirigió un batallón de mujeres, a **Josefa Joaquina Sánchez de España** quien diseñó la primera bandera de la república de Venezuela y a **Leonor Guerra** quien se negó a denunciar a los patriotas con los que estaba en contacto y quien cada vez que era interrogada respondía "Viva la patria, mueran los tiranos".

En Uruguay, último país sudamericano en conseguir su independencia, se recuerda la valentía de **Ana Monterrosso de Lavalleja** quien luchó junto a su esposo Juan Antonio Lavalleja por la independencia del país, en esa época bajo dominio brasileño.

México reconoce entre sus heroínas de independencia a **Gertrudis Bocanegra** quien se distinguió en 1810 como dirigente de un batallón femenino por lo que fue arrestada y torturada. También a **Josefa Ortiz de Domínguez**, a quien apodaban "la corregidora" por estar casada con el corregidor de Querétaro. Se admira su valentía de oponerse a su marido y abrazar la causa de la independencia sirviendo de enlace entre diferentes grupos de rebeldes, los que asistían a las tertulias que ésta organizaba en su casa.

Otra mexicana que se atrevió a desafiar la autoridad familiar para dedicarse a la causa insurgente fue **Leona Vicario** quien entregó gran parte de su fortuna para el financiamiento de las luchas por la independencia. En adición sirvió en varios otros frentes: reclutamiento de soldados, contrabando de armas, espionaje, cuidado de los heridos.

En dos de los últimos bastiones del imperio español en el Caribe: Cuba y Puerto Rico las mujeres también derramaron su sangre y dieron sus vidas. En Cuba se recuerda a la jovencita **Candelaria Figueredo** quien a la tierna edad de dieciséis años, en 1868 se unió a las fuerzas independentistas cubanas. En Puerto Rico se evoca la memoria de **Mariana Braceti** a quien apodaban "brazo de oro" por su destreza en la utilización de la espada. Se la recuerda también por haber bordado la primera bandera puertorriqueña. Se rememora igualmente a **Lola Rodríguez de Tió** quien escribió una versión revolucionaria para el himno nacional de Puerto Rico en la que instaba a los puertorriqueños a seguir el ejemplo de Cuba, que continuaba en guerra, y a luchar contra la tiranía española:

La Borinqueña
(versión de Lola Rodríguez de Tió)

¡Despierta, borinqueño
que han dado la señal!
¡Despierta de ese sueño
que es hora de luchar!

A ese llamar patriótico
¿no arde tu corazón?
¡Ven! Nos será simpático
el ruido del cañón.

Mira, ya el cubano
libre será;
le dará el machete
su libertad...
le dará el machete
su libertad.
...

El Grito de Lares
se ha de repetir,
y entonces sabremos
vencer o morir.

En su mayoría fueron mujeres indígenas, mestizas o criollas las que participaron en las luchas por la independencia. Las mujeres de población esclava que se rebelaron junto a los hombres en diferentes momentos desde el siglo XVI hasta el siglo XIX lucharon más bien por algo más concreto que las tocaba más de cerca: la emancipación de la esclavitud. Entre éstas se encuentran **Guiomar**, quien luchó junto al negro Miguel en la rebelión por éste organizada en Venezuela en 1552; **Juana Francisca, María Valentina** y **Juana Llanos** quienes lucharon por la abolición de la esclavitud junto al negro Guillermo entre 1771-74 en la ciudad de Caracas; y **Trinidad, Polonia** y **Juana Antonia** quienes lucharon junto al negro José Chirino en 1796, también en territorio venezolano. La lucha por la abolición de la esclavitud en los países sudamericanos y del Caribe estuvo en cierta medida vinculada al logro de la independencia política. En México se abolió la esclavitud en el año 1813, en Colombia y Venezuela en 1821, en Cuba en 1869, así como en Uruguay, y en Puerto Rico en 1873.

C. Periodo de transición

Del periodo de transición post independencia se recuerda en el Perú a una mujer de gran carácter que ejerció el poder a través de su esposo, el General Agustín Gamarra, presidente del país entre 1829 y 1833. Su nombre es **Francisca Zubiaga y Bernales** (1803-1835). Se dice que su ambición personal de poder la llevó a luchar por que su esposo llegara a la presidencia, y que éste estaba consciente y aceptaba las grandes dotes de líder político que su mujer exhibía. Francisca participaba con igual destreza en la vida militar que en el mundo de la política logrando llevar al Perú de la época a un estado de paz que no había conocido en muchos años.

De este periodo se recuerda también la constante iniciativa por parte de las mujeres de fundar revistas y periódicos desde los cuales alzar la voz y hacer avanzar sus ideas. El año 1830 vio nacer *La Argentina*, primera publicación de mujeres en América Latina; en 1836 surgió *El Semanario de las Se-*

ñoritas Mexicanas; en 1852 y 1862 respectivamente se fundaron en Brasil *O Jornal das Señoras* y *O Bello Sexo* (Alexandra Ayala Marín); en 1893 Ana Roqué de Duprey dio nacimiento a *La Mujer*, primera publicación puertorriqueña "escrita e impresa, administrada y distribuida por mujeres", (*Participación de la mujer en la historia de Puerto Rico*) iniciativas que se redoblarán con más fuerza y precisión de objetivos a lo largo del siglo XX.

D. Siglo XX y XXI

A pesar de haber combatido junto a los hombres durante las guerras de independencia, los cambios políticos que comenzaron a producirse una vez ésta lograda no mejoraron la situación social ni política de la mujer. Esta permaneció por muchos años sin acceso al derecho al voto o sin poder detentar puestos de poder dentro de la sociedad. Después de la independencia, la mujer latinoamericana, la que se había rebelado contra los conquistadores españoles y se había batido en las guerras libertarias se vio llevada a emprender una nueva lucha, la lucha por sus derechos civiles y por ocupar el puesto que se había ganado dentro de la sociedad.

Reactivar foros propicios a través de los cuales difundir sus ideas se hizo imperativo, y las revistas y periódicos femeninos comenzaron a renacer en manos de sufragistas: *Nosotras*, fundada por María Abella en 1901 en la Argentina, *La Evolución*, fundada por Ana Roqué de Duprey en 1902 en Puerto Rico y *La Mujer*, fundada por Zoila Ugarte de Landívar en 1905 en el Ecuador, por mencionar solamente algunas. A la fundación de revistas y periódicos se sumó la creación de asociaciones feministas que luchaban por los mismos derechos de sufragio y educación para la mujer, entre ellas la Asociación Puertorriqueña de Mujeres Votantes, fundada por Roqué de Duprey y el Centro Feminista Anticlerical fundado por Ugarte de Landívar.

No hay lugar a dudas de que la lucha frontal librada por estas dos mujeres hizo que los dos primeros países latinoamericanos en otorgarle el voto a la mujer lo fueron el Ecuador y Puerto Rico, en 1929. El último país en que las mujeres lograron ese derecho lo fue Paraguay tan tarde como 1961 con la mayoría de los países habiéndolo otorgado entre 1945 y 1955. Sin embargo en una primera etapa, en general, el sufragio femenino fue limitado a las mujeres alfabetizadas. Las mujeres de clase privilegiada seguían teniendo acceso exclusivo a la educación, única puerta de salida para cambiar de situación social, y aquellas mujeres que fueron incorporándose al mundo obrero eran víctimas de salarios y condiciones de trabajo inferiores a los hombres.

**Fecha de obtención del derecho al voto femenino
en los países latinoamericanos**

Ecuador / Puerto Rico	1929
El Salvador / Uruguay	1932
Brasil / Cuba	1934
Panamá	1941
República Dominica	1942
Guatemala	1945
Argentina / Venezuela	1947
Chile / Costa Rica	1949
Nicaragua	1950
Bolivia	1952
México	1953
Colombia / Honduras	1954
Perú	1955
Paraguay	1961

1. La mujer y la Revolución Mexicana

La amplia participación de la mujer en la Revolución Mexicana dejó profunda huella en la historia de Latinoamérica pues gracias a ella muchos de sus derechos civiles y ciudadanos fueron incorporados en la constitución de 1917. Entre las mujeres revolucionarias se encontraban las llamadas soldaderas quienes participaban al mismo nivel que los hombres en el campo de batalla además de realizar las tareas consideradas naturalmente femeninas como la cocina, el lavado y mantenimiento de la ropa y el cuidado de los heridos así como el compartir la vida sentimental de los hombres.

No han quedado registrados en los libros muchos datos sobre las soldaderas a parte de mencionarse las labores que realizaban lo que a nuestro entender deja implicado que se les recuerda más por su "utilidad" que por su valor o aporte al movimiento revolucionario. Sin embargo, hasta nosotros ha llegado una leyenda, la leyenda de "La Adelita" quien se dice combatió junto a las fuerzas de Emiliano Zapata. No se sabe si Adelita realmente existió o si, en tanto leyenda, ella representa la suma de todas las soldaderas que pelearon durante la revolución. En todo caso, ha pasado a simbolizar a la mujer revolucionaria a través de las épocas. Su activa participación en la lucha y su valentía en el campo de batalla le granjearon el mayor respeto por parte de los soldados incluyendo a los de más alto rango.

Soldaderas

Su historia ha sido perpetuada en un corrido, especie de balada típica mexicana, que aún hoy en día se canta en toda América Latina. La letra del corrido dice:

> En lo alto de una abrupta serranía
> acampado se encontraba un regimiento,
> y una moza que valiente lo seguía
> locamente enamorada del sargento.
> Popular entre la tropa era Adelita,
> la mujer que el sargento idolatraba;
> porque a más de ser valiente era bonita,
> y hasta el mismo coronel la respetaba.
> Y se oía lo que decía
> aquel que tanto la quería:
> Si Adelita ya fuera mi novia,
> si Adelita ya fuera mi mujer,
> le compraría un vestido de seda
> para llevarla a bailar al cuartel.
> Si Adelita se fuera con otro,
> la seguiría por tierra y por mar;
> si es por mar en un buque de guerra,
> si es por tierra en un tren militar.
> Y por si acaso yo muero en la guerra,
> y si mi cuerpo en la tierra va quedar,
> Adelita, ¡por Dios! te lo ruego,
> que por mi cuerpo no vayas a llorar.

Además de las soldaderas, se distinguieron durante la revolución otras mujeres cuyo aporte fue más bien político, el de hacer avanzar las ideas revolucionarias de justicia social y por propia iniciativa los derechos de la mujer. Entre éstas podemos mencionar a **Dolores Jiménez y Muro**

(1848-1925), **Juana Belén Gutiérrez de Mendoza** (1875-1942) y **Hermilda Galindo** (1896-1954) quienes tuvieron en común el utilizar como armas su voz y la pluma.

Jiménez y Muró fue maestra y escritora, miembro del comité editorial de la revista feminista *La Mujer Mexicana* y directora del periódico *La voz de Juárez*. Desde sus artículos en periódicos como *La Patria*, *El Diario del Hogar* y *Juan Panadero* levantó la voz en defensa de los desfavorecidos y acusó las injusticias que éstos padecían dentro de la sociedad mexicana, lo que le valió el encarcelamiento. Promovió también el reconocimiento de derechos para la mujer. Fue miembro de las fuerzas zapatistas donde alcanzó el grado de General Brigadier y además perteneció a la asociación Socialistas Mexicanos.

Juana Belén Gutiérrez de Mendoza fue periodista. En 1901 fundó el periódico *Vesper: Justicia y Libertad* desde cuya tribuna combatió la injusticia social bajo el gobierno del Presidente Porfirio Díaz por lo que fuera encarcelada en repetidas ocasiones y su periódico confiscado. En 1919, luego del asesinato de Emiliano Zapata, fundó otro periódico, *El Desmonte*.

Hermilda Galindo fue secretaria particular de Venustiano Carranza y como diplomática, encargada de promover las ideas de Carranza en el exterior. Su lucha fue, como en el caso de Dolores y Juana Belén, contra la injusticia y a favor de los derechos de la mujer mexicana. Fue fundadora del diario feminista *La mujer moderna* en el que defendía el derecho a la educación sexual en las escuelas públicas del país, atacaba a la iglesia católica por promover la subordinación de la mujer a un rol secundario dentro de la sociedad y abogaba por la igualdad de derechos, entre ellos el derecho al voto, el que en 1916 solicitó, aunque sin éxito alguno, al Presidente Carranza. Aunque sabía que no tenía ninguna posibilidad de ser elegida, fue la primera mujer mexicana en correr para un puesto en la Cámara de Diputados. En 1953, bajo el gobierno de Adolfo Ruiz Cortines vio concretizadas sus aspiraciones: fue nombrada primera mujer mexicana congresista, y el sufragio les fue acordado a las mujeres.

2. El desarrollo del feminismo latinoamericano

No se puede hablar del pensamiento feminista latinoamericano sin mencionar a **Flora Tristán** (1803-1844) parisina, hija ilegítima de un aristócrata peruano quien obligada por la precaria situación económica en que quedó la familia tras la muerte de su padre, entró como obrera a un taller de litografía. Se casó con el dueño del taller de quien se divorció por abuso. En pocos años la joven Flora conoció lo horrible de la explotación del mundo del trabajo para las mujeres así como una degradante situación familiar, lo que la convirtió en una incansable luchadora por los derechos civiles y políticos de la mujer. Decidió ir al Perú, para tratar de reclamar la herencia de su padre, lo que no consiguió. Visitó este país, entre muchos otros, y se dio cuenta de que había una constante en la situación de inferioridad y en la falta de derechos que sufría la mujer en todas partes y comenzó una campaña para la liberación de la mujer, la que continuó a su regreso a Europa.

Flora Tristán

Su denuncia de la situación de opresión que sufrían las mujeres de su época está contenida en sus libros *La situación de las mujeres extranjeras pobres en Francia* y *La emancipación de la mujer*. También escribió *Paseos por Londres, La unión obrera* y *Peregrinaciones de una paria*. Lo que hace del pensamiento de Flora Tristán uno de vanguardia es la simbiosis de feminismo y socialismo que encontramos en sus obras. Para Tristán la situación de subordinación que sufría la mujer estaba estrechamente relacionada con las desigualdades sociales que sufría la clase obrera, y por ello, proponía que la emancipación de las mujeres iba de la mano de la emancipación de la clase obrera.

La lucha por los derechos civiles y el sufragio universal de la mujer se dio por igual en todo el continente y fue el primer paso a la incorporación de ésta al mundo de la política. En un estudio realizado por el Centro de Investigaciones Sociales de la Universidad de Puerto Rico sobre la participación de la mujer en la historia de ese país se categoriza en dos el feminismo en Puerto Rico: el feminismo dirigido por las mujeres profesionales provenientes de los sectores privilegiados de la sociedad -el que nosotros llamaremos feminismo intelectual- y el feminismo obrero. Esta dicotomía se aplica de igual manera a los otros países de América Latina. La mujer combatió desde diversas trincheras para lograr progresivamente ampliar el panorama de sus derechos civiles; unas combatieron, como mencionáramos anteriormente, realizando una importante labor intelectual bien fuera fundando revistas feministas, escribiendo artículos comprometidos para periódicos o revistas existentes, escribiendo o traduciendo libros en defensa de los derechos de la mujer provenidos de otras latitudes. Otras combatieron desde su trabajo en las fábricas, la calle, las minas. Ampliaremos el sucinto panorama de mujeres periodistas presentado anteriormente con algunos ejemplos relevantes de mujeres combatientes en diversos países y en diferentes frentes.

a. Feminismo intelectual

Cuando en las primeras décadas del siglo XX la mujer comenzó a tener acceso gradual a la educación, al pasar al mercado de trabajo, se desempeñó en oficios en los que ofrecían servicios directamente relacionados con las tareas que estaban acostumbradas a realizar en el ámbito privado de la casa: educación, enfermería, secretariado. No eran posiciones de mando, sino de subordinación. A manera de ejemplo, en Puerto Rico en 1930 el 75% de los maestros eran mujeres. (*Participación de la mujer en la historia de Puerto Rico*: 19). Aún hoy en día éstas son las profesiones en las que el porcentaje de mujeres dedicadas a las mismas sigue siendo más alto en todas partes.

La educación dio acceso a más mujeres a otras áreas de la vida pública como lo fue el mundo profesional y el de la política, y las puso en contacto con los movimientos feministas del resto del mundo. En Chile, en 1873, **Martina Barros Borgoña** (1850-1941) publicó la traducción del libro *The Subjection of Women* (*Sobre la esclavitud de las mujeres*) del autor John Stuart Mill, filósofo y economista británico, gran defensor del sufragio femenino. A partir de ese momento la defensa de la libertad y los derechos de la mujer se convirtieron en norte de su vida. En 1887, **Eloísa Díaz** y **Ernestina Pérez** se convirtieron en las primeras mujeres médicos de Chile y de Latinoamérica, abriendo camino para la mujer en el mundo profesional.

En 1916 se realizó en México el Primer Congreso Feminista de Yucatán en el que participaron unas 700 mujeres de esa zona del país, entre otras, Hermilda Galindo, como sabemos, secretaria de Venustiano Carranza. Entre los logros obtenidos por las mujeres a raíz de este congreso se encuentran el derecho a la administración de bienes, la tutela de hijas e hijos e igualdad en el plano salarial.

En Colombia, de regreso de los Estados Unidos donde había ejercido como profesora en la Universidad de Georgetown, **María Rojas Tejada** fundó en 1914 en Antioquia un Centro Cultural Femenino con el interés de educar a las mujeres. Como el centro le fuera cerrado por oposición de la iglesia, se fue a la ciudad de Pereira donde estableció entonces una escuela mixta y laica. En 1916 creó la revista *Femeninas* dedicada a la defensa de los derechos de la mujer en donde publicaba traducciones de artículos de feministas norteamericanas y europeas.

Cuando se habla de los comienzos del feminismo en el Perú se recuerda a **María Jesús Alvarado** (1878-1971) quien en 1914 fundó un organismo al que llamó Evolución Femenina para promover la educación, la cultura y los derechos de la mujer así como una escuela llamada Moral y Trabajo, para dar formación a las mujeres de clase obrera.

La necesidad de agruparse en organizaciones que defendieran los derechos ganados y lucharan por aquellos aún por conquistar dio origen a centenares de asociaciones femeninas a través de todo el continente así como en los países del Caribe.

En 1905 se fundó en Argentina el Centro Feminista del que era miembro, entre otras, **Elvira Rawson de Dellepiane**, una de las primeras médicas del país, y en 1919, bajo su liderazgo y el de la poeta **Alfonsina Storni** se fundó la Asociación Pro Derechos de la Mujer; en 1911 en Uruguay, **María Abella de Ramírez** fundó la Sección Uruguaya de la Federación Femenina Panamericana; en 1916, bajo la batuta de **Paulina Luisi**, primera uruguaya en recibirse de médico, se fundó el Consejo Nacional de Mujeres y en 1919 se creó la Alianza Uruguaya por el Sufragio Femenino; en Perú, en 1915 vio la luz Evolución Femenina, agrupación fundada por María Jesús Alvarado y en 1918 la Unión Feminista Nacional; en 1919, en Chile, **Amanda Labarca**, pedagoga, fundó el Consejo Nacional de Mujeres y el Comité Nacional pro Derechos de la Mujer en 1933, en 1920 fue fundado el Club de Señoras, dirigido por **Delia Matte Izquierdo**, el que reagrupaba mujeres de dos diferentes capas sociales, la alta y mediana burguesía; en 1936, bajo la dirección de **Elena Caffarena** fue fundado el Movimiento de Emancipación de la Mujer Chilena (MEMCH); en 1934, en Venezuela, se fundó la Agrupación Cultural Femenina.

Entre 1944 y 1948 vieron nacimiento en Colombia diversas organizaciones: la Unión Femenina de Colombia, el Comité Socialista Femenino de Moniquira (Boyacá), la Alianza Femenina del Valle y la Acción Feminista Nacional dirigidas por **Rosa María Moreno** e **Hilda Carriazo**, **Mercedes Abadía**, **Anita Mazuera** y **Lucila Rubio** respectivamente.

Otras organizaciones existentes fueron la Alianza Internacional Sufragista, la Liga Pro Paz y Libertad y la Comisión de Mujeres. También el país dio acogida a dos Congresos Nacionales Femeninos, el primero de los cuales se celebró en 1945.

b. Feminismo obrero

Como lo había planteado Flora Tristán a comienzos del siglo XIX, los grupos feministas latinoamericanos se percataron de que no podía existir una separación entre la lucha particular por los derechos civiles de la mujer y una lucha más amplia por la reivindicación de una sociedad más justa. Para ello era inminente que la mujer educada y de clase social alta expandiera su radio de lucha y estableciera necesarias alianzas con las batallas que libraba la clase obrera.

El feminismo obrero está marcado entonces por el nacimiento de asociaciones femeninas afines con el sindicalismo. En 1913 en Chile, Luis Emilio Recabarren, fundador del Partido Obrero Socialista Chileno y gran defensor de la emancipación femenina, fomentó el desarrollo de los Centros Femeninos en la zona salitrera de Iquique. En 1921 se fundaron la Federación Unión Obrera Femenina y el Consejo Federal Femenino y en 1922 y 1924 respectivamente se fundaron los primeros partidos políticos femeninos del país: Partido Cívico Femenino y Partido Demócrata Femenino. (Pardo, "Historia de la Mujer en Chile").

En Ecuador surgieron en 1920 el grupo Rosa Luxemburgo, integrado por trabajadores agrícolas, y la Alianza Femenina, este último dirigido por la periodista **Nela Martínez**, quien falleció en Cuba en el 2004 después de una larga vida al servicio de la clase obrera y de la mujer ecuatoriana. Nela Martínez Espinosa (1912-2004) fue la primera mujer diputada del Ecuador y a su vez una gran feminista y una de las más prominentes dirigentes de izquierda del país. Comenzó su vida política siendo casi una adolescente y a los treinta y dos años, en 1944, durante un levantamiento que derrocara al presidente Carlos Arroyo del Río se tomó la presidencia gobernando el país por varios días hasta que el movimiento revolucionario del que hacía parte fuera depuesto y se instaurara a José María Velasco Ibarra en el poder.

Igualmente en 1920, en Puerto Rico, surgió la Asociación Feminista Popular cuya presidenta fue **Franca de Armiño**, obrera de la industria tabacalera a su vez dirigente de la Federación Libre de Trabajadores. En Bolivia tuvo origen la Federación Obrera Femenina de la Paz en 1927 y en Cuba la Unión Laborista de Mujeres en 1928.

En Argentina surgieron organizaciones cercanas a los grupos socialistas y anarquistas del país: la Unión Gremial Femenina, el Centro Socialista Femenino y el Consejo Nacional de Mujeres. Lo mismo en Uruguay, donde surgió la Alianza Uruguaya de Mujeres.

En Chile, el Movimiento de Emancipación de la Mujer Chilena (MEMCH) abrió sus puertas a las empleadas domésticas para ayudarlas a organizarse y comenzó la promoción de actividades en favor de la mejoría de las condiciones de vida de esta capa social. Una de sus iniciativas lo fue el de tomar la defensa de los menores de edad para lo que promovieron un proyecto de ley que otorgara desayuno gratis a los niños en las escuelas.

Entre las más dignas representantes del feminismo obrero latinoamericano se encuentra la boliviana **Domitila Barrios de Chungara** (1937-) quien en su libro *Si me permiten hablar, testimonio de Domitila, una mujer de las minas de Bolivia* relató las condiciones de explotación que sufrían las obreras de la mina de carbón Siglo XX. Domitila fue capaz de lograr que la fuerza obrera femenina adhiriera a la lucha general de los mineros bolivianos por la reivindicación de mejores salarios y más humanas condiciones de trabajo.

En Colombia, el nombre de **María Cano** (1887-1967) o Mariacano, como la llamaban cariñosamente, se recuerda como el de la pionera del movimiento obrero del país, el que recorrió íntegro promoviendo la toma de consciencia de los obreros sobre su situación y haciendo un llamado para el reclamo de sus derechos.

El rol de Mariacano y de Domitila lo jugó en Puerto Rico **Luisa Ca-**

petillo (1879-1922). Al igual que Mariacano lo hiciera en las bibliotecas públicas, Capetillo, como miembro de la Federación Libre de Trabajadores, entre muchas otras cosas fue lectora en fábricas de tabaco y recorrió la isla organizando a los trabajadores de la industria del tabaco y de la caña de azúcar. Escribía artículos para el periódico de la Federación, *Unión obrera*, así como para el periódico que ella fundara, *La mujer*. Como dato curioso se menciona haber sido la primera mujer en llevar pantalones en Puerto Rico, así como la primera sufragista del país.

Capetillo defendía la idea de que todas las mujeres: ricas o pobres, educadas o analfabetas debían tener derecho al voto. Como muchas representantes del feminismo obrero, nunca se afilió a una asociación feminista pues consideraba que el único medio que tenían las obreras de lograr justicia social era a través de la organización en sindicatos. No se contentó con organizar a los obreros de Puerto Rico; viajó tanto a Cuba como a la República Dominicana con el mismo fin. Entre sus escritos se encuentra el que ha sido considerado el primer manifiesto feminista escrito y publicado en la Isla: *Mi opinión sobre las libertades, derechos y deberes de la mujer*.

Guatemala: Premio Nóbel
Rigoberta Menchú

No podemos dejar de mencionar a **Rigoberta Menchú**, guatemalteca, candidata presidencial en el 2007, quien recibiera el Premio Nobel de la Paz en 1992 por su activismo en defensa de los derechos de los indígenas de su patria y de la mujer y su lucha por la paz. Hasta la edad de veinte años Rigoberta hablaba solamente quiché, lengua heredada de sus antepasados mayas. Aprendió el español de adulta para que su mensaje fuera escuchado en foros más amplios. En su libro *Me llamo Rigoberta Menchú y así me nació la conciencia* editado por Elizabeth Burgos Debray, venezolana, Menchú nos cuenta su historia y la historia de los indígenas en la Guatemala de los noventa, su terrible situación de miseria y la violencia de la que eran víctimas a manos del gobierno de Efraim Ríos Montt. Gracias a la difusión de su libro y a su obtención del Premio Nobel, la voz de Menchú fue escuchada internacionalmente y el mundo tuvo conocimiento y consciencia de la terrible realidad cotidiana que debe enfrentar la población indígena a lo largo y lo ancho del continente americano.

La candidatura presidencial de Rigoberta Menchú está apoyada por un nuevo partido indígena, el "Winaq" que en idioma kiche significa "equilibrio e integridad" y por los partidos Unidad Revolucionaria Guatemalteca y Encuentro por Guatemala, más numerosos intelectuales.

3. La mujer latinoamericana en la política en los siglos XX y XXI

Los partidos políticos femeninos que se fundaron no sólo en Chile sino también en otros países como Brasil, Argentina y Uruguay probaron, con su pronta desaparición, la tesis del feminismo obrero sobre la necesaria unidad de la lucha por la reivindicación de los derechos de las mujeres y de la clase obrera en general. A pesar de que en un comienzo mujeres miembros de esos partidos comenzaron a ocupar escaños políticos de importancia tanto a nivel municipal como nacional se hizo urgente dar el salto por sobre la segregación y presentar un frente común de lucha. Después de todo la mujer, como ente social, debía estar unida y no separada de la sociedad de la que era parte y al interior de la cual ya había conquistado los primeros derechos civiles y ciudadanos.

En los años cincuenta, en Puerto Rico, el movimiento nacionalista dirigido por Pedro Albizu Campos y cuyo objetivo principal era lograr la independencia de la isla conoció un nuevo aliento entre los habitantes de las zonas rurales del país. Hubo brotes de violencia en la isla y también en los Estados Unidos durante los cuales fueron atacados edificios gubernamentales. El primero de marzo de 1954 una mujer, **Lolita Lebrón** -convencida de que la independencia era un derecho del pueblo puertorriqueño que había sido truncado por el gobierno de los Estados Unidos- en compañía de otros cuatro miembros del movimiento entraron al Congreso en Washington y abrieron fuego hiriendo de bala a cinco congresistas exigiendo libertad para Puerto Rico. Lebrón y sus compañeros fueron detenidos y sentenciados a cincuenta años de prisión. En repetidas ocasiones les ofrecieron perdón a cambio de retractarse de lo que habían hecho, pero prefirieron la cárcel a renunciar a sus principios, por lo que se fueron convirtiendo en mártires del movimiento independentista puertorriqueño. Veinticinco años después, en 1979, fueron indultados por el Presidente Jimmy Carter.

En la República Dominicana, a fines de los años cincuenta, cuatro hermanas se opusieron valientemente al régimen dictatorial de Rafael Trujillo. Son conocidas como **las hermanas Mirabal** y tres de ellas, Patria, Minerva, y María Teresa fueron asesinadas en 1960 y el auto en que viajaban fue echado por un barranco para simular un accidente. Desde ese momento se convirtieron en heroínas de su país y en símbolo de la mujer que lucha por los derechos de individuo. El día del aniversario de su muerte, el 25 de noviembre, fue decretado día internacional contra la violencia en contra de la mujer por la UNESCO. La escritora dominicana residente en los Estados Unidos, Julia Álvarez, las inmortalizó en su novela *En el tiempo de las maripo-*

sas.

En Puerto Rico se distinguió por su labor política y social **Felisa Rincón de Gautier** (1897-1994). Fue alcaldesa de la ciudad capital por veintitrés años, la primera mujer en ocupar ese escaño en la isla. Doña Fela, como se le recuerda cariñosamente, vestía de una manera muy peculiar; llevaba siempre un turbante y un abanico español en las manos. Hay una anécdota curiosa sobre doña Fela y es que una Navidad hizo llevar nieve en un avión desde los Estados Unidos hasta Puerto Rico para que los niños puertorriqueños pudieran disfrutar del maravilloso espectáculo.

Desde luego, no es sólo por esas extravagancias que la isla la recuerda sino por la enorme labor social que realizó en pro de la clase pobre de su ciudad. Siempre estuvo cercana a su pueblo por quien no solamente desarrolló numerosos proyectos de reforma social sino de quien se ocupaba por cosas más concretas como visitar a los enfermos o recibir a la gente en su casa para conocer sus problemas y ayudarles a solucionarlos. Luchadora incansable por los derechos de la mujer y los desfavorecidos, en tanto representante del Partido Popular Democrático de Puerto Rico en las Convenciones del Partido Demócrata de los Estados Unidos impulsó, entre otros proyectos, el programa de ayuda a los niños de escasos recursos *Head Start*.

Aunque muchas veces, ante la magnitud de personalidades como Fidel Castro y el Che Guevara se tiende a pasar por alto el rol de las mujeres en la Revolución Cubana, es importante recordar en honor a todas ellas al menos a dos: a **Haydée Santamaría** y a **Melba Hernández** quienes prácticamente tomaron en sus manos la difusión de documentos escritos por Castro mientras se encontraba preso por el fallido ataque al cuartel Moncada, entre ellos su famosa defensa "La historia me absolverá". Estas y otras mujeres como la misma hermana de Castro, Lydia, fueron responsables de orquestar la presión social y política que llevó a Batista a liberarlo a él y a los otros rebeldes presos. Ambas mujeres tomaron también las armas y acompañaron a Castro en la lucha que lo llevó al poder.

Igualmente, la brigada Mariana Grajales, compuesta exclusivamente por mujeres quienes fueron entrenadas, entre otros, por el mismo Castro fue una de las que más valientemente luchó durante la Revolución. Después del triunfo Haydée Santamaría fundó Casa de las Américas, que como mencionáramos en el Capítulo III, es un espacio de encuentro, de desarrollo y de difusión de la cultura latinoamericana en todas sus manifestaciones.

En la Cuba revolucionaria las mujeres fundaron en 1960 la Federación de Mujeres Cubanas (FMC), organización de masas a la que pertenece la inmensa mayoría de las mujeres. La FMC se preocupó, desde su fundación, de promover la participación de la mujer en todas las áreas de la vida política, social y cultural del país y para ello luchó por la implantación de una infraestructura que posibilitara esta participación. Gracias a esta organización se crearon en la isla comedores escolares, guarderías infantiles así como semi internados en las escuelas primarias para que los niños reciban educación, alimentación y cuidado durante las horas en que las madres están en sus trabajos.

El resultado más significativo de las oportunidades abiertas por la revolución a la mujer cubana es que en tres décadas de revolución la participación de la mujer en la economía del país se elevó del 15 al 42.3% (Isabel Rauber). Asimismo el nivel de alfabetización aumentó a tal punto que hoy en día un 50% de los médicos salidos de las universidades cubanas son mujeres.

En Nicaragua muchas mujeres también tomaron las armas para ayudar a derrocar la dictadura de Anastasio Somoza. Mencionaremos entre ellas a la escritora Gioconda Belli, quien fue miembro del Frente Sandinista de Liberación Nacional. Por sus actividades políticas fue perseguida por el régimen de Somoza y se vio obligada a salir al exilio en el cual se convirtió en miembro de la Comisión Político-Diplomática del Frente y visitó numerosos países de Latinoamérica y de Europa buscando apoyo moral y financiero para la causa nicaragüense. Además de ello fue correo clandestino transportando, como muy detalladamente lo cuenta en sus memorias *El país bajo mi piel*, no sólo mensajes sino armas.

Al igual que sucediera en Cuba después del triunfo de la revolución con la fundación de la FMC, una vez en el poder el FSLN, se creó la Asociación de Mujeres Nicaragüenses Luisa Amanda Espinoza (AMNLAE) para la defensa de los derechos de la mujer. Al interior del nuevo gobierno Gioconda Belli ocupó diversos cargos políticos entre ellos representante sandinista ante el Consejo Nacional de Partidos Políticos, portavoz del FSLN durante la campaña electoral de 1984 y Directora de la Unión de Escritores Nicaragüenses. El siguiente poema nos muestra el enorme sacrificio de la autora por los principios en los que creía.

> Ya van meses, hijita
> que no te veo.
> Meses en que mi calor
> no ha arrullado tu sueño.
> Meses en que sólo
> hemos hablado por teléfono
> -larga distancia, hay que hablar de prisa-
> ¿Cómo explicarte, mi amor,
> la revolución a los dos años y medio?
> ¿Cómo decirte: las cárceles están llenas de gente,
> en las montañas el dolor arrasa poblados enteros
> y hay otros niños que no escucharán ya la voz de sus
> madres?
> ¿Cómo explicarte que, a veces,

es necesario partir
porque el cerco se cierra
y tenés que dejar tu patria, tu casa, tus hijos
hasta quién sabe cuándo
(pero siempre con fe en la victoria)
¿Cómo explicarte que te estamos haciendo un país
nuevo?
¿Cómo explicarte esta guerra contra el dolor,
la muerte, la injusticia?

¿Cómo explicarte tantas,
pero tantas cosas,
mi muchachita...?

(del poemario: *Línea de fuego*)

Una mujer muy querida por la clase trabajadora chilena fue **Gladys Marín** (1941-2005), activista y figura política, luchadora incansable contra la dictadura del general Pinochet y defensora de los derechos de los trabajadores. Adhirió al Partido Comunista Chileno durante sus años de estudiante universitaria y fue Secretaria General de las Juventudes Comunistas de Chile por muchos años. En 1965 y 1970 fue elegida Diputada por la región de Santiago.

Gladys Marín

Después del golpe de Estado de 1973 tuvo que partir al exilio, regresando clandestinamente al país en 1978. Desde la clandestinidad luchó por el derrocamiento del gobierno de Pinochet; en 1998 se convirtió en el primer chileno en presentar una acusación formal contra el General bajo los cargos de genocidio y violación de derechos humanos. Representando al Partido Comunista fue candidata a presidenta en las elecciones de 1999 que fueron ganadas por Ricardo Lagos. Murió en marzo del 2005 de cáncer al cerebro. El gobierno de Ricardo Lagos decretó dos días de duelo nacional en su honor.

En los últimos años Latinoamérica ha conocido bastantes mujeres en el ministerio de defensa: **Nilda Garré**, Ministra de Defensa de Argentina quien se desempeñaba como embajadora en Venezuela. Abogada peronista, a principios de los ochenta luchó por la recuperación de la democracia. Favorece el enjuiciamiento y castigo de los que violaron los derechos humanos durante la época de la dictadura lo que podría causarle dificultades en el puesto que va a ocupar. Fue nombrada en el 2006.

Azucena Berrutti, de Uruguay, Ministra de Defensa desde el 2005. Fue abogada de derechos humanos. Anteriormente trabajó como Secretaria General de la Administración de la Ciudad de Montevideo.

Martha Lucía Ramírez de Rincón, de Colombia, Ministra de Defensa del 2002-2003. La criminalidad en el país bajó significativamente durante su incumbencia. Anteriormente había sido Vice-Ministra de 1991-98 y Ministra de Comercio Exterior de 1998-2001. Del 2001-2002 había sido embajadora en Francia. En el 2003 renunció a su puesto de ministra.

Cristian Matus Rodríguez, de Nicaragua, Ministra de Defensa desde el 2000.

Elizabeth Chuiz Sierra, de Honduras, Ministra de Seguridad y Policía de 1998-2000.

Laura Chinchilla Miranda de Costa Rica, Ministra de Seguridad Pública, Interior y Policía de 1996-1998.

a. Mujeres primeras mandatarias

La primera mujer en convertirse en primer mandatario de su país y primera mujer con el título de presidente en el mundo occidental fue **Isabel Perón** (1931-), segunda esposa del presidente argentino Juan Domingo Perón quien ocupó el puesto entre 1974 y 1976. Isabel fue Vicepresidenta y Presidenta del Senado durante el segundo gobierno de Perón entre 1973-74 y al morir éste, le sucedió en el poder. En oposición a la casi veneración del pueblo argentino por Evita, primera mujer de Perón, el pueblo argentino no guarda buenos recuerdos del gobierno de Isabel durante el cual la organización Alianza Anticomunista Argentina desató una fuerte represión contra dirigentes y militantes de izquierda la que provocó el asesinato o desaparición de miles de ellos. Isabel fue derrocada por el golpe de Estado militar de Jorge Rafael Videla y fue encarcelada acusada de malversación de fondos públicos. En 1981, al salir de la prisión, se exilió en España. A comienzos del 2007 se dictó una orden de detención internacional por su posible responsabilidad en el secuestro de dirigentes políticos durante su gobierno.

En 1979 la boliviana **Lidia Gueiler Tejada** (1921-) fue nombrada presidenta interina del país, puesto que ocupó por un año al cabo del cual fuera derrocada por Luis García Meza quien diera el golpe de estado número 129 en la historia de Bolivia. Anteriormente había ejercido varios puestos políticos y diplomáticos entre ellos: diputada (1956-1964); Presidenta de la cámara de Diputados (1979); embajadora en la Alemania Oriental (1982-83) y en Venezuela (1983-86). Igualmente fue una activa feminista y gracias a su liderazgo se instituyó en Bolivia el 11 de octubre como día de la mujer boliviana. Fue a su vez la representante de Bolivia ante la Comisión Interamericana de Mujeres. Publicó dos libros, *La mujer y la revolución* (1960) y *Mi pasión de lidereza* (2000), una autobiografía.

Violeta Barrios de Chamorro (1929-) asumió el poder como presidenta de Nicaragua en 1990 lo que la convirtió en la primera mujer en llegar a la presidencia en un país centroamericano. Su mandato se extendió hasta 1997. Barrios de Chamorro fue miembro de la Junta de Reconstrucción Nacional que asumió el poder cuando el Frente Sandinista de Liberación Nacional derrocó la dictadura de Anastasio Somoza en 1979, pero poco después se separó de los sandinistas por discrepancias políticas. Al ganar las elecciones en 1990 como representante de la Unión Nacional Opositora contra Daniel Ortega, representante sandinista, ocupó el puesto de Presidenta y también de Ministro de defensa. En las elecciones de 1997 no se presentó a reelección. Ese mismo año publicó una autobiografía bajo el título de *Sueños del corazón*.

Ecuador conoció en 1997 una presidenta interina, **Rosalía Arteaga Serrano de Fernández de Córdova** (1956-) quien había sido elegida Vicepresidenta en 1996. En 1997, luego de una huelga general nacional el congreso destituyó al Presidente Abdalá Bucaram Ortiz por ineptitud para gobernar y Rosalía Arteaga fue nombrada presidenta interina. Fue candidata a presidenta en las elecciones de 1998, pero no fue elegida. Arteaga Serrano se ha destacado también como escritora siendo la autora de libros de ficción y de poesía, entre ellos *Jerónimo y Gente* (cuento) *Cinco poemas y Horas* (poesía) y *Árboles de Cuenca Alto Cenepa: las fronteras de una guerra* y "La presidenta: el secuestro de una protesta" (ensayo).

En 1999 Panamá vio el advenimiento al poder de **Mireya Moscoso Rodríguez** (1946-). Moscoso Rodríguez no sólo se contentó con acceder ella al poder sino que fue la primera presidenta de la historia en nombrar a otra mujer como vicepresidenta, su hermana Ruby Moscoso de Young. Moscoso Rodríguez gobernó hasta septiembre de 2004 en que fue sucedida por Martín Torrijos. Una de las críticas negativas que se le hizo a su gobierno fue la práctica del nepotismo.

En el año 2001 asumió la gobernación del Estado Libre Asociado de Puerto Rico **Sila María Calderón Serra** (1942-), miembro del Partido Popular Democrático. Antes de aspirar a la gobernación de la isla se desempeñó, entre otros puestos de servicio público, como Secretaria de Estado y alcaldesa de San Juan, ciudad capital. Su mandato culminó en noviembre del 2004.

Sin lugar a dudas, la mandataria que mayor expectativas ha causado antes y después de llegar al poder es la actual presidenta de Chile, **Michelle Bachelet**, quien asumiera el poder en marzo de 2006 y quien antes de ser candidata a la presidencia ocupó los cargos de Ministra de Salud, y de Defensa.

Otra mujer, **Soledad Alvear**, demócrata-cristiana quien fuera Ministra de estado del Servicio Nacional de la Mujer (SERNAM) (1991-1994), Ministra de Justicia (1994-1991) y Ministra de Relaciones Exteriores (2000-2005) se disputó con Bachelet la candidatura a la presidencia por la Concertación de Partidos por la Democracia. Hoy en día, en el 2006, Alvear es Senadora de la República.

El caso de Michelle Bachelet es extremadamente singular pues no solamente es la primera mujer presidente de Chile sino la primera presidenta en la historia de la América del Sur en ser elegida en elecciones populares y no por ser la viuda de un ex presidente. Para muchos chilenos, esta médica socialista, por cuya profesión y afiliación política recuerda a quien la alentara a militar en la Juventud Socialista en los años setenta, Salvador Allende, representa la cara de un nuevo Chile que mira hacia el futuro envuelto en el manto de la reconciliación nacional.

Bachelet, como lo mencionáramos, es la hija del General de Brigada Aérea, Alberto Bachelet quien fuera nombrado por Salvador Allende jefe de las Juntas de Abastecimiento y Precios y quien al producirse el golpe de Estado fuera tomado preso, muriendo en la cárcel de un infarto como resultado de la tortura. Bachelet y su madre también fueron apresadas, torturadas y enviadas al exilio por alrededor de seis años.

Michelle Bachelet fue también la primera mujer latinoamericana en ocupar el puesto de Ministra de Defensa convirtiéndose así en jefa civil del cuerpo uniformado. Su singularidad no termina con su carrera política, es además separada por tercera vez y se identifica como agnóstica en un país de tradición católica. Como un gesto importante en los primeros treinta días de su gobierno podemos mencionar su participación en un homenaje en memoria de tres jóvenes profesionales que fueran degollados por agentes de la dictadura de Pinochet. José Manuel Parada, Manuel Guerrero y Santiago Nattino fueron secuestrados el 29 de marzo de 1985 y aparecieron degollados al borde de un camino un día más tarde. En el lugar en que aparecieron los cadáveres se levanta un memorial que consiste en 3 gigantescas sillas escolares de metal, sillas vacías que al costado de la ruta recuerdan el crimen cometido. Con ese gesto la primera presidenta de Chile rindió homenaje a las víctimas de la dictadura.

Entre las mujeres que han ocupado y ocupan un lugar destacado en la política hispanoamericana no podemos dejar de mencionar a **Ingrid Betancourt** de Colombia. Betancourt fue elegida diputada en 1994; denunció y condenó la corrupción de la clase política y tomó la bandera de lucha en favor de los pobres. La violencia en Colombia era pan de cada día y Betancourt fue amenazada de muerte, fue víctima de un atentado del cual afortunadamente logró escapar, y además fue atacada por la prensa. En 1998 fundó su propio partido político, Oxígeno y se presentó como candidata a senadora, ganando el mayor número de votos a nivel nacional. Cansada de no ver avanzar sus proyectos de paz y justicia social decidió ser candidata a la presidencia en las elecciones del 2002, dimitió de su posición de senadora a fines de 2001 y lanzó su campaña. Pocos meses después, en febrero de 2002, Betancourt y su jefa de campaña Clara Rojas, fueron secuestradas por las FARC, la guerrilla colombiana. Todavía en el 2007 no ha sido liberada.

En el 2006 dos otras mujeres sudamericanas fueron candidatas a la presidencia, **Lourdes Flores Nano** (1959-) en el Perú, y **Heloísa Helena Lima de Moraes** (1963) en Brasil, siendo ambas las primeras mujeres en aspirar al palacio presidencial en sus países.

Hay y ha habido igualmente incontables mujeres que aunque no han ocupado el escaño presidencial han llegado a ser alcaldesas, diputadas o senadoras y desde sus puestos han trabajado por el bienestar de sus respectivos pueblos. Las de la actualidad se perfilan incluso como posibles contendientes a la presidencia de sus países.

Entre las actuales se encuentra **Cristina Fernández Kirchner** (1953-) esposa de Néstor Kirchner, presidente de Argentina, hoy Senadora por la provincia de Buenos Aires y quien del 2001-2005 fuera Senadora por la provincia de Santa Cruz.

Cristina Fernández Kirchner
Cristina Fernández Kirchner se perfila como candidata a la presiden-

cia de Argentina por el Partido Justicialista en las próximas elecciones presidenciales en el 2007, y de serlo, según las encuestas, como la candidata ganadora. En París, en febrero del 2007, en una entrevista de prensa junto a Ségolène Royale, primera candidata a la presidencia en Francia, comentó: "éste es el siglo de las mujeres".

También debemos mencionar a **Elisa Carrió** (1956-), igualmente argentina, abogada de profesión. Actualmente es Diputada Nacional por la Ciudad de Buenos Aires. Fue Diputada Nacional por la provincia del Chaco durante dos periodos de 1995-1999 y 1999-2003. Es fundadora del partido de centro izquierda Alternativa para una República de Iguales (ARI) compuesto en su gran mayoría por mujeres y será la candidata a presidenta por ese partido en las elecciones de 2007. Tal vez en ese momento, Argentina marcará un hito al tener, por primera vez en la historia, dos candidatas como contendientes a la presidencia del país.

Es evidente que la situación de la mujer latinoamericana de hoy en día varía dependiendo de los países, y al interior de los países, de la zona en que se viva, bien sea rural o urbana. En las zonas urbanas las mujeres tienen más acceso a la educación en todos los niveles y mayores posibilidades de entrar al mercado de trabajo. El único país en que esta diferencia es menos acentuada es en Cuba. En la actualidad el congreso cubano cuenta con un 22% de mujeres, y como dijéramos, el 50% de los médicos que se gradúan de las universidades cubanas son mujeres. Sin embargo hay que reconocer que existen en la isla otros problemas, siendo el mayor la vuelta atrás a la prostitución que había sido prácticamente erradicada por el gobierno revolucionario provocada por la difícil situación económica imperante y la apertura hacia el turismo como una de las medidas de solución a la crisis económica.

Michelle Bachelet en Chile, en los primeros días de su gobierno, tomó una medida que puede servir de ejemplo a otros países no sólo de Latinoamérica sino del mundo: nombró un Gabinete paritario con igual cantidad de ministras que de ministros. Cuatro de las ministras: Paulina Veloso Valenzuela, Viviane Blanlot Soza, Ingrid Antonijevic y María Soledad Barría, Secretaria General de la Presidencia, Ministra de Economía, Ministra de Defensa y Ministra de Salud respectivamente ocupan ministerios de peso en lo que a política gubernamental se refiere. Se espera que esto lleve paulatinamente a la paridad en otros sectores de la sociedad chilena.

Al asumir el poder en Bolivia el Presidente Morales nombró como Presidenta de la Asamblea Constituyente a **Sylvia Lazarte**, dirigente cocalera de origen indígena y miembro del MAS.

Sylvia Lazarte

En Ecuador, Rafael Correa nombró siete mujeres en su primer gabinete. Una de ellas, la diputada socialista Guadalupe Larriva fue la primera civil Ministro de Defensa del país. Al morir en un accidente a los nueve días de su nombramiento, fue reemplazada por Lorena Escudero.

La historia muestra que es muy difícil hacer avanzar las ideas. Superar el machismo que ha predominado en nuestras sociedades ha sido una ardua tarea en la que tanto hombres, y aunque parezca increíble, también mujeres han servido de obstáculo. Entre otros problemas inherentes al machismo, uno que precisa de inmediata erradicación es la violencia contra la mujer pues representa uno de los peores males de nuestra sociedad civilizada. Sin embargo, es importante recordar que a pesar de todos los inconvenientes la mujer, como lo ha hecho a través de la historia, sigue luchando por sus derechos y los de sus familias dentro del ámbito en que se mueva, y el esfuerzo realizado por las indígenas de alguna población latinoamericana por asegurar el pan que ponen en la mesa tiene tanto valor como los proyectos de ley que proponen las legisladoras en las zonas urbanas. Hay aún un largo trecho que recorrer para lograr la completa igualdad y reconocimiento; en general la mujer sigue recibiendo salario menor por igual trabajo y aunque ha llegado a ocupar importantes cargos políticos, como hemos visto, todavía permanece poco representada en el mundo de la economía, los negocios y los puestos administrativos en la educación superior, así como en el mismo mundo político.

Queremos cerrar este capítulo con una nota optimista, no lamentando el rol negado a la mujer en la historia, sino recalcando que sólo un trabajo en conjunto del hombre y la mujer de la calle y de los hombres y mujeres que ostentan posiciones políticas, puede traer los anhelados cambios de justicia social por los cuales todas las mujeres aquí mencionadas y aquellas cuyos nombres u obras quedaron en el tintero, dieron su aliento; justicia no sólo para la mujer sino para la sociedad en general.

Preguntas de comprensión y repaso

III.1 La mujer en la historia

A. Conquista y colonización
1. ¿Existe o no representatividad de la mujer en los libros de historia de América Latina? Según Ud. ¿qué posibles razones hay para ello?
2. ¿Por qué las poetas modernas no quieren que se les llame poetisas?
3. ¿Quién fue Anacaona y cuál es su importancia?
4. ¿Qué rol jugaron las mujeres en las insurrecciones en el Virreinato del Perú?
5. ¿Qué mujeres araucanas inscribieron su nombre en la historia de las luchas contra los españoles?
6. Comente la acción de Fresia con respecto a su hijo.
7. ¿Combatieron todas las mujeres del lado de los indígenas durante las primeras insurrecciones?

B. Independencia
1. Explique en sus propias palabras la participación de las mujeres en las guerras de independencia en los diversos países de Latinoamérica. ¿Quién fue Manuela Sáenz?
2. ¿Por qué cree Ud. que resulta interesante el hecho de que el himno revolucionario de Puerto Rico haya sido escrito por una mujer?
3. ¿A qué estuvo vinculada particularmente la participación de la mujer negra en las luchas de independencia?

C. Periodo de transición
1. ¿Qué rol importante tuvieron las mujeres durante el periodo de transición post independencia?

D. Siglo XX
1. ¿Cambió la situación civil y política de la mujer una vez las colonias ganaron su independencia?
2. ¿Qué medidas tomaron las mujeres para cambiar esa situación?
3. ¿Cuáles fueron los primeros países de Latinoamérica en otorgarles el derecho al voto a las mujeres? ¿En que año?
4. ¿Fue general o limitado el sufragio concedido a las mujeres?
1. La mujer y la Revolución Mexicana
1. ¿Quiénes fueron las soldaderas y por qué se les recuerda?
2. Compare la leyenda de Adelita con la de Fresia y Guacolda.
3. ¿Qué tuvieron en común las siguientes mujeres mexicanas: Dolores Jiménez y Muro, Juana Belén Gutiérrez de Mendoza y Hermilda Galindo?

2. El desarrollo del feminismo latinoamericano

1. Describa el rol de Flora Tristán en el desarrollo del feminismo latinoamericano. ¿Qué tenían de particular sus ideas feministas?

2. ¿En qué dos tipos podemos categorizar el feminismo latinoamericano? Descríbalos.

3. Explique cómo se fueron organizando las mujeres para hacer avanzar sus ideas y conquistar sus derechos.

4. ¿Quiénes fueron Domitila Barrios de Chungara, Mariacano y Luisa Capetillo?

3. La mujer latinoamericana en la política en los siglos XX y XXI

1. ¿Quién fue Lolita Lebrón y por qué se convirtió en heroína del movimiento independentista puertorriqueño?

2. ¿Qué rol jugaron las hermanas Mirabal en la historia de la República Dominicana?

3. Partiendo de los ejemplos de mujeres presentados así como del poema de Gioconda Belli "Ya van meses hijita" comente la importancia del rol jugado por las mujeres en las revoluciones cubana y nicaragüense, los objetivos y esperanzas que tenían ellas en el cambio y los logros de éstas una vez los gobiernos revolucionarios en el poder.

4. ¿Quién fue Isabel Perón y por qué se distinguió? ¿Tiene el pueblo argentino un buen o mal recuerdo de ella? ¿Por qué?

5. ¿En qué países latinoamericanos ha habido primeras mandatarias y quiénes han sido?

6. Mencione algunos aspectos de la situación de la mujer en Cuba.

7. ¿Existe completa igualdad para la mujer en los países latinoamericanos hoy en día? Explique

8. ¿De acuerdo al autor del texto, el futuro de la mujer en Latinoamérica es uno positivo o negativo? ¿De qué dependerán los cambios que se produzcan?

¿Cuánto sabemos ahora?

Utilice el siguiente banco de palabras para contestar las preguntas y luego vuelva a la sección **¿Cuánto sabemos?** al comienzo del capítulo para comparar sus respuestas antes de estudiar el capítulo y después.

Policarpa Salavarrieta, Luisa Capetillo, Adelita, Guiomar, Isabel Perón, Violeta Barrios de Chamorro, Anacaona, Domitila Barrios de Chungara, Manuela Sánchez, Michelle Bachelet, soldaderas, Lola Rodríguez de Tió, Rigoberta Menchú, Micaela Bastidas, Fresia y Guacolda, Flora Tristán, Haydée Santamaría y Melba Hernández, Sila María Calderón, las hermanas Mirabal, Gladys Marín, Lolita Lebrón, Ingrid Betancourt, Heloísa Helena Lima de Moraes

1. _____ Esposa de Túpac Amaru quien le acompañó en la rebelión contra los españoles.

2. _____ Cacica de la isla de La Española quien fuera ejecutada por sus acciones contra los conquistadores.

3._____ Compañeras sentimentales de Caupolicán y Lautaro, defensoras del honor araucano frente al poder español.

4. _____ Quiteña luchadora por la independencia del Ecuador, amante de Simón Bolívar.

5. _____ Heroína y mártir de la independencia colombiana.

6. _____ Autora del himno revolucionario puertorriqueño.

7. _____ Esclava negra que luchó por la emancipación de los esclavos en Venezuela.

8. _____ Nombre dado a las mujeres que lucharon en la Revolución Mexicana.

9. _____ Premio Nobel de la Paz.

10. _____ Encarna legendariamente a todas las soldaderas.

11. _____ Aunque vivió a comienzos del siglo XIX, sus ideas influyeron grandemente en el desarrollo del feminismo obrero en Latinoamérica en el siglo XX.

12. _____ Luchó por los derechos de las mujeres en Puerto Rico, Cuba y República Dominicana.

13. _____ Obrera de la minas de carbón de Bolivia, autora de *Si me permiten hablar*.

14. _____ Pelearon junto a Fidel Castro para derrocar el régimen dictatorial de Fulgencio Batista.

15. _____ Gobernadora de Puerto Rico entre el 2000-2004.

16. _____ Primera presidenta de Nicaragua.

17. _____ Argentina, primera mujer en el mundo en ocupar el escaño presidencial.

18. _____ Ministra de Defensa chilena bajo el gobierno de Ricardo Lagos, hoy, primera presidente mujer de Chile.

19. _____ Permaneció presa por veinticinco años por defender sus ideales de independencia para Puerto Rico.

20. _____ Asesinadas por la dictadura de Rafael Trujillo.

21. _____ Candidata a la presidencia de Colombia que fuera secuestrada por las FARC.

22. _____ Candidata a la Presidencia de Brasil en el 2006.

23. _____ Candidata a la presidencia de Chile por el Partido Comunista en las elecciones de 1999.

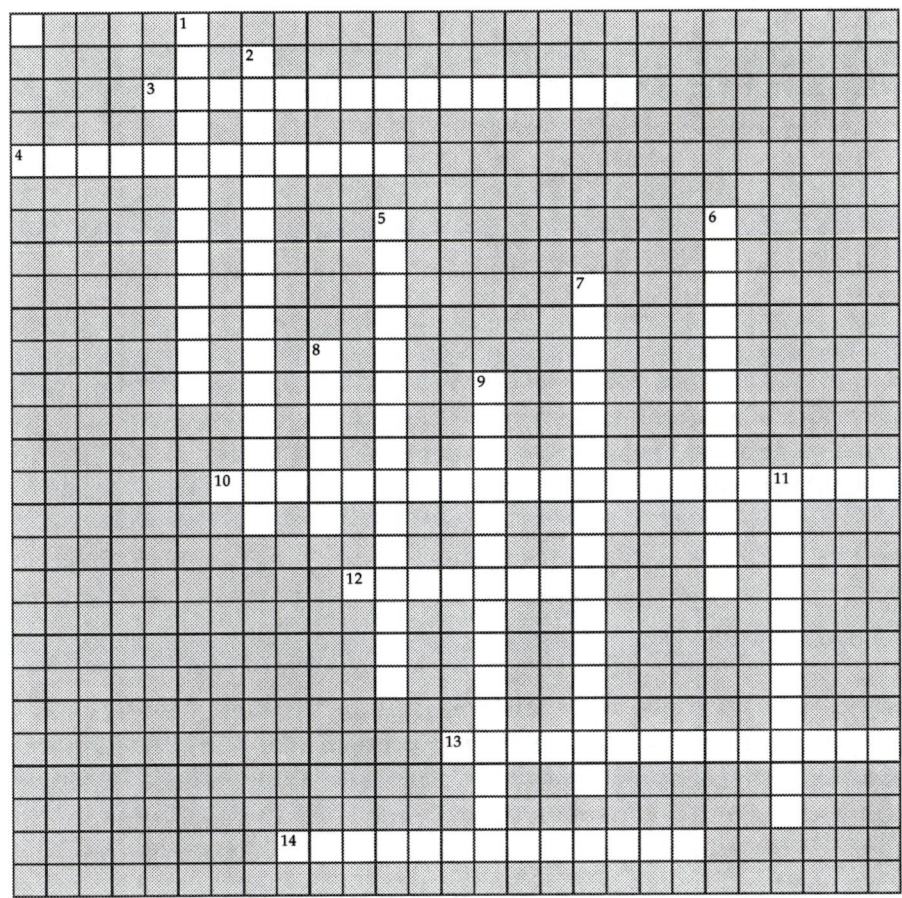

Horizontales

3. Poeta argentina fundadora de la Asociación Pro Derechos de la mujer
4. Feminista peruana del siglo XIX
10. Héroe y mártir de la independencia de Colombia
12. Cacica de La Española ejecutada por los conquistadores
13. Presidenta de Nicaragua
14. Candidata a la presidencia del Perú en el 2006

Verticales

1. Puertorriqueña que asaltó el Congreso de los Estados Unidos
2. Autora de *Si me permiten hablar.*
5. Guatemalteca, Premio Nobel de la paz
6. Dirigió el batallón de mujeres "Las Leales" en Bolivia
7. Primera presidenta de Chile
8. Pareja de Caupolicán
9. Mujer del Inca Túpac Amaru
11. Argentina, primera mujer presidente en el mundo

Más allá de los hechos: temas para pensar, investigar, escribir y conversar

1. Escoja una de las personalidades femeninas mencionadas y haga investigación sobre su vida y obra. Escriba un ensayo donde exponga sus hallazgos.

2. Busque información adicional sobre el periodo gubernamental de alguna de las primeras mandatarias en países latinoamericanos. Establezca qué caracterizó su gobierno, los logros en beneficio de la mujer, si los hubo, cómo las recuerda el pueblo, etc.

3. Lea la novela y/o vea la película *En el tiempo de las mariposas* y escriba un ensayo sobre el rol de las hermanas Mirabal en la lucha contra la dictadura del General Trujillo.

4. Realice una encuesta entre sus compañeros de clase y profesores de la universidad para ver si ellos votarían por una mujer para presidenta de los Estados Unidos. Escriba un ensayo y/o presente un informe a la clase exponiendo y analizando los resultados de la encuesta. O mejor, organice un debate en que un grupo exponga sus ideas a favor de una mujer presidente y otro en contra.

5. Uno de los estereotipos más difundidos sobre los latinoamericanos es el ser machistas. Sin embargo, a diferencia de países desarrollados como Francia y los Estados Unidos que no responden a ese estereotipo varios países de Latinoamérica han tenido presidentes mujeres, así como las han tenido, entre otros India y Liberia. Escriba un ensayo exponiendo su opinión del porqué se produce este fenómeno.

CAPÍTULO IV

La educación

CAPÍTULO IV
La educación

¿Cuánto sabemos?

I. Conteste las siguientes preguntas y luego compare sus respuestas con un compañero/a de clase. Cuando termine de estudiar el capítulo, después de completar la sección **¿Cuánto sabemos ahora?** vea cuáles de sus respuestas iniciales estaban correctas.

1) Los indígenas nunca aprendieron el castellano.

Cierto o Falso

2) En la época colonial la instrucción era impartida por los sacerdotes.

Cierto o Falso

3) Los niños y las niñas recibían el mismo tipo de educación en la época colonial.

Cierto o Falso

4) Las primeras escuelas laicas se establecieron después de la independencia.

Cierto o Falso

5) El sistema universitario en Latinoamérica está estructurado sobre el modelo del sistema universitario norteamericano.

Cierto o Falso

6) El porcentaje de mujeres que asiste a las universidades en los países latinoamericanos es muy bajo.

Cierto o Falso

7) El grado de analfabetismo en todos los países es muy alto.

Cierto o Falso

8) Paulo Freire es un pedagogo brasileño cuyas teorías han influenciado el mundo de la educación a nivel internacional.

Cierto o Falso

CAPÍTULO IV
La educación

IV.1 De las escuelas de la época colonial a las del siglo XXI

A. Periodo colonial

Como dijéramos en la primera parte de *Hoja de ruta* los españoles reprodujeron en las colonias el sistema político, social y económico de la madre patria, incluido el pedagógico. De la misma manera que se impuso la religión católica por sobre las creencias de los nativos, en un comienzo se intentó imponer la alfabetización de los indígenas en castellano con la intención de una doble colonización, religiosa y lingüística. Era la manera que tenía el imperio de garantizar la obediencia y el sometimiento de sus súbditos. Poco a poco los sacerdotes, encargados de la educación, se dieron cuenta de que si querían tener éxito en su empresa colonizadora tendrían que aprender las lenguas indígenas y alfabetizar a los nativos tanto en castellano y latín como en su lengua materna.

Según las crónicas los indígenas eran muy diestros en el aprendizaje de idiomas y fueron capaces de hacer incluso traducciones de textos en latín y castellano a sus propias lenguas.

Las primeras órdenes sacerdotales en ejercer la enseñanza en las colonias fueron los franciscanos y los dominicos a los que se sumaron en el siglo XVII los jesuitas. Las escuelas estaban asociadas a los conventos; la primera fue fundada en 1505 en el Convento de San Francisco en la isla de La Española para educar a los niños mestizos nacidos de unión de peninsular con indígena en esos primeros viajes en que la tripulación no incluía mujeres. Básicamente el currículo de las escuelas primarias estaba integrado por cursos de lectura, escritura, aritmética y por supuesto religión. El de la enseñanza secundaria incluía gramática, retórica, latín, ciencias naturales y filosofía.

Una de las iniciativas pedagógicas más significativas fue la emprendida por Vasco de Quiroga, obispo del estado de Michoacán en México. Fundó, a través de todo el estado, lo que él llamó hospitales por el significado que la raíz de la palabra tiene en latín. Estos hospitales eran poblados comunitarios de beneficencia abiertos a los pobres y desvalidos, viudas y huérfanos, etc. Como las comunidades indígenas de la época pre-colonial, estas comunidades practicaban el trueque de productos y de servicios ya que cada una se especializaba en un tipo de arte o labor en específico como la confección de artefactos de metal, plumas, etc.; la fabricación de tejidos de algodón; la pintura; la escultura y otros oficios de utilidad a la comunidad.

En los conventos también se educaba a las niñas, tanto las de clase alta como las huérfanas recogidas por caridad. Su educación consistía en aprender la doctrina cristiana, lectura, escritura y labores relacionadas con el rol que se esperaba que jugaran dentro de la sociedad: bordado, costura, cocina.

A medida que se extendía la conquista, aumentaba el número de escuelas así como el interés de los sacerdotes por la sistematización de las lenguas indígenas. Gracias a ello han llegado hasta nosotros textos mayas como el *Popol Vuh* o la obra de teatro *Rabinal Achí* que, tal vez, de otra forma habrían desaparecido. De igual modo gracias a este interés ha llegado hasta nosotros importante información sobre los pueblos prehispánicos y sus culturas; de hecho, uno de los estudios más impresionantes sobre la cultura azteca, *Historia general de las cosas de Nueva España*, fue escrito por un jesuita, Fray Bernardino de Sahagún.

Las dos primeras universidades de la colonia fueron fundadas en la isla de La Española: la Universidad de Santo Tomás de Aquino en 1538 y la de Santiago de la Paz en 1540. Once años más tarde, en 1551, se decidió de la fundación de otras dos universidades en puntos estratégicos del imperio, en el virreinato de Nueva España y en el virreinato del Perú. Así fueron fundadas la Universidad de México y la Universidad San Marcos en Lima. El currículo que se seguía era el mismo de las universidades europeas al que se le añadió como requisito de graduación el estudio de un año de lenguas indígenas.

> **B.** La educación en Latinoamérica de fines del siglo XIX a la actualidad

Una vez surgieron las naciones independientes una de las principales reformas fue establecer sistemas educativos públicos laicos (no religiosos) lo que en cierta medida intentaba contribuir también a la integración nacional y a la homogenización social. Hubo diversas iniciativas sobresalientes para aumentar la educación de las masas. Simón Bolívar, por ejemplo, cuando fue presidente de Bolivia hizo adoptar un decreto que establecía que la educación y la salud eran asuntos que debían ser de primera importancia para los gobiernos y que la educación debía ser general y para todos. Lo mismo sucedió en Ecuador cuando logró su independencia de España. Sin embargo, a pesar de éstos y otros intentos, a lo largo del siglo XIX las masas en Latinoamérica seguían estando al margen del proceso educativo, más que en los países europeos o en los Estados Unidos. No fue sino hasta bien adentrado el siglo XX que los gobiernos comenzaron a darse cuenta de que si querían entrar al mundo de la modernización o aumentar la productividad o promover la movilidad social para evitar peligrosas luchas sociales tenían que promover, y sobre todo proveer educación a las masas populares.

En México, con el triunfo de la Revolución se establecieron las primeras escuelas rurales para la instrucción de los indígenas y los campesinos.

En los años veinte se desarrolló un extenso plan de alfabetización y de reestructuración del currículo escolar para cuya planificación e implantación se invitó a México a grandes educadores de otros países latinoamericanos como lo fue Gabriela Mistral, chilena, maestra, poeta y primer escritor latinoamericano en recibir el Premio Nobel de literatura.

La estructura del sistema educativo, público o privado en Latinoamérica es básicamente la misma en los diferentes países; quizás hay algunas variantes en la nomenclatura, pero en general éste se divide en: educación preescolar; educación general básica, elemental o primaria; educación media o secundaria; y educación superior o universitaria. En la mayoría de los países la educación preescolar es gratuita pero no es obligatoria y está dirigida a los niños hasta los cinco años de edad. En Colombia y Venezuela un año de preescolar es obligatorio, a diferencia de otros países. La educación primaria es obligatoria básicamente en todas partes, no así la secundaria. La educación superior también es gratuita y comprende tres tipos de instituciones de enseñanza: las universidades, los institutos profesionales y los centros de formación técnica, dependiendo de la carrera que se quiera estudiar. Hoy en día, además de las escuelas y universidades públicas existen también las instituciones privadas, muchas de ellas religiosas.

En la actualidad la población estudiantil universitaria es muy diferente de la del siglo pasado. Las reformas universitarias en los años sesenta y setenta abrieron las puertas de las universidades latinoamericanas a las clases populares. Hoy en día el número de estudiantes matriculados en las universidades es mucho mayor y la cantidad de mujeres que prosiguen una carrera profesional ha aumentado.

A pesar de depender económicamente de los gobiernos, las instituciones universitarias latinoamericanas gozan de autonomía. Una diferencia entre las universidades norteamericanas y las universidades en Latinoamérica es que en estas últimas los estudiantes no reciben una formación general sino profesional. Los cursos de educación general los estudiantes los hacen en la escuela secundaria. Por ello, al entrar a la universidad, los estudiantes ya tienen que estar seguros de la carrera que van a seguir.

Las universidades están divididas en facultades: humanidades, ciencias sociales, ciencias médicas, ciencias políticas, ingeniería, arquitectura, derecho, y hasta hace algunos años en esas facultades se estudiaban las carreras más solicitadas. Con la globalización y el desarrollo de la tecnología, en la actualidad las universidades han añadido facultades de computación o comunicaciones para preparar a los futuros programadores, técnicos e ingenieros de computación así como a los futuros periodistas de radio y televisión, ingenieros de sonido, etc.

Otra diferencia es que las residencias universitarias casi no existen pues los estudiantes, en general, estudian en la universidad que queda más cerca de su casa. Si por alguna razón van a estudiar a otra ciudad se hospedan en pensiones. Como regla general la asistencia a clase no es obligatoria. Si un estudiante hace todo el trabajo y pasa los exámenes finales, obtiene créditos por la clase.

Hoy en día la educación laica y gratuita es garantizada por la constitución de los diversos países. Ello no quiere decir que ese derecho sea respetado en todas partes. Sabemos que en los sectores pobres de la población, muchas veces las familias necesitan que los niños vayan a trabajar a temprana edad para poder subsistir, entonces por más que la educación sea un derecho, tiene menos relevancia que la subsistencia. Esto se refleja sobre todo en las poblaciones de origen indígena; aunque todos los gobiernos veían en la educación una forma de romper la marginalidad y de integración de estas comunidades a la nación todavía hoy en día esto no se ha producido completamente y podemos ver que el analfabetismo sigue existiendo entre estas poblaciones marginales.

La tasa de alfabetización varía de un país al otro, y también varía por género y por localización. En casi todos los lugares hay más hombres que mujeres que saben leer y escribir y que asisten a las universidades. Es obvio que en una sociedad en donde a pesar de los grandes logros alcanzados por los movimientos feministas el hombre sigue siendo considerado el proveedor principal familiar, si hay que elegir, se favorece que sea éste quien reciba educación universitaria. Sin embargo, muchas mujeres alcanzan a terminar la escuela secundaria y luego van a trabajar en fábricas y oficinas. Las mujeres de las clases más desfavorecidas trabajan muchas veces vendiendo comida o artículos en las calles.

También es evidente que los habitantes de las zonas urbanas tienen más acceso a la educación que los residentes de zonas rurales y que la calidad de la enseñanza depende, como en todas partes, de la realidad económica de la región. Por ejemplo, estudios realizados en México en el 2006 muestran que mientras en las grandes ciudades el gobierno invierte 8,100 pesos al año por la educación de un niño, en zonas de alta población indígena se invierten sólo 700. Y mientras el estado de Jalisco invierte 16,000 pesos, Puebla destina sólo 5,300. Es obvio que esta disparidad, además de ser moralmente injusta, representa un impacto negativo inmediato y a largo plazo en los estudiantes que la sufren.

Hoy en día en países con alta concentración de población indígena los gobiernos están tratando de resolver otro problema, el de la lengua, y están haciendo un mayor esfuerzo por ofrecer una educación bilingüe a los estudiantes. El hecho de que esas poblaciones habiten en su mayoría en zonas rurales y de que hay que alfabetizarlas en ambos idiomas ocasiona una escasez de maestros para servir esas áreas pues la mayoría de las veces los maestros que se gradúan en las ciudades no desean ir a trabajar al campo o no se sienten preparados para realizar esa labor. También, como mencionáramos anteriormente, en las zonas rurales la población en general no le ve un fin práctico a la educación. Los niños desde muy temprana edad deben ayudar a las familias en las labores del campo.

Entre las discrepancias más grandes en términos de alfabetización encontramos los casos de Haití, Nicaragua, Guatemala, los países del cono sur y Cuba. Los porcentajes de alfabetización en Argentina, Chile, Uruguay y Cuba fluctúan entre el 96 y 99%, casi la totalidad de la población. Por el contrario, en Haití es de sólo 53%, en Nicaragua de 68% y en Guatemala de 71%.

El caso de Nicaragua es particular. Antes de la Revolución Sandinista alrededor del 56% de la población era analfabeta. Un año después de la gran campaña de alfabetización organizada por el gobierno revolucionario el nivel de alfabetización subió a 93%, pero volvió a decaer a partir de los años ochenta cuando los sandinistas perdieron el poder. Hoy, junto a Guatemala, es uno de los países latinoamericanos que aparece en el informe de las Naciones Unidas en peligro de no poder cumplir con la fecha del 2015 que se promulgara en el Foro Mundial de Educación en Dakar en el 2000 para que se diera fin al analfabetismo.

En cambio Bolivia, que en el 2003 tenía 87% de nivel de alfabetización, es decir, sólo 13 % de analfabetismo, con la llegada al poder de Evo Morales piensa tener este mal erradicado para fines de 2008. Muy poco tiempo después de acceder al poder, en los primeros días de marzo de 2006, Morales lanzó una masiva campaña de alfabetización con el apoyo de Cuba y Venezuela para erradicar el analfabetismo en el término de dos años y medio. Algo significativo de esta campaña es que se alfabetizará tanto en castellano como en las lenguas maternas de las diferentes etnias. La misma estará dividida en tres etapas; en las dos primeras se alfabetizará sólo en lengua castellana, en la tercera etapa se enseñará en las lenguas maternas aymará, quechua y guaraní. El lema de la campaña es "Yo sí puedo".

Venezuela, a pesar de que no tenía un porcentaje de analfabetismo tan elevado en comparación a otros países, sólo 7% en el 2003, tras la gran campaña de alfabetización iniciada por el gobierno de Hugo Chávez éste se ha erradicado.

La crisis económica que afectó al continente latinoamericano en las últimas décadas del siglo pasado tuvo su incidencia en la calidad de la enseñanza pública. Mientras ésta perdía medios económicos para impartir una buena educación a las masas fueron proliferando una serie de instituciones privadas a las que sólo una pequeña minoría de la población tenía acceso, lo que dificultó aún más la integración de los sectores más marginados de la sociedad.

El problema principal que deben enfrentar los gobiernos hoy en día es el enorme desfase que existe entre la educación que se imparte en las instituciones públicas y el gran desarrollo tecnológico que demanda la inserción en el mundo social y económico del trabajo. Es necesario que la educación logre por fin convertirse en elemento de integración de las poblaciones marginadas y de movilidad social para que cumpla su primordial función en la sociedad, pero todo eso depende del estado de la economía y del interés que pongan los gobiernos en reconciliar ese desfase.

Ya el eliminar el analfabetismo y alfabetizar a las poblaciones indígenas tanto en castellano como en sus lenguas maternas es un gran paso que tiene que ser seguido de una excelente educación primaria, secundaria y universitaria o de preparación técnica pues es de primordial importancia que la juventud esté preparada para asumir un rol activo en el desarrollo económico de los países y tenga acceso a una vida mejor.

En esa dirección algunos gobiernos han tomado cartas en el asunto aumentando el presupuesto dedicado a la educación. La presidenta de Chile, Michelle Bachelet incrementó el presupuesto de Educación en 330 millones de dólares para el 2007 con el fin de mejorar la calidad de enseñanza y convertir la educación en "un motor para la innovación, el emprendimiento y la competitividad". Este aumento, que también se verá reflejado en los subsiguientes años de su gobierno permitirá el acceso a prekinder a todos los niños chilenos. Asimismo se plantea el aumentar la alfabetización digital de la población para que la competitividad en el mercado de trabajo sea algo real.

IV.2 Grandes educadores latinoamericanos

A. Eugenio María de Hostos (1839-1903)

A Eugenio María de Hostos se le considera uno de los más influyentes pedagogos y teóricos latinoamericanos de la sociología de la educación de todos los tiempos. Nació en Puerto Rico, pero fue residente de muchos países hispanoamericanos entre ellos Cuba, la República Dominicana y Chile en donde en el año 1888 fue invitado por el gobierno para reorganizar el sistema educativo del país; allí permaneció por nueve años. Ardiente luchador de la independencia de Cuba y Puerto Rico, le llegó la muerte sin que sus sueños se hicieran realidad.

Su pensamiento filosófico de una educación para la libertad del individuo influyó en los respectivos sistemas educativos de los países latinoamericanos en donde vivió y por ello se le conoce como "ciudadano de América". El mismo Hostos definía así el rol del maestro: "Antes que nada, el maestro debe ser educador de la conciencia infantil y juvenil; más que nada, la escuela es un fundamento moral" (Hostos: 1982: 224). Del mismo modo que para Hostos la integración de todas las razas era necesaria para lograr el progreso, también consideraba que sin la integración intelectual de la mujer a la sociedad, el progreso de nuestros países quedaría rezagado.

Para Hostos, en la medida en que la mujer recibiera una educación científica podría a su vez educar a sus hijos de una manera científica y a respetar los ideales de la razón y del progreso. Como vemos, su posición no es necesariamente a favor de un cambio revolucionario en el rol tradicional de la mujer dentro de la sociedad, sino de permitirle el acceso a una educación que le permitiera que su rol dejara de ser visto como inferior y que se convirtiera en una compañera del hombre en su labor de construcción de una sociedad de hombres justos y luchadores por la libertad y el progreso de los pueblos. Dice en su ensayo "La educación científica de la mujer:" "Reconstituyamos la personalidad de la mujer, instituyamos su responsabilidad ante sí misma, ante el hogar, ante la sociedad; y para hacerlo, restablezcamos la ley de la naturaleza, acatemos la igualdad moral de los dos sexos, devolvamos a la mujer el derecho de vivir racionalmente..."

Hostos fundó, en la República Dominicana la Escuela Normal, y en estrecha colaboración con la también maestra Salomé Ureña logró el que se abriera sus puertas a las mujeres. La cita siguiente hace parte del discurso de Hostos cuando se graduaron de maestras las primeras diez mujeres, y confirma el ideario educativo de Hostos en el que razón, sensibilidad, belleza, bien moral, equidad, justicia y libertad son piedras angulares: "Sois las primeras representantes de vuestro sexo que venís en vuestra patria a reclamar de la sociedad el derecho de serle útil fuera del hogar, y venís preparadas por esfuerzos de la razón hacia lo verdadero, por esfuerzos de la sensibilidad hacia lo bello, por esfuerzos de la voluntad hacia lo bueno, por esfuerzos de la conciencia hacia lo justo...Vais a ser... educadoras de la sensibilidad, para enseñarla a sólo amar lo bello cuando es bueno; educadoras de la voluntad para fortalecerla en lucha por el bien; educadoras de la conciencia para doctrinarla en la doctrina de la equidad y la justicia, (...) y la doctrina del derecho y la libertad".

Dada la enorme importancia que Hostos le concedía al maestro dentro de la sociedad, toda su vida abogó por que éste tuviera el reconocimiento social que tal posición merecía.

B. Gabriela Mistral (1889-1957)

Todos conocemos a la Gabriela Mistral poeta o a la Gabriela Mistral Premio Nobel de literatura, la primera entre los escritores latinoamericanos en recibir el tan codiciado galardón en 1945. Sin embargo, pocos conocen de sus inicios como humilde maestra rural en el norte de Chile. Por años se desempeñó como maestra de grados elementales a través de los cuales fue desarrollando una trascendental visión pedagógica. Por sus grandes aportes a la educación chilena y latinoamericana, en 1923, el Rector de la Universidad de Chile, Gregorio Amunátegui, le propuso al Consejo de Instrucción Primaria que se le concediera a Gabriela Mistral el título de Profesora de Castellano.

Se dice que a Mistral no le gustaba ayudar en los quehaceres del hogar pues desde su perspectiva, en cuanto vieran que era útil para la casa, estaba perdida. Sin embargo, su poesía es un canto de amor a la maternidad representada no sólo por la madre sino también por la maestra. Es una oda de amor por los niños: "Piececitos de niño/azulosos de frío/¿Cómo os ven/y no os cubren/Dios mío?" Es igualmente un canto de amor por el campesino y por los desfavorecidos de la tierra, lo que también se refleja en su labor educativa.

En 1922, José de Vasconcelos, secretario de Educación del entonces presidente mexicano Obregón conoce a Gabriela Mistral en el Brasil. Queda tan impresionado con sus ideas sobre la educación que la invita a formar parte del plan de reestructuración del sistema educativo público mexicano que incluía además la apertura de bibliotecas públicas. En México como en Chile y como en todos los países donde residió, Mistral se identificó completamente con las gentes humildes y convencida de que la educación era la única puerta de salida a una vida mejor se entregó en cuerpo y alma para entregarles las herramientas que les ayudaran a vencer la ignorancia que los ahogaba. El gobierno de Obregón quería erradicar el problema de analfabetismo en el pueblo mexicano. Ya no se trató para Mistral de educar únicamente a los niños, ahora se trataba también de alfabetizar adultos y de formar los maestros que colaborarían con ella y que continuarían la ardua tarea. Mistral enseñó literatura en Columbia University, Middlebury y Vassar College.

C. Paulo Freire (1921-1997)

Producto del siglo XX lo fue el educador brasileño Paulo Freire. El hecho de haber conocido desde temprana edad la realidad de una de las regiones más pobres del Brasil le hizo tomar conciencia de las injusticias sociales y le dio la determinación para luchar por la transformación de esa sociedad a una sociedad verdaderamente democrática y justa y de la cual desaparecieran discriminación y desigualdad. Para lograr esos cambios Freire no veía otra vía que la educación, pero un tipo de educación diferente; aquella que le permitiera al individuo tomar conciencia de su situación social y le proveyera los instrumentos para cambiarla. Sus revolucionarias ideas le valieron la persecución y el encarcelamiento en su país, pero a pesar de ello la influencia de sus teorías educativas alcanzó a todas partes del mundo.

Para Freire el proceso educativo debe concientizar al estudiante, hacerlo pensar y cuestionarlo todo, pero sobre todo, convertirlo en sujeto de su propio mundo. La relación entre alumno y maestro debe ser democrática y no autoritaria, tanto alumno como maestro deben aprender el uno del otro; enseñar, para Freire, da la oportunidad al maestro de reaprender lo que ya sabe. La experiencia educativa debe implicar igualmente humildad por parte del educador, así como respeto y amor por el educando. Decía Freire que "nadie lo sabe todo, nadie lo ignora todo", no importa cuán pobre o desfavorecido seamos. El conocimiento y respeto del maestro por las condiciones de vida del estudiante, de aquello que, al determinar su diario vivir determina su ser, es para él de suma importancia en el proceso educativo.

Según Freire, la elite tiende a pensar como algo natural que "diferente" es sinónimo de inferior, lo que para él denota intolerancia pues de esa mentalidad se desprende que a la elite no le interesa ser igual a quienes son diferentes = inferiores, pero tampoco acepta que éstos sean iguales a ella. Por el contrario, a ésta le interesa mantener la dominación sobre aquellos que considera inferiores por diferentes.

En ese sentido Freire considera que el maestro que se considere a sí mismo progresista no debe sentirse inferior a los estudiantes hijos de miembros de la clase dominante sobre todo en los colegios privados, pero tampoco debe sentirse superior a los estudiantes de los barrios pobres que asisten a las escuelas del sistema público.

Freire propone que la lectura, la escritura y la comprensión son destrezas cuyo aprendizaje no debe darse aisladamente. El ejemplo que ofrece para mostrar su teoría es la frase "Eva vio la uva". Para él es una frase sencilla que cualquier estudiante puede leer, pero para poder conocer el verdadero sentido de las palabras y para que las palabras aporten verdadero conocimiento al estudiante éste precisa situar al sujeto Eva y al objeto uva en su contexto social; debe preguntarse, por ejemplo quién produjo la uva y quién se benefició de ese trabajo de producción. Ello lo llevará a ver el mundo desde otra perspectiva.

La comprensión de lectura no se produce, según Freire de manera milagrosa; es producto de arduo trabajo, de paciencia y de perseverancia acompañadas de la utilización de herramientas que faciliten la comprensión como diccionarios, tesauros y enciclopedias. En ello estriba la diferencia entre leer para memorizar datos y leer para adquirir conocimientos, entre lo que él llama la "educación bancaria" y la "educación para la libertad".

Su filosofía educativa está contenida en dos libros: *Educación para la libertad* publicado en 1967 y *Pedagogía del oprimido* publicado en 1970, un año después de haber sido invitado como profesor visitante a la Universidad de Harvard. Paulo Freire es considerado uno de los teóricos en educación más influyentes del siglo XX.

IV.1. De las escuelas de la época colonial a las del siglo XXI

1. En un comienzo, ¿de qué manera se garantizaban los colonizadores la obediencia y sometimiento de los indígenas?

2. ¿Tenían los indígenas talento para las lenguas?

3. ¿Dónde se fundó la primera escuela y para quién?

4. ¿Qué eran los "hospitales" y quién los fundó?

5. ¿Había diferencia entre la educación que recibían las niñas y la que recibían los niños en el periodo colonial? ¿Qué piensa Ud. que reflejaba el tipo de educación que se ofrecía de esa sociedad?

6. ¿Qué ventajas tuvo, si alguna, para la preservación de las tradiciones y la literatura prehispánica el que los indígenas fueran alfabetizados en sus lenguas de origen así como en castellano y latín y el que los sacerdotes aprendieran las lenguas indígenas?

IV.2. La educación en Latinoamérica de fines del siglo XIX a la actualidad

1. ¿Cómo cambió la situación de la educación con respecto a los siglos anteriores?

2. ¿Qué medidas educativas se tomaron en México a raíz del triunfo de la Revolución?

3. ¿Cuál es la estructura básica del sistema educativo latinoamericano? Compárelo con el sistema educativo estadounidense, incluyendo el sistema universitario.

4. ¿De qué depende el grado de alfabetización de la gente en Latinoamérica?

5. ¿Qué medidas están tomando los nuevos gobiernos para eliminar el mal del analfabetismo?

6. ¿Qué desafío deben enfrentar los gobiernos latinoamericanos de hoy en día en términos de la educación?

IV.3. Grandes educadores latinoamericanos

1. Resuma la filosofía educativa de Eugenio María de Hostos.

2. Explique a qué se refería Hostos con la educación científica de la mujer.

3. ¿Quién fue y cuál fue la importancia de Salomé Ureña en el campo de la educación?

4. ¿Quién fue y cuál fue la importancia de Gabriela Mistral en el campo de la educación?

5. Explique lo innovativo de la filosofía educativa propuesta por Paulo Freire.

¿Cuánto sabemos ahora?

Empareje:

Luego vuelva a la sección **¿Cuánto sabemos?** al comienzo del capítulo para comparar sus respuestas antes de estudiar el capítulo y después.

Atención, tres de los nombres en la columna de la izquierda tienen dos respuestas

_____ 1. Gabriela Mistral

_____ 2. Eugenio María de Hostos

_____ 3. Salomé Ureña

_____ 4. "hospitales"

_____ 5. Franciscanos, dominicos y jesuitas

_____ 6. Paulo Freire

_____ 7. Periodo colonial

_____8. Bordado, costura, cocina

_____ 9. Santo Tomás de Aquino

_____ 10. Facultades

_____ 11. Grandes campañas de alfabetización

_____ 12. Sistema de educación laico y público

A. Escuelas asociadas a conventos

B. Niñas época colonial

C. Educación científica de la mujer

D. Humanidades, ciencias sociales, ciencias médicas, ciencias políticas

E. Poblados comunitarios de beneficencia para pobres, viudas y huérfanos

F. Bolivia, Venezuela

G. Maestra dominicana

H. *Pedagogía del oprimido*

I. Naciones independientes

J. Ciudadano de América

K. Encargados educación en la colonia

L. Pedagoga chilena

M. Primera universidad en Latinoamérica

N. Participó en reforma educativa en México

O. "Nadie lo sabe todo, nadie lo ignora todo"

Más allá de los hechos: temas para pensar, investigar, escribir y conversar

1. Busque información adicional sobre la filosofía educativa de Hostos, Gabriela Mistral y Paulo Freire y escriba un ensayo comparativo sobre los tres.

2. Basado en la información en este capítulo e información adicional que consiga, escriba una semblanza del ideal de maestro propuesto por Hostos o por Freire.

3. Escoja un tema conflictivo y desarrolle un plan de enseñanza de ese tema basado en las teorías de Paulo Freire.

4. A la luz de la pedagogía del oprimido de Paulo Freire, discuta la estrategia, y los resultados obtenidos, de los sacerdotes encargados de la educación en la época colonial de alfabetizar a los indios y al mismo tiempo aprender ellos las lenguas indígenas.

CAPÍTULO V

La religión

CAPÍTULO V
La religión

¿Cuánto sabemos?

I. Conteste las siguientes preguntas y luego compare sus respuestas con un compañero/a de clase. Cuando termine de estudiar el capítulo, después de completar la sección **¿Cuánto sabemos ahora?** vea cuáles de sus respuestas iniciales estaban correctas.

1) El 100% de los latinoamericanos es de religión católica.

Cierto o Falso

2) Los indígenas tenían una religión politeísta.

Cierto o Falso

3) El sincretismo religioso se produce cuando se mezclan elementos de dos o más religiones.

Cierto o Falso

4) La santería es una religión practicada en su mayoría en regiones con alta población de origen indígena.

Cierto o Falso

5) Hoy en día la Iglesia Católica no ejerce influencia alguna en la forma de pensar de la gente en Latinoamérica pues hay separación de poder con el Estado.

Cierto o Falso

6) La teología de la liberación proviene de la rebelión de los indígenas cuando los españoles intentaron imponerles la religión católica.

Cierto o Falso

7) El arzobispo Arnulfo Romero fue asesinado por los militares en El Salvador.

Cierto o Falso

8) Ernesto Cardenal fue un sacerdote y poeta nicaragüense.

Cierto o Falso

CAPÍTULO V
La religión

V.1 Sincretismo religioso

A. Religiones indígenas y catolicismo

Como viéramos en el Capítulo número I de la primera parte los pueblos aborígenes tenían una religión politeísta que, más allá de lo simplemente religioso, gobernaba todos los aspectos de su vida. Por ejemplo, los aztecas hacían sacrificios humanos a Huitzilopochtli, dios del sol y de la guerra porque pensaban, de esta manera, mantener viva la energía del sol, la que a su vez daría vida a las cosechas, y por consiguiente a ellos mismos. Los grupos indígenas, en general, adoraban la tierra, el sol, el agua, las constelaciones, todo aquello de lo que dependía su vida o aquellos fenómenos naturales que no podían explicar y que les afectaban positiva o adversamente: el trueno, la lluvia, las tormentas. La imposición de la religión católica por los colonizadores representó, entonces, un fuerte golpe para ellos; una ruptura con su mundo y con los valores que habían regido su vida hasta ese momento.

Los indígenas, acostumbrados a un sistema religioso centrado en lo práctico y lo concreto, desde un comienzo opusieron resistencia a este complejo y abstracto sistema religioso católico basado en el misterio de la Santísima Trinidad. Por otra parte, como la conquista y la evangelización se produjeron de una manera tan violenta, era imposible para ellos entender la ironía en la conducta de estos seres que al mismo tiempo que decían venían a liberarlos de los sufrimientos terrestres invadían sus tierras e intentaban someterlos y destruir su cultura. Por ello muchos de ellos se escapaban de las mitas o reducciones pues "no [querían] ir al cielo si [iban] allí los españoles". Sin embargo, el dominio que ejercían los conquistadores sobre ellos aniquilaba todo tipo de resistencia frontal y por ello surgió lo que hoy llamamos sincretismo religioso, de la necesidad de los indígenas de sobrevivir a esta situación sin tener que renunciar a sus creencias y deidades. Lo que facilitó la reconciliación entre el monoteísmo cristiano y el politeísmo indígena fue el culto a los santos. A medida que la evangelización avanzaba, la mitología indígena y los principios cristianos se fueron confundiendo, y a pesar de su intolerancia inicial los evangelizadores favorecieron esta práctica por facilitarles su tarea de cristianización. Así, por ejemplo, Viracocha, el padre creador de los incas fue asociado con el Dios Cristiano, creador del universo, y Pachamama, la madre tierra, con la virgen María.

El sincretismo afectó también los rituales. La fiesta del Inti Raymi que los incas celebraban el 24 de junio, en honor del dios Sol fue convertida en la fiesta católica de San Juan. De hecho, un tipo de danzas tradicionales que se bailaban para esta fiesta en la región de Imbabura en el Perú fueron llamados San Juanitos para marcar el cambio. Igualmente, la fiesta de Kapak Raymi que celebraban los incas el 21 de diciembre para honrar a la tierra porque es el momento del nacimiento de las cosechas, fue sustituida por la Navidad que representa el nacimiento del niño Dios. Con el tiempo, como manera de integración de las comunidades indígenas les fue asignado un santo patrón que protegía a la comunidad y esto fortaleció el culto de los santos.

En realidad, de acuerdo a los documentos históricos consultados, la tolerancia a este tipo de sincretismo religioso fue mayor o menor dependiendo de la orden religiosa de los misioneros. Por ejemplo, los dominicos fueron completamente intolerantes a la misma y les prohibían a los indígenas pintar representaciones del sol o la luna para impedirles que volvieran a sus antiguas creencias, mientras que los agustinos trataban de que éstos identificaran al sol con Dios y a la tierra con la virgen María (el sol fecundador de la tierra).

B. La santería

El sincretismo religioso se dio también entre la religión católica y las religiones traídas al Nuevo Mundo por los esclavos africanos. El resultado de este sincretismo se llama santería y es practicada mayoritariamente en los países o regiones con una gran concentración de población de origen africano como Cuba, la República Dominicana, Puerto Rico y Brasil. En la misma, santos de las religiones africanas se fundieron con santos católicos con características similares. Como en el caso de los indígenas, el comienzo de esta práctica puede tener dos orígenes que son intrínsecos, bien sea que los esclavos empezaron a adorar a sus dioses a través de las figuras de los santos católicos como una forma de protección de sus creencias o que con la experiencia indígena fresca, la Iglesia se sirvió del sincretismo religioso para promover la fe entre los esclavos. En todo caso, el resultado ha sido, como dijéramos la santería, definida por el sacerdote Juan J. Sosa como, "la adoración de dioses africanos bajo la apariencia de santos católicos". Entre los santos más famosos podemos mencionar a Babalú Ayé (San Lázaro); Ochún (Virgen de la Caridad del Cobre, patrona de Cuba); Obatalá (Virgen de las Mercedes); Ogún (San Pedro) y Changó (Santa Bárbara).

V.2. La religión católica como religión oficial del Estado

Durante los siglos que prosiguieron al descubrimiento y conquista de América la religión católica, como religión oficial del Estado, tuvo absoluto control sobre diversos aspectos de la vida en los territorios coloniales a través del control que ejercía sobre la educación y por el poderío económico que paralelamente fue acumulando. Ya en la segunda mitad del siglo XVI los conventos fueron autorizados a establecer las primeras escuelas para indígenas donde se les adoctrinaba en la fe católica y en la fidelidad a la Corona. Más adelante se fundaron conventos y escuelas para instruir a la elite criolla en ciernes y como vimos en el capítulo anterior, el siglo XVI vio también el nacimiento de las primeras universidades.

A pesar que después de lograda la independencia la tendencia en las recién creadas naciones fue, en general, a mantener separados Estado e Iglesia, la religión católica permanecía como la religión oficial. La influencia ejercida por ésta durante el proceso de evangelización y adoctrinamiento de la colonia fue tal que poco a poco fue logrando, en unos países más que en otros, seguir ejerciendo un poder enorme sobre la gente. Como resultado, aún hoy en día en algunos países las leyes que vayan en contra de los principios de la fe católica muchas veces demoran años en ser aprobadas.

Un caso reciente que muestra esta intromisión de la iglesia en asuntos legales es la ley del divorcio en Chile. En noviembre de 1995 un grupo de diputados presentó la moción a la Cámara para derogar una ley prohibiendo el divorcio que databa de enero de 1884, ciento once años atrás. Demoró nueve años antes de que la ley fuera finalmente aprobada en noviembre de 2004. Según un comunicado de la Biblioteca Nacional de Chile la demora se atribuye a que "varios sectores de la sociedad, entre los que destaca la Iglesia Católica, se oponían férreamente a la idea de imponer en la legislación chilena la idea del divorcio vincular, y expresaban esa opinión a través de los parlamentarios que también estaban en contra del proyecto".

No es un secreto que, históricamente, la Iglesia Católica se ha mantenido aliada a los gobiernos en el poder y alejada de aquellos a quienes debería, primordialmente servir, los desfavorecidos.

V.3. El Concilio Vaticano II: la Iglesia Católica intenta abrirse al mundo moderno

Al alba de los años sesenta, la cabeza de la Iglesia Católica con sede en Roma, cual presintiendo los tiempos de cambios que se avecinaban, sintió la necesidad de realizar un nuevo concilio en el cual se discutieran temas relevantes al presente de la iglesia, a su participación de la vida comunitaria y a su presencia como fuerza de opinión sobre temas concernientes a la humanidad en general. Así fue como en 1959 el Papa Juan XXIII llamó a la organización del mismo y entre octubre de 1962 y diciembre de 1965 alrededor de 3,000 obispos de la Iglesia Católica, y como cambio significativo con respecto a previos concilios, representantes de las iglesias protestantes y ortodoxas en calidad de observadores, se reunieron en 178 sesiones de discusión.

Uno de los logros del Concilio fue el de acercar la iglesia al pueblo. Se propició y se logró una participación mayor en el acto de las misas al cambiar el idioma del rito del latín a las lenguas vernáculas. Obviamente éstos y otros cambios producidos a raíz del Concilio causaron una división en el seno de la Iglesia. Los tradicionalistas, quienes veían en los concilios demasiada apertura que ponía en peligro los privilegios de la Iglesia, desafiaron estos cambios y el obispo francés Lefèvre, quien se opuso categóricamente a los cambios propuestos por este segundo Concilio fue expulsado de la Iglesia en 1976 por el Papa Pablo VI.

En América Latina, región de grandes injusticias sociales donde soplaban vientos de lucha, los acuerdos del Concilio Vaticano II encontraron tierra fértil la que propició el nacimiento de lo que se ha llamado la teología de la liberación, una revolucionaria interpretación de la teología cristiana a partir de otras teorías filosóficas, económicas y sociopolíticas del momento, entre ellas el marxismo.

En 1968 el Concilio Episcopal Latinoamericano (CELAM) organizó en Medellín, Colombia una conferencia de obispos del sur del continente para discutir sobre las vías óptimas de aplicación de los acuerdos del Concilio Vaticano II en los países de América Latina. Para poner en marcha la idea de que la Iglesia de Dios debía ser la Iglesia del pueblo, de los pobres y de los desfavorecidos los sacerdotes debían acercarse a las bases, salir a buscar a los feligreses donde estuvieran pues muchos no asistían a la iglesia por sentirla alejada de su vida diaria y de sus problemas.

Así, el edificio dejó de ser el centro de la religión; los sacerdotes celebraban el ritual de la misa en una casa, en un parque, en una plaza pública. La gente no tenía que vestirse elegantemente para participar del acto ni los sacerdotes estaban obligados a vestirse con sotana para oficiar. Todo lo superfluo que separara al pueblo de la Iglesia fue, poco a poco eliminado; al acercarse a este pueblo que era la verdadera base de la religión, según la teología cristiana, el sacerdote llevaba este pueblo a acercarse a Dios y por consecuencia, él mismo también se acercaba más a Dios.

V. 4. La teología de la liberación

Dentro de ese marco, la realidad socioeconómica del continente en los años sesenta, se desarrolló en Latinoamérica ese gran movimiento de renovación de la iglesia, la teología de la liberación. En el Capítulo III de la primera parte de este texto mencionamos al sacerdote colombiano Camilo Torres, asesinado en 1966 mientras luchaba al lado de la guerrilla. Frente a una Iglesia Católica que seguía representando la opresión de la Conquista, sacerdotes con visión como Camilo, el monseñor Dom Helder Cámara de Brasil, el sacerdote peruano Gustavo Gutiérrez y Arnulfo Romero en El Salvador, entre muchos otros, favorecieron el fortalecimiento de todo un movimiento de renovación de la Iglesia Católica en Latinoamérica en el que la idea de salvación estaba identificada a la labor de redención realizada por el sacerdote en la tierra. No se trataba solamente de predicar un mundo mejor después de la muerte, se trataba de aliviar los sufrimientos que padecían los pobres en la tierra como consecuencia directa de las injusticias sociales existentes.

Criticaba este movimiento los mecanismos que la iglesia había utilizado a lo largo de la historia de alianza con el poder para mantener la opresión sobre los pueblos y su privilegiada posición socioeconómica. Hacía un llamado a la iglesia tradicional a favorecer, de forma pacífica, un cambio de las condiciones socioeconómicas de la gente. Para ello la teología de la liberación postulaba la siguiente premisa: es necesario estudiar y analizar las causas de la pobreza en la sociedad a la luz de los preceptos de la religión cristiana para luego buscar vías de solución a los problemas. Esta innovadora visión del rol de la iglesia se propagó por toda Latinoamérica en los años sesenta y fue sistematizada por Gustavo Gutiérrez en su libro *Teología de la liberación* publicado en 1971.

Es importante señalar que los practicantes de esta teología no fomentaban la violencia en sí misma, sino que querían lograr un entendimiento, por parte de aquellos que tenían el poder político y eclesiástico de la necesidad de que la Iglesia sirviera a los necesitados, a los oprimidos. Basándose en las Escrituras, en que Jesús utilizó la violencia en algunas ocasiones, como cuando echó a los mercaderes del templo, algunos de los sacerdotes, sobre todo los más jóvenes, comenzaron a apoyar a los pobres en movimientos de rebelión armada, al ver que por los medios pacíficos no se lograba la justicia social, sino más corrupción, más violencia y más injusticias contra los pobres. Por ello, la teología de la liberación fue condenada por el Vaticano y muchos de sus practicantes fueron ex comulgados. Otros, como el arzobispo Arnulfo Romero fueron acusados de marxistas y de instar al pueblo a la rebelión y fueron asesinados. La muerte de Romero causó gran conmoción en todo el mundo pues fue asesinado mientras celebraba la misa.

Otro gran practicante de la teología de la liberación lo fue el sacerdote y poeta nicaragüense, Ernesto Cardenal, quien fue nombrado Ministro de Cultura del país cuando el Frente Sandinista de Liberación Nacional subió al poder. Uno de sus poemas más conocidos es "Oración por Marilyn Monroe" en el que enjuicia a la sociedad por la muerte de tantas Marilynes que no somos capaces de salvar:

Ernesto Cardenal

"Oración por Marilyn Monroe"
recibe a esta muchacha conocida en toda la tierra con el
nombre de Marilyn Monroe
aunque ese no era su verdadero nombre
pero Tú conoces su verdadero nombre, el de la huerfanita
violada a los 9 años
y la empleadita de tienda que a los 16 se había querido matar
y que ahora se presenta ante Ti sin ningún maquillaje
…
Perdónala Señor y perdónanos a nosotros
por nuestra 20th Century
por esta Colosal Super-Producción en la que todos hemos trabajado
Ella tenía hambre de amor y le ofrecimos tranquilizantes

V.5. La realidad religiosa en el presente

En la actualidad, en pleno año 2006 seguimos viendo en Latinoamérica dos tipos de Iglesia Católica, la tradicional y la progresista que sigue los postulados de la teología de la liberación. A pesar de que la mayoría de los latinoamericanos se declaran como católicos en los censos es más bien por costumbre y muchos de ellos no son practicantes.

Hoy en día otras religiones coexisten con la católica en los diferentes países en algunos casos por la llegada de emigrantes de religión judía o musulmana o por misioneros que países como los Estados Unidos envían constantemente. Mientras hacen labor social estos grupos introducen también sus principios religiosos.

Como ejemplo, podemos mencionar la existencia en Chile de una cantidad significativa de Testigos de Jehová, de mormones en El Salvador y de diversos grupos protestantes en el Perú.

Preguntas de comprensión y repaso

V.1. Sincretismo religioso

1. ¿Cómo afectó la vida de los indígenas la imposición del catolicismo como única religión?

2. ¿Cuál fue la primera reacción de éstos ante esta imposición?

3. Explique lo que es el sincretismo religioso y por qué se produce. Dé algunos ejemplos de sincretismo.

4. ¿Qué es la santería y en qué regiones se desarrolló? ¿Es practicada hoy en día?

V.2. La religión católica como religión oficial del Estado

1. ¿En qué se basó el poder de la Iglesia Católica durante la época colonial?

2. Explique y dé algún ejemplo de cómo ese poder todavía se deja sentir a pesar de la separación Iglesia-Estado imperante en nuestras sociedades.

V.3. El Concilio Vaticano II: la Iglesia Católica intenta abrirse al mundo moderno

1. Discuta lo que fue el Concilio Vaticano II y sus objetivos.

2. Explique lo que fue el Concilio Episcopal Latinoamericano y qué cambios se produjeron en la iglesia a raíz del mismo.

V.4. La teología de la liberación

1. Explique lo que significa la teología de la liberación y cuál fue su impacto en Latinoamérica. Hable sobre sus iniciadores.

2. ¿Por qué se condenó la teología de la liberación en el Vaticano?

3. ¿Quién fue Ernesto Cardenal?

V.5. La realidad religiosa en el presente

1. ¿Es América Latina un continente 100% católico?

¿Cuánto sabemos ahora?

Utilice el siguiente banco de palabras para contestar las preguntas y luego vuelva a la sección **¿Cuánto sabemos?** al comienzo del capítulo para comparar sus respuestas antes de estudiar el capítulo y después.

Concilio Episcopal Latinoamericano, Oración por Marilyn Monroe, San Juanitos, Concilio Vaticano II, Pachamama-Virgen María, politeísmo, Ochún, teología de la liberación

1. Ejemplo de sincretismo religioso: _____.

2. Creencia en muchos dioses: _____.

3. Nombre dado por los españoles a la danza indígena que se bailaba para la fiesta del Inti Raymi: _____.

4. Nombre de la Virgen de la Caridad, patrona de Cuba en la Santería: _____.

5. Uno de sus logros fue el de acercar la iglesia al pueblo: _____.

6. Buscó maneras para poner en marcha acuerdos del Concilio Vaticano II en Latinoamérica: _____.

7. Innovadora visión del rol de la iglesia: _____.

8. Poema de crítica social del poeta y sacerdote nicaragüense Ernesto Cardenal: _____.

Más allá de los hechos: temas para pensar, investigar, escribir y conversar

1. Consulte el libro *Teología de la Liberación* o busque información adicional sobre este fenómeno que se produjo en la Iglesia. Compare lo que ahí se expone con las enseñanzas de la Biblia cristiana y escriba un ensayo o haga una presentación discutiendo la interpretación de la Biblia que hicieron los teólogos de la liberación.

2. Busque en la biblioteca libros de poesía de Ernesto Cardenal. Escoja varios y haga una presentación a la clase sobre su poesía y cómo se ve en ella su compromiso social.

3. Alquile la película *Romero* de John Duigan (1989). Vean la película en pequeños grupos y hagan un análisis de las dos iglesias que se ven en la película, la tradicional y la nueva iglesia. Hable sobre los personajes que representan a cada una de ellas y cómo lo sabemos; por ejemplo, puede hablar del vestuario, la vivienda, la relación con la gente, el lugar donde celebran la misa, etc. Un grupo puede encargarse de un tipo de iglesia y otro del otro.

4. ¿Cuál cree Ud. que debe ser el rol de la Iglesia en una sociedad? Explique.

CAPÍTULO VI
Ciencia y tecnología

¿Cuánto sabemos?

I. Conteste las siguientes preguntas y luego compare sus respuestas con un compañero/a de clase. Cuando termine de estudiar el capítulo, después de completar la sección **¿Cuánto sabemos ahora?** vea cuáles de sus respuestas iniciales estaban correctas.

1) En Latinoamérica el uso del teléfono celular es muy limitado.

Cierto o Falso

2) La Internet de banda ancha no se conoce.

Cierto o Falso

3) La ciencia es muy importante y se le da prioridad en los programas de estudio.

Cierto o Falso

4) Tantas mujeres como hombres estudian carreras científicas en las universidades.

Cierto o Falso

5) El desarrollo de las ciencias y la tecnología están atrasados y los gobiernos no hacen nada para mejorar la situación.

Cierto o Falso

6) Chile es uno de los países del continente más avanzados tecnológicamente.

Cierto o Falso

7) En Cuba no existe la Internet.

Cierto o Falso

8) Las cabinas Internet son muy comunes en América Latina.

Cierto o Falso

CAPÍTULO VI
Ciencia y tecnología

VI.1. Popularización y desarrollo de la ciencia

Los últimos veinte años han sido claves en los pasos que los países latinoamericanos han dado para avanzar en un camino en el que estaban definitivamente relegados, el del desarrollo científico y tecnológico. Diversas iniciativas fueron puestas en marcha, unas a nivel continental, otras a nivel nacional para promover el estudio, desarrollo y difusión de las ciencias. También para fomentar que más mujeres estudien carreras científicas pues hasta ahora éstas son carreras mayormente estudiadas por los hombres.

Entre 1990 y 2003 la inversión total en el desarrollo de la ciencia y la tecnología en Latinoamérica y el Caribe fue de 223 mil millones de dólares siendo Brasil el país que más invirtió, un 60% del total. Después le siguieron México, Argentina, Venezuela y Chile. En cuanto al porcentaje de investigadores comparado a la población económicamente activa los números son los siguientes: 1,68% en Argentina; 1,21% en Chile; 0,87% en Brasil y 0,67% en México.

Si comparamos inversión con cantidad de investigadores podemos notar que no hay una correlación lógica puesto que a pesar de que Brasil fue el país que más invirtió, es el que menos investigadores tiene lo que refleja que dentro del campo de la ciencia y la tecnología cada país establece prioridades diferentes.

A. Iniciativas a nivel continental

Entre las iniciativas desarrolladas a nivel de continente podemos mencionar las siguientes: "RED-POP" establecida en 1990, red interactiva que cuenta con unos setenta miembros de todo el continente y del Caribe; el Acuerdo de Cooperación firmado en 1998 y ratificado en el 2005 para la "Promoción de las Ciencias Nucleares Y la Tecnología en América Latina y el Caribe" (ARCAL); y el Instituto para la Conectividad en las Américas (ICA) creado en Canadá durante la Cumbre de las Américas realizada en Québec en abril de 2001 cuyo objetivo es promover las tecnologías de la información y la comunicación para conectar diferentes sectores sociales con el fin de implementar redes estratégicas y desarrollar iniciativas de tecnologías innovadoras que establezcan la colaboración entre los países de la región para el desarrollo social y económico de los pueblos. Desde su creación este instituto ha financiado sesenta de las aproximadamente cuatrocientas propuestas de proyectos recibidas.

B. Iniciativas nacionales

Algunos países han establecido planes de comunicación de la ciencia como el "Explora" creado en Chile por la Comisión Nacional de Investigación Científica y Tecnológica (CONICYT) en 1995.

En Panamá se creó el programa "Destellos" en 1997 bajo el auspicio de la Secretaría Nacional de Ciencia, Tecnología e Innovación (SENACYT).

Otros países también implementaron proyectos para la popularización de las ciencias como el establecido por Brasil bajo la égida del Consejo Nacional de Desarrollo Científico y Tecnológico después de la subida del Presidente Lula al poder.

C. Casos concretos

1. "Iniciativa Científica Milenio"

Hay dos iniciativas que quisiéramos citar aquí como ejemplo de cómo el acceso a la tecnología puede incidir profundamente en el desarrollo social y económico de los pueblos y cuán importante es el que los gobiernos latinoamericanos destinen al desarrollo de la ciencia y la tecnología al menos el 1% del presupuesto nacional considerado como requisito.

El primer proyecto es la "Iniciativa Científica Milenio" establecida en 1999 en Chile bajo el gobierno del Presidente Eduardo Frei y que ha tenido significativos logros en incrementar la formación de investigadores, en conectar la investigación con la práctica en beneficio del desarrollo social y económico del país y en la difusión del producto de sus investigaciones. La "Iniciativa" es un proyecto experimental que incluye tres Institutos y cinco Núcleos Científicos cuyo objetivo es realizar investigación científica de punta comparable a la realizada en laboratorios de países desarrollados.

Actualmente estos institutos realizan investigaciones como las siguientes: estudio de los genes asociados al alcoholismo; la enfermedad de Alzheimer; aplicaciones de genética molecular del virus Hanta; la biodiversidad ecológica en bosques nativos e introducidos; investigaciones en los Campos de Hielo y en astrofísica; estudios del sistema nervioso, del funcionamiento del cerebro y del litio en enfermedades maníaco-depresivas; y estudios de propiedades de los materiales con aplicaciones en tecnologías de punta como láser, entre otros.

La "Iniciativa Científica Milenio" busca establecer equipos de investigadores compuestos sobre todo por estudiantes de post-grado y post-doctorado que trabajen en colaboración e interacción con redes de investigadores y laboratorios de excelencia académica en condiciones de igualdad a los países desarrollados. Con ello se espera lograr limitar la fuga de cerebros y estimular a los científicos chilenos que viven fuera a regresar a Chile y contribuir con sus experiencias al desarrollo científico-tecnológico del país. También se espera atraer científicos extranjeros interesados en las investigaciones que allí se llevan a cabo.

A cinco años de creada esta institución, el balance, de acuerdo a los informes realizados por los científicos independientes extranjeros a cargo de los mismos ha sido muy positivo. Entre otros logros se incrementó el número de estudiantes con título graduado y post-graduado en el país; se contribuyó a mejorar los planes de estudio de los programas de biología en las escuelas secundarias gracias a la preparación de alrededor de 3.000 maestros; aumentó la publicación de artículos por científicos chilenos en revistas especializadas; y se establecieron contactos con laboratorios de otros países como Estados Unidos, Japón y la Unión Europea.

Como ejemplo, veamos en específico algunos de los logros de uno de los institutos que conforman la Iniciativa, el Instituto Milenio de Biología Fundamental y Aplicada (MIFAB). La producción científica de los investigadores asociados a este instituto aumentó de 26 publicaciones revisadas por sus pares y ninguna aplicación patentada en el 2000 a más de 100 publicaciones y 8 aplicaciones patentadas en el 2004; además, consiguieron algo vital, establecieron contactos con instituciones, laboratorios y empresas externas en las que la aplicación de sus investigaciones contribuye al desarrollo de la economía del país como por ejemplo: la industria agrícola de la Universidad de Tarapacá en el valle de Azapa (agricultura de regiones desérticas), la industria de la silvicultura (producción de celulosa), el Consorcio de la Unión Europea para la Degradación de Herbicidas en la Tierra Agrícola (limpieza medioambiental), el Centro Biológico Marino en Quintay (acuicultura), la Asociación de Industrias Chilenas de Salmón Novartis-Chile (cultivo del salmón), las facultades de medicina chilenas y BiosChile (diagnóstico del cáncer y terapia basados en el chRNA).

El balance de esta experiencia ha resultado muy positivo pues se está creando un núcleo nacional de científicos altamente calificados que contribuyen con sus conocimientos a desarrollar los sectores públicos y privados del país.

2. EPAD (Economic Policy & Agribusiness Development)

El segundo proyecto, EPAD (Economic Policy and Agribusiness Development) se inició en Nicaragua en el 2002 con el auspicio del Instituto Interamericano de Cooperación para la Agricultura (IICA) y el respaldo económico de la Agencia de los Estados Unidos para el Desarrollo Internacional. El proyecto ya va en su tercera etapa de éxito. Entre los objetivos del mismo están el de atraer inversionistas a Nicaragua para desarrollar diferentes proyectos agrícolas no tradicionales con miras a la exportación de productos hacia el mercado internacional; el expandir las capacidades de mercadeo de los productores con el creciente mercado global; el desarrollar tecnologías innovadoras que hagan los productos agrícolas competitivos en el mercado internacional y el difundir esta tecnología para duplicar iniciativas similares a través de todo el país.

Entre los productos cosechados con éxito gracias a este proyecto se encuentran el café, los tomates, el cacao orgánico y la cebolla dulce. Para su cultivo se estudia y se toma en cuenta el mejor momento de salida al mercado internacional de los productos de manera a que el precio de venta sea el más rentable y también se controla la calidad en base a las medidas internacionales establecidas para así garantizar su competitividad. Por ejemplo, los bulbos de la cebolla que se cosecha son de más de tres pulgadas de diámetro, medida internacional establecida para la calidad de cebolla "jumbo". Estos productos están siendo exportados, entre otros países, a Costa Rica, Estados Unidos y Holanda.

VI.2. Tecnología

Una visión general de la situación nos la entrega el informe anual presentado por el Foro Económico Mundial en el que se evalúa la difusión de Tecnologías de la Información y Comunicación a nivel mundial en abril de 2006. Para establecer su ranking este organismo toma en consideración una amplia variedad de productos y herramientas tecnológicas que ayudan a administrar, distribuir y procesar con mayor eficiencia la información, entre ellos celulares, computadoras portátiles, cámaras digitales, conectividad al Internet, etc…

En primer lugar figuran los Estados Unidos, que se recupera del quinto lugar al que había caído en el 2005. Con respecto a América Latina el país mejor situado entre los 115 evaluados es Chile, en el puesto 28 (superando incluso a España que se ubica en el 31). Le siguen Brasil en el 56, Colombia en el 62, Uruguay en el 65, Argentina en el 71, Perú en el 85 (contra el 90 en el 2005) y prácticamente cerrando la lista aparece Paraguay en el puesto 113.

Ello nos muestra claramente la distancia existente con los países desarrollados (Estados Unidos, Dinamarca, Finlandia, Suecia, Islandia, Noruega, por nombrar los mejores situados), y la diferencia existente entre los países latinoamericanos.

FEDEX encargó en el 2006 un estudio sobre el poder para definir, medir y analizar el acceso y la conectividad como fuerza motriz de cambio y progreso en el mundo. El estudio fue basado en la facilidad de interacción e intercambio entre personas, empresas y naciones y las oportunidades que esta interacción crea para que estos individuos, empresas y gobiernos puedan participar, tomar decisiones y analizar la situación actual en cada país y en relación a otros.

El resultado se muestra en una lista de 75 naciones de las cuales aparecen 15 de Latinoamérica y una del Caribe. De los países latinoamericanos Chile aparece el primero ubicado en el puesto 32 y Uruguay aparece segundo en el puesto 42. Luego se encuentran Argentina (43), México (45), Brasil (47), El Salvador (48), Trinidad y Tobado (55), Costa Rica (57), Colombia

(61), Venezuela (62), República Dominicana (63), Perú (64), Bolivia (66), Paraguay (68), Honduras (69), Guatemala (70), Ecuador (71) y Nicaragua (72).

En el resto del mundo aparece en el número uno Hong Kong seguido de Singapur, Dinamarca, Suiza, Holanda, Finlandia, Alemania, Suecia y Gran Bretaña. Estados Unidos está en el puesto 12, detrás de Francia y Bélgica.

A. La Internet y las telecomunicaciones

En el campo de la tecnología de las comunicaciones, el promedio de conexión al Internet en América Latina es extremadamente bajo a juzgar por un estudio realizado por la compañía Pyramid Research en el 2004. Según este estudio sólo el 18% de la población continental, es decir, sólo 18 de cada 100 habitantes, tienen algún tipo de conexión a la red. Si comparamos este porcentaje con, por ejemplo, el de los Estados Unidos en que es un 60%, éste resulta muy bajo. En cuanto a la utilización de la banda ancha el promedio de uso en el continente es de menos del 0.8%.

El 35% de la población chilena (5,6 millones de personas) tiene conexión a la Internet; de ellos el 53% de los hogares lo hace utilizando la banda ancha.

En el 2005, en Argentina, más de 10 millones de argentinos estaban conectados a la red, y las ventas superaron los 1.600 millones de dólares.

El promedio de conexión a banda ancha en los otros países es el siguiente: Brasil 1%; Costa Rica 1%; Panamá 1%; Perú 0,7%; Puerto Rico 0,7%; Venezuela 0,7%; México 0,6%; y Colombia 0,2%. Es de notar que en este ámbito queda mucho por hacer, sin embargo estas cifras están cambiando rápidamente.

Las tasas de penetración de la telefonía celular en algunos países de América Latina son las siguientes: el número de teléfonos celulares en Chile llegó a comienzos del 2007 a 12 millones lo que significa una tasa de penetración del 78%, seguido por México con una tasa de 37%, Brasil de 36% y Argentina de 35%. Para tener un punto de comparación con los países desarrollados diremos que Japón tiene una tasa de 71%, Corea del Sur de 76% y Estados Unidos de 62%. En 1999 la tasa en Chile era de 15%. Ello prueba la explosión que se está produciendo en este medio de comunicación en el continente según datos entregados por el Instituto Nacional de Estadísticas de Chile.

En América Latina se calcula que a fines del 2006 190 millones de personas de una población de 560.287.688 millones poseerán teléfonos celulares que, por lo que su costo inicial es más barato, reemplazan a los teléfonos tradicionales más caros, con conexiones que no son tan buenas y que son difíciles de obtener.

B. Algunos ejemplos de situación por países

Presentaremos a continuación un breve panorama del estado de desarrollo de las tecnologías de la comunicación en varios países. Como la tecnología es algo que cambia día a día, para datos precisos y actualizados sobre cada país nos permitimos referirles al portal TILAN del Centro de Información sobre Latinoamérica en la Red que mantiene la Universidad de Texas, el que representa una excelente fuente de información estadística y de todo tipo de datos concerniente a Latinoamérica.
(http://lanic.utexas.edu/project/tilan/)

Chile

Aunque en ventaja sobre el resto de los países de América Latina en cuanto al uso de la tecnología, Chile está consciente de sus deficiencias con respecto al resto del mundo. Para contrarrestar esta carencia el gobierno chileno acaba de anunciar la puesta en marcha del "Microsoft Plan Bicentenario", ambicioso proyecto de desarrollo con el respaldo económico de Microsoft. Seis millones de dólares serán invertidos por esta compañía en Chile para subvencionar la incorporación de tecnología digital de punta en sectores como la educación, el gobierno, las pequeñas y medianas empresas y los servicios públicos y privados. El objetivo es una más amplia democratización de la tecnología y que para el año 2010 Chile haya reducido las desigualdades sociales al acceso a la tecnología de la información y se convierta en un país más competitivo a nivel mundial capaz de ofrecerles a sus habitantes mejores oportunidades. El plan está fundado en la formación de desempleados y en la capacitación de maestros en alfabetización digital. Ciudadanos mejor preparados tecnológicamente podrán a su vez hacer innovaciones en las diferentes áreas de la economía en que se desenvuelvan lo que redundaría en mayor producción y competitividad.

En las empresas el panorama es el siguiente: el 70% de ellas tiene conexión a la Internet, en el 2004 las ventas a través de la red aumentaron de un 70% con respecto al año anterior y alcanzaron los 6.700 millones de dólares.

Perú

También con la ayuda de inversión extranjera, particularmente española, el Perú dio crecimiento a la infraestructura para el desarrollo de las telecomunicaciones digitales. En 1994 Telefónica de España compró la Compañía Peruana de Teléfonos (CPT) y la Empresa Nacional de Telecomunicaciones (ENTEL). La espera para la conexión de un teléfono se redujo de 18 meses a 15 días, lo que redundó en un gran incremento en el número de líneas fijas que benefició no solo a la capital sino a comunidades del interior del país.

Gracias a la diversificación en los proveedores de servicio de Internet aumentó el acceso a, y uso del mismo. Como sólo 4.79 de cada 100 habitantes (Red Científica Peruana) posee una computadora en su casa, comenzaron a proliferar por todo el país las Cabinas Internet, algo que se ha repetido en los diferentes países de América Latina, donde por el equivalente de cincuenta y tres centavos la hora se puede acceder a la Internet. Las Cabinas Internet pueden encontrarse tanto en las calles de Lima como colgando de las faldas de las montañas que rodean la ciudad de Cusco.

El alto costo para establecer líneas fijas de teléfono en las áreas rurales debido a la topografía del terreno y a la demografía en estas zonas hace que se ha optado por la ampliación de servicios de telecomunicaciones celulares. Entonces no resulta nada raro que una persona tenga teléfono celular y no posea línea fija de teléfono en su casa.

Cuba

En Cuba en el año 2002, por cada 1.000 habitantes existía un número de líneas de teléfono fijo de 44, solamente 1 suscriptor a teléfono celular y un promedio de 10.7 computadoras.

Siendo la falta de libertad de expresión una característica del sistema que afecta al conjunto de la población también afecta la Internet. Cuba es uno de los diez países del mundo más represivos en cuanto al uso y acceso a la red. En el 1996 el gobierno pasó un decreto sobre la utilización de la red informática global que establecía que el acceso a la misma se concedía prioritariamente a entidades e instituciones cuyo objetivo fuera contribuir a la vida y desarrollo de la nación, entre ellas las universidades e institutos tecnológicos. Para poder tener acceso a la Internet los cubanos tienen que hacer una solicitud al gobierno la que es concedida en base a la validez de las razones que el candidato exponga en su solicitud. Igual que para obtener una línea de teléfono, la solicitud debe ser aprobada por la ETEC SA, única compañía operadora de telecomunicaciones en el país y por el Comité de Defensa de la Revolución del barrio donde viva el solicitante. La Internet entonces está controlada y, en el caso de individuos, reservada a una elite cercana al poder. Como regla general se permite el acceso solamente a una Intranet "Mi isla" que filtra el acceso a la red global.

Ello se agrava por los problemas de infraestructura que enfrenta la isla y que impiden la expansión de la Internet al público en general. Como vimos, por cada 1.000 habitantes hay sólo 44 líneas de teléfono fijas y el servicio telefónico es extremadamente caro. Los equipos necesarios sólo pueden adquirirse en las tiendas especializadas del Estado, a las que únicamente tienen acceso las personas autorizadas. En adición, desde enero de 2002, una orden del Ministerio de Comercio Interior prohíbe la venta a los particulares de computadoras, impresoras, fotocopiadoras y cualquier otro equipo de impresión masiva a menos que se tengan una autorización oficial del gobierno.

Es evidente que el gobierno está consciente de la necesidad de formación en las nuevas tecnologías de sus futuros profesionales, pero como el acceso a la información o difusión de la información puede ser ilimitado, contradictoriamente se ve obligado a limitarlo como regla de supervivencia.

México

En el año 2001 el gobierno mexicano lanzó el proyecto "E-México" cuyo objetivo es convertir al país en una economía digital. El proyecto combina esfuerzos de agencias gubernamentales y del sector privado para patrocinar el desarrollo de la industria tecnológica mexicana. Se pretende con este proyecto incitar a desarrollar un mercado interno para los productos de esta industria, promover el desarrollo del comercio electrónico y digitalizar los servicios gubernamentales. El portal de "E-México" es de tipo informativo, pero el proyecto pretende también crear la infraestructura para establecer centros comunitarios en las escuelas, centros de salud, etc. que den acceso a la red a aquéllos que por restricciones económicas o geográficas no tienen acceso al mismo desde sus casas. El proyecto tiene como objetivo que para el 2025 el 98% de los mexicanos tenga acceso a la red.

Algo significativo del portal de "E-México" es que contiene versiones en español, pero también en maya y nazahua, las dos lenguas indígenas dominantes en el país, así como en inglés y francés. Algunos piensan que el ofrecer servicios básicos al público por Internet puede ayudar a eliminar la corrupción. Es más fácil evitar el tener que pagar por el servicio si no hay contacto con una tercera persona que quiera hacer pagar por el mismo de manera extraoficial o cobrando una coima para acelerar el proceso.

Bolivia

Para entender mejor la situación boliviana veremos algunos datos generales que necesariamente inciden en el estado de las telecomunicaciones en ese país. El 58,6% de la población es considerado pobre con un 16% de los hogares considerados indigentes. En las áreas rurales el porcentaje de individuos considerados pobres es del 82%.

El 92% de la población urbana y sólo el 44% de la población rural tiene acceso a agua potable; el 97% de la población urbana y sólo el 26% de la población rural cuenta con servicio de electricidad.

Actualmente existen en Bolivia aproximadamente 60.000 usuarios suscritos a la red de los cuales el 90% está concentrado en las tres ciudades principales. Este número corresponde al porcentaje de personas con acceso a la Internet en su casa u oficina. Bolivia cuenta con sólo 1,20 computadoras por cada 1000 individuos. Como en el Perú y la mayoría de los países del continente, un número significativo de personas acude a las cabinas públicas de Internet lo que incrementa el número de usuarios. El comercio electrónico en el país es extremadamente limitado, casi inexistente y en la actualidad Bolivia cuenta solamente con 60 sitios web del sector público de los cuales aproximadamente 52 son simplemente portales de presencia, no de servicios.

En cuanto al uso de computadoras y acceso a la Internet en las escuelas y universidades éste varía enormemente entre las instituciones públicas y privadas. En La Paz el 85% de los colegios privados tiene computadoras contra solamente el 13% de los colegios públicos. En el caso de las universidades, el 100% de ellas tiene computadoras que pueden ser usadas por profesores y estudiantes, sin embargo su utilización es aún incipiente.

Consciente de la necesidad vital de entrar en el mundo competitivo de la tecnología digital, en el 2002 el gobierno de Bolivia elaboró un plan llamado "Lineamientos para la Estrategia de Bolivia en la Era Digital", donde se reconoce la precaria situación del país con respecto al uso de las comunicaciones digitales y se establece un plan para mejorarla, se aprobó la creación de BOLNET, registrador de dominio Internet y se pasó una resolución obligando a los servidores públicos a contar con un correo electrónico.

Sin embargo, la tasa de analfabetismo en el país para el 2000 era de 14%. El desarrollo de las telecomunicaciones en Bolivia tiene que pasar por la erradicación del analfabetismo, un paso urgente para garantizar el desarrollo e integración de la población boliviana a la vida económica del país. El plan de alfabetización lanzado por el actual gobierno del Presidente Morales va necesariamente en esa dirección.

VI.3. A modo de conclusión

A pesar de todos los esfuerzos individuales por país y en conjunto a nivel continental es evidente que la brecha en el desarrollo y acceso a las comunicaciones digitales sigue existiendo tanto al interior de los países como de éstos con respecto al resto del mundo. Dado el nivel diferente de desarrollo económico y de acceso a la educación en general y a la capacitación en el uso de los medios digitales de comunicación de cada país, el eliminar esa brecha implica un desafío que los gobiernos latinoamericanos de hoy deben estar dispuestos afrontar. La solución comienza con inversión de capital y educación de las masas lo que como toda inversión en educación redundará, a su vez, en desarrollo económico del país. Por lo tanto, invertir en el desarrollo de la tecnología de las comunicaciones y en su democratización debe ser considerado una prioridad.

Es urgente que los gobiernos comiencen a proporcionarles, sobre todo a los estudiantes del nivel secundario y universitario, una formación que les permita insertarse en el mundo científico-tecnológico que vivimos. Se necesita no solamente fomentar entre los jóvenes el estudio de las ciencias y la tecnología a través de becas sino también establecer institutos de investigación asociados a las universidades y diseminar masivamente los resultados producto de las investigaciones que se realicen. Es imperativo también que los gobiernos se comprometan a invertir en dotar a sus países de la tecnología de avanzada necesaria que permita realizar investigaciones que contribuyan al desarrollo sustentable del país. Para ello se necesita el apoyo tanto de los gobiernos como del sector privado de la sociedad para que se dedique al desarrollo de la tecnología la parte correspondiente del presupuesto nacional.

En los últimos años se han producido avances dramáticos en el empleo de la tecnología y de la información, sin embargo para los países en vías de desarrollo esos avances se han visto limitados. Una política global para ellos implicaría no solamente el acceso a la información y tecnología y su transformación en valor económico y social, sino también el poder producir su propia tecnología, es decir, no solamente ser receptores sino actores en su propia realidad.

En otras palabras, la tecnología debe jugar un rol en el desarrollo económico y en el aumento de la productividad para hacer estos países competitivos a nivel internacional y contribuir, de este modo, a aumentar la creación de empleos y a mejorar el nivel de vida de la gente. Igualmente debe desempeñar el rol social de contribuir al desarrollo de la educación y de una sociedad mejor informada.

VI.1. Popularización y desarrollo de la ciencia

1. ¿Qué podemos decir de la correlación entre dinero invertido en el desarrollo de la investigación y la cantidad de científicos por país?

VI.2. Tecnología

1. Mencione las iniciativas a nivel continental y nacional que se han puesto en marcha para el desarrollo de las ciencias.

2. Explique lo que es la "Iniciativa Científica Milenio" y cuáles han sido sus logros.

3. Explique lo que es el EPAD y su importancia para Nicaragua.

4. ¿Qué muestra el informe anual del Foro Económico Mundial sobre la situación de la tecnología en los países latinoamericanos?

5. ¿Cuáles son los países latinoamericanos que mayor conexión a la Internet tienen?

6. Explique la importancia para Chile del éxito del "Microsoft Plan Bicentenario".

7. ¿Qué razones han hecho que el uso de teléfono celular se haya expandido tanto en los últimos años en Latinoamérica?

8. Explique por qué el acceso y uso de la Internet es muy limitado para los cubanos y comente también sobre el problema de la libertad de expresión en el país.

9. ¿Cuáles son las expectativas del proyecto "E-México?"

VI.3. A modo de conclusión

1. ¿Por qué es urgente que los gobiernos inviertan en el desarrollo de la tecnología y en su democratización? ¿Qué importancia tiene esto para el desarrollo de los países?

¿Cuánto sabemos ahora?

Empareje:

Luego vuelva a la sección **¿Cuánto sabemos?** al comienzo del capítulo para comparar sus respuestas antes de estudiar el capítulo y después.

_____ 1. "Iniciativa Científica Milenio"

A. Mayor inversión, menor cantidad de científicos

_____ 2. EPAD

B. Para popularizar las ciencias

_____ 3. Teléfono celular

C. Nicaragua: cebolla "jumbo"

_____ 4. "E-México"

D. Intranet cubana

_____ 5. BOLNET

E. Muy comunes en los países latinoamericanos

_____ 6. "Microsoft Plan Bicentenario"

F. Su uso ha aumentado drásticamente en los últimos años

_____ 7. Brasil

G. Portal del gobierno mexicano

_____ 8. RED-POP

H. Formación de desempleados/capacitación de maestros en alfabetización digital.

_____ 9. "Mi Isla"

I. Registrador de dominio Internet boliviano

_____ 10. Cabinas Internet

J. Chile: equipos de investigadores/establecer puente entre investigación y práctica

Más allá de los hechos: temas para pensar, investigar, escribir y conversar

1. Sabemos que la tecnología cambia segundo a segundo. Busque información en Internet sobre el estado de desarrollo de las tecnologías digitales de comunicación en Latinoamérica o en algún país en específico y compárelo con el estado al momento de publicación de este libro.

2. Busque información sobre Bolivia y vea si después de asumir el poder el gobierno de Evo Morales se han puesto en marcha algunos proyectos para mejorar la precaria situación del desarrollo tecnológico en ese país.

3. Usted ha sido invitado a un país latinoamericano a dar una charla para convencer al gobierno de las ventajas de la tecnología y la importancia de tener acceso a ella. Partiendo de su experiencia de persona nacida y criada en una sociedad donde la tecnología es parte integral de todos los aspectos de la vida diaria, escriba un ensayo argumentativo donde usted los convenza de ello.

4. Escoja un país, busque información adicional y escriba un ensayo proponiendo un plan de desarrollo de la tecnología digital de comunicaciones para ese país.

CAPÍTULO VII
La música

¿Cuánto sabemos?

I. Conteste las siguientes preguntas y luego compare sus respuestas con un compañero/a de clase. Cuando termine de estudiar el capítulo, después de completar la sección **¿Cuánto sabemos ahora?** vea cuáles de sus respuestas iniciales estaban correctas.

1) La música latinoamericana tiene origen solamente indígena.

Cierto o Falso

2) La salsa es de origen sudamericano.

Cierto o Falso

3) La bossa nova se originó en Brasil.

Cierto o Falso

4) Llamamos "nueva canción" a la música que es combinación de la música española e indígena.

Cierto o Falso

5) El reguetón se originó en Puerto Rico.

Cierto o Falso

6) El tango es de origen argentino.

Cierto o Falso

7) La salsa tiene influencia del jazz.

Cierto o Falso

8) Los indígenas no conocían los instrumentos de cuerda.

Cierto o Falso

CAPÍTULO VII
La música

VII.1. Expresión del alma de un pueblo

Decía el político y poeta cubano José Martí: "un pueblo sin música es un pueblo sin alma; la música es el alma de los pueblos". Si algo representa el carácter intrínseco del latinoamericano es su música, producto de la fusión de tres culturas: la indígena, la española y la africana. Asimismo, tanto la música popular como la danza están íntimamente relacionadas como dos expresiones que alimentan su alma y liberan su espíritu. Necesariamente, con el pasar de los años y el contacto con otras culturas, la música latinoamericana se ha enriquecido de otras tradiciones musicales como la del jazz, el rock y el reggae, entre otras.

A. La música precolombina

Más que de las crónicas de los conquistadores, la información que se tiene de la música prehispánica proviene de los códices o de las cerámicas o pinturas en que muchas veces se ven pintados los artistas y sus instrumentos. También, de los instrumentos encontrados en tumbas. Asociadas a la naturaleza como sus dioses, la música, la danza y la poesía formaron parte de la vida diaria de todas las culturas precolombinas. Esa debe ser quizás la razón por la cual, en muchas de sus lenguas, no existía una palabra específica que hiciera referencia solamente a la música, sino palabras que pueden ser equivalentes más bien a nuestro vocablo "fiesta" y que incluyen la danza, la música, el canto, el teatro, la poesía.

No solamente los indígenas bailaban y cantaban como manifestación de gozo sino también como parte de sus ritos en homenaje a sus dioses y como una manera de preservar sus tradiciones. Los aztecas, por ejemplo, pensaban que la ejecución imperfecta de la música era una ofensa para sus dioses y por ello escogían a los más talentosos en la música y el canto y los preparaban como músicos profesionales siguiendo un rígido entrenamiento. Esto hacía que tanto músicos como cantantes disfrutaran de un inusitado prestigio dentro de la sociedad y estuvieran exentos del pago de tributos. A pesar de ello su rango social no cambiaba; se les consideraba parte del servicio doméstico de los señores. Los mayas también poseían escuelas especializadas para preparar a sus músicos y cantantes.

Los instrumentos musicales prehispánicos pueden ser clasificados en instrumentos de viento y de percusión. En general los sonidos producidos por éstos imitaban los sonidos de la naturaleza. Los instrumentos de viento incluían todo tipo de flautas y silbatos hechos de arcilla, concha de tortugas, huesos humanos o de animales y madera de árbol de pan, y de caña entre los incas y otras culturas del altiplano andino. También incluían el potuto o fotuto, un enorme caracol de mar con un sonido grave y profundo.

Los instrumentos de percusión incluían tambores hechos de madera, algunos cubiertos con piel de puma en el altiplano y de chivo en el Caribe, y de huesos. También incluían las campanas de metal, los raspadores, o racimos de semillas secas como las que los danzantes incas se ataban alrededor del pie para sus ceremonias. Los incas también poseían unos tambores pequeños que sólo eran tocados por las mujeres. Otro instrumento de percusión era el que ha llegado a nosotros como sonajero o maraca, hecho de una calabaza con semillas adentro.

B. Aporte español

La mayor influencia de los españoles en la música latinoamericana fue la introducción de los instrumentos de cuerda, en específico la guitarra, el violín y el arpa. A partir de éstos se fueron desarrollando instrumentos típicos como el cuatro, en Venezuela y Puerto Rico, el guitarrón, en México y el charango del altiplano andino. También, añadieron un aspecto de fiesta no necesariamente relacionado a la religión, es decir la música, el baile, la danza y la poesía dejaron de ser un acto comunitario para pasar a ser un acto más bien de tipo social. Hubo entonces música sacra que se tocaba o cantaba en las misas o festividades religiosas, pero también música secular.

En cuanto a los bailes, se desarrollaron por todos los países los bailes en pareja generalmente bailados acompañados de un pañuelo y marcando el ritmo con una especie de taconeo. Ejemplos de diferentes variantes son la cueca en Chile, Bolivia y Perú; el seis en Puerto Rico; el punto en Cuba; el joropo en Venezuela y los desafíos en Brasil. En general estos son bailes en que se ve el proceso de enamoramiento de una pareja; mientras el hombre expresa claramente sus intenciones, la mujer al mismo tiempo que muestra interés, muestra recato. En el caso de la cueca el baile representa los movimientos de seducción del gallo alrededor de la gallina.

Bailes peruanos

En lo que concierne a los versos, también influyeron aportando la tradición del trovador que a su vez ellos habían adoptado de los franceses y que se desarrolló entre otros, en la décima cubana y puertorriqueña, los corridos mexicanos, los vallenatos colombianos.

C. Aporte africano

El elemento africano se hizo presente en la música con la introducción de los esclavos, por ello la influencia africana se encuentra mayormente presente en las regiones de mayor población negra, en las islas del Caribe, incluyendo las regiones colombianas y venezolanas de la cuenca del Caribe y Brasil. También tuvo una vertiente religiosa, como la músoca que se toca en las ceremonias de santería cubana o candombe en Brasil y una vertiente secular.

Los instrumentos de percusión representan el mayor aporte de la música africana: las congas, marimbas, la clave, las maracas, y en el Caribe no hispánico los tambores hechos de barriles de metal. La influencia africana dio variantes como la samba en Brasil, la rumba en Cuba y la bomba en Puerto Rico llegando a ser uno de los ingredientes intrínsecos de la conocida música de salsa del siglo XX.

La combinación de la percusión africana con los instrumentos melódicos europeos dio géneros bailables como el merengue dominicano, la plena puertorriqueña, la cumbia de Colombia y Panamá y la guaracha y el son cubanos. Igualmente, la tradición de duelo oral común a las tradiciones musicales africanas fue retomada en diferentes países. En este fascinante tipo de ejercicio musical uno o más trovadores improvisan sus canciones siguiendo un patrón de rima y métrica determinado que puede ser sobre un tema libre o sobre el llamado pie forzado en que cada estrofa debe terminar en un verso específico impuesto.

D. No hay revolución sin música

1. Música de la Revolución Mexicana

En todo tipo de revolución social la cultura se hace presente. La primera gran revolución social de Latinoamérica después de la independencia fue la Revolución Mexicana. En esta época los corridos, que hasta cierto punto documentaban lo que estaba ocurriendo en la guerra, eran muy famosos. Se cree que los corridos encuentran su origen de contar una historia en los romances traídos por los españoles en el siglo XVI. Un ejemplo de corrido es el siguiente que fue considerado como el Himno Zapatista porque casi siempre se cantaba en los campamentos zapatistas para enardecer en los hombres el deseo de lucha, la lealtad a su líder, Emiliano Zapata y la confianza en el triunfo de la Revolución.

"Soy zapatista del estado de Morelos"
Letra y música: Marciano Silva

Soy zapatista del estado de Morelos,
porque proclamo el Plan de Ayala y de San Luis,
si no le cumplen lo que al pueblo le ofrecieron,
sobre las armas los hemos de hacer cumplir.
Soy zapatista del Estado de Morelos… (se repite)
Para que adviertan que al pueblo nunca se engaña,
ni se le trata con enérgica crueldad,
si *semos* hijos, no entenados de la Patria,
los herederos de la paz y libertad.
Sublime general, patriota guerrillero,
que *pelió* con gran lealtad por defender su patrio suelo;
espero que ha de triunfar por la gracia del Ser Supremo,
para poder estar en paz en el estado de Morelos.
Sublime general… (se repite)

2. La nueva canción

Se conoce como nueva canción a la música popular con contenido social que se desarrolló en Latinoamérica a partir de los años setenta producto, como el nuevo cine, del compromiso social y político de los artistas populares con los movimientos revolucionarios de los pueblos. Los antecedentes de la nueva canción se sitúan en los años cincuenta y sesenta en Argentina y Chile cuando cantantes como Atahualpa Yupanqui y Violeta Parra alzaban su voz contra la injusticia y la opresión del campesino y abogaban por un cambio social.

Inolvidables son las palabras de la canción de Yupanqui que recorrió todo el mundo:

Las penas y las vaquitas
se van por la misma senda
las penas y las vaquitas
se van por la misma senda.
Las penas son de nosotros
las vaquitas son ajenas".

La llegada al poder de Salvador Allende en Chile dio un gran impulso al desarrollo de la nueva canción en Chile. Las canciones de la nueva canción le añaden contenido político a una tradición musical autóctona y ven la música como un instrumento al servicio de las causas revolucionarias. Las canciones de Víctor Jara, Isabel y Ángel Parra, Patricio Manns y de grupos como Quilapayún e Inti-Illimani son representativas de la nueva canción chilena.

"La plegaria a un labrador" de Víctor Jara muestra la sed de justicia y el llamado a la participación, violenta si necesario, en el proceso de cambio.

> Líbranos de aquél que nos domina en la miseria.
> Tráenos tu reino de justicia e igualdad.
> Sopla como el viento la flor de la quebrada.
> Limpia como el fuego el cañón de mi fusil.

Sin duda, la canción de la nueva canción más cantada en todo el mundo fue la compuesta por el músico chileno Sergio Ortega e interpretada por el grupo Quilapayún, "El pueblo unido". Resonó en Chile durante el gobierno de Salvador Allende, y su estribillo se hizo eco en voces solidarias del mundo entero que denunciaban y repudiaban el golpe militar de Augusto Pinochet y que llamaban al pueblo chileno a resistir: "¡El pueblo, unido, jamás será vencido!" Hoy, en todas las manifestaciones en Latinoamérica se escucha el grito que comenzara en las primeras manifestaciones de apoyo a Allende, "¡El pueblo, unido, jamás será vencido!"

En Cuba este género musical fue conocido como la nueva trova. Nombres como Carlos Puebla, Silvio Rodríguez y Pablo Milanés, cantautores cubanos son producto de esta generación de artistas que hicieron parte del Grupo de Experimentación Sonora del ICAIC, (Instituto Cubano del Arte e Industria Cinematográficos) fundado en marzo de 1959 por el gobierno revolucionario de Fidel Castro.

Ninguna historia de la nueva canción latinoamericana estaría completa si dejáramos de mencionar a la cantante argentina Mercedes Sosa, sin duda una de las voces más grandes que ha dado al mundo América Latina. Tampoco podemos dejar de mencionar a Soledad Bravo de Venezuela o a la cubana Omara Portuondo y la costarricense Guadalupe Urbina.

De Uruguay, al cantautor Daniel Viglietti cuya canción "A desalambrar" se convirtió en himno de batalla del campesinado latinoamericano.

> ¡A desalambrar, a desalambrar!
> que la tierra es nuestra,
> es tuya y de aquel,
> de Pedro, María, de Juan y José.

De Nicaragua, Luis Enrique Mejía Godoy, fundador del movimiento de la nueva canción costarricense y luego de la nueva canción en Nicaragua, su país de origen. De Bolivia, el anteriormente mencionado Benjo Cruz.

E. Música latinoamericana de hoy y de siempre

Hoy en día cuando se habla de música latinoamericana hay ciertos bailes que inmediatamente vienen a la mente ya que han traspasado las barreras geográficas y temporales.

1. El bolero

Algo en lo que los musicólogos están de acuerdo es en que el bolero es la música romántica por excelencia de todo el continente, la que en su época de gloria, entre los años treinta y cinco y sesenta y cinco, cruzando fronteras, llegó hasta los más apartados rincones desde la Patagonia hasta México influyendo incluso la música norteamericana.

El origen de esta música se encuentra en un baile español del mismo nombre de fines del siglo XVIII. El bolero tomó el nombre del ritmo español y conservó también el uso de la guitarra como instrumento principal, pero con la mezcla de culturas en América, evolucionó añadiendo la percusión característica a los ritmos africanos: bongoes y maracas hasta adquirir la forma que conocemos hoy día, una música bailable cuyo romanticismo estriba en su ritmo lento y en el lirismo de la letra que acompaña a la música. Los boleros cuentan historias que pueden ir de la descripción de la belleza del primer amor a la del más profundo dolor por desengaño. Existe básicamente un bolero para cada momento de la vida.

Algunas fuentes trazan el origen del bolero americano a Cuba en las últimas décadas del siglo XIX como evolución de la contradanza, la trova y la habanera, ritmos muy populares en esa época. Se dice que la famosa "Habanera" que nos deleita en la ópera *Carmen* de Bizet, estrenada en París en 1875, es una adaptación de una habanera cubana llamada "El arreglito" compuesta por Sebastián Yradier, el mismo autor de otra habanera muy conocida, "La paloma", que estuvo de moda en México, Cuba y los Estados Unidos a fines de siglo. Diversas fuentes identifican al bolero "Tristezas" del cubano Pepe Sánchez, escrito en 1883 o 1885 (las fuentes no se ponen de acuerdo) como el primero de su género.

Entre los compositores de bolero más famosos se encuentran Agustín Lara de México; Ernesto Lecuona y Miguel Matamoros de Cuba y Rafael Hernández y Pedro Flores de Puerto Rico. También hubo mujeres compositoras de bolero como María Grever y Consuelo Velázquez mexicanas, y Sylvia Rexach, puertorriqueña. Entre los intérpretes, el Trío Los Panchos, Daniel Santos, María Luisa Landín, Bobby Capó, Lucho Gatica, Marco Antonio Muñiz, Gilberto Monroig, Chucho Avellanet, Olga Guillot y La Lupe, entre tantos otros.

2. El tango

La Boca, Buenos Aires

El tango argentino ocupa, sin lugar a dudas uno de los lugares prominentes dentro de la música bailable universal. El tango surgió a fines del siglo XIX probablemente como una mezcla derivada de la milonga, otro baile argentino y de la habanera cubana. Nacido en los arrabales rápidamente conquistó los salones elegantes de todo el mundo siendo uno de sus intérpretes más reconocidos Carlos Gardel, apodado el zorzal criollo. El tango encierra un gran erotismo, pero al mismo tiempo una gran nostalgia. Carlos Gardel murió en un accidente de avión en Medellín, Colombia el 24 de junio de 1935. Apareció en nueve películas siendo las más conocidas *Luces de Buenos Aires* (filmada en París), *Melodía del arrabal*, *Cuesta abajo* y *El día que me quieras*.

3. La bossa nova

La bossa nova, aunque considerada elitista por muchos, representó un fenómeno que dio reconocimiento internacional a la música brasileña de lo cual da fe la famosa "Chica de Ipanema" de Antonio Carlos Jobim. En un comienzo el valor de la bossa nova residió en la música, combinación de jazz con ritmo de samba, no en la letra de las canciones. En los años sesenta una nueva generación de artistas, entre los más destacados, Chico Buarque de Holanda, pusieron contenido en las letras de la bossa nova y ésta se encontró con la nueva canción en su rol de concienciación sobre los problemas sociales y políticos del Brasil.

4. La salsa

La salsa tiene sus raíces en la música de origen africano, pero se desarrolló en los Estados Unidos como una expresión musical de la comunidad hispánica de la urbe newyorkina por los años setenta. Mezcla el sonido de instrumentos de viento como la trompeta y la flauta; la percusión; las cuerdas: la guitarra eléctrica y el bajo; las voces y la destreza de improvisación vocal y musical del jazz. Entre los músicos de salsa más conocidos podemos mencionar a la única, Celia Cruz (cantante); Tito Puente (director de banda y timbalero); Eddie Palmieri (director de banda); Willie Colón (trombonista); Johnny Pacheco (flautista) y Ray Barreto (percusionista). La salsa ha influenciado a su vez el rock y el jazz en generaciones de músicos contemporáneos. Las letras de las canciones son en general en español. El baile conquistó a la juventud norteamericana con su contagioso ritmo y atrevidos movimientos.

La música de salsa, que hasta los años setenta estuvo caracterizada por su calidad musical, pero su falta de contenido en las líricas se vio renovada por el músico panameño Rubén Blades. Blades integró al maravilloso ritmo de la salsa el compromiso social y político de las letras poéticas y sofisticadas de la nueva canción latinoamericana y la nueva trova cubana. En colaboración con Willie Colón, músico puertorriqueño que vivía en Nueva York, lograron elevar la música de salsa a otro nivel y sus composiciones que llamaban a la unidad de los pueblos latinoamericanos como alternativa frente al imperialismo norteamericano sirvieron de himno a miles:

> Oye latino, oye hermano, oye amigo
> nunca vendas tu destino por el oro ni la comodidad
> nunca descanses pues nos falta andar bastante
> vamos todos adelante para juntos terminar
> con la ignorancia que nos trae sugestionados
> con modelos importados que no son la solución…
> (de: *Plástico*)

5. El reguetón

Después de la salsa, el ritmo de música latinoamericana que mayor impacto ha tenido en el mundo, sobre todo entre los jóvenes, es el reguetón el que se ha manifestado muy controversial por las letras de manifiesto contenido sexual y machista de las canciones y por el baile asociado a esta música, el perreo, baile de movimientos explícitamente sexuales. Se disputan su origen Panamá y Puerto Rico, pero fue en Puerto Rico donde este tipo de música tuvo el mayor desarrollo y desde donde se exportó al resto del mundo. Desde sus comienzos en los años noventa el reguetón se ha expandido a muchos países incluyendo Latinoamérica, el Caribe, las comunidades hispanas en los Estados Unidos -alcanzando el mercado estadounidense no hispano- Canadá, Europa y Japón en los primeros años del nuevo milenio. El reguetón tiene influencia de la música reggae jamaiquina, del hip hop y de ritmos afroamericanos como la bomba y la plena de Puerto Rico.

La popularidad del reguetón entre los jóvenes de América Latina es inmensa. Como dato anecdótico, y para mostrar la importancia y el poder que tiene la música en la sociedad latinoamericana, uno de los candidatos a las elecciones presidenciales del Perú en el 2006, Alan García participó en un acto público bailando reguetón para ganar la simpatía de los votantes jóvenes, y el himno de su campaña es un *reguetón* llamado "Marca la estrella". Como resultado, el porcentaje de intención de votos favorables a su candidatura entre los jóvenes aumentó en las semanas siguientes y siguió aumentando durante toda la campaña al punto que en la primera vuelta de las elecciones alcanzó el segundo lugar, dejando en tercer lugar, al igual que en las elecciones anteriores, a Lourdes Flores Nano quien al comienzo de la campaña parecía ser la favorita. Alan García, como ya lo vimos, fue elegido presidente del Perú en la segunda vuelta en el mes de junio del 2006.

VII. La música: expresión del alma de un pueblo

1. ¿Qué culturas están a la base de la música latinoamericana?
2. ¿De qué otras tradiciones musicales se ha enriquecido?
3. ¿Cuál era el rol de la música al interior de las culturas prehispánicas?
4. ¿Qué tipo de instrumentos poseían?
5. ¿Cuál fue el mayor aporte de la cultura española a la música y los bailes en Latinoamérica? Mencione algunos bailes en que se mezclan elementos indígenas y españoles para crear bailes típicos latinoamericanos.
6. ¿Cuál fue el aporte de la cultura africana en términos de instrumentos y bailes?
7. ¿Cuál fue uno de los roles de la música durante la Revolución Mexicana?
8. ¿A qué se le conoce como la "nueva canción" y qué la diferenciaba de la música anterior? Mencione algunos pilares de la nueva canción.
9. Describa lo que son el bolero, el tango, la bossa nova y la salsa. ¿Por qué cree Ud. que esta música no pasa de moda?
10. ¿Qué es el perreo? ¿Qué es el reguetón y porqué se ha hecho tan popular entre los jóvenes?

¿Cuánto sabemos ahora?

Empareje:

Luego vuelva a la sección **¿Cuánto sabemos?** al comienzo del capítulo para comparar sus respuestas antes de estudiar el capítulo y después.

_____ 1. Reguetón	A. Instrumentos de cuerda
_____ 2. Tango	B. Asociada a la religión
_____ 3. Nueva canción	C. Música popular entre los jóvenes a partir de los años noventa
_____ 4. Salsa	D. Música Revolución Mexicana
_____ 5. Música precolombina	E. Expresión musical comunidad hispánica de NY
_____ 6. Herencia africana	F. Baile en pareja originado en Argentina
_____ 7. Bossa nova	G. Baile asociado al reguetón
_____ 8. Corridos	H. Contenido social
_____ 9. Herencia española	I. Instrumentos de percusión
_____ 10. Perreo	J. Se origina en Brasil

Más allá de los hechos: temas para pensar, investigar, escribir y conversar

1. Consiga la letra de alguna de las canciones de Rubén Blades ("Plástico", "Tiburón", "Maestra vida", "Pablo Pueblo", "El monaguillo Andrés"). Escúchela, analícela y explique, basándose en la letra, por qué se puede decir que pertenece a la nueva canción latinoamericana.

2. Busque información y material audiovisual sobre alguno de los tipos de música latinoamericana y preséntelo a la clase. Puede también aprenderlo a bailar y hacer una demostración.

3. Busque información adicional y escriba un ensayo sobre el rol la música en las sociedades latinoamericanas a través de las épocas.

4. Busque información adicional y material sonoro sobre los orígenes de la salsa, su desarrollo, sus influencias, cantantes representativos, etc. y haga una presentación para la clase.

CAPÍTULO VIII
La literatura

¿Cuánto sabemos?

I. Conteste las siguientes preguntas y luego compare sus respuestas con un compañero/a de clase. Cuando termine de estudiar el capítulo, después de completar la sección **¿Cuánto sabemos ahora?** vea cuáles de sus respuestas iniciales estaban correctas.

1) Gabriel García Márquez es el autor de *Cien años de soledad*.

Cierto o Falso

2) Isabel Allende es una escritora chilena.

Cierto o Falso

3) Ningún escritor latinoamericano ha ganado el Premio Nobel de literatura.

Cierto o Falso

4) El realismo mágico caracterizó un periodo de la literatura hispanoamericana.

Cierto o Falso

5) La generación *crack* toma su nombre del uso de drogas por parte de los escritores.

Cierto o Falso

6) La generación McOndo satiriza con su nombre a la sociedad globalizante en que vivimos.

Cierto o Falso

7) Sor Juana Inés de la Cruz es una de las grandes poetas hispanoamericanas de todos los tiempos.

Cierto o Falso

8) La calidad de la literatura hispanoamericana es reconocida en el mundo entero.

Cierto o Falso

CAPÍTULO VIII
La literatura

VIII.1. Siglos XVI y XVII

Durante la época colonial, por razones obvias, Latinoamérica consumió más literatura de la que produjo. Las capitales de los virreinatos, sobre todo de Nueva España y Perú se convirtieron en centros de la actividad intelectual de las colonias en el siglo XVII. En esta época los conventos eran grandes centros de difusión cultural.

La literatura que comenzó a surgir estuvo influenciada por los movimientos literarios de moda en la madre patria. Se han encontrado "romances" latinoamericanos que siguen la forma del romance español que fuera traído por los conquistadores y que datan del siglo XVI. Los había de temática histórica como "El rescate de Atahualpa" y literaria como "Las señas del esposo". La mayoría de los romances son anónimos.

Importante nombre a retener de este siglo es el de Garcilaso de la Vega, el Inca. Su importancia estriba en haber sido el primer escritor mestizo de Latinoamérica, hijo natural de una princesa inca y de padre español. En sus dos volúmenes de crónicas *Comentarios reales* podemos ver por primera vez la historia del imperio incaico y la visión de la conquista del Perú desde el punto de vista del mestizo.

La escritora latinoamericana más destacada y más versátil del siglo XVII fue Sor Juana Inés de la Cruz, que como Garcilaso también fue hija natural, de padre español y madre criolla. Escribió tanto obras de carácter religioso como seculares e incursionó en varios géneros: el drama, la poesía, el ensayo, etc. La influencia de la literatura del Siglo de Oro español se deja sentir en sus obras. Sus poemas en defensa de los derechos de la mujer, siendo "Hombres necios que acusáis" el más conocido, sentaron base para el desarrollo del feminismo en América Latina y no hay escritora latinoamericana contemporánea que no se reclame su heredera intelectual.

En el siglo XVIII Lima y Ciudad de México pierden su calidad de monopolio intelectual; la actividad cultural comienza a desarrollarse también en Quito, Ecuador; Colombia; Caracas, Venezuela y Buenos Aires.

VIII.2. Siglo XIX

A. Romanticismo

Con las luchas por la independencia, política y literatura se compenetraron. Hombres como José Martí, Simón Bolívar y José Joaquín Olmedo lucharon por la independencia no sólo con el fusil sino también con la pluma por lo que se les recuerda como políticos, pero también como poetas. En cuanto a la novela hispanoamericana, sus orígenes se remontan a *El periqui-*

llo sarniento publicada en 1816 por el escritor y periodista mexicano José Joaquín Fernández de Lizardi. A pesar de que la poesía de esta época comenzaba a tomar distancia de la producción poética de la península para brillar con luz propia -como presagiando el nacimiento del modernismo- la novela en sus albores sigue las corrientes europeas. *El periquillo* es una crítica social al México del siglo XIX siguiendo las líneas de la novela picaresca.

El romanticismo europeo, sobre todo francés también influyó en la obra de poetas y prosistas latinoamericanos de este siglo. Entre otros poetas de esta época influenciados por el romanticismo podemos mencionar al cubano José María Heredia, quien había traducido al español a poetas franceses como Víctor Hugo y Chateaubriand.

En cuanto a la prosa, muchas de las obras escritas en este periodo estuvieron influenciadas por el romanticismo y reflejaban las ideas básicas de este movimiento literario: subjetividad, independencia, sentimientos personales y libertad, añadiéndoles un toque local al adaptar estas características a la realidad social de lucha por la independencia nacional que se estaba viviendo: costumbrismo, desarrollo de temas e introducción de personajes relacionados a lo nacional como el gaucho, el esclavo, el indígena y el deseo de libertad no solamente individual sino nacional. La llamada literatura gauchesca florece en este periodo. Ejemplos de estas obras son: la novela de tema antiesclavista *Sap*, de la cubana Gertrudis Gómez de Avellaneda, publicada en 1841, nueve años antes que *La cabaña del tío Tom*; *Facundo o civilización y barbarie* (1845) del argentino Domingo Faustino Sarmiento; *Martín Fierro* (1862) del argentino José Hernández; *La peregrinación de Bayoán* (1863) del puertorriqueño Eugenio María de Hostos; *María* (1867) del colombiano Jorge Isaacs, considerada la obra maestra del romanticismo hispanoamericano; y el ciclo de *Tradiciones peruanas* (1872-1910) de Ricardo Palma.

B. Realismo y naturalismo

La influencia de estos dos movimientos se sintió en la novela, género que tuvo gran desarrollo en esta época. Irrumpió con el autor chileno Alberto Blest Gana y su novela *Martín Rivas* publicada en 1862 en la cual podemos ver la influencia del autor francés Honoré de Balzac.

Una de las autoras que marcó un hito dentro de la literatura hispanoamericana fue la peruana Clorinda Matto de Turner considerada la precursora del realismo en el Perú. Su novela *Aves sin nido* (1889) presenta una mirada crítica a la situación de explotación que sufría el indígena y al abuso de las mujeres por parte de los sacerdotes católicos de la región. Su obra comenzaba así: "Si la historia es el espejo donde las generaciones por venir han de contemplar la imagen de las generaciones que fueron, la novela tiene que ser la fotografía que estereotipe los vicios y las virtudes de un pueblo, con la consiguiente moraleja correctiva para aquéllos y el homenaje de admiración para éstas". A raíz de la publicación de su novela Matto fue perseguida por las autoridades eclesiásticas coloniales y su obra fue prohibida.

En la novelística, el naturalismo tuvo como representante máximo al argentino Eugenio Cambaceres. La influencia de las novelas experimentales de Émile Zola se refleja en su obra. Sus novelas *Pot-pourri* (1881), *Música sentimental* (1884), *Sin rumbo* (1885) y *En la sangre* (1887) cargadas de escenas de una violencia y bestialidad desgarradoras, son retratos de la sociedad argentina de fin de siglo realizados bajo la lupa objetiva de la ciencia. También se destacó el puertorriqueño Manuel Zeno Gandía con su novela *La charca* (1894) en que hace una crítica a la sociedad puertorriqueña del siglo XIX. *La charca* es un análisis científico (Zeno Gandía era médico de formación) del subdesarrollo del campesinado, del autoritarismo de los explotadores, de la ruptura de los códigos de conducta moral, de la falta de solidaridad y de la violencia exacerbada en el Puerto Rico de la época.

En el relato corto se distinguió el chileno Baldomero Lillo, quien publicó en 1904 una colección de cuentos sobre los mineros, *Sub terra*.

El naturalismo encontró tierra fértil también en el teatro. Las obras del uruguayo Florencio Sánchez, quien en la práctica producía una por año: *M'hijo el dotor* (1903); *La gringa* (1904); *Barranca abajo* (1905) y *Los derechos de la salud* (1907) son las más representativas.

VIII. 3. Siglo XX

A. Modernismo

Aunque hubo otros poetas modernistas como José Martí y José Asunción Silva, se considera al poeta nicaragüense Rubén Darío el padre del modernismo. La publicación en 1888 de su libro *Azul* y luego de *Prosas profanas* (1896) dieron nacimiento y solidez, sin duda alguna, al movimiento literario más importante dentro de la literatura hispanoamericana, el que marcó un giro y cambió las reglas del juego del mundo literario. De ahora en adelante la literatura hispanoamericana deja de mirar hacia los movimientos literarios europeos buscando imitación y comienza a utilizar las influencias de estos mismos movimientos para crear modelo. Influido por el parnasianismo francés (rechazo de los excesos emocionales del romanticismo y defensa del "arte por el arte") y por las corrientes simbolistas (uso de símbolos que evocaran estados de ánimo y emociones, musicalidad en el verso) en boga en Europa, el modernismo logró darse un carácter único mezclando lo clásico con lo moderno, lo nacional con lo extranjero o exótico buscando la perfección en el estilo, la musicalidad y la evocación de todo tipo de imágenes sensoriales en el verso. Así llegó a ser el primer movimiento literario que cruzaba el Atlántico en dirección contraria, convirtiéndose en modelo a imitar en Europa.

Aunque envolvió la renovación de todos los géneros literarios afectó, sobre todo, la poesía. Como dice Pat O'Brien en su ensayo "'Sonatina': Manifesto of Modernism", el poema de Darío "Sonatina", incluido en *Prosas profanas* sintetiza todas las características de renovación que este movimiento introdujo en la poesía desde sus dos primeras estrofas:

> La princesa está triste... ¿Qué tendrá la princesa?
> Los suspiros se escapan de su boca de fresa,
> que ha perdido la risa, que ha perdido el color.
> La princesa está pálida en su silla de oro,
> está mudo el teclado de su clave sonoro,
> y en un vaso, olvidada, se desmaya una flor.
>
> El jardín puebla el triunfo de los pavos-reales.
> Parlanchina, la dueña dice cosas banales,
> y vestido de rojo piruetea el bufón.
> La princesa no ríe, la princesa no siente;
> la princesa persigue por el cielo de Oriente
> la libélula vaga de una vaga ilusión.

El desarrollo del modernismo se vio favorecido por las momentáneas estabilidad política y prosperidad económica de los criollos después de las guerras de independencia. La literatura dejó de verse menos como un instrumento al servicio de una causa y se buscó más la renovación del lenguaje poético, el desarrollo de la perfección estética formal, la musicalidad en el verso y la construcción de imágenes evocadoras.

Lo que representó Darío para la poesía modernista lo representó Horacio Quiroga para la prosa con la publicación de su libro *Los arrecifes de coral* en 1901, libro que seguía la estructura del *Azul* de Darío. Más adelante estableció su nombre como cuentista al publicar sus colecciones *Cuentos de amor, de locura y de muerte* (1917) y *Cuentos de la selva* (1919).

B. Post-modernismo

Habíamos mencionado que la estabilidad política y la prosperidad económica luego de la independencia habían sido momentáneas ya que esta última no alcanzó a todas las capas de la población, lo que produjo movimientos de revolución social como la Revolución Mexicana de 1910. Este contexto dará otro giro a la literatura que se desarrollará en el siglo XX. El post-modernismo es rico en tendencias literarias; volverá a retomar la bandera del arte como compromiso social en un comienzo pero también se ocupará del ser humano, sus preocupaciones y sus problemas.

1. Prosa

Surgen escritores en México a lo largo de todo el siglo que retoman la Revolución como tema de sus obras, los unos desde la perspectiva del que participó en la misma, los otros, años más tarde, como ojo crítico hacia el pasado. Entre los primeros, el máximo representante es Mariano Azuela con *Los de abajo* (1915); entre los segundos se encuentran Juan Rulfo con sus dos obras *El llano en llamas* (1953) y *Pedro Páramo* (1955); Carlos Fuentes con *La muerte de Artemio Cruz* (1962) y Elena Poniatowska con *Hasta no verte Jesús mío* (1969).

La novela telúrica o de la tierra se desarrolla en otros países. En Colombia surge *La vorágine* (1924) de José Eustasio Rivera y en Venezuela, *Doña Bárbara* (1929) de Rómulo Gallegos. Vale la pena también mencionar la novela del argentino Ricardo Güiraldes, *Don Segundo Sombra* (1926), también de esta época, la que cerró el ciclo de la novela gauchesca. En estas novelas la naturaleza y la barbarie se enfrentan al hombre, a lo moderno y a la civilización al mismo tiempo que ponen énfasis en la descripción de la naturaleza y cómo ésta afecta la vida de la gente del lugar en que se desarrollan: la selva colombiana y los trabajadores en las explotaciones de caucho en el caso de *La vorágine*, los llanos venezolanos en el caso de *Doña Bárbara* y la pampa argentina en el caso de *Don Segundo Sombra*.

Otra corriente, la novela indigenista se expande por toda la primera mitad del siglo y la caracterizan la descripción de las condiciones de vida de los pueblos indígenas y la crítica a las injusticias sociales de las que son objeto. Está representada por las obras *Raza de bronce* (1919) de Alcides Argueda, boliviano; *Huasipungo* (1934) de Jorge Icaza, ecuatoriano; *El indio* (1935) de Gregorio López, mexicano; *El mundo es ancho y ajeno* (1941) y *Los ríos profundos* (1958) de Ciro Alegría; peruano, *Yawar fiesta* (1941) de José María Arguedas, peruano; y *Balún-Canán* (1957) de la mexicana Rosario Castellanos. Más adelante en su carrera literaria Rosario Castellanos abandonó la temática regionalista y se dio a conocer como defensora y luchadora por los derechos de la mujer dentro de la sociedad mexicana de lo que dan fe su poesía, su conocido cuento "Lección de cocina" incluido en la colección *Álbum de familia* (1971) y su famoso ensayo *Mujer que sabe latín...* (1974).

Otra tendencia en la novelística será la psicológica en la que se describen los conflictos espirituales o psicológicos de los personajes. Entre los escritores que siguen esta tendencia encontramos a dos chilenos, Eduardo Barrios con *El hermano asno* (1922) y María Luisa Bombal con sus dos novelas cortas *La última niebla* de 1934 y *La amortajada* de 1938. María Luisa Bombal, sin embargo, combina lo psicológico y lo fantástico al presentar personajes cuyo discurso se mueve entre la realidad y el sueño.

Sin lugar a dudas el mayor exponente del cuento fantástico lo fue el argentino Jorge Luis Borges. En este tipo de cuentos el autor entremezcla elementos reales con elementos sobrenaturales del mundo de los sueños y juega con dimensiones extranaturales de tiempo y espacio. Al final del relato el lector no puede decidirse entre una explicación real o sobrenatural de los hechos. "El milagro secreto" y "El sur", incluidos en su libro *Ficciones*

(1944), son magistrales ejemplos.

Varios autores mexicanos se encuentran en medio de diferentes tendencias que incluyen la psicológica, la regionalista y la fantástica. Entre ellos podemos mencionar a José Revueltas, *El luto humano* (1943); Agustín Yáñez, *Al filo del agua* (1947); y Carlos Fuentes, *La región más transparente* (1958).

En la tendencia existencialista encontramos al uruguayo Juan Carlos Onetti con *El astillero* (1960); al argentino Ernesto Sábato quien se hiciera famoso con su novela *El túnel* publicada en 1948, novela cuyo tema es la incomunicación y soledad que vive el ser humano; al chileno Manuel Rojas con *Hijo de ladrón* (1951) y al también uruguayo Mario Benedetti con *La tregua* (1960). Otros temas tratados por los autores existencialistas son el tema de lo absurdo de la vida y el cuestionamiento de la libertad o del significado del tiempo.

Adolfo Bioy Casares, argentino, fue el pionero de la novela de ciencia ficción con *La invención de Morel* (1940), y Enrique Amorim, uruguayo inició la novela policíaca con *El asesino desvelado* (1945).

Obras de transición entre el post-modernismo y lo que se ha llamado el *boom* de la literatura hispanoamericana son *El señor presidente* (1946) del guatemalteco Miguel Ángel Asturias quien recibiera el Premio Nobel de Literatura en 1967 y *El reino de este mundo* (1949) del cubano Alejo Carpentier.

Siguiendo las huellas de Florencio Sánchez, el post-modernismo desarrolla también su dramaturgia. Surgen autores como Osvaldo Dragún en Argentina, Sergio Vodánovic en Chile y Enrique Buenaventura en Colombia.

2. Poesía

Por su pureza lírica y contenido social el post-modernismo es terreno fértil para la poesía femenina de protesta. A mediados de siglo comienzan a afianzarse en su quehacer literario mujeres poetas como Alfonsina Storni, Juana de Ibarbourou, Delmira Agustini, Julia de Burgos y Gabriela Mistral. De ellas, Gabriela Mistral fue la que mayor reconocimiento internacional conoció habiendo sido, como ya dijéramos, el primer escritor latinoamericano en obtener el Premio Nobel de literatura en 1945.

Otro tipo de protesta social que se da en la poesía de la época es el de la reivindicación de las raíces africanas en lo que se llamó poesía negra o afroantillana. Los máximos exponentes de esta corriente son Luis Palés Matos, de Puerto Rico y Nicolás Guillén de Cuba. Esta reivindicación se manifiesta no sólo en el contenido sino también en la forma. La poesía afroantillana incorpora vocablos que provienen de las lenguas africanas habladas por los antiguos esclavos y al mismo tiempo apela a la sensualidad y al ritmo de la música característica de este grupo étnico. Veamos como ejemplo, la primera estrofa del poema "Majestad negra" de la colección *Tuntún de pasa y grifería* (1937) de Palés Matos:

Por la encendida calle antillana
va Tembandumba de la Qumbamba
-Rumba, macumba, candombe, bambula-
entre dos filas de negras caras.
Ante ella un congo - gongo y maraca-
ritma una conga bomba que bamba.

La corriente vanguardista está representada por la poesía de Jorge Luis Borges, de Argentina, a pesar de que a Borges se le conoce más por ser un maestro del cuento fantástico; Vicente Huidobro de Chile, César Vallejo, del Perú y Octavio Paz de México (Premio Nobel de literatura en 1990). A Huidobro se le atribuye ser el padre del "creacionismo" el que veía el acto de creación completamente ajeno a la realidad exterior.

Casa de Neruda en Isla Negra

El caso de Pablo Neruda es singular pues su poesía fue muy rica tanto en forma como en contenido. Por su variada temática se le consideraba el poeta del amor y del pueblo. Como dato anecdótico, todos los años se celebraba en Chile la carrera de los canillitas o vendedores de diarios, para la que Neruda siempre daba la partida. Antes, leía poemas teniendo como telón de fondo el mercado central de Santiago, de donde salía la carrera, el que de paso había sido diseñado por Eiffel, el mismo que diseñó la torre parisina. Ello muestra el lado humano y comprometido de Neruda, el Neruda cercano a su pueblo, el Neruda que alimentaba su poesía de los humildes.

Neruda fue el segundo poeta chileno, después de Gabriela Mistral en obtener el Premio Nobel de literatura, el que obtuvo en 1971. Las colecciones de poemas dedicados al tema del amor forman un ciclo en su carrera poética: *Veinte poemas de amor y una canción desesperada* su primera colección publicada en 1924, *Los versos del capitán* publicada en 1952 y *Cien sonetos de amor* publicada en 1959. Entre *Veinte poemas...* y *Cien sonetos...* el amor se desbordó en su pueblo, los oprimidos de la tierra y en la belleza de las cosas simples de lo que son reflejo *Residencia en la tierra* (1935); *Tercera residencia* (1947) la que incluye su poema "España en el corazón" inspirado por los terribles acontecimientos de la Guerra Civil Española; *Canto general* (1950) que incluye el extenso poema "Alturas de Machu Picchu"; *Canción de gesta* (1960), homenaje a la Revolución Cubana; y la serie de odas *Odas elementales* (1954); *Nuevas odas elementales* (1956) y *Tercer libro de odas* (1957).

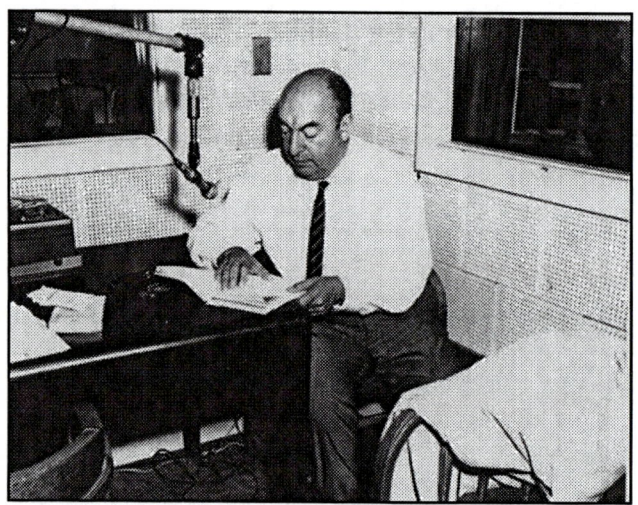

Neruda grabando en la biblioteca del congreso en E.U.

VIII. 4. La literatura del *boom* y el realismo mágico

Este periodo de la literatura hispanoamericana está caracterizado por un enorme incremento en la cantidad y la calidad de la producción literaria, sobre todo en la narrativa. Corren los años sesenta y con ellos el establecimiento de nuevas casas editoriales y mayor difusión en los medios para las obras. Este periodo es corto, en general se marca entre 1960 y 1970. Y así como la Revolución Mexicana influyó en la literatura de comienzos de siglo, el espíritu de optimismo que acompañó los primeros años de la Revolución Cubana influyó en la literatura del *boom* y la mayoría de los escritores e intelectuales apoyaron en aquel momento el gobierno de Fidel Castro.

La novelística del *boom* tuvo repercusión continental y por lo tanto produjo representantes en diversos países: México, *La muerte de Artemio Cruz* (1962), Carlos Fuentes; Argentina, *Rayuela* (1963), Julio Cortázar; Perú, *La ciudad y los perros* (1963), Mario Vargas Llosa; Colombia, *Cien años de soledad* (1967) Gabriel García Márquez, ganador del Premio Nobel en 1982; Chile, *El obsceno pájaro de la noche* (1970) José Donoso.

La novelística del *boom* experimenta con la forma para representar una compleja realidad social. La caracteriza una clara ruptura del tiempo cronológico y del plano espacial en la narración, el juego con diversos puntos de vista y la utilización de la magia o lo maravilloso para explicar una realidad tan compleja que a veces resulta incomprensible. De igual modo, aunque se partía de una realidad inmediata se trascendían las barreras geográficas, ideológicas y estéticas y las obras eran capaces de tocar un público mucho más amplio. Para los escritores del *boom* el lector era una parte integral del proceso creativo y por lo tanto se esperaba de él una actitud activa frente al texto literario. A esta nueva manera de explorar, más que de presentar la realidad, se le llamó realismo mágico. Con éstas y otras obras de la misma época la literatura hispanoamericana ganó un sitial preponderante en el mundo de las letras.

VIII. 5. El post-*boom*

Al igual que el post-modernismo fue una reacción al modernismo, el post-*boom* fue una reacción al *boom*. El marco sociopolítico del post-*boom* son las numerosas dictaduras de derecha que se establecen en Latinoamérica en los años setenta y las consecuencias que éstas tuvieron sobre los creadores opuestos a estos regímenes de barbarie. Muchos de ellos fueron encarcelados y torturados, otros tuvieron que partir al exilio donde desarrollaron sus carreras literarias. Característica del post-*boom* es el incremento en la producción literaria femenina. La mujer como escritora deja de ser contrapunto para pasar a ocupar lugar prominente dentro del mundo de la literatura al punto que se comienza a hablar en estos años de una literatura femenina hispanoamericana.

La literatura del post-*boom* tiende a romper con la tradición de la narrativa del *boom* de destrucción del tiempo cronológico y los planos espaciales. Estos autores le dan primordial importancia a la historia en sí, por lo tanto les interesa crear una línea narrativa que sea fácil de seguir para el lector.

Los autores más difundidos como iniciadores del post-*boom* son los chilenos Antonio Skármeta, *Soñé que la nieve ardía* (1975) y *Ardiente paciencia* (1985) e Isabel Allende, *La casa de los espíritus* (1982), y el cubano Severo Sarduy, *Cobra* (1972) pues fueron los que primero ganaron fama internacional. Sin embargo, también podemos incluir en esta literatura del post-*boom* poetas como Alejandra Pizarnik, argentina; Oscar Hahn, chileno; José Emilio Pacheco, mexicano, Nancy Morejón, cubana y Gioconda Belli, nicaragüense. Dentro de la narrativa es imperativo mencionar *The Buenos Aires Affair* (1973) del argentino Manuel Puig así como *Yo el supremo* (1974) del paraguayo Augusto Roa Bastos; *La guaracha del macho Camacho* (1976) del puertorriqueño Luis Rafael Sánchez, *Tantas veces Pedro* (1977) del peruano Alfredo Bryce Echenique, *Maldito amor* (1986) de la puertorriqueña Rosario Ferré, *Los nudos del silencio* (1988) de la paraguaya Renée Ferrer y *Como agua para chocolate* (1989) de la mexicana Laura Esquivel.

En los primeros años de la década de los noventa comenzaron a asentarse nombres como los de los chilenos Luis Sepúlveda, Roberto Bolaños y Hernán Rivera Letelier; Fernando Ampuero del Perú; Eloy Tomás Martínez de Argentina; Fernado Vallejo y Laura Restrepo de Colombia, por sólo nombrar algunos.

VIII. 6. La generación McOndo y la generación del *crack*

El año de 1996 volvió a marcar un hito, esta vez por partida doble, en la literatura hispanoamericana. Mientras en marzo dos escritores chilenos, Alberto Fuguet y Sergio Gómez lanzaban al mercado *McOndo*, una antología de cuentos de varios escritores latinoamericanos, en México, cinco jóvenes escritores: Ignacio Padilla, Jorge Volpi, Eloy Urroz, Vicente Herrasti y Ricardo Chávez Castañeda lanzaban en una revista un manifiesto literario en el que abogaban por una ruptura (de ahí el nombre de *crack*) con la literatura "bananera" y una vuelta a la literatura del *boom* latinoamericano. Según ellos había que "recuperar el respeto que por el lector inteligente" tenían las primeras obras de aquel hoy ya mítico momento de las letras hispanoamericanas.

Si las revoluciones o dictaduras marcaron los movimientos literarios anteriores, estas nuevas generaciones de escritores están influenciadas por la globalización y por los nuevos medios de comunicación. El nombre McOndo es una sátira que encierra todo lo que la globalización ha representado para los países latinoamericanos: McDonald, McIntosh, Condo's; etc. "Si hace años la disyuntiva del escritor joven estaba entre tomar el lápiz o la carabina,' dicen en el prólogo al libro, 'ahora parece que lo más angustiante para escribir es elegir entre Windows 95 o Macintosh".

Los autodenominados autores de la generación McOndo trazan sus orígenes a una antología de jóvenes escritores chilenos publicada en 1993 por la Editorial Planeta de Chile, *Cuentos con walkman*, de la cual también fueron editores. Varios años antes, en 1989 el mismo Fuguet había publicado su primer libro de cuentos, *Sobredosis* y en 1991 su novela *Mala onda* y otro joven escritor también chileno, Jaime Coyllor había publicado un manifiesto llamado "Casus Belli, todo el poder para nosotros" en el que ya exponía muchas de las ideas que retomaron los mcOndianos. Decía Coyllor en su manifiesto: "somos cosmopolitas y universales, internacionalistas, hasta la médula [...] El *boom* de la literatura hispanoamericana ha muerto, ¡qué viva el *boom*!" Sin embargo este manifiesto no tuvo la relevancia internacional que tuvo *McOndo* cuyos representantes, como dijéramos, rechazaban la herencia del realismo mágico, considerándolo más bien un estigma, al mismo tiempo que rechazaban la literatura comprometida, y exaltaban una nueva literatura latinoamericana globalizada con fuerte influencia norteamericana. Según Fuguet, "América Latina es un lugar donde el siglo XIX se mezcla con el siglo XXI. Más que mágico, éste es un lugar extraño. El realismo mágico reduce demasiado una realidad que es muy compleja y la hace atractiva. América Latina no es atractiva" (Bazán: 2004).

McOndo, según Fuguet y Gómez pretendía ser un *Cuentos con walk-man* internacional, dándole cabida a autores de lengua española, no exclusivamente latinoamericanos, y como ellos mismos dicen, dándole voz a una nueva generación de escritores que es "post-todo: post-modernista, post-yuppie, post-comunista, post-babyboom, post-capa de ozono, donde no hay realismo mágico sino realismo virtual".

Algo interesante a notar es que esta antología, editada por Alberto Fuguet y Sergio Gómez y que pretende ser post-todo, parece ser también post-literatura femenina pues no contiene cuentos de ninguna escritora. Entre los autores contenidos en la antología se encuentran Fuguet y Gómez, Rodrigo Fresán y Martín Rejtman de Argentina, Santiago Gamboa de Colombia, Jaime Bayly del Perú, Edmundo Paz Soldán de Bolivia y Gustavo Escanlar del Uruguay.

Otros libros publicados por Fuguet son: *Por favor, rebobinar* (1994); *Tinta roja* (2001) y *Las películas de mi vida* (2005) y como co-editor junto a Edmundo Paz Soldán, escritor boliviano que también pertenece a la generación McOndo, *Se habla español, voces latinas en USA* (2000). Sergio Gómez, por su parte, obtuvo en el 2002 el Premio Lengua de Trapo con su novela *La obra literaria de Mario Valdini*. Edmundo Paz Soldán a quien los críticos ven como uno de los escritores más sólidos de la generación ha publicado, entre otros, *Sueños digitales* (2001) y *La materia del deseo* (2004) y ha sido ganador de varios premios importantes como el de cuento Juan Rulfo 1997 y finalista del Premio de novela Rómulo Gallegos.

En cuanto a la generación del *crack* la caracteriza en primer lugar el que agrupa exclusivamente a escritores mexicanos. Las primeras obras de autores de esta generación fueron *El temperamento melancólico* de Jorge Volpi; *Memoria de los días* de Vicente Arrasti; *Si volviesen sus majestades* de Ignacio Padilla; *La conspiración idiota* de Ricardo Chávez y *Las rémoras* de Eloy Arroz, las que no tuvieron repercusión sino nacional. El reconocimiento les llegaría cuando en 1999 Jorge Volpi ganó el Premio Biblioteca Breve de Seix Barral con *En busca de Klingsor*. Luego en el 2000 Ignacio Padilla ganó el Premio Primavera con su obra *Amphitryon*. De ahí en adelante el reconocimiento a esta nueva generación de escritores no se hizo esperar.

Tanto la generación McOndo como la generación del *crack* tienen sus defensores y sus detractores. Sólo el tiempo, el mejor antologador, en palabras del maestro argentino de todos los tiempos, Jorge Luis Borges, atestiguará de su vida o de su muerte en el seno del Parnaso latinoamericano.

VIII. 7. La literatura hispana en los Estados Unidos: en busca de identidad

En nuestros días, un panorama de la literatura hispanoamericana no está completo si no se habla de los llamados *latino writers*, es decir, los escritores provenientes de diversos grupos étnicos latinos en los Estados Unidos cuyas raíces pueden trazarse a países donde el español es la lengua oficial; latinos nacidos y/o criados en los Estados Unidos, hijos de emigrantes llegados a este país a tierna edad. Con el crecimiento de la población de origen hispano en el censo de 1980 fue incluida una nueva categoría de autodefinición, "Spanish-Hispanic origin". Sin embargo, el 96% de las personas que podían autodifinirse como "Hispanas" optó por la categoría de "otro". Es obvio que la gente necesitaba de más precisiones para autodefinirse las que luego fueron presentadas de la siguiente manera: "¿Es esta persona de origen o descendencia hispana?": "No"; "Sí, mexicano, méxicoamericano, chicano"; "Sí, puertorriqueño"; "Sí, cubano"; "Sí, de otro origen español-hispánico". Gracias a la lengua común, los hispanos en los Estados Unidos se convierten en una especie de nación dentro de la nación. Como dice Marta Giménez, el término "hispano" despoja a la gente de su identidad histórico-geográfica particular y la viste de unidad cultural y lingüística.

La mayoría de los escritores clasificados como *latino* o *latina* escriben predominantemente en inglés pues es el idioma en que han crecido y han obtenido la educación formal, aunque algunos han desarrollado la escritura bilingüe en que pasan de un idioma al otro sin transición lo que refleja la realidad del mundo hispano familiar en que viven y el ámbito público de la sociedad norteamericana en que se desenvuelven. Por ello, la mayoría de ellos explora o ha explorado el tema de la identidad, en algunos casos racial, en otros de género, y el tema de la pertenencia. A través de sus obras nos muestran los problemas que han enfrentado como latinos creciendo en una sociedad diferente y cómo han copado con éstos.

El tema de búsqueda de identidad está reflejado, por ejemplo en los poemas "Bilingual Blues" del escritor de origen cubano, hoy día profesor de literatura en la Universidad de Columbia en Nueva York, Gustavo Pérez-Firmat y "Where you from?" de Gina Valdés, méxico-americana nacida en Los Ángeles y criada en la frontera entre México y los EEUU. Veamos unas estrofas significativas de los mismos:

Bilingual Blues
...
I have mixed feelings about everything.
Soy un ajiaco de contradicciones.
Vexed, hexed, complexed,
Hyphenated, oxygenated, illegally alienated,
Psycho soy, cantando voy:

...
Soy un ajiaco de contradicciones,
Un puré de impurezas
A little square from Rubik's Cuba
Que nadie nunca acoplará.
(Cha-cha-cha.)

de *Bilingual Blues* (1995)

Where you from?

Where you from?
Soy de aquí
y soy de allá
from here
and from there
born in L.A.
del otro lado
y de éste
crecí en L.A.
y en Ensenada
my mouth
still tastes
of naranjas
con chile
soy del sur
y del norte
...
where you from?
soy de aquí
y soy de allá
I didn't build
this border that halts me
the word fron
tera splits
on my tongue

También está presente el tema de la búsqueda de identidad y de la discriminación en el libro *Yo, Alejandro, the Story of a Young Latino Boy Struggling Through Life* (2000) de Alejandro Gac-Artigas (1988-). El caso de Gac-Artigas es particular; de padre chileno y madre puertorriqueña llegó a los Estados Unidos cuando apenas tenía dos años y medio. Publicó éste, su primer libro a la edad de doce, con excelente acogida de la crítica especializada. *Booklist* la revista de la asociación de bibliotecas de los Estados Unidos se refirió a él como un escritor prometedor cuyo libro valía la pena ser saboreado incluso por lectores adultos; el Centro para Jóvenes Superdotados de la Universidad Johns Hopkins lo incluyó en su lista de libros recomendados para los estudiantes de quinto a octavo grado y cientos de escuelas del país y algunas universidades comenzaron a incluirlo en su currículo de lecturas. Por los logros alcanzados, Alejandro se convirtió en modelo para los niños latinos, de otras minorías u otros niños que como él, también habían sido discriminados por una u otra razón.

Tras la publicación de su libro empezó a ser invitado a las escuelas y a conferencias nacionales a dar charlas sobre cómo combatir la discriminación de una manera positiva. Termina su libro con una fuerte afirmación de quién es y del rol que la generación que él representa jugará dentro de esta sociedad: "Quizás aún no me quieren, pero tienen que tomarme en cuenta, puesto que existo. Yo, Alejandro", (nuestra traducción). Entre los premios obtenidos por su labor literaria y social se encuentran el "Princeton University Prize on Race Relations" (2004) y la Medalla de Plata de Periodismo del "Hispanic Heritage Youth Award" (2005). Alejandro publicó un segundo libro, *Off to Catch the Sun* (2002), colección de cuentos y poemas. En el año 2005 entró a la Universidad de Harvard.

Las chicanas Gloria Anzaldúa (1942-2004) y Cherríe Moraga (1952) se han distinguido no sólo por su labor literaria sino por su activismo político en defensa de la igualdad de género y racial, y de los derechos de los homosexuales en particular las lesbianas. Juntas coeditaron tres libros que se han convertido en indispensables a la difusión de la literatura femenina de minorías mestizas y negras en los Estados Unidos y de un marco teórico para el estudio de la misma: *This Bridge Called My Back: Writings by Radical Women of Color* (1981); *Making Face, Making Soul/Haciendo Caras: Creative and Critical Perspectives by Women of Color* (1990); y *This Bridge We Call Home: Radical Visions for Transformation* (2002). Anzaldúa también publicó, entre otros, *Borderlands/La Frontera: The New Mestiza* (1987) y Moraga, *Waiting in the Wings: Portrait of a Queer Motherhood*, memoria (1997).

Otros escritores que se han distinguido en los últimos años son Julia Álvarez, Sandra Benítez, Ana Castillo, Sandra Cisneros, Junot Díaz, Cristina García, Judith Ortiz-Cofer, Esmeralda Santiago y Helena María Viramontes. *La casa en Mango Street* (1983) de Cisneros, *Cómo las García perdieron su acento* (1991) de Álvarez, *Soñar en cubano* (1993) de García y *Cuando era puertorriqueña* (1994) de Santiago marcan un hito dentro de la historia de la literatura latina en los Estados Unidos pues por muchos años permanecieron en el ambiente literario como las representantes de la experiencia del hispano en los Estados Unidos desde diferentes puntos del espectro geográfico-histórico latinoamericano, contada desde la perspectiva de una chicana, una dominicana, y una cubana ambas refugiadas políticas y de una puertorriqueña emigrante. En todas las obras está presente la búsqueda de identidad y las dificultades de crecer en una sociedad diferente.

No podemos dejar de mencionar algunos nombres de pilares a la base de la literatura latina en los Estados Unidos como lo son los poetas chicanos Ricardo Sánchez (1941-1995), Lalo Delgado (1930-2004) y Rolando Hinojosa-Smith (1929-) y el poeta puertorriqueño Pedro Pietri (1944-2004).

Como especie de coda en este panorama de la literatura hispanoamericana queremos mencionar una antología publicada en Chile en enero de 2006, *Lenguas* (dieciocho jóvenes cuentistas chilenos) editada por Carlos Labbé. En su presentación al libro se dice: "no creo que *Lenguas* represente a cierto tipo de jóvenes ni a una identidad perdida, ni menos a LA literatura chilena de comienzos de siglo, por lo cual me parece un lugar más que alentador para leer dieciocho particulares autores, sus estéticas y sus relatos", porque ello le da apertura a la literatura por venir.

VIII. La literatura
VIII.1. Siglos XVI y XVII
1. ¿Quiénes tenían a cargo la difusión cultural en la época colonial?
2. ¿Cuál es la importancia de *Comentarios reales* de Garcilaso de la Vega, el inca?
3. ¿Qué importancia tiene Sor Juana Inés de la Cruz dentro de la literatura hispanoamericana?

VIII.2. Siglo XIX
A. Romanticismo
1. Explique el lugar que tiene *El periquillo sarniento* dentro de la letra hispanoamericana.
2. Mencione algunas de las obras más representativas del romanticismo en Hispanoamérica.
B. Realismo y naturalismo
1. Explique la importancia de *Aves sin nido*.
2. Mencione las obras representativas del naturalismo.
3. Sitúe las obras de teatro representativas del naturalismo.

VIII.3. Siglo XX
A. Modernismo
1. ¿Quién es considerado el padre del modernismo?
2. ¿Quién fue Horacio Quiroga y en qué sentido se le compara a Rubén Darío?
B. Postmodernismo
1. Mencione algunas de las tendencias de la prosa y la poesía durante el periodo llamado posmodernista con ejemplos de obras.

VIII.4. La literatura del *boom* y el realismo mágico
1. ¿A qué se le llamó la literatura del *boom*?
2. Describa lo que fue el realismo mágico y dé nombres de autores y obras.

VIII.5. El post-*boom*
1. ¿Qué caracteriza la literatura del post-*boom*?

La generación McOndo y la generación del *crack*
1. Describa lo que es la generación McOndo y por qué se autodenominan así.
2. Describa la generación del crack y dé nombres de autores y obras.

Empareje:
Luego vuelva a la sección **¿Cuánto sabemos?** al comienzo del capítulo para comparar sus respuestas antes de estudiar el capítulo y después.

_____ 1. *Aves sin nido*

_____ 2. *La charca*

_____ 3. *María*

_____ 4. *El periquillo sarniento*

_____ 5. *Azul*

_____ 6. Generación McOndo

_____ 7. Horacio Quiroga

_____ 8. Pablo Neruda

_____ 9. Gabriela Mistral

_____ 10. *Cien años de soledad*

_____ 11. Generación del *crack*

_____ 12. Isabel Allende

_____ 13. Pérez-Firmat y Valdés

_____ 14. *Yawar fiesta*

_____ 15. *Doña Bárbara*

_____ 16. Sor Juana

_____ 17. *Comentarios reales*

_____ 18. Guillén y Palés Matos

_____ 19. Cisneros

_____ 20. Julia Álvarez

_____ 21. Esmeralda Santiago

_____ 23. Anzaldúa y Moraga

A. *Cómo las García perdieron su acento*

B. Garcilaso de la Vega, el Inca

C. Denuncia abuso mujeres por sacerdotes

D. Escritoras y activistas políticas

E. Poeta chileno de poesía muy variada

F. Primera gran poeta latinoamericana

G. Novela romántica por excelencia

H. *La casa de los espíritus*

I. La experiencia puertorriqueña

J. Al cuento lo que Darío a la poesía

K. Naturalismo

L. Novela indigenista

M. Fuguet y Gómez

N. La experiencia chicana

O. Primer escritor latinoamericano en recibir Premio Nobel de literatura

P. Gabriel García Márquez

Q. Poesía afroantillana

R. Búsqueda de identidad

S. Da inicio al modernismo

T. Novela telúrica

U. Novela picaresca

V. Ruptura con literatura "bananera"

Más allá de los hechos: temas para pensar, investigar, escribir y conversar

1. Lea algunos de los cuentos de los escritores de la generación McOndo o de la generación del *crack*; busque información adicional sobre el reguetón, y escriba un ensayo comparativo sobre este tipo de música y este tipo de literatura.

2. Lea los sonetos de Sor Juana "Hombres necios que acusáis" y "En perseguirme, mundo, ¿qué interesas?" Analícelos y escriba un ensayo corto sobre el feminismo en la poesía de Sor Juana.

3. ¿En qué sentido la literatura hispanoamericana ha estado vinculada a la realidad político-social del momento? Busque información adicional y escriba un ensayo o haga una presentación a la clase.

4. Según Alberto Fuguet de la generación McOndo "América Latina es un lugar donde el siglo XIX se mezcla con el siglo XXI. Más que mágico, éste es un lugar extraño. El realismo mágico reduce demasiado una realidad que es muy compleja y la hace atractiva. América Latina no es atractiva". ¿Está Ud. de acuerdo con él o no? Escriba un ensayo exponiendo su opinión.

5. Consiga alguno de los textos mencionados escritos por escritores latinos. Léalo y haga una presentación a la clase de los temas presentes en el mismo y muestre cómo tanto temas como estilo en el texto se enmarcan dentro de la llamada literatura latina en los Estados Unidos.

CAPÍTULO IX

Las artes

¿Cuánto sabemos?

I. Conteste las siguientes preguntas y luego compare sus respuestas con un compañero/a de clase. Cuando termine de estudiar el capítulo, después de completar la sección **¿Cuánto sabemos ahora?** vea cuáles de sus respuestas iniciales estaban correctas.

1) Las líneas de Nasca se encuentran en Perú.

Cierto o Falso

2) Uno de los siguientes fue un famoso pintor mexicano que no pintó murales:
  a) Diego Rivera
  b) Rufino Tamayo
  c) David Alfaro Siquieros

3) Frida Kahlo fue una gran pintora mexicana de comienzos del siglo XX.

Cierto o Falso

4) Wilfredo Lam fue un famoso pintor uruguayo.

Cierto o Falso

5) El indigenismo es un estilo de pintura autóctono de Latinoamérica.

Cierto o Falso

6) En la época colonial el arte servía para evangelizar a los indígenas.

Cierto o Falso

7) Un famoso pintor colombiano contemporáneo hizo una serie de pinturas inspirado en los horrores de Abu Grhaib en Irak.

Cierto o Falso

8) Latinoamérica aún no ha logrado tener expresiones artísticas propias.

Cierto o Falso

9) Se llamó barroco mestizo a la pintura latinoamericana de la época colonial.

Cierto o Falso

10) Hasta bien adentrado el siglo XX no hubo ningún pintor latinoamericano que se destacara internacionalmente.

Cierto o Falso

CAPÍTULO IX
Las Artes

IX.1. Periodo prehispánico

En el primer capítulo de este libro vimos que para las culturas prehispánicas la expresión artística representó una extensión de su vida cotidiana y otra manifestación de su conexión con la naturaleza y adoración a sus dioses. Por ello la arquitectura, que incluyó la construcción de templos, pirámides y palacios; la escultura; y el desarrollo de la cerámica y los tejidos fueron las expresiones artísticas de las que nos han llegado las representaciones más impresionantes. Al gran sentido artístico y estético de estas civilizaciones también debemos el desarrollo de la orfebrería, de la que han llegado a nosotros asombrosos ejemplos de adornos hechos en metal ornamentados con plumas o piedras preciosas.

Como presagiando el futuro de su civilización, los olmecas dejaron sus gigantescas cabezas humanas talladas en piedra basáltica que pareciera quisieran permanecer como testigos de la historia y que nos miran desde la eternidad de sus ojos abiertos y su colosal tamaño. Estas cabezas tienen una altura que va de los 2,4 a los 3,6 metros (7' 10 ½" - 11' 9 ¾").

La cultura nasca, antes de ser conquistada por los incas, dejó las fabulosas líneas de Nasca. El conocer hoy en día sobre esta maravilla data de 1939 y lo debemos a su descubridor, Paul Kosok, científico norteamericano y a su asistente alemana, María Reiche, quien dedicó gran parte de su vida (desde 1940 hasta su muerte en 1998) al estudio, desciframiento, fotografía y análisis de lo que hoy ha sido clasificado por la UNESCO como patrimonio cultural de la humanidad.

Las líneas de Nasca no pueden apreciarse en su magnitud sino vistas desde una altitud aproximada de 1500 pies. Están compuestas por una enorme red de líneas y figuras geométricas que forman, entre otras, claras representaciones de animales: pájaros, un lagarto, un mono, una araña; hay también una figura que parece representar a un astronauta. Están localizadas en la zona desértica, hacia la costa sur del Perú, sobre la pampa, árida y seca, que se extiende entre los pueblos de Palpa y Nasca. Aún hoy en día las líneas de Nasca siguen siendo un enigma y las teorías sobre su significado abundan, desde la de María Reiche de que representan un calendario astronómico a la del escritor suizo, Erich von Daniken quien en su libro *Chariots of the Gods* publicado en 1968 exponía su teoría de que representaban un campo de aterrizaje para naves extraterrestres. En lo que todo el mundo coincide, es en su majestuosidad.

Los mayas nos dejaron el complejo arqueológico de Chichén Itzá, así como pinturas murales que representaban tanto escenas mitológicas de la cosmogonía maya como de su vida diaria. Dejaron igualmente muestras de esculturas en las que sobresale la utilización de la técnica del bajo relieve.

La civilización azteca aportó importantes muestras de arquitectura y escultura, siendo su gigantesco calendario en piedra el más impresionante ejemplo de sus extraordinarias habilidades artísticas y también científicas.

En cuanto a los incas, es evidente que Machu Picchu y el complejo arqueológico del Valle Sagrado son la representación sin par de la combinación de sus extremadamente avanzadas habilidades arquitectónicas y de ingeniería donde lo estético y lo práctico se complementan. Puentes colgantes, canales de regadío, terrazas para la siembra, templos y palacios forman el conjunto del legado artístico y cultural incaico.

Las culturas de las Antillas aportaron piezas en cerámica, barro y madera, así como esculturas de tamaño normal. Uno de los complejos arqueológicos mejor conservados es el centro ceremonial indígena de Caguana en Utuado, Puerto Rico, legado de los indios taínos. El mismo fue descubierto a comienzos del siglo XX y a través de los años su conservación y restauración han estado a cargo del Instituto de Cultura Puertorriqueña. El centro está conformado por doce bateyes delimitados por petroglifos (piedras con diseños simbólicos grabados). Algunos de estos bateyes estaban destinados al juego de la pelota, otros a ceremonias religiosas.

IX.2. Época colonial

Las muestras más representativas del arte en el periodo colonial pertenecen a la arquitectura y a la pintura pues ambas estuvieron vinculadas a la evangelización de los pueblos conquistados. El arte representó una manera de romper la barrera del idioma y, evidentemente, facilitó el hacerles entender a los nativos los conceptos abstractos de la religión católica. La construcción de catedrales, iglesias y monasterios en las ciudades importantes de los virreinatos fue parte de la estrategia evangelizadora, así como las pinturas de ángeles, vírgenes, santos y mártires que adornan sus paredes. Siendo en sus comienzos los europeos tanto maestros como modelos, la pintura de esta época estuvo influenciada por las modas del viejo mundo. Los españoles importaron obras de arte europeas para que sirvieran de modelo e igualmente trajeron maestros italianos para establecer los primeros talleres de formación artística. Con el correr de los años y el sincretismo como estrategia evangelizadora la pintura fue adquiriendo un color local en el que se mezclan las creencias religiosas de ambos mundos en la temática así como estilos de ambos lados en la técnica. Se pintaba sobre madera y en tela, pero en regiones como la andina, donde la madera no era fácil de conseguir, floreció la pintura mural.

La Escuela de Cusco es la mejor representante de lo que se ha llamado el barroco mestizo, corriente en la pintura que comienza a desarrollarse a partir de los años 1650 y tiene su apogeo en el siglo XVIII. Sus dos mayores representantes lo fueron los pintores de origen indígena Diego Quispe Tito y Basilio de Santa Cruz Pumacallao. Una de las características de este estilo mestizo es el uso de la técnica del brocateado, es decir, aplicar pintura dorada o plateada sobre las imágenes religiosas (las ropas, los halos, los cortinajes de trasfondo) para hacerlas resaltar o producir efectos visuales. En el barroco mestizo encontramos las bases de la pintura latinoamericana moderna.

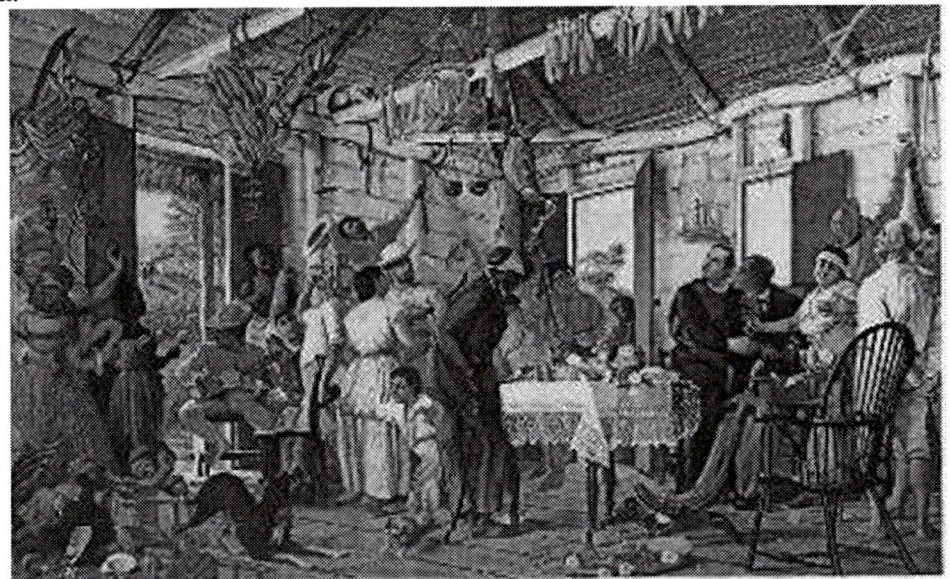

El velorio, Francisco Oller

El siglo XIX vio nacer a Francisco Oller, quien llegaría a convertirse en el único pintor hispanoamericano en jugar un rol importante en el desarrollo del impresionismo en la pintura. Nació en 1833 en Bayamón, Puerto Rico; a los 18 años salió de la Isla para estudiar pintura en Madrid, y siete años más tarde, en 1858 se estableció en París en donde frecuentó otros pintores que residían en la ciudad luz como Picasso, Renoir y Monet. De hecho, tuvo exposiciones conjuntas con estos dos últimos y otros pintores de la época. Su cuadro "El estudiante" se encuentra en el museo d'Orsay en París; su cuadro "El velorio" forma parte de la colección del museo de la Universidad de Puerto Rico en Río Piedras. Oller murió en San Juan en 1917.

IX.3. El arte después de la independencia

La iconografía religiosa de la colonia dio paso a un arte de afirmación de lo nacional; ya no se trataba de evangelizar sino de asentar las bases de las nacientes repúblicas. En ese sentido, el marco de la Revolución Mexicana a comienzos de siglo se manifestó muy propicio al desarrollo de las artes en Latinoamérica. Un gran artista mexicano, José Guadalupe Posada (1852-1913), sobresalió durante este momento histórico en la técnica del grabado de crítica social y política.

La muerte, José Guadalupe Posada

En sus grabados dejó ilustradas la vida, costumbres y momento político del México convulso en que le tocara vivir. Sus caricaturas políticas son muy famosas, así como sus representaciones de la muerte, tan presente en la cultura del pueblo mexicano. Su trabajo influyó a los grandes muralistas post-revolucionarios Diego Rivera y José Clemente Orozco.

IX.4. Siglo XX

A. El muralismo mexicano

En 1922, varios años después del fin de la Revolución, José Vasconcelos, Secretario de Instrucción Pública bajo el gobierno de Álvaro Obregón, dio a las artes el mismo impulso que a la educación en un proyecto que pretendía contrarrestar el serio problema de analfabetismo que sufría el pueblo mexicano en esa época. Patrocinó la creación de murales que cual inmensos libros pictóricos representaran la mexicanidad, entendida como el mexicano mestizo, y en cuyas imágenes el hombre del pueblo se viera reflejado. De aquí surgió el muralismo, el que gracias al talento de los artistas alcanzara reconocimiento internacional en sólo unas décadas; para los años treinta el muralismo servía de parámetro en Estados Unidos y Europa para evaluar cualquier obra o artista que viniera de Latinoamérica.

Sus principales artífices lo fueron José Clemente Orozco (1883-1949), Diego Rivera (1886-1957) y David Alfaro Siqueiros (1896-1974). Una de las características substanciales del muralismo lo fue su profundo contenido político y su estilo narrativo en los que el pueblo mexicano podía leer una parte de su historia. Por ejemplo, algunos de los murales de Rivera trataban temas precolombinos o representaban la mexicanidad como "La gran Tenochtitlán" (1945) o la "Épica del pueblo mexicano" (1034-35), pero también pintó algunos que reflejaban acontecimientos de la época desde su punto de vista y celebraban la muerte del capitalismo y el triunfo del socialismo, como "Hombre en una encrucijada" (1934) que pintara en el Rockefeller Center y que fuera destruido ese mismo año por contener una imagen de Lenin que Rivera se negó a eliminar.

Hombre en una encrucijada, Diego Rivera

Los tres muralistas compartieron la participación activa en la política de su país y los ideales socialistas lo que se ve reflejado en sus obras. Sobre el arte muralista decía Diego Rivera que era como "Escribir en enormes murales públicos la historia de la gente iletrada que no puede leerla en libros" (Monsiváis). A su vez, José Clemente Orozco, consideraba que "la forma pictórica más alta, la más pura, es el mural. Es también la forma más desinteresada, porque no puede ser asunto de ganancias privadas, no puede esconderse para beneficiar a unos cuantos privilegiados. Es para el pueblo. Es para todos" (Monsiváis).

B. Repercusión del muralismo mexicano en Latinoamérica

El muralismo mexicano tuvo influencia en otros países del continente, siendo Brasil y Colombia los países en que más rápido esa influencia se dejó sentir. En Brasil, el gobierno de Getúlio Vargas patrocinó un gran movimiento de realismo social para promover la unidad nacional bajo el emblema del mestizaje. Un pintor se destacó, Cândido Portinari (1903-1962) que como los muralistas mexicanos defendía ideas comunistas. Su más famosa pintura lleva el significativo título de "Mestizo".

En Colombia el muralista más destacado lo fue Pedro Nel Gómez (1899-1994), quien dejara murales pintados en diversos edificios públicos, entre ellos el Palacio Municipal y la Escuela de Minas de Medellín y en el Aula Máxima de la Facultad de Química de la Universidad de Antioquia. Además de artista Gómez ocupó puestos importantes en la docencia; fue director de la Escuela de Bellas Artes de Medellín y fundador de la Facultad de Arquitectura de la Universidad Nacional de Colombia. Ello le permitió ejercer una gran influencia en los artistas de la época.

El muralismo como expresión artística continuó vivo durante todo el siglo XX tomando auge en diferentes países en momentos revolucionarios cuando, como después de la Revolución Mexicana, hubo apoyo gubernamental a las artes. En Bolivia se desarrolló a partir de la llegada al poder del gobierno revolucionario de Víctor Paz Estenssoro en 1952. Sus principales representantes lo fueron Miguel Alandia Pantoja (1914-1975); Walter Solón Romero (1925-); y Gil Imana (1933-). Estos tres artistas fundaron el Grupo Anteo cuyo objetivo, al igual que lo fue el del muralismo mexicano, era el de promover las artes para el pueblo. El muralismo en Bolivia fue prohibido por el gobierno militar que sucedió a Paz Estenssoro por su manifiesto compromiso social con los indígenas, los obreros y en general las clases desfavorecidas.

En Chile el muralismo comenzó a florecer a comienzos de los setenta, justo antes de la llegada al poder del presidente socialista Salvador Allende. En un comienzo los murales llevaban un mensaje propagandístico y luego de concientización. Más que a través de pintores individuales el muralismo chileno se distinguió por las brigadas, siendo una de las más reconocidas la Brigada Ramona Parra. Al igual que en Bolivia, el muralismo chileno quedó trunco debido al golpe de Estado de 1973.

C. El indigenismo

Del muralismo surgió el indigenismo, estilo de pintura típicamente americano que se propagó por todos los países donde la población indígena era numerosa. Aunque la gran mayoría de pintores indigenistas provenían, en general, de la clase media urbana, se nutrían de las tradiciones y culturas indígenas y dentro del movimiento de afirmación nacional buscaron reivindicar los derechos de este sector de la población. Siguiendo esta corriente, en Ecuador se destacó Oswaldo Guayasamín (1919-1999) quien decía sobre su obra: "Mi pintura es para herir, para arañar y golpear en el corazón de la gente. Para mostrar lo que el Hombre hace contra el Hombre".

Su estilo es uno muy particular donde se mezclan características del realismo social, el expresionismo y el cubismo y donde las manos, las caras, las bocas gritan su dolor o expresan su ternura a través de la luz, del color y de gestos cargados de profundo dramatismo. Sobresalen entre sus obras tres grandes colecciones que abarcan su vida como pintor: *Huacayñan (El camino de las lágrimas*, en quechua) que pintara entre 1946 y 1952 y que está compuesta de 103 cuadros y un mural. En éstos se ve reflejado el mestizaje entre las culturas indígenas y negras en el Ecuador; *La edad de la ira* (1961-1990), 150 cuadros que denuncian la violencia ejercida por el hombre contra su propio hermano en la época moderna; y *La edad de la ternura* (1988-1999) un homenaje a su madre y a través de ella a todas las madres del mundo en tanto dadoras, y protectoras, de vida.

El máximo representante del indigenismo en Bolivia lo fue Cecilio Guzmán de Rojas (1900-1950) quien, como podemos ver, tuvo una vida muy corta, pero extremadamente productiva. Dos de sus más famosos cuadros son "El triunfo de la naturaleza" y "El Cristo Indio".

D. La Escuela del Sur

El caso del pintor uruguayo Joaquín Torres García (1874-1949) y su Escuela del Sur es muy singular. Torres García no solamente fue artista sino que reflexionó y escribió mucho sobre arte. Fue el creador de la teoría de la corriente estética que él llamara universalismo constructivo a través de la cual buscaba sentar las bases para el desarrollo de la unidad y la identidad cultural de esta América mestiza resultado de la mezcla del indígena, el africano y el europeo en la cual la cultura europeizante tendía a ser predominante. Torres García sentía gran admiración por las civilizaciones prehispánicas y su simbología religiosa reflejada en sus creaciones artísticas. Pensaba que los artistas latinoamericanos debían identificarse con el sentimiento de unidad que emanaba de éstas donde naturaleza y espíritu se manifestaban a través del hombre y su expresión artística. De acuerdo a esta estética el artista debía expresar en sus obras la comunión del hombre con el cosmos. En su búsqueda de un lenguaje al mismo tiempo americano y universal, moderno y eterno, las obras del universalismo constructivo utilizaban la simbología para expresar la realidad, bien fueran figuras geométricas como el círculo o el triángulo; o símbolos abstractos como la luz y el color; o símbolos marcados de eternidad como los encontrados en las esculturas, cerámicas u otras piezas de arte prehispánico; o símbolos de la modernidad como las máquinas o los relojes.

En 1935 Torres García escribió el manifiesto estético de la Escuela del Sur en el que decía: "He dicho Escuela del Sur; porque en realidad, nuestro norte es el Sur. No debe haber norte, para nosotros, sino por oposición a nuestro Sur. Por eso ahora ponemos el mapa al revés, y entonces ya tenemos justa idea de nuestra posición, y no como quieren en el resto del mundo. La punta de América, desde ahora, prolongándose, señala insistentemente el Sur, nuestro norte". Es interesante notar que el actual presidente de Venezuela, Hugo Chávez, retomó el lema de "nuestro norte es el sur" para la cadena de televisión Telesur, uno de cuyos fines es la integración sudamericana.

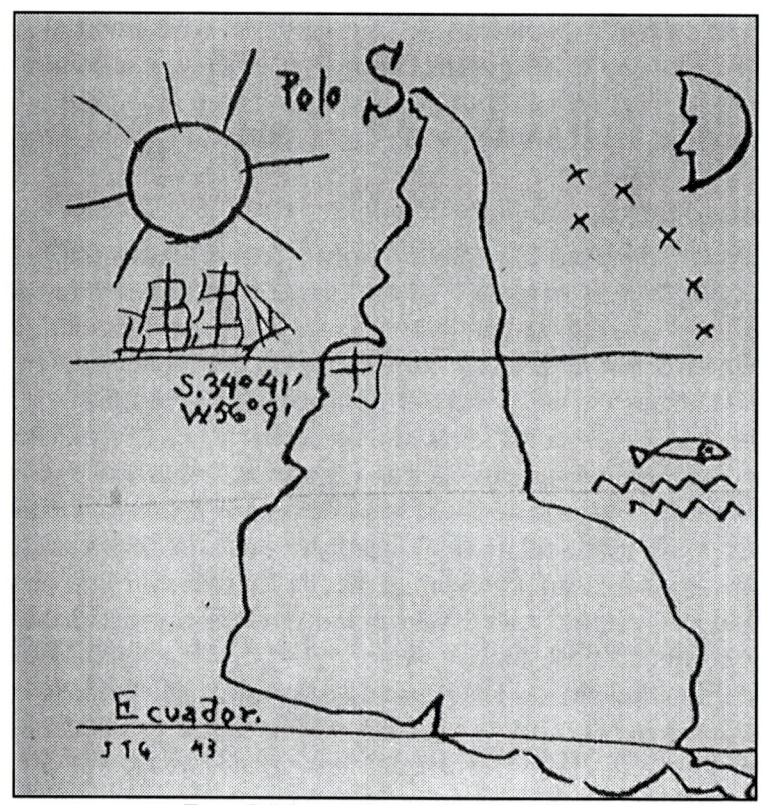

Foto © Museo Torres García. 2005
Cortesía de la Fundación Torres García <www.torresgarcia.org.uy>

Demás está decir que en un principio Torres García y su Escuela tuvieron sus detractores. En su defensa, el gran poeta chileno y padre del creacionismo, movimiento de vanguardia en la poesía, Vicente Huidobro (1893-1948), escribió una "Salutación a Joaquín Torres García" en la que decía: "Nada es tan mezquino como negar a un hombre la talla esencial de su alma. Podemos discutir sobre los problemas del agrado personal, pero no podemos borrar por antojos de cabeza embarazada el significado de una obra que resume la dedicación entusiasta de la vida entera de un hombre de alto espíritu... La obra de este gran pintor es una célula viva en medio de tantas cosas muertas... Ella inspira confianza en todo un continente, inspira fe en toda una raza y esperanzas en el futuro del hombre".

E. Otros grandes pintores del siglo XX

Ninguna historia de la pintura latinoamericana estaría completa sin, entre otros, los nombres de Rufino Tamayo, mexicano (1899-1991); Wilfredo Lam, cubano (1902-1982); Frida Kahlo, mexicana (1907-1954); Roberto Matta, chileno (1911-2002); José Balmes y Gracia Barrios, chilenos (1927-) y Fernando Botero, colombiano (1932-).

Durante la época de gloria del muralismo dos pintores se destacaron al margen de este gran movimiento, Rufino Tamayo y Frida Kahlo. Tamayo vivió muchos años fuera de su país incluyendo ciudades como París y Nueva York. Radicó en Nueva York entre 1936 y 1948 año en que regresó a Ciudad de México para realizar una exposición en el Palacio de Bellas Artes. Fue duramente criticado por los muralistas por su falta de compromiso político y por su pintura lejana a la estética de un arte de fácil acceso a un público popular.

Frida Khalo

La vida de Kahlo ha estado siempre asociada a la de Diego Rivera por haber sido compañeros en la vida personal y artística, y por haber compartido los mismos ideales políticos. Sin embargo, la pintura de Frida es muy diferente de la de Diego. El dolor físico y emocional fueron parte inherente de su vida y de su arte; 53 de sus 143 cuadros son autorretratos en los que se refleja su pena. También encontramos en su pintura una profunda preocupación por los problemas de la mujer y un estilo que ha sido clasificado por muchos como surrealista y onírico con clara presencia de elementos de su herencia indígena en los brillantes colores y en la simbología.

Frida Khalo y Diego Rivera circa 1932

Lo que representaron Nicolás Guillén y Luis Palés Matos en la poesía, lo representó Wilfredo Lam en la pintura, la reivindicación de la cultura negra. Hijo de padre inmigrante chino y madre afrocubana su herencia jugó un rol importante en la temática de su pintura. Quizás su interés por la cultura africana provino de la influencia de su abuela materna, practicante de la santería. Al igual que su contemporáneo Roberto Matta, su estilo estuvo muy influenciado por el movimiento surrealista y cubista; también como Matta, viajó mucho y estuvo en contacto con grandes pintores e intelectuales de la época como Picasso (quien le instara a desarrollar su interés en las máscaras y el arte primitivo africano), Diego Rivera, Frida Kahlo, André Breton, Claude Lévi-Strauss, Aimé Césaire (martiniquense, padre del movimiento literario de la negritud) y Alejo Carpentier (escritor cubano uno de los iniciadores del movimiento del realismo mágico en la literatura que él llamara "lo real maravilloso").

El enigma2 Wilfredo Lam

El arte de Roberto Matta estuvo influenciado en sus comienzos por el surrealismo europeo. Entre los años 1933 y 1938 viajó por toda Europa y estuvo en contacto con grandes arquitectos, artistas e intelectuales de la época como Lecorbusier, Federico García Lorca, Pablo Neruda, Salvador Dalí, André Breton, Marcel Duchamp, Picasso. El año de 1938 fue crucial en su carrera pues marcó su paso del dibujo a la pintura y fue el inicio de su vida en los Estados Unidos. Su primer cuadro en óleo se llamó "Crucifixión". Matta fue uno de los primeros pintores chilenos del siglo XX en alcanzar reconocimiento internacional.

Las vidas de José Balmes y Gracia Barrios tienen algunos aspectos en común con las de Diego y Frida con la diferencia de que el matrimonio de Balmes y Barrios no ha tenido el carácter tormentoso del de Rivera y Kahlo. Luego del golpe de Estado de 1973 Balmes y Barrios tuvieron que partir al exilio a París, donde permanecieron por más de una década. La pintura de

Balmes está marcada por un hondo contenido social. Un ejemplo característico de su obra es "Camino de victoria" (1976). Un cuadro de Balmes refleja lo que según él era la característica esencial de un buen afiche, ser un grito en la pared. La pintura de Barrios, aunque también marcada por una profunda preocupación social, es al mismo tiempo más íntima y reflexiona sobre la vida cotidiana del hombre dentro de la sociedad. La mujer es tema central de muchos de sus cuadros. Durante su época de exilio sus pinturas estaban pobladas de rostros divididos, separados, que miraban, que buscaban sin encontrar; casi sombras en colores deslustrados que reflejaban la terrible realidad del exilio.

Neruda. José Balmes, Casa de Neruda en Isla Negra

En cuanto al colombiano Fernando Botero, su obra se separa completamente de la de sus contemporáneos. La caracterizan la profusión de figuras humanas infladas, el humor y la crítica social. Como ejemplos de sus pinturas mencionaremos su versión de la "Monalisa" (1977) y su colección basada en los actos de tortura cometidos en la prisión de Abu Grhaib en Irak (2005). Interrogado sobre sus razones para pintar esta serie Botero respondió: "Por la ira que sentí y que sintió el mundo entero por este crimen cometido por el país que se presenta como modelo de compasión, de justicia y de civilización".

Preguntas de comprensión y repaso

IX.1. Periodo prehispánico

1. ¿Cuál fue el legado cultural de las civilizaciones prehispánicas?
2. ¿Qué son las líneas de Nasca y qué representan?
3. ¿Qué son los petroglifos y dónde podemos encontrar algunos en el área del Caribe?

IX.2. Época colonial

1. ¿Por qué las artes que más se desarrollaron durante este periodo fueron la arquitectura y la pintura?
2. ¿Qué fue la Escuela de Cusco y quiénes fueron sus máximos representantes? ¿Qué es el brocateado?
3. ¿Quién fue Francisco Oller y cuál fue su importancia?

IX.3. El arte después de la independencia

1. ¿Qué caracterizó el arte después de la independencia?
2. ¿Quién fue José Guadalupe Posada?

IX.4. Siglo XX

1. Describa qué fue y qué representó el muralismo mexicano. ¿Qué pintores lo representaron y qué había en común entre ellos?
2. ¿Qué diferencia existe para José Clemente Orozco entre un mural y una pintura?
3. ¿Tuvo el muralismo influencia en otros países de Latinoamérica? Dé ejemplos.
4. Describa la pintura indigenista.
5. Explique la importancia de Joaquín Torres García y la Escuela del Sur.
6. Mencione algunos pintores famosos del siglo XX y dé ejemplos de sus obras.

¿Cuánto sabemos ahora?

Empareje:
Luego vuelva a la sección **¿Cuánto sabemos?** al comienzo del capítulo para compara sus respuestas antes de estudiar el capítulo y después.

_____ 1. Oswaldo Guayasamín

_____ 2. Machu Picchu

_____ 3. Cabezas colosales

_____ 4. Calendario

_____ 5. José Balmes

_____ 6. Fernando Botero

_____ 7. Muralismo mexicano

_____ 8. Centro ceremonial Caguana

_____ 9. Frida Kahlo

_____ 10. José Guadalupe Posada

_____ 11. Wilfredo Lam

_____ 12. Roberto Matta

_____ 13. Joaquín Torres García

_____ 14. Gracia Barrios

_____ 15. Rufino Tamayo

_____ 16. Líneas de Nasca

_____ 11. Francisco Oller

_____ 12. Brocateado

_____ 13. Escuela de Cusco

_____ 14. Pintura y arquitectura colonial

_____ 15. Cecilio Guzmán de Rojas

A. Olmecas

B. Juego de pelota y culto a los dioses

C. Pintó los horrores de Abu Grhaib

D. "Crucifixión"

E. Obra refleja realidad del exilio

F. Paul Kosok, María Reiche

G. Barroco mestizo

H. Historia contada en enormes libros pictóricos

I. Escuela del Sur

J. Autorretratos reflejan el drama de su vida

K. Legado en piedra azteca

L. Adornar con pintura dorada

M. Evangelización

N. Caricatura de crítica social

O. "El Cristo indio"

J. Legado cultural del pueblo inca

K. Indigenismo en pintura en Ecuador

L. "Camino de victoria"

M. Criticado por los muralistas

N. Reivindicación raíces negras en pintura

O. Movimiento impresionista hispanoamericano

Más allá de los hechos: temas para pensar, investigar, escribir y conversar

1. Visite el siguiente enlace de la base de datos LANIC con museos de Latinoamérica: <http://icom.museum/vlmp/latin-america.html>
Busque información adicional sobre alguno de los artistas mencionados en este capítulo y prepare una presentación creativa sobre su obra.

2. Como viéramos en este capítulo, entre las diversas interpretaciones del enigma de las líneas de Nasca están la de María Reiche para quien representan un calendario astronómico y la de Erich von Daniken para quien representan un campo de aterrizaje para naves extraterrestres. Busque información adicional sobre estas líneas y elabore su propia teoría sobre su significado o argumente a favor o en contra de una de las anteriores.

3. Busque información adicional sobre el poeta chileno Vicente Huidobro y el creacionismo en la poesía y sobre el universalismo constructivo de Joaquín Torres García y escriba un ensayo comparando y contrastando ambas propuestas artísticas.

4. Escriba un ensayo sobre el rol que ha jugado el arte en Latinoamérica a través de las épocas.

5. Busque información adicional sobre el muralismo en Latinoamérica y escriba un ensayo estableciendo los objetivos de este tipo de arte y el momento político en el que en general se produce y argumentando a favor o en contra de este tipo de expresión artística.

6. Piense en un tema controversial; busque información adicional sobre el grabado de crítica social de José Guadalupe Posada y elabore una caricatura original que refleje su opinión crítica sobre el tema.

7. Escoja un pintor latinoamericano, busque información sobre su obra y pinte un cuadro original siguiendo su estilo. Preséntelo a la clase y pida que adivinen qué estilo está imitando.

CAPÍTULO X

El cine

CAPÍTULO X
El cine

¿Cuánto sabemos?

I. Conteste las siguientes preguntas y luego compare sus respuestas con un compañero/a de clase. Cuando termine de estudiar el capítulo, después de completar la sección **¿Cuánto sabemos ahora?** vea cuáles de sus respuestas iniciales estaban correctas.

1) El cine llegó a Latinoamérica alrededor de 1896-97.

Cierto o Falso

2) Debido al machismo, en las primeras películas latinoamericanas las mujeres tenían prohibido actuar.

Cierto o Falso

3) De los países de Latinoamérica el único que no ha desarrollado significativamente la industria del cine es Cuba.

Cierto o Falso

4) En los países latinoamericanos no se produjo ninguna película muda por lo tarde que llegó a estos países el cine.

Cierto o Falso

5) Hasta ahora, ninguna película latinoamericana ha sido ganadora del Oscar.

Cierto o Falso

6) *Amores Perros* es una realización:
> a) argentina
> b) mexicana
> c) cubana

7) La actriz Sonia Braga es originaria de Brasil.

Cierto o Falso

8) *María llena eres de gracia* es una coproducción colombo-americana.

Cierto o Falso

9) Antonio Banderas es un conocido actor latinoamericano.

Cierto o Falso

10) El llamado "nuevo cine" es el que se produjo en Cuba después de la Revolución.

Cierto o Falso

CAPÍTULO X
El cine

X.1. Desarrollo de una industria

Pretender hablar sobre el cine latinoamericano como un todo es tarea casi imposible pues el cine llegó y se desarrolló como industria artística en forma diferente en cada país. Por un lado tenemos países como México, Argentina y Brasil que conocieron, con sus altas y bajas, un significativo desarrollo del cine como industria a través de su historia, y por otro, países como Uruguay, Paraguay, Ecuador y algunos países de América Central y del Caribe cuya producción de largo metrajes no ha sido reveladora. Entre estos dos extremos, existen países como Cuba, Venezuela, Uruguay, Chile y Colombia que no produjeron películas importantes por muchos años, pero que en las últimas décadas han conquistado su espacio dentro de la producción cinematográfica actual.

El cinematógrafo llegó al continente latinoamericano en el 1897 cuando los equipos enviados por los hermanos Lumière llegaron a hacer propaganda para su nuevo invento. Entre los países visitados estuvieron México, Argentina y Cuba. En sus comienzos, el cine que se produjo fueron cortometrajes de tipo documental y cuando se comenzó a hacer ficción se hacían películas cuyos temas y personajes estaban asociados al desarrollo de una identidad nacional como los charros mexicanos o los gauchos argentinos.

Uno de los obstáculos que limitó el desarrollo del cine en sus comienzos fue el costo de producción y la falta de un público suficientemente amplio que absorbiera esos costos. Sólo países como Argentina, México y Brasil, con una gran población urbana podían, en un comienzo, afrontar esa situación. Como bien apunta Michael Chanan en su artículo "Cinema in Latin America"sobre la correlación entre el colonialismo económico y la producción cinematográfica: "en la novela de Gabriel García Márquez, *Cien años de soledad*, el cine llega a Macondo en los mismos trenes que traen a la United Fruit Company".

Para los años veinte, justo cuando el cine local había comenzado a llegar a las clases populares en los grandes países, el mercado fue copado por películas producidas en Hollywood. Empresas norteamericanas, entre las cuales podemos mencionar a la Fox, Samuel Goldwyn y la Paramount, en busca de nuevos mercados después de la Primera Guerra Mundial, habían hecho de Brasil y Argentina mercados privilegiados para sus películas en desmedro de la producción nacional.

La llegada del cine sonoro hizo que la música popular y algunos cantantes famosos llegaran al celuloide. El primer gran cantante en protagonizar películas de largo metraje fue el argentino, Carlos Gardel célebre cantante de tangos cuya fama llegó a ser internacional.

Carlos Gardel, el zorzal criollo

En Brasil fue Carmen Miranda. Este tipo de películas, con cantantes como parte del elenco, lo veremos en más detalle en el panorama de cada país.

El cine que se produjo en los sesenta en los diferentes países compartía una estética de crítica social y de compromiso con los pueblos y sus valores que el cine latinoamericano no había conocido hasta ese momento. De ahí que se comenzara a llamarle "nuevo". Estas películas reflejaban los movimientos políticos y sociales de cambio que caracterizaron esos años. Además, marcaron una ruptura con la industria de cine influenciada por las producciones norteamericanas oponiéndole a ésta un cine de auténtica identidad nacional. Quizás ayudó también en la adjudicación del adjetivo nuevo la creación en Cuba del ICAIC (Instituto Cubano del Arte e Industria Cinematográficos) en marzo de 1959 y más adelante de la Escuela de Cine, Televisión y Video de San Antonio de los Baños que contó con el apoyo financiero del escritor colombiano, Premio Nobel de literatura, Gabriel García Márquez. La escuela ofrece educación universitaria en todas las áreas de la cinematografía.

El prestigio que el cine producido en la Cuba revolucionaria ganó en el exterior motivó a muchos estudiantes de los diferentes países latinoamericanos a ir a estudiar a Cuba. En adición, el Festival Internacional del Nuevo Cine Latinoamericano establecido en La Habana en 1979 se convirtió en foro de aprendizaje y de difusión de lo mejor de la producción cinematográfica latinoamericana de esa época. Al ICAIC también se le atribuye el haber ayudado a la promoción de las películas a través del desarrollo de afiches artísticos.

El mismo rol han tenido los otros festivales de cine que se fueron creando a través de los años a lo largo de los diferentes países, entre ellos el Festival Internacional de Cine de Mar del Plata, la Mostra Internacional de Cinema São Paulo, el Festival de Cine de Bogotá, el Festival Internacional de

Cine de Cartagena, el Festival Internacional de Cine de Santo Domingo, el Festival Cinematográfico Internacional de Montevideo y el Festival de Caracas.

Entonces, podemos decir que el nuevo cine latinoamericano estuvo compuesto de nuevos cines nacionales que compartían algunas características generales en común, pero que al mismo tiempo conservaban sus peculiaridades regionales; por ello se puede hablar del *cinema novo* en Brasil, o el nuevo cine cubano, o colombiano, o argentino y todas esas tendencias cabrían bajo la amplia sombrilla del nuevo cine latinoamericano.

X.2. El cine latinoamericano en el siglo XXI

A. Cine indigenista

En las postrimerías del siglo XX y comienzos del siglo XXI ha tomado auge en Latinoamérica el cine indígena como temática. Este tipo de película tiene como objetivo el presentar y defender la cultura, las tradiciones y los derechos de los pueblos indígenas de aquellos países con una actual población indígena de importancia: Bolivia, Brasil, Chile, Colombia, Ecuador, Guatemala, México y Perú.

Entre los filmes a temática indígena destacan *Venciendo el miedo*, una obra de ficción de María Morales de la comunidad aymará en Bolivia, que cuenta la historia de una mujer cuya familia abandona el altiplano en busca de una vida mejor. Teniendo como eje central la problemática boliviana de la coca tenemos *En nombre de nuestra coca*, de Humberto Claros (quechua/aymará), que narra la historia de un joven de la región de Chapareque quien debe servir en el ejército y asistir en la erradicación de la hoja de coca.

En Brasil se produce *Mi primer contacto* de Mari Correa y Kumaré Txicao, un recuento de la primera vez que el pueblo brasileño Ikpeng vio al "hombre blanco" en 1965 y del impacto irreversible que tuvo ese momento en la vida de este pueblo. También se produce *Cascada del jaguar* que relata cómo los líderes de la comunidad indígena Tariano del noroeste del Amazonas reviven sus prácticas sagradas años después de la evangelización de las misiones cristianas.

De México cabe resaltar *La cumbre sagrada* de Mariano Estrada (Tzeltal), producida por el Comité de Defensa de la Libertad Indígena Xinich, que aborda los conflictos sobre la tierra y los derechos de los pueblos indígenas de Chiapas, y *La tierra es nuestra esperanza: resistencia al Plan Puebla Panamá*, una mirada a la construcción de la carretera en el Istmo Huatulco, en Oaxaca, la que tendrá un impacto destructivo sobre miles de indígenas. En *Guardianes del maíz*, documental del realizador mexicano Guillermo Monteforte, se presenta el daño de la agricultura y la salud relacionadas con la incorporación de maíz modificado genéticamente en la Sierra Madre de Oaxaca.

De Chile podemos mencionar *De la tierra a la pantalla* de Juan Francisco Salazar, una coproducción con Australia, sobre tres comunicadores mapuches que exponen sus ideas a través de la radio, vídeo e Internet. Otra producción chilena es *Popol Vuh: mito de creación quiché maya*, animación con ilustraciones basadas en el arte maya.

De Perú vale destacar *Lima ¡Was!* de Alejandro Rossi. La misma presenta la competencia de baile hauylarsh, que celebra un antiguo ritual quechua aún practicado en estas comunidades.

De Colombia, el vídeo *Pa' poder que nos den tierra*, sobre la lucha del pueblo nasa por recuperar sus tierras, incluidas las recientes manifestaciones por parte de esta comunidad y las consecuentes represalias.

Finalmente, para cerrar este panorama del cine indígena de comienzos de siglo mencionaremos *Soy defensor de la selva* del ecuatoriano Eriberto Gualinga (sarayaku kichwa) sobre cómo las mujeres indígenas del Amazonas ecuatoriano están a la vanguardia de la resistencia a la exploración de petróleo por una compañía argentina, y *Sipakapa no se vende* del guatemalteco Álvaro Revenga que retrata el alto costo ambiental y de fuerza humana que la explotación minera del oro representa para las comunidades del municipio de Sipakapa, Guatemala.

B. En busca de una nueva identidad

En adición a la temática indigenista que representa de por sí una búsqueda de preservación de raíces, hay otro punto de encuentro en el cine que se está realizando actualmente en el continente. De acuerdo a la crítica especializada, las películas latinoamericanas presentadas en el Festival de La Habana del 2006 tuvieron como punto de encuentro la búsqueda de una identidad social colectiva a través del rescate de un momento individual de honda significación o de eventos históricos que marcaron un hito en la vida de los personajes.

Entre los filmes destacados podemos mencionar *Crónica de una fuga* de Adrián Caetano, argentino, basado en un episodio de la represión militar en Argentina que ganara el premio a la mejor edición. Un tema trillado, podemos pensar a primera vista, sin embargo Caetano lo vuelve único al presentarlo a través de la historia de un arquero de un equipo de fútbol que es encerrado en una casa y obligado a escaparse desnudo junto a otros tres presos en medio de una tormenta.

También, el ganador al tercer premio en documental, *Arcana*, del director chileno Cristóbal Vicente, quien partiendo del modo de vida que existía en el último año antes de que la cárcel de Valparaíso cerrara en abril de 1999 rinde homenaje a los tantos hombres que habitaron sus celdas en los 150 años que permaneció abierta.

En el mismo estilo se producen tres filmes en Cuba: *La edad de la peseta* dirigida por Pavel Giroud, en coproducción de Cuba, España y Venezuela. La película nos presenta la historia de un niño de diez años que se asoma por primera vez al amor dentro del marco de los acontecimientos de la Revolución Cubana. Igualmente *Páginas del diario de Mauricio* de Manuel Pérez Paredes en la que a través de momentos de la vida del personaje penetramos al interior de las diversas crisis que ha atravesado Cuba en los últimos años. Y finalmente el documental *Existen*, ganador del premio a la mejor obra experimental, de Esteban Insausti que nos hace conocer la locura que se pasea por La Habana del presente a través del discurso de un enfermo mental.

Tres filmes de Brasil son también representativos de esta particular búsqueda de identidad: el tercer premio en la categoría de animación, *Los tres cerditos* de Claudio Roberto Guimaraes, el cuento infantil adaptado a la realidad brasileña; *Los 12 trabajos* de Ricardo Elias en el que un chico recién salido de un reformatorio intenta rehacer su vida y a través de su primer día de trabajo conocemos la realidad social y las redes que conectan a una amplia gama de personajes de Sao Paulo, desde los más anodinos hasta los más peligrosos: profesores, funcionarios públicos, abogados, policías y traficantes de droga entre otros; y finalmente, *De restos y soledades*, mención especial en la categoría documental de Petrus Carirg donde a través de una anciana de setenta años vemos pasar el presente y pasado inmemorial de la ciudad fantasma de Cococi.

Un último ejemplo de este tipo de cine presentado en el Festival de La Habana es la coproducción de España y Perú *Mariposa negra* dirigida por Francisco Lombardi la que parte del deseo de una mujer de descubrir la verdad sobre la muerte de su novio, un juez, y nos lleva al mundo de la corrupción administrativa que atraviesa el Perú.

Del realismo crudo que caracterizó las películas de los noventa y comienzos de los 2000 tal parece que el cine latinoamericano está en busca de nuevos derroteros en los que resaltar una identidad colectiva nacional a través de lo personal, de aquellos momentos históricos que nos han marcado como individuos.

X.3. Panorama histórico por países

Como el desarrollo del cine dependió y todavía depende de las circunstancias políticas y económicas propias a cada país proponemos el siguiente panorama breve del desarrollo y el estado actual del cine en diversos países. Primero hablaremos en detalle de México, Argentina y Brasil y luego de una manera menos detallada de los otros países.

A. México

Fue el primer país latinoamericano en desarrollar una fuerte y reconocida industria de cine. Una razón que se esgrime para ello es la cercanía con Hollywood, donde estaban localizadas las más importantes compañías de filmación norteamericanas. Cuando el cine hablado comenzó, estas compañías comenzaron a hacer versiones al español de las películas producidas para competir en los crecientes mercados latinoamericanos y contrataban mucho personal del otro lado de la frontera el que se fue formando en la técnica, la que fueron exportando a su país.

Algunos de los primeros cineastas mexicanos lo fueron Salvador Toscano (desde 1898); Guillermo Becerril (desde 1899); los hermanos Stahl y los hermanos Alva (desde 1906) y Enrique Rosas (desde 1906). Dentro del marco de la Revolución Mexicana se desarrolló la filmación; éste fue el primer gran acontecimiento histórico que se documentó en la pantalla y el que se mantuvo, por así decirlo, en cartelera durante el lapso de alrededor de diez años que duró la Revolución.

La primera película de ficción del cine mudo filmada en México data de 1907, *El grito de Dolores o La independencia de México* de Felipe de Jesús Haro. El primer largometraje fue *La luz, tríptico de la vida moderna* de J. Jamet probablemente el seudónimo de Manuel de la Bandera, que data de 1917 y que basaba su argumento en un personaje femenino, la "diva". Esta película llevó a la fama a la actriz mexicana Emma Padilla. Pero la que se recuerda como la más célebre película del cine mudo mexicano data de 1919, *El automóvil gris*, último filme de Enrique Rosas.

Se cree que la primera directora de películas del cine mexicano fue Mimí Derba quien en 1917 fundó una compañía de producción que más tarde se conocería como Azteca Films junto con el camarógrafo Enrique Rosas. *La tigresa* (1917) fue la única película en que Derba no actuó por lo que muchos historiadores del cine piensan que fue su directora. En los años veinte encontramos a las hermanas Adriana y Dolores Elhers quienes filmaron documentales.

No es sino hasta 1931 que se realiza la primera película sonora en México, una película llamada *Santa* con la actriz Lupita Tovar. Entre 1932 y 1936 la incipiente, pero firme industria nacional del cine produjo alrededor de cien películas. La película que le dio carácter definitorio al cine de la llamada "época de oro del cine mexicano" fue *Allá en el Rancho Grande* (1936) de Fernando de Fuentes. El filme contenía los ingredientes de lo que definiría una producción con éxito de taquilla asegurado: melodrama y canciones rancheras que punteaban la acción. Este fue el primer filme mexicano en tener exposición y reconocimiento internacional ganando el premio a la mejor fotografía del Festival de Venecia en 1938. También se presentó en los Estados Unidos en una versión con subtítulos.

Dos mujeres directoras de los años treinta fueron Adela Sequeyro con *Más allá de la muerte* (1935), *La mujer de nadie* (1937) y *Diablillos de arrabal* (1938); Elena Sánchez Valenzuela con *Michoacán* (1936) y Matilde Landeta con *Adán, Eva y el diablo* (1944) como asistente de dirección y *Lola Casanova* (1948) como directora. Antes de 1944 Landeta fue asistente de dirección en tres películas por las que no se le dio crédito.

La Segunda Guerra Mundial benefició el panorama del cine mexicano pues la competencia del cine norteamericano era menos fuerte. Esto contribuyó al surgimiento de nuevos directores y sobre todo de una pléyade de actores, representantes de la cultura popular, que engalanaron (engalanar: *to adorn*) las pantallas del cine mexicano, y que lo popularizaron en todos los países de habla hispana, entre ellos María Félix, Mario Moreno "Cantinflas", Pedro Armendáriz, Jorge Negrete, Sara García, Fernando y Andrés Soler, Arturo de Córdova, Dolores del Río y la argentina Libertad Lamarque.

El cine entre 1940 y 1950 estuvo marcado por un tema recurrente: la chica de provincia que llega a la capital en busca de mejores oportunidades, cae víctima de la maldad imperante en la gran urbe y es condenada a prostituirse para sobrevivir hasta que finalmente es redimida por un alma buena. Dos de las más famosas películas de esta época tienen títulos muy sugestivos, *Nosotros los pobres* y *Ustedes los ricos* ambas de 1947 y ambas teniendo como protagonista a Pedro Infante.

La llegada de la televisión en la década del cincuenta dio en cierto sentido muerte a esta época de oro del cine; un nuevo tipo de cine comenzó a surgir influenciado por la presencia en México del cineasta español Luis Buñuel así como por los programas de lucha libre en la televisión que le dieron a ese deporte carácter de espectáculo. En México Buñuel realizó algunas de sus más logradas películas: *Los olvidados, Susana (Carne y demonio)* (1950), *Subida al cielo* (1951), *Él* (1952), *La ilusión viaja en tranvía* (1953), *Ensayo de un crimen* (1955), *Nazarín* (1958) y *El ángel exterminador* (1962).

A partir de los sesenta la influencia de Hollywood se dejó sentir a nivel del público, las salas que pasaban películas mexicanas se vaciaron y las películas norteamericanas ganaron al público nacional, a excepción de los sectores más cultos de la población que favorecían el cine europeo. Fue para estos años, en 1963 precisamente que se fundó la primera escuela oficial de cinematografía en el país, el Centro Universitario de Estudios Cinematográficos que dependía de la Universidad Nacional Autónoma de México (UNAM).

Así comenzó a surgir en el ambiente mexicano un cine independiente experimental que tendría su apogeo en los años setenta y ochenta. Esta década vio la estatización de la industria cinematográfica mexicana. En 1972 se reconstituyó la Academia Mexicana de Artes y Ciencias Cinematográficas y se estableció la entrega de un premio nacional, el Ariel; en 1974 se inauguró la Cinemateca Nacional; y en 1975 se creó el Centro de Capacitación Cinematográfica y se fundaron tres empresas de producción: Conacine, Conacite I y Conacite II.

Las películas producidas en esta década rompen con estereotipos anteriormente establecidos y buscan la compatibilidad entre calidad y éxito de taquilla. Entre los filmes de éxito de esta década podemos destacar *El castillo de la pureza* de Arturo Ripstein y *El rincón de las vírgenes* de Alberto Isaac

(1972); *Canoa* de Felipe Cazals, *La pasión según Berenice* de Jaime Humberto Hermosillo y *El apando* (1975) de Felipe Cazals; *Actas de Marusia* del director chileno Miguel Littin (1975) y *Los albañiles* de Jorge Fons (1976).

A mediados de los setenta y comienzos de los ochenta se produjeron dos fenómenos, el primero, lo que los críticos han llamado el "cine fronterizo" o "cabrito western" que reflejaba la realidad particular de la gente que vive en la frontera entre México y los Estados Unidos. Este cine, influenciado por los famosos "westerns" americanos no se distinguió por la calidad artística de las películas sino por el arraigo que causaba en su audiencia la que llenaba las salas. Películas como *Contrabando y traición* (1976) de Arturo Martínez (1976), *Pistoleros famosos* de José Loza Martínez (1980), *Lola la trailera* de Raúl Fernández (1983) y *El traficante* de José Luis Urquieta (1983) pertenecen a esta época.

El segundo fenómeno que se produce es el surgimiento de un número significativo de directoras, entre ellas Marcela Fernández Violante cuya primera película importante fue *Cananea* filmada en 1976.

La crisis económica de los ochenta tuvo su incidencia en la industria cinematográfica. Se produjeron escasas películas de calidad artística. La gran mayoría de las películas en ganar el prestigioso premio Ariel en muchas ocasiones no alcanzaron a exhibirse en cines comerciales; no había público para ellas. A pesar de la crisis el número de mujeres cineastas aumentó en esta década. Podemos mencionar a María Elena Velasco Fragoso, Dana Rotberg Goldsmith, Guita Schyfter Lepa y Marise Sistache Perret cuya producción se prolongó durante las décadas posteriores.

En el 1992, aparece una luz al final del túnel la que pone al cine mexicano otra vez sobre sus rieles. La película *Como agua para chocolate* de Alfonso Arau basada en la novela del mismo título de Laura Esquivel y ganadora del Ariel rompió record de taquilla tanto en la capital como en otras ciudades importantes. Esta película dio la vuelta al mundo y marcó un viraje en el cine mexicano no sólo hacia un cine de calidad sino hacia un reencuentro con el público nacional.

A *Como agua para chocolate* le siguieron otras películas dignas de mención como *La tarea* de Jaime Humberto Hermosillo (1990), *Danzón* de María Novaro (1991), *La mujer de Benjamín* de Carlos Carrera (1991), *Sólo con tu pareja* de Alfonso Cuarón (1991), *Cronos* de Guillermo del Toro (1992), *Miroslava* de Alejandro Pelayo (1993), *Entre Pancho Villa y una mujer desnuda* de Sabina Berman e Isabelle Tardán (1995), *En el país de no pasa nada* de María del Carmen de Lara Rangel (2000) y *Sin dejar huella* de María Novaro (2000), una coproducción con la televisión española que tuvo distribución internacional.

Este renacer, sin embargo vino acompañado del siguiente problema: los cineastas más talentosos que han triunfado en el exterior como Alfonso Arau, Alejandro González Iñárritu (*Amores perros*, 2000; *21 gramos*, 2003; *Ba-*

bel 2006), Alfonso Cuarón (*Y tu mamá también*, 2001; *Harry Potter y el prisionero de Azkaban*, 2004), Carlos Carrera (*El crimen del Padre Amaro*, 2002), Guillermo del Toro (*Blade II*, 2002; *Hellboy*, 2004; *El laberinto del fauno*, 2006) y Luis Mandoki (*Cuando un hombre ama a una mujer*, 1994; *Mensaje en una botella*, 1999; *Atrapada*, 2003) han abandonado el país para desarrollar una carrera en el extranjero.

Lo mismo ha sucedido con un significativo número de actores que han emigrado a los Estados Unidos por las oportunidades de trabajo que se han producido gracias a la nueva estrategia de mercadeo del cine hollywoodense de incluir personajes de descendencia latina en sus películas o hacer películas sobre personajes históricos o legendarios latinoamericanos como *Frida*, basada en la vida de Frida Khalo o *Zorro*.

Esto ha provocado lo que el crítico mexicano Gustavo García ha descrito como cine mexicano "en el exilio"; en el 2006 hubo un total de 16 nominaciones para el Oscar de directores, actores, fotógrafos y guionistas mexicanos. Alejandro González Iñárritu fue nominado como mejor director por *Babel*, película que ha tenido nominaciones en seis otras categorías incluyendo las de mejor película y mejor guión (de Guillermo Arriaga), y la de la actriz Adriana Barraza como mejor actriz de reparto. *El laberinto del fauno*, de Guillermo del Toro, optó al Oscar de mejor película de habla no inglesa y *Los hijos de los hombres*, de Alfonso Cuarón al premio de mejor guión adaptado y mejor fotografía por un trabajo de Emmanuel Lubezki quien competirá también con Guillermo Navarro, fotógrafo de *El laberinto del fauno*.

Sin embargo, a pesar de esta deserción, el cine mexicano hecho en México sigue vivo. En la ceremonia de entrega de premios Ariel del 2006 participaron 16 películas producidas en México, tres de las cuales estuvieron nominadas al Ariel de oro. Entre los directores emergentes que se destacan están: Antonio Serrano, *Sexo, pudor y lágrimas* (1999); Juan Carlos de Llaca, *Por la libre* (2000); Carlos Reygadas, *Japón* (2001); Julián Hernández, *Mil nubes de paz cercan el cielo, amor, jamás acabarás de ser amor* (2002); Fernando Eimbcke, *Temporada de patos*; Ricardo Benet, *Noticias lejanas* y Amat Escalante, *Sangre* (2004). Todo ello prueba que a pesar de la falta de apoyo gubernamental y de dificultades de exhibición y distribución, el cine mexicano mantiene su presencia dentro de la cinematografía internacional.

B. Argentina

Los historiadores del cine mudo en Argentina coinciden en que se filmaron en el país alrededor de doscientas películas durante esa época, es decir desde la llegada del cinematógrafo a fines del siglo XIX hasta fines de los años veinte. Entre éstas cabe destacar *La muchacha del arrabal* y *Buenos Aires, ciudad de Ensueño* (1922), y *La costurerita que dio aquel mal paso* (1926) todas dirigidas por el "Negro" Ferreyra. El tema de la chica provinciana pobre que llega a la ciudad y es devorada por la misma, que tan famoso se hizo en el cine mexicano de los años cuarenta fue anteriormente explotado en Argentina en la época del cine mudo. En 1931, Ferreyra hizo una película llamada *Muñequitas porteñas* en la que experimentó con el uso del sonido sincronizado grabado en discos fonográficos.

Sin embargo, aunque durante esta época se filmaron tantas películas, no fue sino hasta la llegada del cine sonoro en 1933 que comenzó a surgir en el país una verdadera industria de cine la que se cotizó altamente en todos los países de habla hispana. Es en ese año que nace la compañía de producción Argentina Sono Film que debuta con la producción de la película *Tango* de Luis Moglia Barth, la que resultó ser el primer largometraje sonoro argentino y en la que comenzara su brillante carrera Libertad Lamarque quien llegó a ser conocida como "la novia de América".

En los años cuarenta, para contrarrestar la invasión de películas producidas en los Estados Unidos y fortalecer la industria nacional se aprobaron leyes en defensa del cine que establecían obligatorio el presentar películas argentinas y el contratar exclusivamente personal técnico y artístico nacional. El gobierno de Juan Domingo Perón en su primera etapa (1946-55) puso por su parte en vigor una especie de censura al contenido de las películas. En 1942 se filmó *La guerra gaucha* de Lucas Demare que se convirtió en un clásico del cine argentino. Para que apreciemos la calidad del cine argentino de esta época es importante mencionar que la película *Dios se lo pague* de Luis César Amadori filmada en 1948 fue la primera película en la historia del cine de este país en ser nominada al codiciado Oscar.

La primera escuela de cine, el Instituto Nacional de Cinematografía se funda en 1957, seis años antes que en México; al igual que en México, la llegada de la televisión afectó adversamente la industria del cine.

Uno de los directores argentinos y latinoamericanos más importantes actualmente es Fernando Birri, quien debutó en el cine en 1955. Luego de estudios en Italia y de alcanzar un cierto reconocimiento internacional por su trabajo fue nombrado en 1986 director de la Escuela Internacional de Cine de Cuba. La primera película que dirigió allí se llamó *Un hombre muy viejo con unas alas enormes* (1988) basada en el cuento del mismo título de Gabriel García Márquez.

Los años sesenta y setenta, marcados por la dictadura que se instaló en el país no fueron muy favorables al cine, pero los años ochenta, con el regreso de la democracia, fueron testigos de un resurgimiento del cine de calidad. Hace su aparición, además una directora, María Luisa Bemberg cuya película *Camila* (1984) tuvo un gran éxito comercial y también fue nominada para el Oscar. Otras películas de María Luisa Bemberg son *Miss Mary* (1986) *Yo la peor de todas* (1991) basada en la vida de la primera gran escritora latinoamericana, la monja mexicana Sor Juana Inés de la Cruz, y *De eso no se habla* (1993). Sus películas nos presentan mujeres de extraordinaria personalidad.

Al año siguiente salieron *Hombre mirando al Sudeste* de Eliseo Subiela y la primera película argentina en ganar el Oscar a la mejor película extranjera, *La historia oficial* que trata el doloroso tema de los desaparecidos bajo la dictadura militar, y *La noche de los lápices* de Héctor Olivera (1987).

De los años noventa y comienzos del siglo XXI mencionaremos *Tango feroz* de Marcelo Piñeyro (1993), *El hijo de la novia* de Juan José Campanella (2001); *Los Rubio* de Albertina Carri (2003); *Cielo azul, cielo negro* de Paula de Luque y Sabrina Farsi (2003); y *Derecho de familia* de Daniel Burman (2006). Entre el 2000 y el 2006 se dan también las excelentes producciones de Alberto Lecchi: *Nueces para el amor* (2000); *El juego de Arcibel* (2003) y *Una estrella y dos cafés* (2006) Premio de la Crítica especializada, Premio Especial del Público y Premio del Jurado en el Festival de cine de Viña del Mar en el 2006. Películas todas ejemplo de la alta calidad que recuperó el cine argentino con el regreso a la democracia y que lo sigue distinguiendo a nivel internacional.

C. Brasil

Brasil fue el tercer país latinoamericano en conocer un gran desarrollo de la industria cinematográfica. En los años de 1900 el país ya contaba con veintidós salas de cine en la capital lo que en esa época representaba un número importante.

Una de las características del cine mudo brasileño es la ausencia de negros en las películas. En las décadas de los treinta y los cuarenta eso cambió un poco y vemos sobre la escena actores negros y mulatos como el "Gran Otelo" en roles de malandro (pícaro brasileño) y la exótica Carmen Miranda quien en 1933 protagonizó *La voz del Carnaval* para los estudios Cinedia de Río de Janeiro.

Como parte de la política hollywoodense de búsqueda de mercado en Latinoamérica para sus películas, Carmen Miranda hizo una carrera exitosa en Hollywood; quienes han visto sus películas la recordarán por sus llamativos sombreros adornados de frutas tropicales y su voz y bailes con ritmo de conga. Su primera película para la Twentieth Century Fox fue *Serenata argentina* de Irving Cummings (1940). En esta época surgió también la chanchada, versión brasileña de la comedia musical.

Para reconocimiento más allá de sus fronteras el cine brasileño tuvo que esperar más que el mexicano o el argentino. La primera película brasileña en ser exhibida internacionalmente, luego de haber ganado el premio a la mejor música en el festival de Cannes fue *O Cangaceiro*, de Lima Barreto, 1953.

En 1958 una coproducción franco-brasileña bajo la dirección de Marcel Camus llevó al cine *Orfeo Negro* basada en la obra teatral *Orfeu do Carnaval* de Vinicius de Moraes que a su vez retomaba el mito griego de Orfeo y lo situaba en el contexto de la sociedad brasileña. A pesar de que esta película todavía jugaba con el Brasil tropical estereotipo de "tarjeta postal", ritmo, samba, hermosos paisajes y carnaval, fue un éxito de taquilla y al igual que *O Cangaceiro* contribuyó al reconocimiento internacional del cine hecho en Brasil. Además ganó varios premios como mejor película, entre ellos del Festival de Cannes y del de Venecia en 1959, así como el Oscar a la mejor película extranjera ese mismo año. Las películas producidas a partir de los sesenta acrecentaron el reconocimiento internacional del cine, pero esta vez por diferentes razones, las que llevaron más adelante a llamar esta cinematografía cinema novo.

El cinema novo, como mencionáramos anteriormente favorece una temática relacionada a la pobreza en Brasil situando las películas sobre todo en las grandes ciudades y en la seca y pobre zona nordeste del país. Sabemos que los años sesenta en el mundo entero fueron años de movimientos revolucionarios por la reivindicación de los derechos de los grupos desfavorecidos en la sociedad. El cinema novo se hace eco de ese sentimiento sirviendo así de modelo a cineastas de otros países latinoamericanos. La pobreza se presenta como parte de una realidad tal como es y afecta a quienes la viven, y no sublimizada, como dentro del cine mexicano. Fue un mensaje que inspiraría a directores latinoamericanos, como por ejemplo el chileno Miguel Littin, a plasmar en la pantalla el dolor colectivo de la América Hispánica.

Entre los directores conocidos de estos primeros años se encuentran Anselmo Duarte, *El Pagador de Promesas*, ganadora de la Palma de Oro en el festival de Cannes en 1962, Glauber Rocha; *Dios y el diablo en la tierra del sol*, 1964; *Tierra en transe*, 1967; *Antonio das Mortes*, 1969; Nelson Pereira dos Santos, *Vidas secas*, 1963, Ruy Guerra, *Los fusiles*, 1963; y Joaquim Pedro de Andrade *Macunaíma*, 1969.

Ni los años setenta marcados por dictaduras militares ni los ochenta del gobierno civil de Fernando Collor de Mello fueron favorables al desarrollo del cine brasileño.

A fines de los setenta y durante los ochenta se distinguieron algunos directores como Bruno Barreto, *Doña Flor y sus dos maridos*, 1976, teniendo como protagonista a Sonia Braga; Carlos Diegues, *Bye Bye Brazil*, 1980 y *Vendrán días mejores*, 1989; Héctor Babenco, *Pixote* (1981). Tanto Barreto como Braga dejaron el país y vinieron a los Estados Unidos donde han desarrollado sus carreras.

Películas representativas de los noventa son sin duda *Tierra extranjera* de Walter Salles y Daniela Thomas, 1995; *Anahy de las Misiones*, 1997 y *Central de Brasil*, 1998, ganadora del Oscar a la mejor película extranjera, de Sérgio Silva.

Frente a un panorama de casi desaparición del cine brasileño por falta de apoyo financiero, el gobierno de Lula da Silva decretó la ley audiovisual que, entre otras cosas, les dio incentivos fiscales de reducción de impuesto a las empresas que inviertan en el cine nacional. También se ha invertido bastante en la promoción en el extranjero de las películas brasileñas. Hoy en día se producen en Brasil entre 40 y 50 películas al año, y una nueva generación de cineastas y cosecha de películas de calidad artística reconocida a nivel internacional comienza a producirse. Dos ejemplos de las más recientes son *El hombre que copiaba* de Jorge Furtado, 2002 y *El otro lado de la calle* de Marcos Bernstein, 2003.

D. Cuba

Como México, Argentina y Brasil, Cuba también tuvo su periodo de cine silente y conoció el desarrollo de un cine nacional que en sus comienzos fue, como en los otros países, nacionalista y patriótico. En 1930, Ramón Peón, uno de los pilares del cine silente cubano dirigió *La virgen de la Caridad*, considerada por algunos historiadores uno de los filmes latinoamericanos más importantes de estos años. La primera película sonora fue *Serpiente roja* dirigida por Ernesto Caparrós en 1937.

Los filmes de los años cuarenta y cincuenta siguieron el patrón de la época en Latinoamérica, filmes con música e imagen turística de tarjeta postal para los que los melodramas mexicanos o argentinos eran modelo a imitar. Cuba también fue en esta época lugar favorito de productores norteamericanos para filmar películas.

A partir de los años cincuenta un grupo de cineastas en ciernes: Julio Espinoza García, Tomás Gutiérrez Alea, Alfredo Guevara y José Massip comenzaron a proponer un cine crítico y de contenido social diferente. Ésta sería la semilla del cine que comenzaría a producirse en Cuba después del triunfo de la Revolución. Realizan en 1954 un documental titulado *El mégano* sobre la vida difícil de los fabricantes de carbón del sur de La Habana. El documental fue estrenado en la Universidad de La Habana y rápidamente confiscado por el gobierno dictatorial de Batista por lo que no pudo ser exhibido comercialmente.

Como ya dijéramos, el gobierno de Castro desde sus comienzos dio apoyo al desarrollo de las artes y la cultura y la fundación del ICAIC representó la infraestructura para el desarrollo del cine cubano. La producción del ICAIC iba en tres direcciones: películas didácticas, documentales y de ficción. Gutiérrez Alea se convertiría en el más destacado cineasta cubano con películas como *Historias de la Revolución* (1960), *La muerte de un burócrata* (1966), *Memorias del subdesarrollo* (1968), *La última cena* (1977).

En los años ochenta sus películas no escatimaron la crítica a problemas que aún no se habían solucionado bajo el nuevo sistema socialista como por ejemplo el problema del machismo en *Hasta cierto punto* (1983); la prostitución, el dogmatismo político y la intolerancia en *Fresa y chocolate* (1993) y la burocracia en *Guantanamera* (1995), su última película. Estas películas están impregnadas de profundo humor, frescura y al mismo tiempo de una sátira mordaz.

Fresa y chocolate recibió una gran acogida a nivel internacional y mereció la nominación para el Oscar como mejor película extranjera. Antes de morir en 1996 Gutiérrez Alea reafirmó su posición con respecto al régimen cubano diciendo que no se consideraba un disidente sino un ojo crítico al interior de la Revolución cuyo objetivo era mejorarla, perfeccionarla y de ningún modo, destruirla. Las películas de crítica al sistema de la cual *Se permuta* de Juan Carlos Tabío (1984) es otro ejemplo, no fueron muchas y se produjeron en general a partir de los ochenta.

El cine producido por el ICAIC tuvo dos vertientes fuertes, la histórica, y la de temática contemporánea relacionada con problemas vigentes dentro de la sociedad cubana. *Cecilia*, dirigida por Humberto Solás (1982), que se sitúa en la Cuba de 1830, representa el máximo logro de la vertiente de películas históricas; por su parte *Lucía*, también de Solás (1969) y *Retrato de Teresa* de Pastor Vega (1979) representan la vertiente de problemática contemporánea, tratando ambas el tema de la mujer dentro de la nueva sociedad.

La industria del cine cubano se convirtió en una fuerte y de reconocimiento internacional, tanto en el área de los documentales como en el área de la ficción.

E. Chile

Anteriormente mencionamos que algunos países no habían conocido una industria cinematográfica de larga trayectoria, sin embargo, hay nombres dentro del cine de otros países que no podemos dejar de mencionar, como tampoco podemos dejar de hablar de la situación actual del cine en algunos países que están desarrollando una cinematografía de calidad.

Dentro del cine chileno podemos mencionar a Miguel Littin y Raúl Ruiz, dos de los más prolíficos cineastas que desarrollan sus carreras influenciados por el nuevo cine. En las películas y documentales de Littin siempre están presentes la preocupación social y política en términos de contenido, y la experimentación en cuanto a la estética que caracterizaron al nuevo cine latinoamericano. Su primera película de éxito fue *El chacal de Nahueltoro* (1969).

Bajo el corto gobierno de Salvador Allende, Littin fue presidente de la compañía nacional de producción cinematográfica del país, Chile Films. Después del golpe de Estado salió al exilio y durante el exilio realizó *Actas de Marusia* (1976); *El recurso del método* (1978), basada en la novela de Alejo Carpentier; *La viuda de Montiel*, basada en un cuento de García Márquez (1980) y *Alsino y el cóndor*, basada en la obra del mismo nombre de Pedro Prado, en coproducción de Nicaragua, México y Costa Rica (1982), película que fuera nominada al Oscar como mejor película extranjera ese año.

En el 1985 regresó clandestino a Chile y lo que filmó se convirtió en un documental *Acta general de Chile* (1986). En el año 1990 filmó *Sandino* sobre la vida del héroe nicaragüense César Augusto Sandino; en 1994 realizó *Los náufragos*, sobre el proceso de retorno desde el exilio y en el 2000 *Tierra del Fuego*. Su más reciente película, *La última luna* (2005) refleja la continuidad de su interés por la problemática política pues trata sobre el conflicto del Medio Oriente.

Raúl Ruiz también tuvo que partir al exilio en los setenta. Sus películas son de un género más intelectual y de mayor experimentación artística que las de su compatriota Littin. Su fama internacional como cineasta se produjo a partir de los años ochenta teniendo a su haber más de cincuenta películas. Su primer largometraje fue *Tres tristes tigres* en 1968. Diez años más tarde realizó en Francia la primera película que le daría fama internacional, *Hipótesis de un cuadro robado*, película en blanco y negro. Entre sus más recientes filmes destacan *Días de campo* (2004); *El dominio perdido* (2005) y *Klimt* (2006), basada en la vida del pintor austriaco Gustavo Klimt.

Al igual que en otros países, la dictadura chilena también dejó sentir su efecto en la industria del cine; durante los años de 1973 al 1985 se produjeron en Chile solamente nueve películas, pero a fines de los ochenta el cine comenzó a renacer y a adquirir reconocimiento internacional.

En la actualidad el cine chileno es muy sólido y de una calidad artística indiscutible gracias a directores como Silvio Caiozzi, *Julio comienza en julio* (1979), la que en una encuesta realizada por el periódico *El Mercurio* y la municipalidad de Santiago fuera votada como "la mejor película chilena del siglo"; *La luna en el espejo* (1990); *Coronación* (2000); *Cachimba* (2004) todas las que han ganado diferentes premios internacionales; Ricardo Larraín, *La Frontera* (1991) y *El entusiasmo* (1998); Gustavo Graef Marino, *Johnny cien pesos* (1995), que describe el proceso de transición del país hacia la democracia; Cristián Galaz, *El chacotero sentimental* (1999), película que no solamente ganó premios internacionales sino un éxito de taquilla nacional sin precedentes; Gonzalo Justiniano, *Amnesia* (1994) cuyo personaje central es un militar que recuerda y olvida a la vez su "trabajo" en el desierto en los primeros años del gobierno militar y *B-Happy* (2004); Andrés Word, *Historias de Fútbol* (1997); Orlando Lübbert, *Taxi Para Tres* (2002); León Errázuriz, *Mala Leche* (2004).

El desarrollo del cine como industria implica también el desarrollo de una audiencia. En este sentido el gobierno regional de la ciudad capital chilena propuso en diciembre del 2006 la firma de un convenio para incorporar el cine y la creación audiovisual a la educación básica y media en las escuelas en la región metropolitana. De acuerdo a este convenio, llamado "La escuela al cine', y firmado por el Consejo Regional de la Cultura y las Artes, la Cineteca Nacional del Centro Cultural Palacio La Moneda, la Secretaria Ministerial de Educación y la Cámara de Exhibidores de Multisalas se establecerán en 23 escuelas cine clubs para lo cual, al momento de la firma del convenio ya se habían capacitado 33 maestros en la metodología de apreciación audiovisual. Como beneficio adicional, los estudiantes y maestros de estas escuelas tendrán la posibilidad de asistir a funciones matinales en las salas de cine comerciales.

Se espera que este convenio, endosado por la Secretaría Ministerial de Educación, sea eventualmente expandido a todo el país.

F. Bolivia

En la historia del cine boliviano destaca Jorge Sanjinés. Junto a Oscar Soria funda el grupo fílmico Ukamau y la Escuela Fílmica Boliviana, la que permaneció abierta apenas cinco meses ya que el Instituto Cinematográfico Boliviano les negó acceso a la utilización de equipo. Entre sus largometrajes podemos mencionar *Ukamau* (1968); *Yawar Mallku* (1969) que denuncia la esterilización de campesinas bolivianas por miembros del Cuerpo de Paz, el que posteriormente fue expulsado de Bolivia; *El coraje del pueblo* (1971); *El enemigo principal* (1973), cuyo gran acierto cinematográfico fue servirse de un recurso teatral brechtiano, un narrador que anticipa los eventos, para que el espectador pueda seguirlos de manera crítica y distanciada; *Banderas del amanecer* (1984); *La nación clandestina* (1989) y *Para recibir el canto de los pájaros* (1995).

G. Perú

De Perú mencionaremos a tres de sus más destacados realizadores del presente: Francisco J. Lombardi, con una gran trayectoria que comienza en el 1977 con *Muerte al amanecer*, Alberto "Chicho" Durant, y Fabrizio Aguilar, quien debuta con *Paloma de papel* (2003).

La cinematografía de Lombardi incluye *Muerte de un magnate* (1980); *Maruja en el infierno* (1980); *La ciudad y los perros* (1985), adaptación parcial de la novela de Vargas Llosa; *La boca del lobo* (1988); *Sin compasión* (1986); *Caídos del cielo* (1991); *Bajo la piel* (1996); *No se lo digas a nadie* (1998); *Pantaleón y las visitadoras* (1999–2001), filme que obtuvo los premios a mejor película, mejor director, mejor actor y el premio FIPRESCI en el festival de cine de Gramado, Brasil y el premio a la mejor película del Cuarto Encuentro Latinoamericano de Cine, Elcine de Lima; y *Tinta roja* (2002).

Junto a Lombardi, Durant es uno de los cineastas más prolíficos del Perú. Entre sus películas se cuentan *Ojos de perro* (1982); *Malabrigo* (1986); *Alias la gringa* (1991); *Coraje* (1998) y *Doble juego* (2004) que al igual que la opera prima de Aguilar, desarrolla un momento de la historia nacional: los últimos momentos del gobierno de Alberto Fujimori y la corrupción en el país.

En cuanto a Aguilar, su primera película como director, *Paloma de papel* nos presenta, desde el punto de vista de un niño, el horror del periodo histórico marcado por la guerra civil que se desató en el Perú en los años ochenta entre el gobierno institucional y el movimiento de guerrilla Sendero Luminoso.

H. Colombia

De los años ochenta en que se produjeron relativamente muchas películas, no podemos dejar de mencionar directores como Gustavo Nieto Roa, *El taxista millonario* (1979); Francisco Norden *Cóndores no entierran todos los días* (1984); y Lisandro Duque Naranjo, *Milagro en Roma* (1988).

La gran producción de cine de los años sesenta a los ochenta se redujo enormemente en los años noventa por la desaparición en diciembre de 1992, por decreto gubernamental, de FOCINE, el Instituto Nacional del Cine Colombiano. La última película producida por FOCINE fue *La estrategia del caracol* de Sergio Cabrera (1993). La desaparición de FOCINE marcó el camino de la industria cinematográfica de ahí en adelante. En los últimos años el cine colombiano ha estado caracterizado por las coproducciones internacionales como manera de sufragar los gastos de la producción fílmica lo que si bien es cierto le ha dado exposición mundial a las películas, según los críticos, le ha hecho sacrificar un poco la identidad nacional para favorecer un cierto carácter internacional necesario a satisfacer el mercado.

Entre las coproducciones de los noventa y de comienzos de milenio podemos mencionar *Edipo Alcalde*, de Jorge Alí Triana, adaptación del mito de Edipo a ambiente latinoamericano, con libreto de Gabriel García Márquez (México, con aportes adicionales de Venezuela, Francia, España, Italia y Canadá), 1996; *La montaña del tiempo*, de Raúl García (Bulgaria y España); *Ilona llega con la lluvia* de Sergio Cabrera (España e Italia), 1996; *La virgen de los sicarios* de Barbet Schroeder (España, Francia), 2000; *Bolívar soy yo* de Jorge Alí Triana (Francia), 2002; *María Full of Grace* de Joshua Marston (USA), 2004.

I. Venezuela y Uruguay

Para terminar este panorama del cine queremos hacer honor a tres actuales cineastas mujeres cuyas películas han tenido reconocimiento internacional, las venezolanas Fina Torres y Solveig Hoogesteijn, y la uruguaya Beatriz Flores Silva.

Fina Torres es autora, directora y productora de *Oriana*, ganadora del premio Cámara de oro del Festival de Cannes en 1985, de una coproducción franco-belga-española-venezolana *Mecánicas Celestes* (1996) y de *Las mujeres arriba* (2000), con Penélope Cruz como protagonista. Sus películas presentan mujeres en busca de su identidad y de establecerse como individuos libres dueños de su propio destino.

Por su parte Solveig Hoogesteijn dirigió, entre otras, *Macu, la mujer del policía* (1987); *Santera* (1994) y *Maroa* (2005) y Beatriz Flores Silva codirigió una coproducción belga venezolana *Los siete pecados capitales* en 1992 y muchos años más tarde escribió, dirigió y produjo *En la puta vida* (2001).

Si bien es cierto que el desarrollo del cine en Latinoamérica sigue siendo disparejo y que mientras algunos países producen casi cien películas al año otros no producen ninguna, el cine latinoamericano a través de las épocas ha marcado presencia dentro de la historia de la cinematografía mundial gracias al talento de sus realizadores incluyendo directoras mujeres, las que como vimos han estado presentes desde los comienzos del cine mudo.

Preguntas de comprensión y repaso

X.1. Desarrollo de una industria

1. Mencione los países latinoamericanos que tuvieron un gran desarrollo en la industria del cine y cuáles no.
2. ¿Cómo llegó el cinematógrafo a Latinoamérica?
3. ¿Qué dos factores limitaron el desarrollo del cine en sus comienzos?
4. ¿Qué sucedió en los años veinte que empeoró la situación para el desarrollo de un cine nacional?
5. Explique lo que caracterizó al "nuevo cine latinoamericano".
6. ¿Qué es el ICAIC y cuál ha sido su contribución al desarrollo del cine latinoamericano a partir de los sesenta?
7. Mencione algunos ejemplos de festivales de cine en Latinoamérica.

X.2. El cine latinoamericano en el siglo XXI

1. Resuma los puntos de encuentro en cuanto a la temática del cine que se ha estado realizando en los distintos países de Latinoamérica de fines del siglo XX a comienzos del siglo XXI.

X.3. Panorama histórico por países

A. México

1. ¿Por qué se cree que México fue el país en desarrollar más rápidamente la industria del cine?
2. ¿Qué caracterizó el cine mudo mexicano?
3. Mencione algunas realizadoras mexicanas de la primera mitad del siglo XX.
4. ¿Cuál es la importancia del filme *Allá en el rancho grande* dentro de la cinematografía mexicana?
5. ¿Cuál es el tema recurrente en las películas de los años cuarenta?
6. ¿Cómo se vio afectada la industria del cine en los años cincuenta?
7. Describa la situación del cine en los sesenta, en los setenta y en los ochenta.
8. ¿Qué es el "cabrito western?"
9. ¿En qué momento surge un número considerable de realizadoras?
10. ¿Qué película viene a representar "la luz al final del túnel" durante la crisis económica de los ochenta en México?
11. ¿Qué se produce en los primeros años del nuevo milenio que afecta adversamente al cine mexicano que estaba saliendo de la crisis?
12. ¿Cuál es el estado actual del cine en México?

B. Argentina

1. ¿Qué caracterizó el cine mudo de los años veinte?
2. ¿Quién fue "la novia de América?"

3. ¿Cuál fue la primera película argentina en ser nominada para el Oscar?

4. Diga quién es Fernando Birri.

5. Mencione la importancia de María Luisa Bemberg dentro de la cinematografía argentina.

6. ¿Qué película argentina fue la primera en ganar un Oscar?

C. Brasil

1. ¿Quién fue Carmen Miranda?

2. ¿Qué cosa es la chanchada?

3. ¿Cuál fue la importancia del filme *O Cangaceiro*? ¿Y la de *Orfeo Negro*?

4. ¿Ha tenido el cine brasileño películas que hayan ganado un Oscar?

5. Explique la ley audiovisual decretada por el gobierno socialista de Lula da Silva.

D. Cuba

1. ¿Cuál fue la primera película cubana con sonido?

2. ¿Qué caracterizó el cine de los cincuenta?

3. Comente la carrera de Tomás Gutiérrez Alea dentro del cine cubano.

4. ¿Qué representan los filmes *Cecilia, Retrato de Teresa* y *Lucía* dentro de la filmografía cubana?

E. Chile

1. Resuma la trayectoria de Miguel Littin y de Raúl Ruiz y comente qué diferencia su trabajo y qué comparten en común.

2. A juzgar por la cantidad de películas producidas en los últimos años, ¿cómo cree Ud. que es la situación actual del cine chileno?

3. ¿Qué gran impulso le ha dado el gobierno chileno al mejoramiento de la educación y la formación de un público educado para el cine?

F. Bolivia

1. Describa el cine de Sanjinés.

G. Perú

1. Diga los nombres de los cineastas peruanos mencionados y sus películas.

H. Colombia

1. ¿Qué ha caracterizado al cine colombiano después de la desaparición de FOCINE?

I. Venezuela y Uruguay

1. Mencione las tres realizadoras a quienes se les hace homenaje en esta sección y sus películas.

¿Cuánto sabemos ahora?

Utilice el siguiente banco de palabras para contestar las preguntas y luego vuelva a la sección **¿Cuánto sabemos?** al comienzo del capítulo para comparar sus respuestas antes de estudiar el capítulo y después.

Central de Brasil, Fernando Berri, "cabrito western", televisión, Miguel Littin, *Amores perros*, Adela Sequeyro, Raúl Ruiz, *María llena eres de gracia*, Fina Torres, Elena Sánchez Valenzuela, Carmen Miranda, *Fresa y chocolate*, Luis Buñuel, *Como agua para chocolate*, ICAIC, Jorge Sanjinés, *Paloma de papel*, Solveig Hoogesteijn, *La historia oficial*, María Luisa Bemberg

1. Dos realizadoras mexicanas de los años treinta fueron: _____ y _____.

2. En los años cincuenta, la llegada a los países de la _____ influyó adversamente el desarrollo de un cine nacional.

3. Un cineasta español que influyó el cine mexicano lo fue _____.

4. Tipo de cine fronterizo: _____.

5. Película que dio nueva vida al cine mexicano en los noventa: _____.

6. Película dirigida por un mexicano que ahora vive en los Estados Unidos: _____.

7. Realizador argentino que fue director de la Escuela Internacional de Cine de Cuba: _____.

8. Realizadora argentina contemporánea una de cuyas películas fue nominada al Oscar en 1984: _____.

9. Actriz y cantante brasileña que se hizo famosa en películas de Hollywood: _____.

10. Película brasileña ganadora de un Oscar a la mejor película extranjera: _____.

11. Organismo que ha ayudado a la difusión del cine latinoamericano: _____.

12. Película de crítica social cubana: _____.

13. Realizadores chilenos de renombre internacional: _____ y _____.

15. Realizador boliviano que denunció la esterilización de las campesinas por miembros de los Cuerpos de Paz: _____.

16. Película peruana que se sitúa en los años ochenta: _____.

17. Coproducción colombo-americana: _____.

18. Importantes realizadoras venezolanas contemporáneas: _____ y _____.

19. Primera película argentina en ganar el Oscar a la mejor película extranjera: _____.

Más allá de los hechos: temas para pensar, investigar, escribir y conversar

1. Escriba un ensayo sobre el rol del cine a través de la historia en América Latina.

2. Escoja uno de los realizadores o realizadoras de cine, busque información adicional y escriba un ensayo sobre los aspectos importantes de su obra cinematográfica. Presente sus hallazgos a la clase. Trate de mostrar un segmento de alguna película.

3. Alquile una película latinoamericana o vaya a ver alguna que se esté exhibiendo y haga una presentación a la clase exponiendo sus impresiones sobre la misma.

4. Busque información sobre la mujer como realizadora dentro de la historia del cine latinoamericano y prepare una presentación sobre el tema. Puede incluir segmentos de filmes y hablar sobre los temas que estas realizadoras tocan en sus películas.

CAPÍTULO XI

De gustos y sabores

CAPÍTULO XI
De gustos y sabores

XI.1. Refranes

El uso de refranes es muy común en el mundo hispano. Algunos los consideran parte de la filosofía popular porque suelen encerrar enseñanzas y consejos morales resultado de la observación de la conducta humana y de hechos, que, al repetirse en similares condiciones, confirman iguales resultados.

Otros dicen que su carácter popular se lo da el hecho que se les identifique con verdades del hablar cotidiano y que muchas veces se les emplee para defender puntos de vista en una discusión.

En general son frases cortas que recurren a un cierto ritmo consonante o asonante para facilitar su memorización.

Sin intentar hacer un tratado, quedémonos con la definición que de ellos hace Cervantes en *El Quijote* "los refranes son sentencias breves, sacadas de la experiencia y especulación de nuestros antiguos sabios" (Segunda parte, capítulo LXVII); y de cuya utilidad da fe diciendo "cualquiera de los que has dicho [Sancho,] basta para dar a entender tu pensamiento" (Segunda parte, capítulo LXVII).

Los refranes pueden tener un origen culto derivado generalmente de los sermones de la Edad Media, o pueden nacer de creencias y supersticiones del pueblo.

Pero, "para muestra, un botón":

Refranes comunes	Explicación
Quien mucho abarca, poco aprieta.	Quien emprende muchas cosas a un tiempo, generalmente no desempeña ninguna bien.
En casa de herrero, cuchillo de palo.	Falta algo en el lugar donde menos se espera debiera faltar.
A mal tiempo, buena cara.	No hay que dejarse abatir por la adversidad.
A falta de pan, buenas son las tortas.	Cuando falta algo, se valora lo que se tiene.
Unos nacen con estrella y otros nacen estrellados.	Unos nacen con suerte, otros con mala suerte.

Por la boca muere el pez.	Es peligroso hablar más de lo necesario.
A palabras necias, oídos sordos.	No hay que hacer caso del que habla sin razón.
Nadie diga: de esta agua no he de beber.	Nunca sea categórico en decir no, las circunstancias pueden hace que mañana haga lo que hoy día no acepta.
No se debe escupir al cielo.	Se termina escupiéndose a sí mismo.
Cuatro ojos ven más que dos.	Dos personas tienen mejor juicio que una sola.
Ojos que no ven, corazón que no siente.	No se sufre por lo que no se sabe.
Al ojo del amo engorda el ganado.	Conviene que el dueño cuide y vigile sus negocios.
Quien tiene tienda, que la atienda (y si no que la venda).	Cada uno debe vigilar bien sus negocios.
Perro que ladra, no muerde.	Los que hablan mucho, suelen hacer poco.
A cada chancho (puerco) le llega su San Martín.	A todos les llega la hora de rendir cuentas.
A quien madruga, Dios lo ayuda.	Quien empieza temprano tiene éxito.
Al perro flaco no le faltan pulgas.	Al que le ha ido mal se le juntan todos los males.
A buen entendedor, pocas palabras bastan.	La persona inteligente, comprende rápido lo que se quiere decir.
Genio y figura hasta la sepultura.	No es fácil cambiar el carácter de una persona.

En todas partes se cuecen habas.	Puede sucederle a cualquiera y en cualquier lugar.
Quien siembra vientos cosecha tempestades.	Quien le hace mal a otros será pagado con la misma moneda.
A caballo regalado no se le miran los dientes.	Un regalo no se mide por su precio.
Matar dos pájaros de un tiro.	Resolver dos problemas con una misma acción
Más vale pájaro en mano que cien volando.	Más vale lo seguro que proyectos prometedores pero irrealizables.
Cuando menos se piensa, salta la liebre.	Cuando menos se espera, ocurren las cosas.
Mucho ruido y pocas nueces.	Se aplica a quien habla mucho y obra poco.
Haz bien sin mirar a quien.	El bien hay que hacerlo desinteresadamente.
Hombre prevenido vale por dos.	El que actúa con cautela tendrá mejores resultados.
Más vale maña que fuerza.	Se obtienen mejores resultados con habilidad que a la fuerza.
Más vale poco que nada.	No hay que despreciar las cosas aunque sean pequeñas.
La caridad empieza por casa.	Lo natural es pensar en las necesidades propias antes que en las ajenas.
Quien mal anda, mal acaba.	Quien vive desordenadamente, generalmente termina mal.
En boca cerrada no entran moscas.	Es mejor callar que hablar sin pensar.

Mal de muchos, consuelo de tontos.	Consolarse porque a otros les suceda la misma desgracia es una tontería.
No por mucho madrugar amanece más temprano.	A veces, vale más la dedicación y la calidad, que la rapidez.
Contigo, pan y cebolla.	Si estás con la persona amada, no importa el ser pobre.
Aquí hay gato encerrado.	Algo no está claro, y hay que desconfiarse.
No dejes para mañana lo que puedas hacer hoy.	No hay que postergar lo que tienes que hacer.
Dios castiga pero no a palos.	A todos llega la justicia divina.
El que las hace, las paga.	Siempre llega el momento de rendir cuentas.
Ser la última rueda del carro.	Uno al que no lo tienen en cuenta para nada.
A lo hecho, pecho.	Hay que enfrentar las consecuencias de sus actos.
No hay mal que por bien no venga.	A veces, algo negativo trae consecuencias positivas.

Refranes en latín

Corruptissima republica plurimae leges.	La república más corrupta es la que tiene más leyes.
Divide et impera.	Divide y vencerás.
Ira furor brevis est.	El furor de la ira es breve.
Margaritas ante porcos.	Echar margaritas a los cerdos (algo es demasiado bueno para alguna gente y no lo sabrán aprovechar).

Vox populi, vox Dei.	Voz del pueblo, voz de Dios. Lo dice la mayoría por lo tanto se considera cierto.

XI.2. Piropos

Los piropos son frases cortas halagadoras, en general dirigidas a una mujer. La etimología de la palabra se remonta a los griegos y viene de pyr: "fuego" y ops: "cara", es decir fuego en la cara.

Los romanos tomaron la palabra griega y la convirtieron en latín en pyropus que quiere decir "rojo fuego". La utilizaron para calificar piedras finas de color rojo como el rubí. El rubí es la piedra que los enamorados les regalaban a sus damas. Se dice que los que no tenían dinero para regalar rubíes, regalaban palabras bonitas. Entonces, un piropo son palabras gentiles y bonitas para enamorar a una dama, palabras que por el mensaje que llevan hacen que su cara arda en fuego.

En su mayoría son gentiles, pero algunos pueden rayar en lo grosero. Por razones obvias, aquí incluiremos solamente una muestra de piropos gentiles.

Si la belleza matara, tú no tendrías perdón de Dios.

Señorita, usted es una ladrona. Me ha robado el corazón.

Si todos los ángeles son como tú, me moriría ahora mismo.

Qué Dios te guarde y me dé la llave.

Me gustaría que nuestro amor fuese como el mar, que se viera el principio pero no el final.

Entre rosas he nacido, entre espinas moriré, pero a ti, amor mío, jamás te olvidaré.

¿Crees en el amor a primera vista o tengo que volver a pasar delante de ti?

Ojos de mantequilla, boquita de requesón, envuelto en una tortilla te mando mi corazón.

Mírame un poco que me estoy muriendo de frío.

Dios debe estar distraído, porque los ángeles se le están escapando.

Si la belleza fuera pecado, tú ya estarías en el infierno.

Si fueras una lágrima no lloraría por miedo a perderte.

¿De qué juguetería te escapaste, muñeca?

¡Quién fuera bizco para verte dos veces!

Carro viejo, pero bien tenido. (A una mujer madura, pero de buen cuerpo.)

Y luego dicen que los monumentos no andan.

Debes estar cansada ya que has estado dando vueltas en mi cabeza todo el día.

¿Sabes qué hora es? Quiero decirle a mi analista el momento exacto en que perdí la razón.

Si Cristóbal Colón te viese diría: ¡Santa María, pero qué Pinta tiene esta Niña!

Para divertirnos un poco

> R con R cigarro,
> R con R barril,
> rápido corren los carros
> por sobre los rieles del ferrocarril.

> De tres tristes platos de trigo,
> tres tristes tigres comían trigo
> en un trigal.

> Pablito clavó un clavito,
> un clavito clavó Pablito.
> ¿Qué clase de clavito clavó Pablito?

> Pedro Pérez pintor peluquero
> pinta preciosos paisajes
> por poco precio para personas pobres
> porque piensa partir para París pronto.

> Me han dicho que has dicho un dicho que yo he dicho.
> Ese dicho está mal dicho, pues si yo lo hubiera dicho,
> estaría mejor dicho que el dicho que a mí me han dicho
> que tú has dicho que yo he dicho.

> Pancha plancha con cuatro planchas
> ¿Con cuántas planchas plancha Pancha?

> El cielo está encancaranublado
> ¿Quién lo encancaranublaría?
> Quien lo encancaranubló
> Buen encancaranublador sería.

XI.4. Comidas - recetas

En general podemos decir que la comida llamada criolla, es decir las comidas típicas de América Latina no difieren tanto en sus componentes entre los diferentes países y es el resultado de una mezcla entre la cocina indígena y la cocina española. Por ello encontraremos repetidos en los países el pan o sus sustitutos, tortillas, arepas, tortillas al rescoldo y las sopas en diferentes formas de cazuelas o cocimientos de verduras y finalmente acompañando a la infaltable carne sea de ave, res, llama, cuy o cordero, las papas, yucas, maíz, y venidos de muy lejos los tallarines (originarios de la China y no de Italia como se cree).

Los dulces y postres generalmente nos vienen de la repostería española, muchas veces enseñadas las recetas a aquellas que servirían en las casas como empleadas por las religiosas que llegaron tras la conquista, de donde el dicho, "esta torta parece hecha por mano de monja".

Los pueblos costeros, en forma evidente, desarrollaron los platos con pescado y mariscos, elementos que no resistían el traslado al interior de los países. Allí nacieron los ceviches, y los curanto en hoyo, cocimiento de mariscos que se hace en Chiloé en el sur de Chile, en el que en un hoyo se ponen brazas, luego piedras y luego se alternan capas de todo tipo de carnes y mariscos, hoyo que se tapa de manera que los vapores y jugos se vayan mezclando creando un manjar de dioses.

Los pueblos del Caribe con su herencia africana añadieron los plátanos y bananos, verdes y maduros, cocidos de diferente manera y utilizados tanto en las comidas como en los postres.

Tras abrir el apetito, comencemos por un postre, que nos llega del país que mejor se conoce en su cocina por la excelencia de sus carnes, Argentina.

Argentina: alfajores

Ingredientes
1 2/3 tazas de harina (200 grs.)
2 1/2 tazas de almidón de maíz (maicena 300 grs.)
1/2 cucharadita de bicarbonato de sodio
2 cucharaditas de polvo de hornear
200 g. de manteca
3/4 taza de azúcar (150 grs.)
3 yemas de huevo
1 cucharadita de coñac
1 cucharadita de esencia de vainilla
1 cucharadita llena de ralladura de limón
Dulce de leche para rellenar. (Manjar blanco en Chile) *
Coco rallado en cantidad suficiente

Preparación

Tamizar el almidón de maíz (maicena) con la harina, el bicarbonato y el polvo de hornear. En un bol, batir la manteca con el azúcar, agregar las yemas de a una, mezclando bien cada vez, luego el coñac y poco a poco los ingredientes secos ya tamizados. Incorporar la esencia y la ralladura de limón y mezclar bien. Formar una masa, sin amasarla, y estirar de 1/2 cm. de espesor sobre una mesa espolvoreada con harina. Cortar medallones de unos 4 cm. de diámetro. Colocar sobre un molde sin engrasar y cocinar en horno moderado durante 15 minutos. Desmoldar y enfriar, formar los alfajores, uniéndolos de a dos con dulce de leche en el medio. Pintarles el borde con dulce y pasarlos por coco rallado.

*Para preparar el dulce de leche (manjar blanco) en forma rápida: ponga en una olla a presión tres tarros de leche condensada y cúbralos con agua (un dedo sobre los tarros). Ponga a fuego fuerte y baje el fuego una vez que la olla comience a sonar. Deje cocinar por 55 minutos. Saque la olla del fuego, eche agua fría sobre ella. Cuando no salga más vapor ábrala y eche agua fría sobre los tarros de leche hasta que se enfríen. NUNCA abra los tarros mientras estén calientes, le pueden explotar en la cara. ¿Tres tarros? Por economía, mientras no los abra puede conservarlos por mucho tiempo.

Bolivia: picante de pollo

Ingredientes

1½ kilos de pollo despresado
½ taza ají colorado molido
2 tazas de cebolla blanca picada en bastoncitos finos
1 taza de tomate pelado y picado finamente
1 locoto (ají) picado finamente
1 taza de arvejas verdes peladas
½ taza perejil picado finamente
1 cucharadita de comino molido
1 cucharadita de orégano desmenuzado
½ cucharadita de pimienta negra molida
1 cucharada de sal o sal al gusto
3 dientes de ajo tostado, pelado y picado
3 tazas de caldo o agua
2 cucharadas de aceite

Preparación

En una olla poner el pollo despresado y todos los demás ingredientes juntos. El caldo o agua deberá cubrir los ingredientes completamente.
Dejar cocer a fuego fuerte hasta que hierva, y a fuego lento después, por lo menos una hora y media hasta que el pollo esté muy suave. Mover de vez en cuando.

Si con el cocimiento ha disminuido mucho el jugo, aumentar un poco más de caldo para que al servir tenga bastante jugo.

En un plato hondo servir el picante de pollo con una papa blanca, cocida aparte y salsa cruda encima*.

Finalmente poner bastante perejil sobre el picante de pollo.

*Salsa Cruda

Ingredientes:

½ taza cebolla blanca, picada finamente

½ taza de tomate, pelado picado finamente

1 locoto, picado finamente

1cucharadita de perejil, picado finamente

1 cucharadita de sal

½ cucharadita de pimienta molida

Preparación:

Mezclar todos los ingredientes. Agregar unas gotas de aceite si se desea.

Brasil: feijoada

Ingredientes

1 kilo de frijoles negros

200 gramos de lomo de cerdo salado

1 pie de cerdo salado y 1 lengua de cerdo

1 oreja de cerdo no muy grande y salada

2 rabos pequeños salados

2 paios (especie de chorizo de cerdo)

1 salchicha grande

200 gramos de salchicha fresca delgada

800 gramos de tocino ahumado magro

200 gramos de costillas ahumadas

1/2 kilo de lomo de cerdo fresco

2 hojas de laurel

3 dientes de ajo

2 cucharadas (de sopa) de aceite

Sal

Preparación

Lave los frijoles y póngalos a remojar el día anterior. Haga lo mismo y por separado con el lomo salado. Limpie y lave la lengua de cerdo, el pie, la oreja y los rabos. Limpie la carne y el lomo de cerdo. Ponga los frijoles a cocer cubriéndolos en bastante agua (2 a 3 dedos). Después de una hora de hervor vaya añadiendo las carnes. Añada agua caliente a medida que vaya siendo necesario, para mantener las carnes permanentemente cubiertas por el caldo. Durante la cocción retire la espuma de la feijoada. Cuando los granos estén blandos y el caldo más o menos espeso, condimente los frijoles con 3 dientes de ajo bien machacados, dorados en 4 cucharadas de sopa de aceite.

Compruebe la sal y retire la espuma una vez más para retirar cualquier exceso de grasa. Acompañe los frijoles de arroz blanco.

Chile: empanadas de horno

Ingredientes para el pino: para cuatro personas

1/2 Kg. de asiento en cuadrito o carne molida
2 cebollas picadas en cuadritos
1/8 aceite
1/2 cucharadita(s) ají de color
1 huevo duro en láminas
1 cuadradito de caldo de res
sal, orégano, pimienta
4 aceitunas negras grandes
2 cucharadas de pasas

Preparación del pino

Fría la cebolla en el aceite caliente y cocine a fuego suave hasta que esté blanda, agregue el ají de color y la carne, luego los condimentos, añada el caldo de vacuno disuelto en agua tibia, deje 5 a 10 minutos a fuego suave. Deje enfriar y rellene las empanadas. Para quitarle lo fuerte a la cebolla puede agregar una cucharadita de azúcar al pino.

Ingredientes para la masa

2 1/2 tazas de harina
30 grs. de polvos de hornear
1/2 cucharadita de sal
65 grs. de manteca
1/2 taza de leche

Preparación de la masa

Una la harina con los polvos de hornear y la sal, luego agregue la manteca derretida, mezcle hasta que esté granulosa, agregue la leche caliente mezclada con agua uniendo sin amasar.

Cubra la masa con un paño y deje reposar unos 20 minutos y luego uslerear sobre superficie enharinada dejándola de 2 o 3 cm. de grosor. Corte la masa en círculos de 20 cm. de diámetro aproximadamente. Rellene las empanadas coloque una cucharada de pino, una aceituna, dos pasas, un pedazo de huevo duro en cada una. Humedezca los bordes de la masa con un poco de agua tibia, doble la masa y cierre la empanada en semi-círculo. Pase sobre la superficie un pincel untado en yema de huevo. Hornee a temperatura moderada por unos 40 minutos.

Colombia: bandeja paisa (Antioquia – Caldas)

Generalmente consiste en una porción de frijoles (con una cuchara de hogao* encima), arroz blanco seco, carne molida, chicharrón, chorizo, morcilla, patacones de plátano verde, tajadas de plátano maduro, un huevo frito, tajadas de aguacate y arepas, servido todo junto en una bandeja.

* HOGAO:

2 cebollas cabezonas, peladas y picadas finas

4 tallos de cebolla larga, picados finos

2 tomates maduros, pelados y picados

1/2 cucharadita de tomillo

1/4 cucharadita de orégano

Pimienta y sal al gusto.

2 cucharadas de aceite. (Se sofríe todo revolviendo, hasta tener una salsa suave).

Ecuador: ceviche de camarones

Ingredientes: 4 porciones

1 kilo de camarones medianos

1 cebolla cortada en rodajas finas

6 limones verdes

2 tomates maduros

1 ají pimiento verde

10 ramas de cilantro

3 cucharaditas de salsa de tomate

sal y pimienta al gusto

Preparación

Lave y pele los camarones. Hierva en una olla la cáscara de los camarones con muy poquita agua por espacio de 10 minutos. Cierna para extraer las cáscaras y luego hierva en esa agua los camarones por 2 minutos. Inmediatamente retire la olla del fuego y vacíe los camarones con el jugo en un recipiente. Deje enfriar. Corte la cebolla en rodajas finas, y colóquela cubierta de agua fría en un recipiente. Agréguele 2 cucharadas de sal, mezcle y cierre herméticamente este recipiente por un espacio de 15 minutos. Luego lave bien la cebolla con agua fría y exprima los 6 limones y vuelva a colocar en el recipiente por espacio de otros 15 minutos. Corte en tiritas el pimiento verde y pique los tomates y las ramas de cilantro. Por último, agregue la cebolla curtida, el pimiento verde, el tomate y el cilantro picado a la fuente donde colocó los camarones, agregue la salsa de tomate, la sal y pimienta a gusto. Mezcle bien y ponga a enfriar por un mínimo de dos horas antes de servirlo. Se puede acompañar con pan o maíz cocido.

Perú: papas a la huancaína

Ingredientes: 6 porciones

3-4 Kg. de papas o 6 papas medianas

1 lechuga (sólo se necesitan 6 hojas)

3 huevos duros

1 paquete de queso fresco. Puede combinar añadiendo un tercio de queso de cabra.

2 ajíes frescos

1/4 taza de aceite

1 lata de leche evaporada

1 paquete de galletas de sal (crackers)

aceitunas negras

Achiote (sirve para darle color, no es necesario)

sal y pimienta al gusto

Preparación de las papas

Cocine las papas con una pizca de sal. Una vez cocidas pélelas y córtelas en rodajas medianamente delgadas.

Preparación de la crema

Fría el aceite con el achiote hasta que el aceite tome un color rojizo. Deje enfriar y saque los residuos de achiote. Corte el ají fresco en tajadas verticales y quítele las venitas. Ponga el ají, el aceite rojizo, la sal, la pimienta y el queso fresco en la licuadora y licúelo hasta que esté completamente homogéneo. Añada la yema de los tres huevos. Agregue la leche evaporada y las galletas hasta que quede una crema no muy espesa.

Presentación

En un plato pequeño, ponga una hoja de lechuga. Ponga tres o cuatro rodajas de papa y cúbralas con crema. Si gusta, puede agregar una aceituna por plato.

Perú: ceviche

Ingredientes

1 kilo de pescado

12 limones

3 ajíes monito

1/2 kilo de cebolla

3 dientes de ajo molido, sal y pimienta al gusto

6 camotes medianos

6 papas

3 choclos tiernos (mazorcas de maíz)

unas ramitas de cilantro

1 rocoto

Preparación

Corte el pescado en cuadraditos pequeños, lávelo con agua con sal, enjuague varias veces y acomódelo en una fuente espolvoreándolo con sal. Exprima los limones en un tazón procurando que no caigan las pepas. Lave bien el cilantro y córtelo finamente encima del ceviche. Agregue el ají, el jugo, los ajos molidos y la pimienta. Agregue esta preparación al pescado moviéndolo varias veces, luego añada la cebolla cortada en pluma delgada. Deje macerar por 1 o 2 horas, cuando el pescado esté cocido sirva acompañado con los choclos, las papas y los camotes.

Venezuela: arepas

Ingredientes para 4 a 6 arepas
2 tazas de harina de maíz blanco precocida
1 cucharadita de Sal
Agua
Aceite

Preparación

Vierta aproximadamente una taza y media de agua en un bol, agregue la sal y un chorrito de aceite, agregue progresivamente la harina diluyéndola en el agua, evitando que se formen grumos, amase con las manos agregando poco a poco harina y agua hasta obtener una masa suave que no se pegue a las manos. Forme bolas medianas y aplánelas creando un redondel un poco grueso y simétrico. Caliente una plancha y engrásela con un poquito de aceite, coloque las arepas y cocine por ambos lados, (hasta que se despeguen solas de la plancha), luego lleve al horno previamente caliente a 350° y déjelas hasta que al retirarlas las golpee levemente y suenen a "hueco", y se tornen abombadas y doraditas. Se sirven al momento, acompañadas o rellenas con queso, mantequilla, huevos revueltos, etc.

Bebidas

Cuba: mojito

Ingredientes
- 2 cucharaditas de azúcar
- 2 ramitas de hierbabuena (menta)
- 1 copa de ron blanco
- Soda
- Jugo de limón
- Hielo

Preparación

En un vaso se colocan dos cucharaditas de azúcar. Se humedece con jugo de limón. Luego se agregan 2 ramitas de hierbabuena (menta). Se machacan sin romper las hojas. Luego se agrega soda hasta la mitad, hielo, un poco de ron blanco, se mezcla todo y listo.

Puerto Rico: coquito

Ingredientes

1 tarro de crema de coco
½ tarro de leche condensada
1 tarro de leche evaporada
Hierva una copa de agua con canela, clavos de olor y nuez moscada
1 copa de ron
canela en polvo

Preparación

Mezcle los ingredientes en la licuadora, recuerde de filtrar el agua aromática, añada más ron de acuerdo a su gusto. Ponga a enfriar en el refrigerador. Sirva bien frío espolvoreado con canela.

Dónde ir en la Red para leer los diarios y ver algunos canales de televisión latinoamericanos gratuitamente.

Para los diarios: Publicaciones digitales/periódicos de la UNAM.

http://biblioweb.dgsca.unam.mx/periodicos/

Para ver los canales de TV: Mundo TV on Line gratis para Mundo Hispano.

http://mundotv.webcindario.com/

Solución a los crucigramas:

1.- Primeras civilizaciones
Horizontales: **3.** Llama, **4.** Juracán, **6.** Araucanos, **8.** Quetzalcoátl, **11.** Quipu, **12.** Curare, **13.** Códices, **14.** Incas, **15.** Taíno, **16.** Machi.
Verticales: **1.** Kukulkán, **2.** Mayas, **5.** Chasquis, **7.** Aztecas, **9.** Tawantinsuyo, **10.** Caribes, **13.** Cusco, **14.** Inti.

2.- Descubrimiento, conquista y colonización
Horizontales: **2.** Malinche, **4.** ElDorado, **6.** Criollo, **7.** LeyendaNegra, **10.** NuevaGranada, **11.** Moctezuma, **13.** LasCasas, **14.** Mulato.
Verticales: **1.** Tenochtitlán, **2.** Mestizo, **3.** Colón, **5.** Pizarro, **8.** Guacanagarí, **9.** Atahualpa, **12.** Cortés.

3.- De la independencia al presente
Horizontales: **2.** Bogotá, **4.** México, **7.** Túpac Amaru, **9.** Martí, **11.** Titicaca, **13.** El Salvador, **15.** Quito, **17.** Bolívar, **18.** Chile, **19.** Hidalgo.
Verticales: **1.** SanMartín, **2.** Bolivia, **3.** Costa Rica, **5.** Panamá, **6.** Amazonas, **8.** Puerto Rico, **10.** Maceo, **12.** Cuba, **14.** Venezuela, **16.** Perú.

4.- El nuevo mapa económico de América Latina
Horizontales: **4.** Bachelet, **5.** AnilloEnergético, **8.** Evo, **9.** Chávez, **12.** Uruguay, **13.** Mercosur, **14.** Alba.
Verticales: **1.** Kirchner, **2.** Brasil, **3.** Chile, **6.** Lula, **7.** NuevaIzquierda, **10.** Humala, **11.** Camisea.

5.- Mujeres
Horizontales: **3.** Alfonsina Storni, **4.** Flora Tristán, **10.** Policarpa Salavarrieta, **12.** Anacaona, **13.** Violeta Barrios, **14.** Lourdes Flores.
Verticales: **1.** Lolita Lebrón, **2.** Domitila Barrios, **5.** Rigoberta Menchú, **6.** Juana Azurduy, **7.** Michelle Bachelet, **8.** Fresia, **9.** Micaela Bastidas, **11.** Isabel Perón.

Glosario

abanico: *fan*
abastecimiento: *supply*
abdicar: *to abdicate*
abogar: *to advocate/plead*
abonar: *to fertilize*
abrazar: *to embrace*
acatemos: acatar: *to respect*
acoplar: *to fit together*
acrecentar: *increase*
acuerdos: *agreements*
adentrado: adentrar/se en: *to go/get into*
adversamente: negativamente
afán: *urge, desire*
afiche: *poster*
afrenta: *affront, insult*
afrontar: *face*
agobiadas: *worn out, tired*
agotados: *finished, exhausted*
ahogados: *drowned*
ajiaco: literalmente: *a potato and chile stew*
albores: *dawn*
alejada: *away from*
alfabetización: *literacy*
alfabetizar: *to teach to read and write*
aliada: *allied*
aliviar: *to relieve*
alma: *soul*
alzamientos: *uprisings*
amedrentamiento: *intimidation*
ampliación: *enlargement*
analfabeta: *illiterate*
aniquilar: *to destroy*
antojos: *whims*
antropofagia: *cannibalism*
apertura: *opening*
aplastar: *to crush*
aportes: *contributions*
apostar: *to bet*
aprovechar: *to take advantage*
apuntar: *to point out*
araña: *spider*
arcilla: *clay*
arco *bow*
arder: *to burn*
ardua: *ardous, hard, tough*
arrabales: *slums*
arraigada: *rooted*
arrasadas: *destroyed*
arrastrar: *to drag along*
arrendadas: arrendar: *to rent*
artífices: *architects*

asentamiento: *settlement*
asentándose: asentarse : *to settle*
asombro: *astonishment*
astros: *stars*
atado: atar: *to tie*
atestiguar: *to attest*
auspicios: bajo los...: *under the sponsorship*
autoconsumo: *personal consumption*
avecinaban: avecinar/se: *to approach*
banda ancha: *broadband*
bandos: *parties, factions*
batir: *to beat/mix*
belicoso: guerrero: *warlike*
bichos: *insects*
bienestar: *wellbeing*
bizco: *cross-eyed*
boga (en...): *in fashion*
bonetes: *hats*
bordado: *embroidery, neddlework*
brecha: *gap*
brocados: *brocades*
buen trecho: *a good way*
bulbos de la cebolla: *onion bulbs*
caballerizo: *groom*
cacao: *cocoa*
cachorros: *cubs*
caduco: *obsole*
calabaza: *pumpkin, gourd*
caldo: *broth*
camellones: *ridges*
caña de azúcar: *sugar cane*
cancha: *court*
cañonazo: *cannonshot*
caoba: *mahogany*
carencia: *scarcity*
carga: *load*
caricatura: *caricature, cartoon*
carilampiños: *smooth-faced*
carrera: *career*
castigo: *punishment*
caucho: *rubber*
cazar: *to hunt*
célebre: *famous*
celuloide: *celluloid*
centrado en: *centered/ based on*
cestas: *baskets*
chivo: *goat*
chusma: *rabble*
cicatrices: *scars*
ciernes: en ... *in blossom*
cine mudo: *silent movie*

cinematógrafo: *cinema*
circunnavegar: *sail around*
clave: *concussion sticks*
clave: *key*
cobriza: *copper-colored*
códices: *ancient manuscripts*
codicia: *greed*
codiciar: *to covet*
coima: *bribe*
cola: *tail*
cólera: *anger*
colgando de las faldas de las montañas: *hanging from the mountains*
como lo estimen más conveniente: *as they deem fit*
complotando: complotar: *to plot*
concha de tortugas: *turtle shell*
conchas: *shells*
condenados a la hoguera: *sentenced to be burned alive at the stake*
conducta: *behavior*
conmoción: *commotion*
contramaestre: *warrant officer*
contrapunto: *counterpoint*
contrarrestar: *to counteract/offset*
convulso: *convulsed,revolutionary*
copar: *to cope*
correo: *postal services*
corteza: *bark*
cosechas: *crops*
cosmogonía: *cosmogony, a specific theory of the origin*
costura: *sewing*
cotorras: *parrots*
coyuntura histórica: *historical moment*
crispada: *tense*
crudos: *raw*
cuentas de vidrio: *glass vedas*
cundir: *to spread, to multiply*
curanderas: *women healers*
dados: *inclined to*
databa: datar de: *to date from*
debacle: *disaster*
decepcionados: decepcionar: *to deceive*
decreto: *decree, parliamentary act*
demorar: *to delay*
deponer: *to remove*
derecho: *law*
derogar: *to abolish*
desafiar: *to defy, to challenge*
desafío: *challenge*
desangrar: *to bleed*
desatarse: *to unleash*

descamisados: *without shirts, ragged*
desciframiento: *decoding*
descuartizado: descuartizar: *to quarter*
desembarcó: desembarcar: *to land*
desenfrenado: *wild, uncontrolled*
desfase: *difference*
desfavorecidos: *underprivileged*
desgarrador: *heartbreaking*
deslustrado: *tarnished, dull*
desmedro, en... de: *against*
desmenuzar: *to chop up/shred*
desmesurado: *immeasurable*
desnudos: *naked*
despojar: en sentido figurado: *to strip of*
despresar: *to cut up*
destacamento: *military detachment*
destituido: *impeached*
destreza: *skill*
desvalidos: *handicapped*
deteriorados: *in bad shape*
detractores: *slanderers*
diablillos: *little devils*
diestros: *skillful*
diezmar: *to decimate*
dimitir: *to resign*
dioses: *gods*
discrepancia: *discrepancy*
diseminar: *to disseminate/spread*
disparejo: *unequal*
divisas: *foreign exchange*
docencia: *teaching*
docilidad: *docility, gentleness*
dominicos: *Dominicans*
dotar: *to equip with*
duras jornadas de trabajo: *hard working days*
Edad Media: *Middle Ages*
eje: *axis*
elenco: *cast*
emblema: *device, emblem*
emplumada: *with feathers*
empresa: *enterprise*
en sentido figurado: *a mix-up, a mess*
enardecido: enardecer: *to inflame*
encendido encender *to light up*
enderezar: *to straighten out*
engalanar: en sentido figurado: *to adorn*
engrosar: aumentar: *to increase*
enjuiciar: *to judge, prosecute and sentence*
enredadera: *vine*
enriquecimiento: enriquecerse: *to get rich*
enseñanza: *teaching*
entendimiento: *understanding*

entrecruzamiento de razas: *ethnic inter-breeding*

envenenar: *to poison*

envuelto: *wrapped*

equidad: *equity*

equipo: *team, crew*

erradicado: erradicar: *to eradicate/uproot/eliminate*

erudición: *erudition, great learning*

escalonado: *in a series of steps*

escasear: *to get scarce*

Escrituras: las...: *the holy Scriptures*

esgrimir: ... un argumento: *to argue*

espera: *wait*

espinas: *thorns*

estación: *season*

Estado Libre Asociado: *Commonwealth*

estandarte: *banner*

estaño: *tin*

estribar (en): *to rest (up)on*

estupefacción: *stupefaction*

evocadoras: *evoking, eliciting*

excedente: *surplus*

exentos: *exempt*

exigirle cuentas: *to call to account*

fábrica: *factory*

fallido: *unsuccessful*

feligreses: *parishioners*

férreamente: *fuertemente*

férreas garras: *iron claws*

finamente: *thin*

flotas: *fleets*

flujo: *flow, flux*

forjar: *to shape*

formación: *training*

fortalecer: *strengthen*

franciscanos: *Franciscans*

fuego sagrado: *holy fire*

fuerte: *fort*

fundió: fundir *to blend*

galardón: *literary award*

galeones: barcos: *ships*

gallo: *rooster*

ganadería: *cattle raising*

globo de carne morada: *a purple flesh balloon*

golpear: *to make an impression on*

grabado: *engraving, print*

Grito: *proclamation*

grumos: *clots*

guardar: *to keep safe/guard*

habilitación: habilitar: *to enable, to authorize*

hachas: *axes*

halagadoras: *flattering*

hastiado: cansado: *tired*

heredamos: heredar: *to inherit*

herejía: *heresy*

herir: *to hurt*

hermandad: *brotherhood*

herraduras: *horseshoes*

herramientas: *tools*

hito: *landmark*

hondas: *slings*

hondo: *deep*

hospitalario: *welcoming*

hueco: *hollow*

huérfanos: *orphans*

huesos duros de roer: *hard nuts to crack*

huesos: *bones*

huéspedes: *guests*

huestes: *troups*

humilde: *humble*

hurgar: *to dig*

idioma: *idiom, language*

imagen y semejanza: *own image*

imperante: imperar, reinar: *to reign, to prevail*

impuestos: *taxes*

impurezas: *impurities*

incidir: *to influence/affect*

incremento: increase

infladas: *inflated*

influyente: *influential*

infructuosamente: *unsuccessfully*

infundada: *groundless* de que estaba

instar: *to urge/ press*

insufribles: *unbearable*

inundables: *liable to flooding*

inusitado: *unusual*

ir y venir: *to-and-fro movement*

ira: *anger*

jesuitas: *Jesuits*

juguetería: *toyshop*

labranza: *agriculture*

ladrillero: *brick maker*

ladrón: *thief*

lagarto: *lezzard*

laicos: *no religiosos*

lanchas: *rafts*

lanzas: *spears*

largo metrajes: *full-length films*

leguas: *leagues; one league equals to ~ 3 miles*

levantamiento: *revolt*

libreto: *script*

llave: *key*
lucha libre: *wrestling*
luz: a la luz de: *in the light of*
macerar: *to macerate/soften*
machacar: *to crush*
madera: *timber*
maltrato: *mistreatment*
malversación: *embezzlement*
mansedumbre: *gentleness*
mantequilla: *butter*
marimbas: *thumb piano*
mas: *but*
médula (hasta la...): *to the core*
mercado negro: *black market*
mezquino: *mean*
miras: con ... a: *with the intention of*
misa: *mass*
misiones: *missions*
moler: *to grind*
moneda: *currency*
mono: *monkey*
mordaz: *pungent*
movilidad social: *social mobility*
municiones: *amunitions*
naciente: *nascent*
naufragó: naufragar: *to shipwreck*
negar: *to deny/refuse*
obligatoria: *obligatory*
olla a presión: *pressure cooker*
onírico: *oneiric, dream*
orbe: *globe, world*
orfebrería: *craftsmanship in precious metals*
oriundos: *native*
palo: *stick*
panadero: *baker*
paño: *cloth*
pantalla: *screen*
pantanos: *swamps*
pares: revisadas por sus...: *peer reviewed*
parnasianismo: *late 17th century poetry movement which emphasizes form over content*
partido: *match, game*
pastor: *shepherd*
patalear: *to kick one's legs in the water/air*
patria: *motherland*
patrocinar: *to sponsor/patronize*
pauperización: *impoverishment*
paupérrimas: *terrribly poor*
pavor: *terror*
pecado: *sin*
pelearse: *to fight*
pelota vasca: *racketball*
pelotazo: *fierce shot*

pena: dolor, sufrimiento
pena: *sentence*
pensiones: *pensions*
per se: *in itself*
percatarse: darse cuenta: *to find out, to notice*
perder la razón: *to lose your mind*
perdida: *lost*
pereciendo: perecer, morir: *to die*
perreo: *doggystyle*
pertenencia: sentido de...: *sense of belonging*
pescar: *to fish*
pese: *though*
picar: cortar
piedrecitas: *pebbles*
pincel: *paint-brush*
piropo: *flirtatious remark*
pléyade: *group*
pluma: *pen*
poderosa: *powerful*
policromados: *multicolored*
polvo de hornear: *baking powder*
poner en jaque: *to checkmate*
por consiguiente: *consequently, therefore*
por las dudas: *just in case*
por señas: *making signs*
precepto: *precept, rule*
prendas de vestir: *articles of clothing*
presintiendo: presentir: *to have a presentiment of*
previsión: *precautionary measure*
primer mandatario: *president*
probo y austero: *upright and austere*
programas: *shows*
promover: *to promote*
propiciar: *to promote and facilitate*
proveer: *to provide*
pudrirse: *to decompose*
puentes colgantes: *hanging bridges*
puerto franco: *free port*
quehaceres del hogar: *household chores*
quemar: *to burn*
quiteña: *a woman born in Quito, Ecuador*
rango social: *social claas*
raspadores: *scrapers*
recato: *shyness*
recaudar: *collect*
reclamar(se): *to claim*
reclutando: reclutar: *to recrute*
recompensados: recompensar: *to reward*
redimida: *redeemed*
redoblar: *to increase*

reducciones: *reservations*
redundó: redundar: *to redound to*
reforzando: reforzar: *to reinforce/boost/strengthen*
refranes: *proverbs, sayings*
refuerzos: *reinforcements*
regadío: *irrigation*
reguetón: *reggaeton*
rehén: *hostage*
reivindicación: *vindication, defense*
relegado: estar relegado: *to be at a less prominent position*
relevarlo: relevar: *to remove*
remontarse: *to go back*
renovable: *renewable*
rentable: *profitable*
requesón: *cottage cheese*
requisito: *requirement*
rescataron: rescatar: *to rescue*
rescate: *ransom*
resentimiento: *resentment*
resentir: *to feel bitter about*
resplandecientes
restauración: *restaurant industry*
resurgimiento: *resurgence*
reveladora: significativa
rezagar: *to pospone/leave behind/*
rieles: sobre sus rieles: *on track*
robar: *to steal*
rocoto: *large pepper*
sabios: *wise men*
saborear: *to taste/ enjoy*
sacra: *sacred, holy*
salir perdiendo/ganando: *to lose/ to win*
salsa: literally *sauce; a popular form of Latin-American dance music*
salvar: *to save/rescue*
Santísima Trinidad: *holy Trinity: the unity of Father,*
se aprovechó: aprovecharse: *to take advantage*
se percataron: percatarse: *to notice*
secuestrar: *to kidnap*
semillas: *seeds*
Sendero Luminoso: *Shining Path*
seno: en el ...: al interior
sentar las bases: *to lay the foundations*
ser: no ser capaces: *to be: unable*
siembra: *sowing*
siglo: *century*
sitiar: *to besiege*
soborno: *bribery*
sogas: *ropes*

solía jugar: soler + infinitivo: *to be in the habit of*
sometimiento: *subjugation*
Son and Holy Spirit as three persons in one Godhead
sonajero o maraca: *rattle*
sonido: *sound*
soplar vientos de lucha: *to blow winds of change*
sospecha: *suspicion*
sospechar: *to suspect*
sotana: *garment worn by Catholic priests*
súbditos: *vassals*
subvencionar: *subsidize*
suelo: *ground*
sufragar: *to defray*
sumisos: *subdued*
superponerse: *to superimpose*
tambores hechos de barriles de metal: *steel drums*
tamizar: cerner: *to sieve/sift*
taparrabos: *loincloth*
taquilla: *box-office*
tardanza: *delay*
tarros: *pots, jars*
tejidos: *textiles*
temblor: *tremor*
temidos: *dreaded*
tender: *to lay*
tenderos: *grocers*
tener la sonrisa a flor de labios *to be ready to smile*
teocracia: *theocracy: government ruled by or subject to religious authority*
tez: *complexion*
tierra firme: *continental land*
tormentoso: *stormy*
torvos: *grim . . .*
trabajador: *worker*
trabajar por cuenta propia: *self-employment*
tragaban: tragar: *to swallow*
traición: *treason*
transporte terrestre /ferroviario: *ground/ railway*
tregua: *truce*
trepanaciones: *trephination: operation of the skull*
tributos: *taxes*
trincheras: *trenches*
tripulación: *crew*
trocha: *narrow path*
trueno: *thunder*
trueque: *exchange*

tucanes: *toucans*
tumbas: *tombs*
turbante: *turban*
unilaterales: *one-sided*
untar: *to smear/dab*
uslero: *rolling-pin*
útil: *useful, helpful*
vacuno: *bovine*
vale un Perú": *this is worth a Peru*
vejar: *to vex*
vencer: derrotar: *to defeat*
vengarse: *to take revenge*
verdad: *truth*

vigor: poner en...: *to enforce*
vinculadas: *linked*
viraje: *turn*
visar: *to aim*
viudas: *widows*
yacimientos de oro: *gold deposits*
yelmos: *helmets*
zarpó: zarpar: *to weigh anchor*
zorzal: *thrush*

Obras consultadas

A Century of U.S. Military Interventions. International A.N.S.W.E.R.
(http://www.internationalanswer.org/pdf/usmilitaryinterventions.pdf)

Asociación Latinoamericana de Integración.
(http://www.aladi.org/).

Asociación Latinoamericana de Libre Comercio - Asociación Latinoamericana de Integración: ALALC – ALADI.
(http://mx.geocities.com/gunnm_dream/aladialalc.html).

Ayala Marín, Alexandra. "Periodismo feminista y periodistas feministas".
(http://www.unifemandina.org/unifem/02_03/pandora.htm).

"Bachelet Victory in Chile " ZNet, January 16, 2006.
(http://www.zmag.org/content/showarticle.cfm?ItemID=9536).

Bailey, Thomas A. *A Diplomatic History of the American People.* New York: Appleton-Century-Crofts, 1970.

Balta Campbell, Aída. *Presencia de la mujer en el periodismo escrito peruano* (1821-1960). Perú, Universidad de San Martín de Porres, 1998.

Barnet, Miguel. "Cultos Afrocubanos. Regla de Ocha. Regla de Palo Monte". Editorial Unión: La Habana, 1995.

Bazán, Ignacio. "Latin America Is Not Cute. How globalization overtook magical realism in South America". September 16, 2004.
(http://www.maisonneuve.org/index.php?&page_id=12&article_id=43)

Biblioteca del Congreso Nacional de Chile (http://www.bcn.cl/portada.html)

Blum, William. *Killing Hope: US Military and CIA Interventions since World War II.* Monroe, Maine: Common Courage Press, 1995.

Bolívar, Simón. *Doctrina del libertador.* Prólogo de Augusto Mijares, compilación, notas y cronología de Manuel Pérez Vila. Biblioteca Virtual Miguel de Cervantes, p. 18.
(http://www.cervantesvirtual.com/servlet/SirveObras/01145856442929384654102/p0000001.htm#I_4_).

Bonilla, A., Páez, A. "Populismo y caudillaje: una vieja historia".
(http://www.flacso.org.ec/docs/artpopycau.pdf).

Burbach, Roger. "Latin America Shifts Left". January 16, 2006.
(http://www.zmag.org/content/showarticle.cfm?SectionID=52&ItemID=9562 znet).

Casa de las Américas. (http://www.casa.cult.cu/).

Casas, Bartolomé de las. *Brevísima relación de la destrucción de las Indias.* Madrid: Editorial Tecnos, 1992.

CEMAL: Centro de Estudios de la Mujer en la Historia de América Latina.
http://webserver.rcp.net.pe/cemhal/capitulo1.html#_ftnref30

Chanan, Michael. "New Cinemas in Latin America", *The Oxford History of World Cinema,* ed. Geoffrey Nowell-Smith. New York: Oxford University Press, 1996:744.

Chiappa R., Olivares E. "Desempleo cae a 7,3% y gobierno rediseña planes de emergencia" *La Tercera* 29-03-2006.

Colón, Hernando. *Vida del Almirante Don Cristóbal Colón*. México-Buenos Aires: Fondo de Cultura Económica, 1947.

Cortés, Hernán: *Cartas de Relación de la Conquista de México*, 3ª Edición, Buenos Aires-México: Espasa Calpa 1989.

"Corridos Zapatistas (de la Revolución Mexicana, de principios del siglo". (http://www.macalester.edu/courses/span54/CORRIDOS.pdfo XX).

Country Studies/Area Handbook Series on Internet. Library of the Congress. (http://countrystudies.us/).

Dávalos Orozco, Federico. *Albores del cine mexicano*. Editorial Clío: México, 1996.

Davies, Catherine "Recent Cuban Fiction Films: Identification, Interpretation, Disorder". *Bulletin of Latin American Studies* Vol. 15 No. 2 ,1996:184.

Debray, Regis. *The Chilean Revolution: Conversations with Allende*. New York: Pantheon, 1972.

"Democracy in Latin America: Towards a Citizens' Democracy". Lima, Peru, 21 April 2004.
(http://www.undp.org/dpa/pressrelease/releases/2004/april/0421prod al.html).

Diario Yucatán. *Constitución política de los Estados Unidos Mexicanos*. http://www.yucatan.com.mx/especiales/constitucion/presentacion.asp
Díaz del Castillo, Bernal. *Historia verdadera de la conquista de la Nueva España*. Edición, índices y prólogo de Carmelo Sáenz de Santa María, Madrid: Alianza Editorial, 1989.

"Documentos dicen que EE.UU. apoyó guerra sucia argentina".
(http://www.terra.com/actualidad/articulo/html/act166852.htm).

Domínguez Ortiz, Antonio. *Carlos III y la España de la Ilustración*. Madrid. Alianza Editorial, 1990.

Epelbaun, Yoyo".Breve historia de las Madres de Plaza de Mayo".
(http://www.webmujeractual.com/noticias/madresmayo.htm).

Escobedo, Raquel. *Galería de Mujeres Ilustres*. Editores Mexicanos Unidos, S. A., 1967.

"El Estado latinoamericano en perspectiva. Figuras, crisis, prospectiva". en: *Pensamiento Iberoamericano*. Revista de Economía Política, nº 5a (1984), pp. 39-74.

Estelle, P., Silva F., Silva O., Villalobos, S. *Historia de Chile*. Santiago de Chile: Editorial Universitaria, 1980.

Finsterbusch, M., Villalobos, S. *Historia de mi país*. Santiago de Chile: Editorial Universitaria, 1992.

Freire, Paulo. *Pedagogy of the Opressed*, Translated by Myra Bergman Ramos. The Continuum Publishing Corporation: New York, NY, 1987.

Freire, Paulo. *The Politics of Education - Culture, Power, and Liberation*, Translated by Donoldo Macedo. Bergin & Garvey: New York, NY, 1985.

Frente Sandinista de Liberación Nacional.
(http://www.fsln-nicaragua.com/).

Galeano, Eduardo. *Memorias del fuego I Los nacimientos*. México, Siglo XXI Editores, 1982.

_____. "Where the People Voted Against Fear". November 18, 2004.
(http://www.zmag.org/content/showarticle.cfm?ItemID=6683).

_____. "The Second Founding of Bolivia". February 19, 2006.
(http://www.zmag.org/content/showarticle.cfm?SectionID=52&ItemID=9

757).

Ganson, Barbara. "Following Their Children into Battle: Women at War in Paraguay, 1864-1870".In *The Americas 46*, 1990: 335-71.

Gantier, Joaquin. *Doña Juana Azurduy de Padilla*. Buenos Aires: Imprenta Lopez, 1946.

García Goyco, Osvaldo. *Influencias mayas y aztecas en los taínos de las Antillas Mayores*. San Juan, Puerto Rico: Ediciones Xibalbay, 1984.

"Gueiler Tejada, Lidia". (http://es.wikipedia.org/wiki/Lidia_Gueiler_Tejada).

Guevara, Che. *Reminiscences of the Cuban Revolutionary War*. London: Allen & Unwin, 1968.

Gugliotta, Bobette. *Women of Mexico: The Consecrated and the Commoners, 1519-1900*. Encino, CA: Floricanto Press, 1989.

Gutiérrez Alea,Tomás. "El verdadero rostro de Calibán", *Cine Cubano* 126. 1989:12-22.

Guzmán, G. *El desarrollo latinoamericano y la CEPAL*. Barcelona: Planeta, 1976.

Hauser, Thomas. *Missing: The Execution of Charles Horman*. New York: Simon & Schuster, 1983.

Henderson, James D. y Linda Roddy Henderson. *Ten Notable Women of Latin America*. Chicago: Nelson-Hall Inc., 1978.

Herrera-Sobek, Maria. *The Mexican Corrido: A Feminist Analysis*. Bloomington: Indiana University Press, 1990.

Herring, Hubert. *A History of Latin America*. Third Edition. New York: Knopf, 1968.

Hidalgo Vega, David. "El hombre que sabe de incas". *El comercio*, Lima, miércoles, 18 de Mayo de 2005. (http://www.elcomercioperu.com.pe/EdicionImpresa/Html/2005-05-18/impCronicas0308132.html#).

"Historia del cine argentino" (http://www.surdelsur.com/cine/cinein/)

"Historia del cine mexicano". (http://lanic.utexas.edu/la/region/cinema/).

"History of Brazilian Cinema" (http://www.brazilbrazil.com/cinema.html)

"Iglesia-Estado: repasando la historia". (http://www.envio.org.ni/articulo/337).

Indice Cuarta Parte. "Realidad y problemática del proceso de formación de promotores: evaluación critica de la experiencia de formación de promotores en la operación ALFIN". (http://atzimba.crefal.edu.mx/bibdigital/acervo/retablos/RP16/cuarta.pdf).

"Iniciativa Científica Milenio". (http://www.mideplan.cl/milenio/evaluacion.htm).

Innes, Hammond. *The Conquistadors*. London: Collins, 1969.

Jaiven, Ana Lau and Ramos Escandon, Carmen. *Mujeres y Revolución: 1910-1917*. Mexico City: Instituto nacional de Estudios Historicos de la Revolución Mexicana, 1993.

Knaster, Merl. *Women in Spanish America: An Annotated Bibliography from Pre-Conquest to Contemporary Times*. Boston: G. K. Hall, 1977.

Kinzer, Stephen. "The Illinois Congressman and the Dictator's Daughter". *The New York Times*, Saturday, July 10, 2004: A 12.

Kornbluh, Peter. *The Pinochet File: A Declassified Dossier on Atrocity and Accountability*.

Kennedy, Robert F. *Thirteen days, A Memoir of the Cuban Missile crisis*. New York: W. W. Norton & Co., 1969.

LaFebber, Walter. *The Panama Canal, The Crisis in Historical perspective*. New York: Oxford University Press, 1978.

_____. *Inevitable Revolutions: The United States in Central America*. New York: W.W. Norton, 1984.

Lara-Braud, Jorge. "Monsenor Romero: Model Pastor for the Hispanic Diaspora". *Apuntes* Fall 1981: 15-21.

Lechner, N. *Estado y política en América Latina*. México: Siglo XXI, 1983.

León, Nicolas. *Aventuras de la Monja Alférez*. Mexico, DF: Complejo Editorial Mexicano, 1973.

Leslie, Wirpsa. "No-nonsense Regime of Salvador's Saenz: Cardinal Puts Brakes on Option for the Poor in Post-Romero Church". *National Catholic Reporter*, 11 April 1997, 9-13.

"Lineamientos para la Estrategia de Bolivia en la Era Digital". (http://www.aladi.org/nsfaladi/ecomerc.nsf/wvestudios/E8147919B55D97A4032 56BEA004D2EDA/$File/lineamientos.pdf?OpenElement).

Lockwood, Lee. *Castro's Cuba, Cuba's Fidel*. New Cork: Macmillan Company, 1967.

Loprete, C., McMahon, D. *Iberoamérica, síntesis de su civilización*. New York: Charles Scribner's Sons, 1965.

Luna, Lola. "Los movimientos de mujeres: feminismo y feminidad en Colombia (1930-1943)". *Boletín Americanista*, Universidad de Barcelona, N°35, Año XXVII, 1985: 169-190.

Macias, Anna. *Against All Odds: The Feminist Movement in Mexico to 1940*. Westport, CT: Greenwood Press, 1982.

Madariaga, Salvador de. *Le déclin de l'empire espagnol en Amérique*. Paris: Editions Albin Michel, 1986.

Martí, José. *Nuestra América*. Caracas, Venezuela: Biblioteca Electrónica, (http://www.analitica.com/bitblioteca/jmarti/nuestra_america.asp).

Moneda, el periódico financiero. "Centroamérica mira economía chilena como modelo de desarrollo". Centroamérica, lunes 19 al viernes 23 de julio de 2004, año 2004, número 158. (http://moneda.terra.com.pa/moneda/noticias/mnd17797.htm).

Moore, Evelyn. "Girl of the Underground: La Pola, Heroine of Colombia's Struggle for Independence".*Americas* 5, 1953: 20-23, 27-28.

Morley, M., Petras J. *The United States and Chile: Imperialism and the Overthrow of the Allende Government*. NY: Monthly Review Press, 1975.

Neruda, Pablo. *Confieso que he vivido*. Buenos Aires: Alianza Editorial, 2003.

Newland, C. "La educación elemental en Hispanoamérica: desde la independencia hasta la centralización de los sistemas educativos nacionales", In: *Hispanic American Historical Review*, n° 71, 1991:335-364.

¡Nunca más!. Informe de la Comisión Nacional sobre los Desaparecidos. (http://www.desaparecidos.org/arg/conadep/nuncamas/nuncam as.html).

O'Donnell, Pacho. *Juana Azurduy, La Teniente Coronela*.Buenos Aires: Planeta, 1994.

Osborne, Harold. *South American Mythology*. Verona, Italy: The Hamlyn Publishing Group Ltd, 1968.

Pardo, Adolfo. "Historia de la Mujer en Chile: La Conquista Los Derechos Políticos (1900-1952), 1995". (http://www.critica.cl/html/pardo_01.html).

Pereda Rodríguez, Justo Luis. "Eugenio María de Hostos: precursor de la sociología de la educación latinoamericana". (http://www.cied.rimed.cu/revistaselec/ciencias/ano4/articulos/html/articulo11.htm).

Perkins, Dexter. *A History of the Monroe Doctrine*. New York: Little, Brown Company, 1955.

Perez, Esther R., James Kallas, and Nina Kallas. *Those Years of the Revolution, 1910-1920: Authentic Bilingual Life Experiences as Told by Veterans of the War*. San Jose: Aztlan Today, 1974.

Picó, Fernando. *Historia General de Puerto Rico*. San Juan, Puerto Rico: Ediciones Huracán. 1988.

Plenn, J. H. "Forgotten Heroines of Mexico: Tales of the Soldaderas, Amazons of War and Revolution". *Travel* 66, 1936:24-2.

Portal ALBA. (http://www.alternativabolivariana.org/modules.php?name=Content&pa=showpage&pid=1).

Precursoras del feminismo en América Latina. Número especial de Mujer/Fempress: Santiago de Chile, 1991.

Prieto Osorno, Alexander. "Chile, *McOndo* y los supervivientes". In: *Nueva Narrativa Latinoamericana*: Centro Virtual Cervantes. Viernes, 28 de mayo 2004. (http://cvc.cervantes.es/el_rinconete/anteriores/mayo_04/28052004_01.htm).

"Proyecto Desaparecidos". (http://www.desaparecidos.org/arg/).

Ramos Escandon, M. "Mujer y sociedad novohispana". In ISIS. *Nuestra memoria, nuestro futuro: mujeres e historia. America Latina y el Caribe*. Santiago de Chile, Andromeda, 1988:21-33. (Ediciones de las Mujeres N°10).

Rauber, Isabel. "Mujer y revolución en los barrios cubanos". (http://www.iued.unige.ch/information/publications/pdf/yp_creativite_femmes_dev/10-crea_isarau.pdf).

"Red Científica Peruana" (http://www.yachay.com.pe/especiales/internet/).

Reyes de los, Aurelio. Cine y sociedad en México 1896-1930: Vivir de sueños/Bajo el cielo de México. Instituto de Investigaciones Estéticas de la UNAM: México, 1983.

Rojas, Marta and Mirta Rodriguez Calderon, Eds. *Tania: The Unforgettable Guerilla*. New York: Random House, 1971

Rodean, Selden. *South America of the Poets*. New York: Hawthorn Books Inc., 1970.

Romero, Oscar, and Brockman, James (ed). *The Violence of Love*. San Francisco: Harper & Row, 1988.

Salas, Elizabeth. *Soldaderas in the Mexican Military: Myth and History*. Austin: University of Texas Press, 1990.

Silva, Ana Josefa. "Cine-Chile-Historia: Tres palabras indisolubles". (http://www.elojoquepiensa.udg.mx/espanol/numero01/cinejournal/04_cinechile.html)

Silva Campos, Armando. *Episodios nacionales*. Santiago de Chile: Gráfica Caran, 1991.

Smith, Christian. *The Emergence of Liberation Theology*. Chicago: U of Chicago Press, 1991.

The Participation of Women in the Wars for Independence in Northern South America 1810-1824. Minerva: Quarterly Report on Women and the Military, 1993: 11.3-4.

Tickell, Sophia. "Domitila – the forgotten activist". (http://www.newint.org/issue200/domitila.htm)

"University of Texas' Latin American Network Information Center - LANIC. (http://lanic.utexas.edu/project/tilan/)

U.S. Congress, Senate Committee on Foreign Relations, United States and Chile during the Allende Years, 1970-1973. Washington D.C: U.S Government Printing Office, 1975.

Valencia Vega, Alipio. *Manuel Ascencio Padilla y Juana Azurduy : los esposos que sacrificaron vida y hogar a la obra de creación de la patria*. Colección Tradición historia. La Paz, Bolivia: Librería Editorial Juventud, 1981

Wepman, Dennis. *World Leaders Past and Present: Simon Bolivar*. New York: Burke Publishing Co. Limited, 1988.

Worldwide Guide To Women In Leadership. http://www.guide2womenleaders.com/index.htm

Wyden, Peter. *Bay of Pigs, The Untold Story*. New York: Simon And Schuster, 1979.

*Zapatista Women * Mujeres Zapatistas*. (http://www.actlab.utexas.edu/~geneve/zapwomen/enter.html).

La autora

La Dra. Priscilla Gac-Artigas es profesora asociada y directora del Departamento de Lenguas Extranjeras de la Universidad de Monmouth en Nueva Jersey. Especialista en literatura hispanoamericana, es la editora desde 1998 de la página en la red *Reflexiones, ensayos sobre escritoras hispanoamericanas contemporáneas*, enciclopedia virtual con la bio-bibliografía y ensayos críticos de alrededor de ochenta escritoras.
http://bluehawk.monmouth.edu/~pgacarti/index.html
Gac-Artigas es también autora de numerosos artículos publicados en revistas de los Estados Unidos, México y Europa. Igualmente ha participado en congresos de investigación en diferentes países y ha sido invitada como oradora a encuentros de creación literaria junto a escritoras de la talla de Gioconda Belli, Angélica Gorodischer y Nancy Morejón.

Ha publicado

Libros de texto:
Nos tomamos la palabra, Antología crítica de textos de 28 escritoras latinoamericanas contemporáneas. Reader. Nueva Jersey: ENE-Academic Press, sept. 2005. Editora. ISBN: 1-930879-41-5

Tabla de contenido

Reflexiones, ensayos sobre escritoras hispanoamericanas contemporáneas, 2 Vols., Madrid, España: Sánchez & Sierra Editores, 2003/2006. Primera edición, Nueva Jersey: Ediciones Nuevo Espacio, Colección Academia, 2002. Editora y colaboradora. Reseñado en *Críticas*, an "English speaker's guide to the latest Spanish language titles" asociada a *The Library Journal* y *Publishers Weekly*:

"The topics within these essays are as rich and diverse as the list of writers. . . . [T]he essays in these collections illuminate and open new research perspectives. Highly recommended for academic and public libraries with strong collections of Latin American women writers". Lourdes Vázquez, Rutgers University, New